미국 함정

Le Piège Américain

미국 함정

올림

우리가 왜 미국 법을
알아야 할까

2015년 금융위원회 산하 자금세탁범죄 정보분석기관인 금융정보분석원(FIU)에서 정보분석팀장으로 재직하던 때였다. 당시 검찰에서 FIU에 파견되어 미국 재무부 산하 금융범죄 단속기관인 핀센(FinCEN)과 협업하여 국내 모 기업의 수상한 자금흐름을 분석하던 중 미국의 해외부패방지법(FCPA)이라는 다소 생소한 법률을 접하게 되었다.

2018년 법무부 국외 연수 기회를 얻어 미국 UC 버클리(Berkeley) 로스쿨에서 해외부패방지법을 본격적으로 연구하게 되었다. 이 법은 미국인이나 미국 법인이 아니어도, 미국에서 발생한 부패범죄가 아니어도 부정한 거래 과정에서 미국의 법인과 통신망, 계좌 등을 이용하여 미국과 조금이라도 연관이 있으면 조 단위의 천문학적인 벌금을 부과할 수 있고, 회사의 임직원에게 징역형을 선고할 수도 있는 법률이라는 것을 알게 되었다. 가히 무소불위의 법률이라고 할 수 있다.

1977년 미국 해외부패방지법(FCPA)이 제정된 지 벌써 40년이 훌쩍 넘었다. 워터게이트 사건으로 촉발되어 이 법률이 제정되긴 하였으나 에너지, 군수, 제약 등 자국의 수출산업이 불리한 상황에 빠지는 것을 원하지 않았던 미국 정부는 이 법률의 시행에 소극적이었다. 그 결과, 2001년까지 겨우 21개 기업만이 미국 법무부의 제재를 받았을 뿐이다. 이 법률 집행기관의 두 축이라고 할 수 있는 미국 법무부(DOJ)와 증권거래위원회(SEC)가 본격적으로 법 집행에 착수한 것은 2008년 이후라고 볼 수 있다.

미국 법무부와 증권거래위원회가 부과한 벌금 등의 규모를 보면 법률 시행 이후 30여 년간은 연간 수십만 달러에 불과하여 거의 미미했으나, 최근 10년간 급증하는 추세를 보이고, 징역형의 선고 월수도 마찬가지로 급증하고 있다. 흥미로운 사실은 이러한 징벌금의 대부분이 미국 기업이 아닌 외국 기업에 부과되었다는 점이다. 현재까지 징벌금 징수액 기준 상위 10개 회사 중 미국 회사는 2개에 불과하다. 미국 법무부나 증권거래위원회가 외국 기업에 대하여 상당히 적극적으로 법 집행을 하고 있다고 판단할 수 있는 대목이다.

최근 두드러진 경향 중 하나는 미국 법무부와 증권거래위원회가 기업뿐만 아니라 개인에 대한 처벌에도 초점을 맞추고 있다는 것이다. 이러한 경향은 그간 법 집행에 있어서 기업의 책임에 너무 집중하고, 법위반에 책임이 있는 개인에 대하여 책임을 충분히 묻지 못했다는 비판에 기인한 것으로 보인다. 또 다른 특징으로는, 뇌물 등 반부패규정 위반에 대한 증거 없이도 회계 투명성을 준수하지 않았다는 회계규정 위반만으로 처벌하는 사례가 증가하고 있다는 점이다. 이는 입증의 용이함에 기인한 것으로 보이는데 회계규정 위반은 뇌물과의 관련성이 없어도 부적절한 장부기재나 고의적인 내부 회계통제 시스템 회피만으로도 인정되기 때문이다. 이러한 형사적 제재 이외에도 미국이나 다자간 개발은행과의 거래금지 등의 부수적 불이익은 돈으로 환산하기 어렵고, 한 기업의 존폐까지도 위협하는 수준에 이를 수 있다.

기업이나 개인이 속한 국가를 기준으로 사건 수를 분석해 보면, 중국이 89회로 가장 많고, 나이지리아(75회), 멕시코(60회), 인도네시아(50회), 이라크(48회)가 그 뒤를 잇고 있다. 우리나라는 이 법률 시행 이후 총 15회 기소된 것으로 확인되어 다른 나라에 비하면 아직은 높은 편이 아닌 것으로 보이나 1위를 기록한 중국과의 무역 비중이 높고, 미국경제에 대한 의존도가 높은 점을 고려할 때 상당한 위험에 노출된 상태로 보인다.

우리나라 기업들의 상당수가 이미 미국주식예탁증서(ADR)를 발행하고 있어서 이 법률의 직접적인 적용대상이고, 증권발행자(Issuer)에 해당하지 않는다고 하더라도 기업의 경영이 갈수록 국제화되는 추세에 비추어 보면 거래 과정에서 미국 법인과 통신망, 계좌 등을 이용하게 될 위험성은 충분하다고 할 것이다.

미국 법무부나 증권거래위원회에서의 조사는 장기간에 걸쳐 은밀하고 광범위하게 이루어진다. 아직은 국내 기업에 대한 처벌 사례가 없지만 최근 미국 증권거래위원회에서 미국 증시에 상장된 국내의 한 대기업을 상대로 회계조사를 벌이고 있는 상황인 점을 보면 더 이상 국내 기업도 해외부패방지법의 안전지대는 아니라고 보인다.

이 책은 프랑스의 한 기업인이 미국 공항에서 영문도 모른 채 해외부패방지법 위반 혐의로 체포되어 2년간의 수감 및 3년간의 병보석 등 총 5년 동안 감시를 당하고, 회사는 7억 7,200만 달러라는 천문학적 벌금을 부과받은 사건을 다룬 이야기를 담고 있다. 어떻게 이런 소설 같은 일이 현실에서 벌어질 수 있을까 하는 생각이 들 정도로 극적이다. 믿기 어려운 이야기지만 지금 이 책을 읽고 있는 우리에게도 얼마든지 벌어질 수 있는 '현실'이다.

개인이든 기업이든, 미국의 해외부패방지법은 결코 '남의 나라 이야기'가 아니다. 이 책을 통해 많은 통찰을 얻을 수 있기를 바란다. 너무 늦기 전에.

김수환 대표변호사
법무법인 LKB & Partners

이 책을 아내와 아이들에게 바친다.

알스톰이 사라지려는 시점에,

수십 년간 경쟁 상대가 부러워할 만한

탁월한 제품을 개발하고 생산하기 위해 분투하여

프랑스의 에너지 독립 확보에 이바지해 왔던

노동자, 엔지니어, 영업자, 프로젝트 매니저 등

옛 회사 동료 모두에게 감사의 말을 전하고 싶다.

오해가 없도록 분명히 밝힌다.

비록 이 책이 재앙을 초래한 일련의 결정들을 폭로하고 있으나,

22년 세월을 함께한 알스톰의 직원과 그들과의 연대감은

온전히 나의 마음속에 남아 있다는 사실을.

나는 알고 있다.

내가 그들에게 빚을 지고 있다는 사실을.

이 책에서는 프라이버시를 존중하기 위해
프레데릭 피에루치의 가족과 친척, 친구들의 이름을 바꾸었다.

이 책은 지하에서 벌어지는 경제전쟁에 관한 이야기다.

미국은 10여 년 전부터 '부패와의 투쟁'이라는 위장 아래 유럽, 특히 프랑스의 다국적 기업을 성공적으로 와해시켰다. 미국 법무부는 유럽계 다국적 기업의 고위 관리자들을 기소하고, 때로는 그들을 감옥에 보냈으며, 유죄를 인정하도록 강요하여 이들 기업이 미국에 거액의 벌금을 내지 않을 수 없게 만들었다.

2008년 이후 26개 기업이 미국에 1억 달러 이상의 벌금을 냈다. 그중 14개는 유럽 기업, 5개는 프랑스 기업이었으며, 미국 기업은 5개에 불과했다.

지금까지 유럽 기업이 미국에 낸 벌금 총액은 60억 달러가 넘는다. 미국 기업이 낸 벌금은 3분의 1에 불과하다.

프랑스 기업이 낸 벌금만 해도 20억 달러에 가까우며, 6명의 경영진이 미국 법무부에 의해 기소당했다.

그중 한 사람이 바로 나다.

나는 더 이상 침묵하지 않을 것이다.

차례

1

충격

갑자기 나는 한 마리 짐승이 되었다. 오렌지색 죄수복에, 가슴에는 쇠사슬, 손과 발에는 수갑이 채워져 있었다. 걷기도, 숨쉬기도 어려웠다. 나는 묶인 동물이었다. 나는 함정에 빠진 짐승이었다.

어제저녁, 그들은 나를 감방에 처넣었다. 악취가 심해서 머리가 어지러울 정도였다. 방에는 창도 없고, 문틈 사이로 어슴푸레 마당 같은 것이 있었다. 다투는 소리, 울부짖는 소리, 끊임없는 비명. 악몽이었다. 배가 고프고 갈증이 심했다. 비행기에서 내리기 전 짧은 기내 방송을 들은 후로 8시간 동안 물 한 모금 마시지 못했다. 그 순간부터 나의 인생이 뒤집힌 것이다.

이야기는 기내 방송으로부터 시작된다. 완벽한 영어를 구사하는 캐세이퍼시픽 항공 스튜어디스의 공손한 말투는 평이해 보였다. 그러나 그녀의 감미로운 목소리는 재난을 알리는 메시지였다.

"피에루치 승객께서는 비행기 착륙 후 저희 승무원에게 와주시기 바랍니다."

내가 탑승한 보잉777 항공기가 뉴욕 케네디 국제공항의 활주로에 막 내려앉은 때였다. 나는 동틀 무렵 싱가포르를 출발, 홍콩을 경유해서 24시간 이상을 날아오느라 기진맥진한 상태였다.

2013년 4월 14일 저녁 8시 정각, 조종사는 1분 1초도 어긋남 없이 케네디 국제공항에 착륙했다. 재난을 알리는 기내 방송은 바로 이때 울려 퍼졌다.

그때 내가 의심했어야 했던 것일까? 장거리 비행에 익숙하기는 했지만, 시차 때문에 머리가 멍한 상태였다. 마흔다섯 살이 되기까지 알제(알제리의 수도), 맨체스터(미국 뉴햄프셔주), 홍콩, 베이징, 윈저(미국 코네티컷주), 파리, 취리히를 거쳐 지금은 싱가포르에서 근무 중이다. 알스톰에서 일하면서 지구 이곳저곳을 돌아다닌 20년 동안 이런 기내 방송은 여러 차례 들어왔다. 약속 시간이 조정되었다든지, 분실했던 핸드폰을 찾았다든지 하는 그런 방송들이었다.

그래서 별로 신경 쓰지 않고 사무장을 찾아갔다. 그런데 젊은 사무장은 당황스러운 표정이었다. 그녀는 어색한 몸짓으로 비행기 출구에서 나를 기다리고 있는 한 무리의 사람들을 가리켰다. 여성 한 명, 제복을 입은 남자 두세 명 그리고 사복을 입은 남자 2명이었다. 여성이 공손하게 나의 신분을 확인하더니 명령하듯 비행기에서 내리라고 말했다. 내가 나의 이름을 말하자마자 제복을 입은 한 명이 재빠르게 내 팔을 잡아 등허리에 누르고 다른 한쪽 팔을 등 뒤로 꺾어 양손에 수갑을 채우더니

"프레데릭 피에루치 씨, 당신을 체포합니다."라고 말했다.

너무 놀란 나머지 나는 아무런 저항 없이 속수무책으로 결박당했다. 후에 나는 종종 이렇게 자문하곤 했다. 비행기에서 내리지 않았더라면 어떻게 되었을까? 비행기에서 내리기를 거부했다면? 미국 영토에 한 발짝도 내디디지 않은 상태였다면 그들이 나를 그렇게 쉽게 체포할 수 있었을까?

나는 꼼짝도 못 하고 복종했다. 나의 이런 행동이 그들을 크게 도와준 것이라는 사실을 그때는 알지 못했다. 이론적으로는 비행기 객실 출입구에 연결된 트랩은 미국 영토가 아니라 국제 구역(international zone)에 속하기 때문이다.

이제 나는 수갑을 차고 서 있었다. 잠시 후 놀란 마음을 가라앉히고 이게 도대체 무슨 영문이냐고 물었더니 사복을 입은 두 남자가 자신들은 FBI 수사관이라고 말했다.

"우리는 비행기 출구에서 당신을 체포해 맨해튼의 FBI 사무실로 압송하라는 명령을 받았을 뿐이오. 그곳에 가면 검사가 상황을 설명해 줄 것이오."

그들도 더는 아는 것이 없음이 분명했다. 당시 상황에서는 이런 몇 마디에 만족할 수밖에 없었다. 제복을 입은 집행관 두 명의 감시하에 마치 폭력배처럼 양손을 등 뒤로 하고 수갑이 채워진 채로 다른 승객들의 눈총을 받으며 공항을 가로질렀다. 수갑이 채워진 채 몇 미터를 걷다 보니 몸의 평형을 유지하기 위해 종종걸음을 걷게 되었다. 183센티미터의 키에 몸무게가 100킬로그램에 가까운 사람이, 참 우스꽝스러운 기분이었다. 더 우스꽝스러운 것은 내가 마치 영화 속에서 도미니크 스트로스 칸 전 IMF 총재의 역할을 재연하고 있는 듯했다는 것이다. 2년 전에 그는 나처럼 FBI에 의해 압송되면서 수갑이 채워진 채 뉴욕의 길거리를 고통스럽게 걸었다.

걱정보다는 놀라움이 앞섰다. 이것은 분명 착오이거나 오해일 거야. 나를 다른 사람으로 착각한 것일 테니 잠깐만 조사 받으면 금세 해결되고 모든 것이 정상으로 돌아가겠지. 요 몇 해 사이에 케네디 국제공항에서는 이런 종류의 착오가 늘어나고 있었다.

나의 '경호원들'은 나를 곧바로 공항 내의 작은 방으로 데리고 들어갔다. 미국 당국이 의심스러운 외국인의 여권을 자세히 검사하는 곳이라는 것을 나는 잘 알고 있었다. 2003년 2차 이라크전 당시 프랑스의 자크 시라크 대통령이 미군의 작전에 참여하기를 확고하게 거부한 탓에 프랑스 사업가들은 케네디 국제공항에서 미국 관리가 입국을 최종 승인할 때까지 몇 시간 동안이나 기다려야 했다.

오늘은 검사 속도가 빨랐다. 몇 분 만에 내 신분증 조사를 마치더니 두 수사관은 나를 공항 밖으로 데리고 나가 차에 태웠다. 아무런 표지가 없는 차였다. 나는 그들이 기다리던 사람이라는 사실을 깨달았다. 평범한 일반인이 테러리스트나 탈옥자와 혼동되어서 벌어지는 그런 황당무계한 이야기가 아니었다. 그런데 왜지? 나에게서 무엇을 얻어내려는 거지? 내가 무슨 짓을 한 거지?

내 인생을 꼼꼼하게 점검해 보느라 길게 생각할 필요가 없었다. 개인적으로 비난받을 만한 일을 한 적이 없었다. 그렇다면 알스톰과 관계가 있는 것일까? 내가 거칠게 체포당한 것이 회사 일과 관계가 있을지 생각해 보았으나 그럴 가능성도 없는 것 같았다. 진행 중인 사업들을 최대한 빠른 속도로 머릿속에서 떠올려 보았다. 10개월 전부터 보일러 부문의 글로벌 책임자가 되어 싱가포르에서 했던 일을 포함한 모든 업무에서 문제가 될 만한 것이 생각나지 않았다. 이 부분에서는 안심이 되었다.

알스톰은 부패행위로 자주 조사를 받아 왔고, 미국 당국이 몇 년 전부터 한 건을 조사하기 시작했다는 사실은 나도 알고 있었다. 미국은 알스톰이 여러 건의 계약을 성사시키기 위해 뇌물을 공여한 혐의로 조사를 시작했으며, 그중에는 인도네시아의 발전소 계약 건이 포함되어 있었다. 나는 이 인도네시아 프로젝트에 참여했는데, 회사는 이 시장을 확실하게 따내려고 '중개인'을 두었다. 그런데 이 일은 2003년과 2004년의 일이었고, 인도네시아와의 계약은 2005년에 이루어진 것이었다. 거의 10년이나 지난 일이었다. 너무 오래되기도 했고, 무엇보다도 알스톰의 내부감사 때에 문제가 없는 것으로 판명되었다. 정확한 날짜는 기억하지 못하지만 2010년 초나 2011년 무렵이었는데, 내가 확실하게 말할 수 있는 것은 — 경찰차가 맨해튼으로 접어들자 나는 점점 더 초조해져서 어떻게든 옛일을 기억해 내려고 애썼다 — 회사가 고용한 변호사 두 명이 대략 1시간 정도 나에게 질문을 했고, 내가 아는 한, 그들은 내가 회사의 모든 규정을 준수했으며, 실수하거나 책임질 일을 '전혀' 하지 않았다고 결론 내렸다.

결과적으로 나는 2012년에 높은 자리로 영전했다. 전 세계에 걸쳐 4천여 명의 직원을 거느리고 연간 14억 유로달러의 매출을 올리는 보일러 부문 책임자로 승진한 것이다. 게다가 알스톰 CEO 파트릭 크롱(Patrick Kron)은 2011년부터 중국 상하이전기그룹과 양 사의 보일러 업무를 묶어 50 대 50의 지분으로 싱가포르에 합자회사를 만들어 세계적인 대기업을 출범시키고자 했으며, 나를 이 글로벌 회사의 책임자로 선임했다.

글로벌 회사의 CEO! 그런데 지금 글로벌 CEO가 경찰 표지도 없는 차 안에 갇혀 양팔의 통증을 견디고 있다. 금속으로 된 수갑은 점점 손목에 생채기를 내기 시작했다. 2003년부터 2005년 사이에 인도네시아에서 있었던 사업에서 대수롭지 않은 역할을 담당했다는 사실 때문에 이런 처우를 받으리라고 누가 상상이라도 할 수 있었겠는가. 알 카포네(Al Capone)도 아니고, 그의 졸개도 아닌 내가. 내가 이렇게 체포될 수 있을 만한 각종 가능성을 이리저리 궁리해 보고 있는 사이에 차가 도로변에 정차했다.

FBI 수사관 론(Ron)과 로스(Ross)는, 두 사람의 이름은 나중에야 알게 되었지만, 나를 '괜찮은' 사람이라고 생각한 것 같다. 운이 좋았다.

"피에루치 씨, 당신 참 침착하군요. 소리를 지르지도 않고 발버둥 치지도 않고요. 게다가 예의도 바르시고. 당신 같은 분은 드문 편이죠. 좀 편하게 해 드리죠."

그들은 등 뒤로 채워졌던 수갑을 풀어 뻣뻣이 굳은 양팔을 무릎에 올리게 한 뒤 다시 수갑을 채웠다. 별것 아닌 것 같지만, 이런 불편을 겪어 본 사람은 두 팔을 등 뒤로 묶인 것에 비하면 이 자세가 얼마나 편안한지를 안다.

이날 저녁은 길이 막히지 않아서 40분이 채 걸리지 않아 차는 맨해튼의 FBI 입구에 도착해 지하 주차장으로 내려갔다. 차에서 내리자 수사관들이 엘리베이터를 타라고 했다. FBI 요원들은 아주 진지하게 나에게 뒤돌아서라고 했다. 나는 깜짝 놀라 그들을 바라보았다. 나는 1999년부터 2006년까지 7년간 미국에서 근무한 적이 있어 영어를 유창하게 구사하는데, 정말 엘리베이터를 뒤돌아서서 타야 하는지 의문이 들었다.

론이 설명해 주었다. "이건 안전 규정입니다. 피에루치 씨. 당신은 우리가 어느 층을 눌렀는지 알지 못하게 되어 있습니다. FBI 건물 내에서 어느 층으로 가고, 어느 방에서 조사를 받는지 당신은 알 수 없습니다."

그래서 나는 몇 층인지 모르는 곳으로 끌려갔다. 몇 개의 장갑(裝甲) 문을 통과한 후 한 평범한 사무실로 인도되었다. 가구라고는 한가운데에 놓인 탁자 하나와 의자 세 개가 전부였다. 수사관들은 벽에 박아 놓은 기다란 철봉에 수갑으로 나를 묶어 놓고 나갔다. 잠시 후 갑자기 문이 열리더니 처음 보는 수사관 한 명이 들어왔다.

"안녕하세요, 피에루치 씨. 세스 블룸(Seth Blum)이라고 합니다. FBI에서 알스톰의 부패사건, 특히 인도네시아 따라한(Tarahan) 사건의 수사를 맡고 있습니다. 잠시 후에 조사 책임자인 검사님께서 직접 오셔서 당신을 신문하실 테니 제가 더 할 얘기는 없습니다."

블룸은 침착하고 예의 바른 모습으로 방을 나갔다.

2

미국 검사

바로 그것이었군. 차 안에 있을 때는 설마 그럴 리는 없을 거라고 생각했는데. 너무도 오래전에, 너무도 먼 곳에서 벌어졌던, 현재와는 너무도 동떨어진 일인데. 그러나 나는 현실을 직시해야 했다. 인도네시아의 그 빌어먹을 사건 – 수마트라섬의 따라한 발전소 프로젝트 – 때문에 체포된 것이다. 이 프로젝트는 2003년에 입찰을 시작했는데, 나는 싱가포르에 부임하기 전이라 미국에서 알스톰 전력 부문의 글로벌 세일즈와 마케팅 담당 이사로 일하고 있었다.

당시는 인도네시아 프로젝트 입찰 초기로, 우리는 일본의 종합상사 마루베니와 컨소시엄을 형성해서 경쟁에 참여했다. 당시 알스톰은 파산을 염려할 정도로 재무적으로 매우 심각한 상태였다. 1억 1,800만 달러 중 알스톰의 몫이 6,000만 달러 정도였던 이 프로젝트는 큰 공사는 아니었으나 상징적인 의미가 매우 컸다. 규모는 보잘것없었지만, 알스톰의 명성을 끌어올릴 수 있었기 때문이다.

조금 전 FBI의 취조실에서 세스 블룸이 내가 체포된 이유를 알려준 셈이었다. 나는 블룸이 말한 검사를 기다리면서 2003년을 돌이켜보았다. 그 당시 회사는 따라한 프로젝트를 따내기 위해 심혈을 기울였다. 내가 부끄러워할 필요가 없는 것이, 그 시절에 일부 국가에서는 뇌물을 주는 것이, 비록 표면적으로는 금지되어 있으나, 흔한 관행이었다. 나는 회사가 두 명의 '중개인'을 이용했다는 사실을 알고 있었다. 물론 내가 찾아 연결해 준 사람들은 아니었지만, 그들의 존재를 알고 있었다는 점은 인정한다.

　막 그 시점을 상기하고 있는데 문이 열리더니 블룸의 안내를 받으며 한 남자가 들어왔다. 작은 몸집에 나이는 35세 정도, 오만한 졸부 같은 느낌이었다. 그는 마치 기관총을 쏘는 듯한 속도로 고함을 지르기 시작했다.

　"피에루치 씨, 나는 코네티컷주 연방검사 데이비드 노빅(David Novick)이라고 합니다. 알스톰 사건의 수사 책임자죠. 뇌물공여 건으로 우리는 귀사를 기소했으며, 당신은 이 일로 여기에서 조사를 받게 된 겁니다. 당신은 따라한 발전소 프로젝트 진행 중 인도네시아 의원에게 뇌물을 제공한 일에 관여한 혐의로 기소되었습니다. 인도네시아 의원에게 뇌물을 건넨 것은 외국 공직자에게 뇌물을 공여한 것으로, 미국의 해외부패방지법[1] 의 관할 범위에 속하는 일이죠. 3년 전인 2010년부터 우리는 알스톰이 여러 국가에서 벌인 행위를 조사해 왔습니다. 미국 법에

1　해외부패방지법(FCPA, Foreign Corrupt Practices Act)은 미국 연방 법률 중의 하나로 1997년에 제정되었으며, 외국 공직자에 대한 뇌물공여를 금지하고 있다. 제22장 해외부패방지법(FCPA) 참고

따라 우리는 이러한 사실을 즉각 귀사에 통보했습니다. 그런데 귀사는 약속을 어기고 2010년 이후 미국 법무부에 전적으로 협력하기를 거부했습니다. 알스톰은 약속을 전혀 지키지 않았습니다. 전혀!"

그는 매우 분노하고 있는 것처럼 보였다. 나는 정말 그에게 나는 알스톰의 CEO도 아니고, 법무 책임자도 아니라고 대답하고 싶었다. '회사의 관리자 중 한 명이기는 하지만 그렇다고 이사회 멤버도 아니고, 집행위원회 멤버도 아니고, 나는 단지……' 생각이 여기까지 미쳤을 때 검사가 더 기다리지 않고 자기 말을 이어갔다.

"피에루치 씨, 분명히 권고하지만, 회사에 전화하지 마십시오. 우리는 당신이 우리에게 협력하기를 바랍니다."

순간 머릿속이 완전히 헝클어졌다. 도대체 이 검사는 내게 뭘 요구하는 거지?

"우리는 당신이 알스톰과 그 경영진에 맞서서 우리를 도와주기 바랍니다. 우리는 알스톰에서 당신의 위치를 잘 알고 있고, 과거 따라한 프로젝트에서의 당신의 역할도 잘 알고 있어요. 당신은 인도네시아와의 거래에서 결정권자는 아니었지만, 내막은 다 알고 있다는 것을 우리는 잘 알아요. 우리가 원하는 것은 알스톰의 최고 경영진, 특히 파트릭 크롱 회장을 기소하는 것입니다. 그러므로 당신이 현재 우리에게 조사받고 있다는 사실을 그들에게 알리게 되면 곤란해진단 말이요. 그래서 그들과 연락하지 말고 변호사 선임도 당분간 포기하라는 얘깁니다. 이해하시겠습니까?"

이해라니, 나는 이해가 되지 않았다. 그들이 뭔가 나하고 거래를 하려 하고 있다는 느낌이 들었다. 노빅은 나더러 회사 내부의 정보원이 되라고 암시하고 있는 것이었다. 나는 이미 24시간 동안 잠을 자지 못하고 여전히 수갑이 채워진 채 철봉에 묶여 있었다. 대체 내가 무엇을 이해해야 한다는 거지? 그는 줄곧 요구 사항에 대해서는 명확한 표현을 쓰지 않고 모호하게 이야기하면서 "다른 누구에게도 절대로 말하면 안 됩니다." 하는 말만 되풀이했다. 그러나 아무에게도 말하지 않는다는 것은 나에게는 상상하기 어려운 일이었다.

나는 침묵할 것을 강요당하면서 체포되기 얼마 전 회사에서 고위 간부들을 대상으로 실시한 교육 프로그램에 앉아 있는 나를 보는 듯했다. 아이러니하게도 내가 체포되기 바로 얼마 전에 있었던 일이었다. 당시 교육 프로그램의 주제는 우리의 업무와 관련된 법적 리스크였다. 교육을 담당했던 법무 전문가는 참석한 사람들에게 전화번호가 적힌 명함 크기의 종이를 나누어 주면서 혹시 체포될 경우 일단 거기에 있는 전화번호로 연락하라고 말했다. 종이에는 회사의 최고 법무 책임자인 키이스 카(Keith Carr)의 전화번호도 적혀 있었다. 그는 그것을 항상 몸에 지니고 다니라고 신신당부했다. 불행하게 체포되어 법관이나 경찰과 부딪치게 되면 다음 두 가지를 반드시 지켜달라고 여러 차례 거듭해서 강조했다.

1. 아무것도 말하지 말 것.
2. 문제가 생긴 직원을 위해 회사가 즉시 변호사를 파견해 줄 터이니 회사 법무팀에 전화할 것.

나는 교육받은 내용을 상기하고 검사가 파놓은 함정에 빠지지 않겠다고 결심했다. 적어도 당시에는 그렇게 해야 한다고 믿었다. 충실한 직원으로서, 회사가 하라는 대로 할 경우 내가 어떠한 대가를 치르게 될지는 조금도 생각하지 않고, 교육 당시 회사 변호사들이 당부했던 행동강령을 준수하여 검사의 제안을 정중히 거절했다.

나는 검사에게 이렇게 설명했다.

"여보세요. 나는 이런 경험이 처음이라 당신들이 뭘 원하는지 모르겠어요. 회사와 프랑스 영사관에 연락할 생각이니 허락해 주기 바랍니다."

옆에 있던 FBI 수사관에게 검사가 무표정한 얼굴로 신호를 보내자 그가 나를 체포할 때 압수했던 블랙베리 핸드폰을 돌려주었다. 나는 즉시 회사 법무 책임자 카의 전화번호를 눌렀다. 파리 시각 새벽 5시, 카는 전화를 받지 않았지만, 회사의 전력사업 부문 미국 책임자 팀 커런(Tim Curran)과 연락이 되었다. 그와는 원래 이튿날 코네티컷주의 윈저에서 만나기로 약속이 되어 있었다. 나는 그에게 간단하게 상황을 설명했다. 그는 경악했다.

"당신을 체포하다니, 도저히 믿기지 않네요. 정말 황당하기 짝이 없군. 우리가 신속하게 그곳에서 빼내 줄게요. 내가 즉시 본사에 알리겠습니다."

커런의 말을 듣자 마음이 좀 편안해졌다. 검사가 나가자 두 경찰이 내 몸을 수색하기 시작하기 시작했다. 그들은 내 여행 가방 안에 있는 물건들을 확인하더니 물품 목록을 만들었다. 나에게는 전화를 한 통 더 할 권리가 남아 있었다. 그래서 아내에게 연락할까 말까 망설이다가 괜히 걱정하게 할 필요가 없을 것 같아서 그만두었다. 이때 나는 몇 시간이면 곧 풀려날 것이라고 굳게 믿었다. 노빅 검사가 단호한 표정을 지어보이고, FBI가 알스톰의 뇌물공여에 대해 3년에 걸쳐 조사를 벌이고 있다든지, 알스톰이 미국 법무부의 명령을 무시하고 있다든지, 여러 질의에 대해 귀를 막고 못 들은 척한다든지, 바보인 척하면서 시치미를 떼고 있다든지 등등 아무리 큰소리를 땅땅 치면서 윽박질러도 나에게는 아무 소용이 없었다. 노빅이 하는 말들을 나는 믿지 않았다. 아니, 믿지 않았다기보다는 믿고 싶지 않았다. 나는 한 치의 의심도 없이 회사가 최대한 빨리 나를 이번 위기에서 구출해 줄 것이라고 굳게 믿었다. 나는 CEO 파트릭 크롱을 믿고 의지할 수 있다고 생각했다.

뉴욕으로 오기 몇 주 전, 나는 파트릭 크롱과 저녁을 같이했다. 그는 나를 포함해서 아시아에서 근무하는 간부 몇 사람을 싱가포르로 불러 성대한 파티를 열었다. 장소는 싱가포르에서 가장 잘나가는 호텔로 명성이 자자한 마리나베이샌즈호텔이었다. 싱가포르에서 첫눈에 반하게 되는 이 건물 57층에는 웅대한 발코니가 있는데, 마치 배의 함수처럼 바다까지 뻗어 있다. 회사 법무 책임자 카도 참석했다. 회사는 수년째 아시아에서 대부분의 에너지 사업을 발전시켜 왔고, 크롱은 본사 일부를 싱가포르로 이전시킬 계획까지 갖고 있었다. 2012년 말에는 파리에서 온 직원들이 사용하도록 한 층을 통째로 더 빌렸다. 크롱도 자주 싱가포르에 왔다. 그래서 회사에는 CEO가 회사의 세무 등기 주소를 싱가포르로 이전하려 한다는 소문이 무성했다. 싱가포르의 세율은 확실히 매력적이다(최고 20퍼센트, 감면율 제외). 알스톰의 싱가포르 법인장 바우터 반 버쉬(Wouter Van Wersch)는 2013년 초에 크롱의 거처를 구하려고 싱가포르를 뒤지기도 했다.

솔직히 나는 이런 일에 관심이 없었다. 크롱과는 특별히 가까운 사이는 아니었다. 편하게 이야기하기는 해도, 여전히 예의는 지키는 관계였다. 뉴욕에 출장 오기 일주일 전에 나는 그를 수행해 인도에 가서 암바니(Ambani) 가족 소유인 인도의 최대 민영기업 릴라이언스 인더스트리(Reliance Industries)의 고위층을 만났다. 크롱은 무엇보다도 세일즈맨이자 세상에서 둘째가라면 서러워할 협상의 고수로, 사업 파트너를 만나기 위해서라면 서슴없이 단신으로 혼자서 전 세계를 누비는 사람이다. 조금도 타협하는 일이 없고, 심지어는 야비할 때도 있지만, 감언이설로 상대방에게 영합하기도 하고, 상대를 매료시키기도 한다. 그는 사무실보다는 현장에서 직접 명령을 내리는 편인데, 심지어 때로는 단계를 건너뛰기도 한다.

마리나베이샌즈호텔 파티에서 크롱의 충실한 추종자 중 한 명으로, 내가 소속된 에너지 부문의 책임자를 지내 나와 여러 해 동안 알고 지내왔고 지금은 회사이 법무 책임자인 카가 다가와 술을 권하더니 슬쩍 말을 꺼냈다.

"프레드(프레데릭의 애칭), 따라한 비즈니스와 미국의 수사를 기억하나요? 그 때문에 우리도 내부 자체 조사를 했었잖소?"

"네, 기억하지요. 근데 왜요?"

"별거 아니에요. 당신은 신경 쓸 필요 없어요. 그 당시 회사 내부 조사 때 당신은 문제가 없음이 해명되었잖소. 다른 사람들이 조금 문제가 있죠."

이전에 이야기해 본 적도 없고 2010년~2011년에 회사 내부 심사를 받을 때도 거론된 적이 없었던 이야기를 뜬금없이 파티 장소에서 꺼내다니 좀 이상하다고 느꼈지만, 당시에는 감을 잡지 못했다.

그런데 미국 FBI의 취조실에 앉아 있는 지금, 카와의 대화가 다시 내 뇌리에 떠올랐다. 아마도 카에게 전화를 걸고 있어서 그런 모양이었다.

두 번째 전화는 연결되었다. 짧은 대화였지만 나는 카의 말 한마디 한마디를 기억한다.

"이해가 안 돼요, 이해가……. 정말이지 불가사의하네요." 이 말을 끊임없이 반복하는 것으로 봐서 카도 나처럼 놀란 듯했다. "우리는 지금 미국 법무부와 협의하고 있어요. 이미 마지막 단계예요. 그런데 당신에게 이런 일이 일어나다니 정말 믿어지지 않는군요."

"그런가요? 그런데 이 검사는 이런 협의가 있다는 걸 아는 눈치는 아니더군요. 아니면 알고 있으면서도 성사될 거라 생각은 안 하는 거든지요. 이 검사는 지금 내가 여기에 잡혀 와 있는 것은 회사가 3년 동안 줄곧 협력해 주지 않아서라고 여러 번 얘기했어요. 자기들도 인내심을 잃었답니다. 몇 주 전에 나는 염려할 것이 없다고 당신이 자신 있게 말했잖아요. 근데 왜 이 사람들이 나를 잡아들인 거죠?"

"그래서 내가 말하잖소, 나도 모르겠다고. 우리는 분명 곧 합의를 볼 것이고, 몇 시간 후면 내가 워싱턴으로 날아갑니다. 그들은 오늘 그곳에서 내가 미국 법무부와 합의서에 사인하는 걸 기다리지요. 그런데 이런 일이 발생하다니, 미국을 가야 할지 말지 모르겠군요. 우선은 변호사와 이야기를 해 봐야겠소. 하지만 안심하시고 침착하게 계세요. 내가 법무

고문과 연락해서 사람을 보내도록 할 테니까요. 우리가 보내는 사람이 도착할 때까지 그 검사는 물론 FBI 사람들과도 아무 말도 하지 마세요. 음, 오늘은 너무 늦었군요. 내일 날이 밝는 대로 보석으로 나오도록 할게요. 그 후에 어떤 전략을 쓸지 생각해 봅시다."

카는 말을 마치자 전화를 끊었다. 나로서는 다음 날 새벽이면 카의 연락을 받을 것이라는 사실을 조금도 의심할 필요가 없었다. 그는 나를 내버려 두지 않고 이 일이 끝날 때까지 내 편에 서줄 것이다. 내가 회사를 위해 오랜 시간 전력 질주했는데, 회사가 나 몰라라 하고 버려두지는 않을 거야. 미친놈이나 편집광이라야 단 몇 초 동안이라도 반대의 가능성을 생각해 볼까? 그런데 나는 미치지 않았고 편집광도 아니다.

나를 격려하는 카의 말이 아직 귓가에 맴돌고 있을 때 검사가 취조실로 돌아왔다.

"협조할 생각이 없군요? 어쩔 수 없죠. 선택이야 당신 몫이니까."

"아뇨. 나는 이 비즈니스에서 별로 비난받을 만한 일을 한 게 없으니 내 역할에 대해 해명을 하려는 겁니다. 나는 변호사가 꼭 있어야겠어요. 미국의 사법 시스템 운영 방식이나 나의 권리에 대해서 전혀 모르니까요. 미국 시민권자가 아니라면 모두 나처럼 반응하리라고 생각합니다."

나의 설명은 노빅 검사에게 아무런 효과도 없었다. 그는 확고한 태도로 이야기했다.

"조사가 끝나면 당신을 맨해튼에 있는 구치소로 이송할 거요. 거기에서 하룻밤을 보내고 내일 코네티컷주 법원에 출정하여 법관을 만날 텐데, 이 법관이 당신을 계속 구류할지 말지를 결정합니다. 당신은 법원 개정 전에 변호사를 만날 권리가 있고, 원한다면 가족에게 전화해서 이 일을 알릴 권리도 있습니다."

'냉정을 잃지 마라.' 이것이 카의 충고였다.

정신 똑바로 차리고 침착하게 행동하는 것 말고는 다른 선택의 여지
도 없었다. 아내에게 전화해야 하나? 검사는 그러라고 부추기는 것 같
은데, 혹시 나를 무너뜨리려고 그러는 걸까? 아내가 알게 되면 걱정하
다 못해 몸져눕게 될 거야. 아내가 힘들어하면 나의 저항이 약해지겠지.
이건 전형적인 심리적 압박 수법이지. 나는 재빨리 머리를 굴려보았다.
늦어도 내일 저녁이면 석방되리라 생각했다. 아내 살해 혐의로 기소된
O. J. 심슨(O. J. Simpson)에 대해서도 보석을 허가하는 이 나라에서
나 같은 프랑스 국민에 외국 기업 관리자를, 비록 검사의 말을 빌리면
미국 법무부가 감시하고 있는 사람이라 해도, 따라한 프로젝트에서 의
사 결정권자도 아니었던 나를 계속 가두어 두지는 않으리라 생각했다.
그래서 아내에게 전화하지 않기로 했다. 차라리 석방되어 나간 후 호랑
이 입에서 살아 돌아온 경험을 이야기해 주기로 했다.

그래서 나는 예의 바른 태도로 노빅의 제안을 거절하고 뉴욕 주재 프
랑스 영사관에 이 일을 통보해 달라고 요청했다. 영사관 전화번호가 입
력되어 있었는지 그는 바로 책상 위의 전화기를 집어 들더니 다이얼을
돌렸다. 이 모든 것을 예상했던 모양이었다. 일요일 밤, 그것도 자정 전
후의 늦은 시간에 영사관의 누구에게 전화해야 하는지 그는 이미 파악
하고 있었다.

전화가 연결되자 노빅은 수화기를 내밀었다. 건너편에서 전화를 받
은 사람은 당연히 당직 근무자였고, 그는 나의 신분을 묻더니 '기록'을
남겨두겠다고 했다. 수화기를 넘겨받은 노빅은 당직자에게 내일 월요일

뉴헤이븐(New Haven) 법원에서 내가 법관에게 해명해야 하는 상황이라고 말함으로써 프랑스 영사관 통보를 완료했다.

이어 론과 로스가 들어와 내 물품들(노트북 컴퓨터, 핸드폰, 바퀴 달린 여행 가방 안의 옷가지)을 확인하고 다시 한번 그 몇 개의 장갑문을 통과한 다음 열 손가락의 지문을 채취하고 사진을 찍었다. 족히 30분은 걸렸다. 내려올 때도 엘리베이터에 들어가자 올라올 때처럼 엘리베이터 벽을 보고 서라는 명령을 받았다. 엘리베이터 단추를 누르는 것을 보면 안 되니까. 1층으로 내려와서는 차에 태우더니 바로 근처에 있는 맨해튼 구치소를 향해 출발했다.

구치소 수감 절차를 밟는 과정 내내 두 FBI 수사관은 내 곁에서 한 발짝도 떨어지지 않았다. 돌아갈 때가 되자 그중 론이 이상한 말을 했다. "안녕히 주무세요, 피에루치 씨. 이상하게 들릴지 모르겠지만 내일 아침 우리를 보면 매우 기쁠 겁니다."

그가 남긴 말에서 내가 뭘 눈치채야 했는지 알 수가 없었다. 악의였을까? 아니면 선의의 힌트였을까? 나는 감옥살이를 해 본 적이 없었다. 입구에서 교도관 두 명이 옷을 벗으라고 명령하더니 내 모든 물건(시계, 결혼반지, 신발 등)을 거두어 갔다. 나는 실오라기 하나 걸치지 않은 알몸이 되었다. 완전히 돌아버리겠군. 갑자기 영어도 안 되었다. "Turn around, squat and cough(돌아서서 쭈그리고 앉아서 재채기하시오)." 교도관이 영어로 명령하는데, 그 발음을 알아듣기 힘들었다.

cough(기침하다)는 알겠는데, squat은 뭐지? 이 단어의 뜻이 도대체 생각이 나질 않았다.

"Squat and cough!" 교도관은 열을 받아 소리쳤다. "Squat and

cough!"

　놀라 허둥대는 내 표정을 보더니 교도관이 어떻게 하는지 시범을 보였다. 쭈그리고 앉아 두 발을 벌린 후 기침을 한다. 내가 그의 시범대로 하자 그는 내 뒤로 가서 앉더니 항문에서 떨어지는 물건이 없는지를 살폈다!

　"Squat and cough." 부끄러움을 느끼게 만드는 이 프로세스를 감옥에 있는 동안 열 번 이상 반복했다. 그날 밤 나는 미국의 감옥이 나를 '정신이 오락가락하는 환자'로 만들어버린 느낌이었다. 교도관은 나에게 오렌지색 죄수복을 입히고 가슴을 쭉 편 채 똑바로 서서 양손을 뒤로 하라고 하더니 수갑을 채웠다. 이렇게 두 시간을 견뎌야 했다. 감옥에는 뜻밖에도 영문으로 된 입감(入監) 서류가 없었다. 스페인어와 중국어로 된 것은 있는데 영어로 된 것이 없다니……. 서류를 받아 내용을 기재하고 난 후 '구멍'에 배치되었다. 나중에 알고 보니 가장 위험한 범죄자를 격리 수용하는 독방이었다. 거의 새벽 3시였다. 교도관에게 떠밀려 들어온 방 안은 어두컴컴했지만 네온 등에서 희미한 빛이 새어 나오고 있어서 아주 캄캄하지는 않았다. 교도관이 문을 닫자 그제야 등 뒤로 수갑이 채워진 채라는 사실을 깨달았다. 처음으로 두려움이 느껴지며 마음이 덜덜 떨렸다. 수갑이 채워진 채로 밤을 지새워야 한다고 생각하는 찰나 어떤 소리가 들렸다. 문에 나 있는 작은 덮개문이 열리더니 교도관이 뒤돌아서서 뒷걸음으로 오라고 소리쳤다. 시키는 대로 했더니 덮개문으로 손을 넣어 수갑을 풀어 주었다. 쉽지 않았을 텐데.

　론과 로스 두 사람의 말이 옳았다. 감옥의 첫날밤은 몹시 두려웠다. 악취가 방 안에 가득하고, 실내가 너무 좁아 질식할 것만 같았다. 아무것도 보이지 않았으나 남을 저주하고 욕하는 소리와 무섭게 부르짖는 소리가 사방에서 들려왔다. 이 층에 있는 모든 방에서 서로 싸우든지 죽이고 있는 모양이었다. 수감된 이후로 아무것도 먹지도 마시지도 못해 잠이 오지 않았다. 이번 수감은 내 인생의 한 에피소드에 불과할 거라는 생각에 잠 못 이루는 밤 시간을 이용해 10년 전의 따라한 계약에 관한 일들을 되돌아보고, 미국 도착 이후의 내 일정들을 어떻게 조정할지도 생각해 보기로 했다. 도착한 첫날 잡혀 있는 코네티컷주에서의 미팅은 어기게 되어버렸지만 큰 문제는 아니지, 다시 잡으면 되니까. 머릿속으로 일정표상의 한 건 한 건을 떠올리며 이 미팅은 오전 조금 늦은 시간으로 조정하면 되겠고, 저 회의는 오후 이른 시간으로 조정하면 되겠다고 생각했다. 서둘러 처리하면 48시간이 아니라 24시간 안에 모든 일정을 마칠 수 있을 것이다.

3일 후인 금요일에는 예정대로 싱가포르에 도착해서 귀가할 수 있을 것이다. 그러면 주말에 쌍둥이 딸 일곱 살 라파엘라와 가브리엘라의 생일을 축하해 준 다음 이란성 쌍둥이 열다섯 살 피에르와 레아를 데리고 축구 시합에 참여할 수 있을 것이다. 지금 돌이켜보면 바보 같은 생각이었지만, 그때는 이런 생각을 하고 있으니 마음이 꽤 편안해져서 머리가 몽롱한 가운데 잠깐이라도 잠에 빠져들 수 있었다.

3

첫 재판

누가 생각이나 했을까? 이른 아침 FBI 수사관 두 사람을 다시 보니 정말 반가웠다. 다시 알몸으로 몸수색을 받은 후 수갑을 차고 뉴욕에서 자동차로 2시간 거리의 뉴헤이븐 법원으로 이송되었다. 론과 로스가 커피와 베이글을 가져와 차 안에서 건네준 덕분에 법원으로 가는 동안은 마치 정상적인 생활로 돌아온 듯한 착각이 들었다. 서른다섯 살이라는 두 사람과 즐겁게 대화를 주고받았다. 체구가 크고 근육질인 론은 아이가 셋이고, 스쿠버다이빙을 무척 좋아하며, 로스는 딸 하나라고 했다. 두 사람 다 꼭 프랑스에 가 보고 싶다고 했다. 우리는 친한 사이처럼 이런저런 이야기를 주고받았다.

법원에 일찍 도착해서 론과 로스는 차를 법원 바깥에 세우고 기다렸다. 1시간을 기다렸는데, 법원 직원이 뉴헤이븐에서 브리지포트 (Bridgeport)로 심문 법정이 바뀌었다고 해서 다시 차로 30분을 달렸다. 브리지포트 법원에 도착하자 사법경찰에게 나를 인도하기 전에 차를 세우더니 로스가 내 핸드폰을 돌려주었다. 예기치 못한 상황이 발생할 수도 있으니 법정에 들어가기 전에 마지막으로 가족에게 전화라도 할 기회를 주는 것 같았다. 이곳 시간이 정오이니 싱가포르는 자정이었다. 알스톰의 전력사업 부문 미국 책임자 팀 커런에게 전화하기로 마음먹었다. 어젯밤에 키스 카와 나눈 대화 내용을 알려 줄 필요가 있었다. 카는 낮에 워싱턴에 도착해 있어야 맞다. 커런은 회사의 최고 법무책임자와 함께 형세 변화를 관심 있게 지켜볼 것이 틀림없을 것 같았다. 나는 무슨 일이 있더라도 카가 그렇게 하도록 요청할 생각이었다.

론과 로스가 사법경찰과 인수인계를 마치기를 기다려 두 사람에게 작별을 고했다. 사법경찰은 나를 법원 내에 있는 작은 감방에 가두었다. 나의 석방 요청을 심사할 재판은 곧 열릴 것이다. 그 전에 회사가 선임한 변호사와 이야기를 나누도록 허가를 받아 조그마한 칸막이방으로 안내되어 데이 피트니(Day Pitney) 로펌의 변호사 리즈 라티프(Liz Latif)를 만났다. 서른다섯에서 마흔 살 정도 돼 보이는 여성이었다.

그녀의 첫인상은 신뢰감하고는 거리가 멀었다. 첫 대면에서 나는 그녀가 별 관심도 없는 데다가 형사사건을 다뤄본 경험도 없고, 아마추어 냄새를 물씬 풍기는 것을 보고 아연실색했다. 알스톰 사건에 대해서 아는 것이 없었다. 게다가 내가 해외부패방지법 위반 혐의로 기소되었는데, 이 죄목에 대해서도 잘 아는 것 같지 않았다. 이 법률에 따르면, 외국 공직자에게 뇌물공여를 했다는 혐의가 있고 이 죄가 미국과 일말의 관련이라도 있을 경우 미국 법무부는 누구라도, 어느 국적 소유자라도

감옥에 집어넣을 수 있다.[1]

그녀가 나에게 설명해 주었다.

"피에루치 씨, 알스톰에서 오늘 아침에 우리 로펌으로 연락을 해서 우리더러 당신을 변호해 달라고 하더군요. 자기들이 직접 할 수 없어서요."

"왜죠? 회사가 직접 하는 것이 더 합리적이지 않나요?"

"그렇지요. 그런데 회사와 당신 간에는 이해충돌 관계가 있어서요."

"이해가 안 되는군요. 인도네시아 사건과 관련해서 회사가 미국 법무부와 거래를 한다던데, 그럼 나도 거래 내용의 하나로 처리하면 될 텐데. 회사와 나 사이에 무슨 이해충돌 관계가 있다는 거요?"

"피에루치 씨, 일이 그리 간단치 않아요. 하지만 당신의 변호 비용은 알스톰이 지급하겠다고 했어요. 당신은 운이 좋아요."

운이 좋다고? 나는 그녀의 입을 통해 내가 기소된 상세한 사유를 파악해 보려고 했다. 피고인과 변호사의 접견실로 이용되는 조그마한 칸막이 방은 철망으로 분리되어 있어서 이야기를 나누기가 쉽지 않았다. 그녀는 종이 몇 장을 꺼내어 철망에 바짝 붙였으나 종이 위의 글자들이 뚜렷하게 보이질 않았다. 더욱 의외인 것은 그녀가 기소장을 읽어보지도 않았다는 사실이었다. 나는 그녀의 경솔한 태도에 화가 나기 시작했다.

"내가 도대체 무엇 때문에 기소되었는지 당신은 대충이라도 읽어보았어야 할 것 아니오?"

"부패행위와 돈세탁입니다."

---

1 제22장 해외부패방지법(FCPA) 참고

돈세탁이라니? 이런 죄명은 보통 무기판매업자나 마약판매업자에게 적용되는 것인데? 이런 황당무계한 죄목을 그 사람들은 어떻게 생각해 낸 거지?

그녀는 내가 격분하는 것을 보고 나를 위로하기 시작했다.

"어쨌든 오늘 재판에서는 그런 걸 따지진 않을 겁니다. 나는 단지 법정에 당신의 석방만 요청할 겁니다. 10만 불의 보석금을 제안할 거예요. 이 정도 금액이면 판사의 마음을 충분히 움직일 수 있겠죠. 알아두세요. 대배심원단은 이미 당신을 기소했고요, 당신이 체포되기 전까지는 모두 비밀리에 진행이 되었지만, 이제 더는 비밀이 아닙니다. 오늘 미국 법무부는 분명히 언론매체에 이 사건을 알릴 겁니다. 또 하나 알아둘 것은요, 알스톰에서 기소당한 사람이 당신이 첫 번째가 아니에요. 미국에서 이전에 당신과 같이 근무했던 동료 데이비드 로스차일드(David Rothschild)가 첫 번째로 기소되었죠. 이미 법정 심문을 마쳤고요, 유죄 인정에 동의해서 결국은 5년 이하의 징역형을 받았죠."

로스차일드가 유죄를 인정하고 5년 이하 징역형을 받게 됐다니! 나는 완전히 질려버렸다. 돌연 기소의 엄중함이, 특히 나 자신과 사랑하는 사람들의 생활에 미칠 엄청난 재난이 확 느껴졌다. 그러나 집행관이 부르는 소리가 들리는 바람에 생각을 더 이어가지는 못했다. 법정 심문이 시작되었다. 담당 판사는 가핑클(Garfinkel)이었다. 그녀는 먼저 나에게 영어를 알아듣는지 묻고, 이어 내 변호사에게 진술을 시작하라고 말했다. 내 변호사 라티프는 1분도 안 되는 짧은 시간에 계획한 대로 10만 불을 보석금으로 내고 전자팔찌를 착용하는 조건으로 석방을 요청한다는 변론을 마쳤다. 다음은 미국 정부를 대표한 검사 노빅, FBI 본부로 나를 찾아왔던 바로 그 사람이 진술할 차례였다. 노빅은 나를 아주 박살을 낼 생각인 모양이었다. 그는 나의 석방을 절대 반대했고, 격분한 어조로 그 이유를 진술했다. 뻔뻔하게도 그는 이전에 FBI 취조실에서 했던 말들을 깡그리 뒤엎었다.

"피에루치 씨는 알스톰의 고위 임원입니다. 그가 관련된 이 뇌물공여 사건은 아주 심각합니다. 알스톰은 인도네시아의 한 의원에게 청탁의 대가로 뇌물을 주었습니다. 검찰에서는 그를 입건했고, 기소의 증거가 확실합니다. 많은 증거와 증인이 피에루치 씨가 미국의 해외부패방지법에 어긋나는 범죄행위에 관여했다는 사실을 입증하고 있습니다."

사정은 아주 명확했다. 우리가 처음 만나 대화할 때 나는 그의 요구를 거절했고, 그는 지금 나에게 대가를 치르도록 하는 것이다. 노빅은 이어서 내 개인적인 면을 공격했다.

"피에루치 씨는 미국에 친척도 친구도 없습니다. 그는 미국에서 근무할 때 영주권을 취득했습니다. 그런데 매우 의심스러운 것이, 2012년에 그것을 반납했습니다. 우리는 피에루치 씨의 영주권 반납 서류를 접수한 직원을 조사했습니다. 그 직원은 그때 피에루치 씨의 행동이 상당히 이상했다고 합니다."

정말 황당했다. 2012년이면 내가 여러 차례 미국을 오가던 때였다. 더 이상 영주권이 필요하지 않아서 미국에 간 김에 반납했던 것이다. 게다가 그때는 곧 싱가포르로 발령받아 향후 몇 년은 그곳에서 근무해야 하는 상황이어서 미국 영주권을 반납한 것인데, 왜 의심스럽다는 거지?

그러나 노빅의 계속 주장은 계속 이어졌다

"만약 본 법정이 이 사람을 석방한다면, 그는 반드시 도주할 것입니다. 판사님, 잘 아시겠지만, 프랑스는 자국민을 인도해 주지 않습니다. 더욱이 이 사람은 고발당하고 체포령이 떨어진 상황에서도 여전히 당국에 자수하지 않았습니다."

황당한 검사였다. 내가 프랑스에 숨어 지낼까 봐 나에 대해 체포령이 내려진 사실을 공개하지 않은 것은 미국 법무부였다. 따라서 나는 아무것도 몰랐는데, 어떻게 자수를 할 수 있었다는 말인가? 내가 미국 법무부의 체포령이 내려진 사실을 알았다면 미리 변호사에게 자문하여 미국 출장 여부를 정했을 것이다. 정말 말이 안 되는 상황이었다. 그런데도 판사는 검사의 주장에 설복된 것 같았다. 판사가 말했다.

"본 판사는 검사 측에서 제출한 기소장의 내용이 매우 일관성이 있다고 봅니다. 그래서 본 판사가 피고인을 석방하게 하려면 변호사는 더 설득력 있는 집행유예 신청서를 제출해야 합니다. 라티프 변호사에게 준비할 시간을 주고자 하는데, 시간이 얼마나 필요한가요?"

"판사님, 오후까지 준비할 수 있습니다."

"오후에는 안 되겠네요. 공교롭게도 한 시간 후에는 법원을 벗어나야 해요. 병원 진찰 시간이 잡혀 있어서요. 이틀 후에 봅시다."

심문이 끝나갈 무렵 판사가 내 쪽으로 몸을 돌려 물었다.

"피에루치 씨, 어떤 의견이죠? 유죄를 인정하나요? 아니면 무죄를 주장하나요?"

"무죄입니다."

전체 심문 과정 동안 나에게 주어진 단 한 번의 질문이었고, 내 답변도 한마디일 수밖에 없었다. 이렇게 해서 나는 48시간 동안 감옥에서 지내게 되었다. 감옥으로 되돌아가기 전에 법원의 그 칸막이방으로 가서 여전히 등 뒤로 양손에 수갑이 채워진 채 변호사와 몇 분이나마 말을 나누었다. 상황이 너무 걱정스러웠기에 나는 그녀에게 돌아가서 키이스카에게 내가 이런 어려운 상황에 놓여 있다는 사실을 급히 알려 달라고 부탁했다.

두 시간 후 교도관이 나를 법원 내에 있는 작은 감방에서 나오라고 하더니 쇠사슬로 묶기 시작했다. 나는 한 마리 짐승과 같았다.

나는 이미 야수가 되었다. 딱 맞는 묘사였다. 발에는 족쇄, 손에는 수갑을 두르고, 상반신은 굵은 쇠사슬로 묶인 모습이니. 굵은 쇠사슬은 수갑과 족쇄와 함께 큰 자물쇠로 채워졌고, 이 큰 자물쇠는 내 배 앞으로 드리워졌다. 이런 모습을 본 것은 예전에 텔레비전에서 관타나모 감옥에 수감된 죄인을 보도했을 때가 유일했다. 쇠사슬에 양발이 묶여 정상적으로 걷지를 못하는데도 교도관은 간혹 양발을 한데 모아 깡충깡충 뛰어서 가라고 강요했다. 교도관은 나를 법원 지하실에 주차된 소형 죄수 호송차로 데리고 갔다. 방탄유리가 장착된 검은색 죄수 호송차 바깥으로는 거친 철망이 쳐져 있어서 흡사 특수부대가 사용하는 트럭 같은 모습이었다.

차 안에는 나 말고 두 명의 죄수가 더 있었다. 한 명은 아시아인이고, 다른 한 명은 덩치가 큰 흑인이었다. 나는 그들에게 "우리가 어디로 가는지 아나요?" 하고 물었지만 죄수들의 은어로 대답하는 그들의 말을 한마디도 알아들을 수 없었다. 기진맥진한 나는 더는 물을 기력도 없고, 거의 이틀을 눈도 못 붙여 더 지탱할 수가 없었다. 계속되는 변고에 쓰러지기 일보 직전이었다. 이 죄수 호송차 안에서, 바퀴 달린 이 우리 안에서, 공기가 통하지 않는 이 상자 안에서, 나는 목을 붙들려 포획당한 동물 같았다. 너무 피곤해서 잠이 들었다. 5시간이 지나 깨어나니 로드 아일랜드주의 와이어트 구치소에 도착해 있었다.

4

와이어트 구치소

와이어트 구치소를 어떻게 설명해야 할까? 멀리서 보든 위에서 내려다보든, 이 구치소는 주변의 건축물에 비해 특별할 것이 없는 5층짜리 보통 사무실 건물이었다. 그러나 가까이 가면 갈수록 진짜 토치카 또는 콘크리트로 만든 석관이라는 사실을 알 수 있다. 건물 정면에는 창문이 없고, 대신 가로 15센티미터, 세로 80센티미터 크기의 작은 틈이 나 있었다. 온몸에 냉기가 돌게 하는 이 틈을 바라보노라면 안에서는 햇빛을 보기 힘들겠구나 하는 생각이 절로 났다. 일단 안으로 들어가면 무슨 일이 일어날 것만 같았다. 이중 담장으로 둘러싸인 구치소는 주위를 둘러싼 철망으로 세상과 격리되어 있고, 10미터 간격으로 감시 카메라가 설치되어 있었다. 들락거리는 차량은 모두 장갑차량들이었다. 와이어트 구치소는 일반적인 감옥이 아니라 경비가 삼엄한 구치소였다.

미국에서는 감옥의 보안을 네 등급으로 나눈다. 가장 낮은 단계인 보안 등급 1급의 감옥은 '캠프'라 부르는데, 통상 화이트칼라 죄수를 수감하는 곳이다. 체육관이 있고, 보통 테니스장도 딸려 있다. 교도관은 몇 명 안 되고, 감시 시설도 적다. 보안 등급 2급의 감옥은 단기 징역과 비폭력 범죄자가 수감되는 곳이다. 다음으로 이른바 중급의 구치소가 3급으로 분류되고, 마지막으로 고도의 보안을 유지하는 시설이 있다. 와이어트 구치소는 마지막 등급에 속하는 감옥으로, 코네티컷주, 매사추세츠주, 로드아일랜드주, 메인주, 버몬트주에서 발생한 각종 범죄 중 가장 위험한 범죄를 저지른 자들을 모아두는 곳이었다. 이들은 최종 판결 전, 즉 재판을 받는 동안 이곳에 수감된다. 와이어트는 미국 연방감옥관리국 소속이 아니다. 미국 연방감옥관리국 관할의 감옥은 기결수만을 수감한다. 와이어트 구치소를 관리하는 곳은 민간기업으로, 미국 연방감옥관리국의 감독하에 있다. 와이어트는 평균 600명의 죄수를 수용할 수 있으며, 관례에 따라 각기 다른 분류 기준(폭력조직 소속 여부, 나이, 위험성, 인종 등)에 따라 서로 다른 감방에 배치한다. 와이어트 구치소 연례 보고서에 따르면, 2013년의 수감자 중 39퍼센트는 라틴아메리카계이고, 36퍼센트는 아프리카계 미국인이며, 25퍼센트는 백인이다. 이 보고서는 어떤 사람이 2013년에 죄수들 사이에서 몇 건의 성폭력 사건이 있었다는 것을 폭로했다고 강조했는데, 그러나 조사가 철저하게 이루어지지는 않았다. 죄수 두 명이 이 구치소에서 사망했다. 이런 사건들로 사람들은 두려움에 떨었으며, 피해자 가족이 민원을 제기하기도 했다.

이곳이 바로 미국 법무부가 나를 가두는 장소로 결정한, 안전으로 따지면 '슈퍼'급인 구치소이다. 그러나 나는 상습범도 아니고 누범도 아니므로 미국 법무부의 이 결정은 모든 수감 규정을 위배한 것이다. 그렇지만 누구도 나에게 이유를 설명해 주지 않았다.

2013년 4월 15일, 우리가 타고 있던 차량은 대문을 통과해 첫 번째 안전검사 통로에서 멈추었다가 계속 진행하여 두 번째 안전검사 통로에 도착했다. 교도관이 나를 장갑차량에서 내리라고 하더니 한마디도 알아들을 수 없는 감옥 용어를 말하자 차 안에 있던 두 사람도 따라 내렸다. 우리 셋은 차에서 내려 쇠사슬에 묶인 채 계속 앞으로 걸었다. 나는 줄곧 껑충거리며 세 개의 장갑문을 통과해 건물 안으로 들어가 드디어 범죄인 출입 관리를 책임지는 범죄인 인도실에 도착했다.

인도실 안에는 카운터가 있고, 카운터 뒤편으로 범죄인 인도 업무를 담당하는 감옥 총관리자가 앉아 있었다. 인도실 안에는 이 외에 죄수가 금속 물질을 휴대하고 있는지를 검사하는, 공항에서 볼 수 있는 전자 안전검사 문틀 한 짝과 범죄인의 몸을 수색하는 작은 칸막이방 두 개가 있었다. 폭력적인 범죄인이 움직이지 못하게 묶어두는 의자도 있었다. 교도관이 우리의 족쇄와 수갑을 풀자 우리는 또 죄수복을 벗고 알몸이 되어야 했다. 체포된 이후 벌써 네 번째 몸수색이었다. 싱가포르에서 출발한 후 이틀 동안 샤워를 못해 몸에서 고약한 냄새가 나기도 했는데, 이상하게도 부끄러운 느낌이 들지 않았다. 48시간이면 기본적인 수치심도 뒷전으로 던져두고 잊어버리게 되는 모양이다. 모든 것이 모호하게 변해버렸고, 바람에 나부끼듯 전혀 다른 공간으로 나부껴 들어온 듯했다.

교도관이 배낭을 건네주자 그제야 퍼뜩 정신이 들었다. 벌칙으로 구치소 내 별도의 음산하고 깜깜한 감방(이하 '별실'로 칭함)에 수감되지 않는 한, 와이어트 구치소 역시 미국연방의 다른 감옥들과 마찬가지로 새로 들어온 죄수의 옷은 카키색이었다. 카키색 죄수복 외에 팬티 4장,

양말 4켤레, 티셔츠 4벌, 긴 바지 2벌, 캔버스화와 슬리퍼가 각각 1켤레 지급되었다. 그중 운동화만 새것이고, 나머지 물품들은 모두 파손된 헌 것이었다. 교도관이 추가로 내 사진이 부착된 가슴 표찰을 건네주었다. 사진은 조금 전 안전검사 때 통과했던 전자 문틀 앞에서 찍힌 것인데, 그 모습이 마치 〈유주얼 서스펙트〉라는 영화의 한 장면 같았다. 표찰에 는 내 수인 번호 21613이 쓰여 있었다.

이제 수감 조사표를 작성할 차례였다. 내가 이곳에 있는 동안 연락할 사람들의 전화번호를 적는 페이지가 있었다. 그런데 이게 웬일인가! 내 주변 누구의 전화번호도 생각이 나질 않았다. 심지어는 싱가포르에 있 는 아내의 얼마 전에 바뀐 전화번호조차 기억이 나지 않았다. 변호사와 이제는 연락할 방법이 없다는 데 생각이 미치자 불현듯 가슴에서 공포 감이 솟아올랐다. 그 아마추어 같은 변호사 라티프는 연락처도 건네주 지 않았다. 지금 연락 가능한 유일한 미국 '관리'는 세스 블룸이었다. 케 네디 국제공항에서 FBI 건물로 끌려갔을 때 만났던 요원 중 한 명인 그 가 그때 나에게 명함을 한 장 건네준 덕분이었다. 무슨 대가를 치르더라 도 그에게 연락을 취해 나의 현 상황을 설명하고 내가 어디에 있는지를 알려 주어야 했다.

"절대로 안 돼!" 수척한 얼굴의 라틴아메리카계 교도관이 화를 내며 거절했다. 나는 뜻을 굽히지 않고 그 교도관에게 상황을 정확하게 전달 하려고 시도했으나 결과는 그의 화를 더 돋울 뿐이었다. 그는 같은 호송 차로 이송되어 온 세 사람을 같은 감방에 가두었다. 한 시간 후 그가 왔 다. 무슨 까닭에 생각이 바뀌었는지는 몰라도 전화를 하라고 허락해 주 었다. 다만 단 한 통이고, 용건만 간단히 하라고 하면서 말이다.

세스 블룸의 전화를 누르며 기도했다. 제발 받으라고. 다행히도 그가 전화를 받아 주었다. 그러나 행운은 거기까지였다. 그는 뉴욕에서 워싱턴으로 가는 기차 안이라고 말했고, 내가 라티프 변호사의 전화번호를 알려 달라고 채 말하기도 전에 전화는 끊어졌다. 블룸이 벌어 준 시간은 내 문제를 설명할 수 있는 만큼만이었다. 그래서 교도관에게 한 통만 더 하겠다고 요청했다.

"여긴 호텔이 아니야, 멍청아! 한 번만 된다고 했지, 두 번은 안 돼! 꺼져!"

나는 다급한 마음에 애원하듯 매달렸으나 아무 소용이 없었다.

"단 한 통이야. 계속해서 헛소리를 지껄이면 별실에 처넣을 거야." 교도관이 화를 내며 소리 질렀다.

참을 수 없는 지경이었지만, 그 표정이 워낙 흉악한 악질의 모습인데다가 반박해 봐야 씨도 먹히지 않을 것 같아서 그만두었다.

범죄인 인도실에서 나와 지정 구역에 도착하기 전에 죄수 한 사람당 칫솔 1개, 치약 1통, 비누 1개, 작은 샴푸 1병, 수건 2장, 5센티미터 두께의 플라스틱 침대 매트 1개, 침대보 2장과 밤색 담요 1장이 추가로 지급되었다. 나는 이 감옥에서 가장 낡은 구역 중 하나인 D구역에 수감되었다. 와이어트 구치소에서는 공용 홀을 중심에 두고 그 홀을 사방으로 둘러싸고 수감 구역이 배치되어 있었다. D구역에는 20여 개의 감방이 있고, 감방당 수감 인원은 4명이었다. 같은 차로 이송된 우리 세 사람은 19호 감방에서 지내게 되었다. 구치소 규정상 수감된 지 72시간 안에는 아침 점심 저녁 세끼를 먹는 7시 50분, 12시 20분과 오후 5시 20분 외에는 감방을 나갈 수 없기 때문에 우리 셋은 사이좋게 지내야 했다. 수감된 첫 번째 감방에서 공용 장소인 식당을 오가는 시간을 제외한 22시간 가까운 시간을 종일 3.3평의 공간에 머물러 있어야 했으니 말이다.

감방에는 작은 철제 탁자 하나, 바닥에 고정된 의자 두 개, 세숫대야 한 개, 화장실 한 칸, 이층침대 두 개가 있었다. 처음 지을 때는 방당 두 명을 수용하도록 설계되었는데, 수감자가 너무 많아지자 현재는 방당 네 명이 지내도록 바뀌었다. 화장실에는 문이 없어서 사용할 때 프라이버시를 보호받는 유일한 방법은 식사 시간에 교도관이 감방문 자동개폐장치를 작동할 때를 기다리는 것이었다. 이때가 되면 감방의 '친구들'이 복도로 나가 감방 안 화장실을 잠깐 혼자 쓸 수 있는 편안한 시간이 확보되기 때문이다.

아시아인의 잠자리는 내 윗자리이고, 뚱보 흑인의 잠자리는 내 맞은편 침대였다. 감방 친구 두 명은 다행히도 모두 교양이 있었다. 둘은 자기들 이야기에 내가 한마디 대꾸도 없자 말하는 속도를 늦추고 단어 하나하나 신경을 써 주었다. 아시아 친구는 조, 뚱보는 메이슨이라고 했다. 두 사람은 서로 자기 처지를 이야기하면서 시간을 보냈다. 월남에서 온 정치난민 출신인 조는 매우 전기적인 삶을 살아왔다. 말레이시아의 지옥 같은 난민수용소에서 도망쳐 나와 1991년에 미국 샌프란시스코로 망명했다고 했다. 그는 조금이나마 있던 돈으로 음식점을 열었고, 이어 두 번째 식당을 열었으며, 나중에는 요식업으로 큰돈을 벌었다.

"마지막에는 200만 달러를 모았어요. 그 후에는 하고 싶은 대로 하고 살았죠. 도박장에서 미친 듯이 도박을 했어요. 그러다가 전 재산을 날린 다음에 만회해 보겠다고 가짜 신용카드를 만들기 시작했습니다." 조의 말이었다.

조는 첫 번째 체포되어서는 2년 형을 받고 캘리포니아주에서 복역했다고 했다. 감옥에서 출소한 후 또 타락의 길로 빠져 도박장에서 1,200만 달러라는 천문학적인 금액을 잃었다. 결국, 거액 사기죄로 또 한 번 체포되어 10년 형을 눈앞에 두고 있었다.

이에 비하면 메이슨의 경력은 다분히 '전통적'이었다. 메이슨은 코네티컷주 주도 하트퍼드(Hartford)의 흑인 거주 지역에서 자랐는데, 아버지는 무능력자에 어머니는 아편중독자였다. 그는 겨우 14살 때 갱단에 들어갔으며, 텍사스주에서 코카인 거래에 손을 댔다. 첫 번째로 6년의 철창생활을 마치고 출소한 후 '666'의 멤버가 되었다. '666'이란 전문적으로 흑인들을 신도로 모집하는 이슬람교의 '지부 조직'인데, 백인에 대해서는 공개적으로 인종차별주의를 표방했으며, 심지어 감옥 안에서도 계율을 지키는 것을 자랑스럽게 여겼다. 메이슨은 나중에 또 8년 형을 받았다. 그런데 그는 두 차례의 복역 기간 중 2년 동안에 4명의 여자에게서 4명의 아이를 낳는 '거사'를 이루어냈다. 그는 우리 두 사람에게 그 4명의 '매우 훌륭한' 여자들에 대해 얘기할 때면 엄청나게 자랑스러운 표정을 지었다.

"첫 번째 여자는 감옥에서 근무하던 여자 교도관이었고, 두 번째는 박물관 안전부의 여직원, 세 번째는 맥도날드 여직원, 네 번째는 하트퍼드의 클럽 스트리퍼였지요. 잘 들으세요, 지금부터가 핵심이니까." 그는 흥분에 젖어 말을 이어갔다. "4명 중 어느 한 여자도 양육비를 달라고 안 했지 뭡니까!"

와이어트 구치소에서의 첫날, 감방 친구들은 나에게 감옥 수칙을 전수해 주었다. 내가 세숫대야 위로 몸을 굽히고 칫솔질을 하면서 세숫대야 안으로 침을 뱉으면 메이슨은 소리를 지르고 욕을 하면서 "침 뱉지 마. 당신 그럴 권리 없어. 뱉으려거든 화장실로 가서 뱉어. 우리가 얼굴을 씻는 대야에 침을 뱉으면 안 되지!"

나는 금세 이해했다. 죄수도 위생 문제만큼은 엄격하게 규정대로 한다는 것을.

메이슨의 가르침은 계속되었다. "소변을 볼 때도 주의할 게 있어. 서서 싸지 말고 여자처럼 앉아서 싸라고. 알겠수? 서서 싸다 여기저기 흘리지 말고. 방귀도 마찬가지야. 화장실에 가서 물을 내리면서 뀌어. 그래야 그 물에 방귀 냄새가 씻겨 내려갈 테니. 다 알아들었지?"

말뜻이 와닿았다. 메이슨이 말한 규칙들에는 일리가 있었고, 나는 하나씩 배우기 시작했다. 그들의 경험에 따르면, 우리 셋 중 어느 하나라도 병에 걸리면 나머지 두 사람에게 전염될 위험이 대단히 크다고 했다. 와이어트 구치소의 의료 구조 수단은 제로에 가깝다. 나는 직접 수업료를 치르고 나서야 그 점을 바로 알아차렸다.

뉴욕으로 날아오기 전 마지막으로 테니스를 하다가(아주 오래전 일처럼 느껴지지만) 오른쪽 복사뼈의 인대가 심하게 파열되어 비행기를 탈 때는 거의 걷지도 못할 지경이었다(그러니 족쇄와 수갑을 차고 깡충거리며 움직였을 때 어떤 느낌이었겠는지 충분히 상상이 될 것이다). 와이어트 구치소에 도착하고 나서 여러 번 반복해서 치료를 요청했음에도 불구하고 아스피린 한 알 받은 것 외에 나는 어떠한 치료도 받을 수가 없었다.

비록 조와 메이슨 이 두 사람과 지내기가 편한 편이었다고는 해도, 초기의 몇 시간 동안은 일 년 같았다. 아무것도 없었다. 음악도, 텔레비전도, 공책도, 펜도, 책도. 있는 것이라고는 변호사 라티프가 브리지포트 법원에서 처음 만났을 때 건네준 기소장 요약본뿐이었다. 유일한 읽을거리인 기소장 요약본을 읽어 보고 또 읽어 보다가 내 생각의 실마리는 어느덧 21세기 초 그 빌어먹을 인도네시아 프로젝트의 계약이 아직 협상 중인 시점으로 되돌아갔다. 바로 이 계약서 때문에 나에게 3.3평 감방 옥살이라는 재앙이 초래된 것이다.

5

회상

아이러니컬하게도, 문제가 된 인도네시아 따라한 화력발전소 프로젝트가 논의되던 무렵 나는 회사를 그만둘 생각을 하고 있었다. 그때 내 나이 서른한 살이었다. 북경에서 회사 에너지 부문의 중국 비즈니스 매니저로 4년(1995년~1999년) 근무를 마친 뒤였고 마침 내 직장 경력을 새롭게 설계하고 싶었다. 알스톰에 입사한 이래 나는 업무적으로 매우 잘나가는 편이었다. 그러나 중간 정도 수준의 공과대학인 ENSMA(국립고등기계항공대학) 졸업장으로는 향후 직장 생활에서 곧 유리천장에 부딪힐까 걱정되었다. 대기업에서 계속 승진하기에는 뭔가 부족하다는 것을 알고 있었다. 그래서 알스톰을 그만두고 프랑스 파리 근교 퐁텐블로에 있는 INSEAD(유럽경영대학원)에서 MBA 과정을 공부하려고 이미 입학 허가도 받아 놓은 상태였다.

1999년에 나는 이 문제로 아내 클라라와 오랫동안 상의를 했다. 아내는 그전에 자기 일을 그만두는 데 동의하고 나와 같이 북경으로 왔으며,

1998년에 이란성 쌍둥이인 피에르와 레아를 낳았다. 그 후 신경생물학 박사 학위를 취득한 그녀는 다시 일하려는 갈망이 대단했고, 그래서 빨리 프랑스로 돌아가 살고 싶어 했다.

지금 되돌아보면 그때 내 결정을 고수하지 못한 것이 후회가 된다. 비록 MBA 학위가 미래의 나에게 무엇을 가져다줄 수 있는지, 생활이 더욱 행복해질지 알 수 없었지만, 한 가지는 단정적으로 말할 수 있다. 그때의 결정을 실행했더라면 미국에서 체포되어 와이어트 구치소에 갇혀 있지는 않았으리라는 것이다.

그러나 그때 회사는 어떻게 해야 나를 붙잡아둘 수 있는지를 알고 있었다. 아마도 회사는 나를 전도유망한 직원으로 여겼던 모양이다. 중국 근무를 마치면 미국에 있는 중요한 자리 ─ 보일러 부문 글로벌 시장 마케팅 매니저 ─ 를 주겠다고 했다. 또한, 확실히 쐐기를 박겠다는 의미로 상급자는 내가 미국에서 근무하면서 컬럼비아대학의 MBA 과정을 공부할 수 있도록 격주 금요일마다 자유시간을 쓰도록 해 주고, 추가로 1년에 몇 주의 자유시간도 제공해 주겠다고 했다. 컬럼비아대학은 사람들이 가장 동경하는 미국 대학 중 하나이자 유명한 아이비리그 소속 대학이다. 회사는 또 입학금 10만 달러 전액을 지급해 주겠다고 했다. 이런 조건을 거절할 수 있는 사람은 많지 않을 것이다.

결국, 나는 1999년 9월 코네티컷주 윈저로 부임했다. 그리고 2개월 후 아내와 두 아이가 건너와 같이 살게 되었다. 그런데 현지에 부임하고 나서야 실제 상황이 예상했던 것보다 매우 좋지 않다는 사실을 알게 되었다.

2000년 초 알스톰은 심각한 재정 위기에 봉착해 파산 지경에 이르렀다. 1년 전에 회사 수뇌부는 스위스와 스웨덴의 합자회사이자 회사의 경쟁사였던 ABB 그룹과 동맹을 맺었다. 그러나 이 제조업계의 연합은 곧바로 끝도 없는 골칫덩어리로 변해 버렸다. 알스톰은 ABB의 가스 터빈 기술을 장악하고 통제했다고 생각하고 세기의 거래를 이룬 것처럼 여겼으나, 이 거래는 실제로는 회사 역사상 가장 심각한 재앙 같은 결정이었다. 당시 이 터빈 발전기 기술은 성숙 단계까지 발전하지 못한 것이었고, 또한 여러 건의 기술적 문제가 발생했다. 기술적 고장이 발생하자 알스톰은 고객에게 고장에 따른 손실을 배상해 주었는데, 배상금이 20억 유로를 초과하여 회사의 부채비율이 산더미처럼 높아졌다(2,000퍼센트가 증가). 회사는 당시 적자가 53억 유로에 달했다고 공표했고, 이로 인해 은행으로부터 신용을 잃고 말았다.

이렇게 되자 이사회는 당시의 CEO 피에르 빌제(Pierre Bilger)를 사퇴시키고 회사의 대권을 파트릭 크롱에게 맡겨 그가 회사를 곤경으로부터 구해 내기를 기대했다. 이사회의 결정은 회사 내부에서 크게 지지를 받았다. 크롱은 엘리트 중의 엘리트였다. 그는 매년 이공계 명문대학인 폴리테크니크(Polytechnique)와 에콜데민(École des Mines)을 20등 안의 성적으로 졸업한 최우수 학생으로 구성된 일종의 '귀족 서클'인 'X-Mines'의 한 사람으로, 여기에 속한 사람들 가운데는 프랑스의 주요 기업에서 최고 경영진에 올라 국가 경제에 큰 영향을 미치는 경우가 많다. 파트릭 크롱은 공기업인 페시네(Péchiney)에서 첫 번째 직장 경력을 쌓은 후 2001년에 알스톰의 이사가 되었고, 2003년 1월 1일부로 사장이 되었으며 나중에 CEO가 되었다. 권력을 장악한 후 몇 개월 동안 그는 법원으로부터 파산선고를 당하지 않도록 전력을 다해 회사를 구해 냈고, 심지어는 직접 파리의 법정에 서서 회사를 변호했다. 브뤼셀의 유럽연합(EU) 집행위원회에 가서 유세하고, 알스톰을 지원하도록 프랑스 정부를 설득했다. 그 대가로 회사는 업무 및 인원의 구조조정을 감당해야 했는데, 이로 인해 200명이 넘는 고위 관리자가 집으로 돌아가게 되었다. 회사의 생사가 걸린 이러한 일련의 작업을 수행하면서 파트릭 크롱은 한 사람으로부터 큰 도움을 받게 되었다. 바로 니콜라스 사르코지(Nicolas Sarkozy)였다. 나중에 프랑스 대통령이 된 그는 당시 재무부 장관을 맡고 있었다. 그는 프랑스 국민이 얼마나 자국의 대기업을 중요시하는지를 알고 있었으며, 일부 인사들처럼 수수방관하면서 몇 개 안 되는 프랑스의 다국적 기업 중 하나가 '분할'되는 것을 바라만 보고 있어야 한다고 생각하지 않았다. 그는 알스톰 일부를 다시 국유화 – 프랑스 정부가 알스톰의 지분을 20퍼센트 약간 넘게 사들임 – 하는 데 성공했다. 사르코지는 승리를 선언할 수 있었다. 파트릭 크롱의 도움을 받아 알스톰의 구원자가 된 것이다!

그러나 당시 전투 사령부는 회사 본부와 프랑스 정부 내부에 있었고, 나는 그곳에서 몇 광년이 떨어진 머나먼 곳에 있었다.

미국에 도착한 나는 바로 암투에 빠져들게 되었다. 내가 이끌어야 할 코네티컷주 윈저 시에 있는 미국본부의 직원들은 전부 1999년 말 합병 시 건너온 ABB 사람들이었고, 그중에서도 나는 근본적으로 나를 안중에 두지 않는 리더 게리 바르시코프스키(Gerry Barcikowski)를 직접 상대해야 했다.

1년 전, 그러니까 1998년, 우리 둘은 경쟁 상대였다. 그는 ABB에서 일했고, 나는 알스톰의 이익을 위해 일했다. 우리는 중국 최대 발전소의 계약을 두고 경쟁했는데, 이 계약은 당시 세계 보일러 제조업계의 최우선 공략 대상이었다. 경쟁의 마지막 단계에서 알스톰과 ABB 두 회사가 남았는데, 결과는 알스톰의 승리였다. 이때의 실패 때문에 미래에 미국 윈저 사무실에서 동료로 만나게 될 그는 ABB 본사의 보일러 부문 글로벌 책임자가 될 기회를 날려 버렸고, 그래서 나에게 원한을 품고 있었다. 그 자리는 ABB 전임 관리자였고 그의 동서이자 이제는 나의 새로운 보스인 톰 파조나스(Tom Pajonas)가 차지하게 되었다.

본사는 우리에게 계약을 맺은 전 세계의 중개인 명단과 관련 계약서 사본을 완전하게 정리해서 제출하라고 지시했다. 2000년 9월 프랑스가 OECD(경제협력개발기구)의 반부패 투쟁에 관한 협의서를 비준하고 서명하기 전까지는 국제시장에서 중개인을 이용해서 프로젝트를 따내는 것은 허가된 관례였다. 뇌물을 주는 행위가 프랑스 영토 내에서 금지될수록 국외에서는 더 용인되었다. 프랑스 기업의 고위 관리자는 매년 파리 동남부의 베르시(Bercy)에 위치한 재무부에 들어가 회사의 '특별 비용' 리스트를 제출했다. 좀 직설적으로 말하면 국제 입찰 시장에서 낙찰받기 위해 가장 자주 사용하는 방법이 중개인을 통해 뇌물을 건네는 것이다. 재무부 규정에 따르면 이 비용은 반드시 정식 절차에 따라 등록해야 하며, 그렇게 하면 나중에 기업이 낼 세금에서 공제해 주었다. 이는 아주 실용적이면서 프랑스 정부가 통제하는 방식으로 위법 행위를 합법화시켜 주는 것이다.

그러나 2000년 9월 이후로는 상황이 달라졌다. 프랑스도 다른 나라들과 마찬가지로 국제 부패행위에 대한 투쟁을 시작했다. 상황이 이렇게 되었기 때문에 회사 경영진은 반드시 ABB와 중개인 사이에 체결된 계약을 모두 파악해서 회사의 행위가 국가의 최신 법률에 부합하도록 조치해야 했다. 파조나스는 이 까다로운 임무를 나에게 맡겼다. 나는 알스톰 쪽 보일러 업무 부문의 중개인 명단과 초빙 계약서는 쉽게 확보할 수 있었으나 ABB쪽(게리 바르시코프스키가 이끌던 윈저 미국본부 포함)이 초빙한 중개인에 대한 자료 입수는 전혀 상황이 달랐다. 두 회사가 합병하기는 했으나 일부 부문에서는 전혀 협조가 되지 않고 있었고, ABB는 자기들의 중개인 인맥을 드러내지 않으려고 했다. 그뿐 아니라 국가마다 ABB 소속 회사는 모두 지방의 제후처럼 본사와는 완전히 독립되어 있었다. 그렇다 하더라도 내 사무용 책상 위에는 계약서가 가득 쌓여 갔고, 나는 하나씩 정리해 나갔다. 그런데 계약서를 살펴보니 계약서별로 조항이 달랐고, 어떤 내용은 심지어 너무 황당하고 우스꽝스러울 정도였다. 중개인들이야 힘들고 어려운 협상 과정을 거쳐 회사의 동의를 받았다고 생각하겠지만, 매달 지불하는 조건인 경우도 있고, 뜻밖에 계약 기한이 없는 경우도 있었다. 중개인이 죽을 때까지 뇌물을 받을 권리를 획득한 것이다.

그 시기에 회사 고위층이 절차의 준법성을 강화하겠다는 결심을 내보이기 위해 알스톰의 경영자는 새로운 준칙을 제정했다. 그 이후 회사는 엄격한 중개인 심사허가 프로세스를 실시했는데, 첫째로 중개인을 그대로 유지하려면 최소 13명이 서명해야 하고, 둘째로 초빙 계약서마다 반드시 '프로젝트 명세서'가 첨부되어야 하며, 명세서 안에는 반드시 중개인의 커미션 금액과 지급 조건(지급 주기와 진도)을 적도록 했다. 그리고 이 명세서는 반드시 3명이 심사한 후 서명해야 하는데, 첫 번째 서명자는 해당 프로젝트의 입찰가를 정하는 부문의 시니어 부사장이고, 두 번째 서명자는 알스톰 국제관계 부문의 시니어 부사장이며, 세 번째 사람은 해당 프로젝트 소재지의 국제관계 업무를 담당하는 지역 시니어 부사장이었다.

끝으로 5,000만 달러를 초과하는 모든 거래는(보일러 사업은 5,000만 달러 이하의 거래가 거의 없기 때문에 거의 모든 거래에 해당된다) 반드시 재무 관리자를 포함하는 리스크관리 위원회에 보고하고 허가를 받아야 했다. 이 위원회는 회사 CEO에 대해서 직접 책임을 진다.

이 외에 회사는 별도로 스위스에 알스톰 프롬(Alstom Prom)이라는 명칭의 회사를 설립하여 중개인과의 거의 모든 계약서의 초안을 잡고 협상하고 최종적으로 서명까지 하는 업무를 책임지도록 했다. 이런 업무 특성상 이 회사는 본사 준법감시부의 최고 책임자가 이끌도록 했는데, 준법감시부의 최고 책임자는 직원들이 회사에서 법률과 도덕을 준수하도록 독려하는 책임도 지고 있었다.

그러나 오해하지 말기 바란다. 회사가 2002년~2003년에 실시했던 이 업무 프로세스는 진상에 분칠하기 위한 것이었다.

회사가 진정으로 '뇌물 안 주기 운동'을 전개하지는 않았다. 정말로 부패를 끝낼 유일한 방법은 철저하게 중개인 이용을 그만두는 것이었지만 회사의 최종 선택은 근본적으로 그것이 아니었다. 오히려 그 반대로, 표면적으로는 '프로젝트 명세서' 심사허가 프로세스가 엄청 까다로웠지만, 뒤로 중개인을 임용하는 행위는 CEO 파트릭 크롱의 용인하에 활발하게 진행되고 있었다. 유일하게 바뀐 거라고는 뇌물공여 행위가 더욱 은밀해졌다는 것이었다.

표면적으로 보면, 회사는 확실히 한 치의 소홀함도 없이 모든 규정과 제도를 준수하고 있고, 모든 계약서에는 (1) 현재 시행하고 있는 반부패법을 상세하게 설명하는 조항과 (2) 중개인에게 뇌물을 주지 않는다는 약속을 반드시 지키도록 상기시키는 조항, 이 두 가지 조항이 들어갔다. 회사의 법률 전문가는 이 두 가지 조항을 일단 기소되었을 때 빠져나갈 수 있는 수단으로 여겼다. 그러나 이 겉모양만 번지르르한 가면 뒤에서 회사는 계속해서 중개인에게 사례금을 주면서 관련된 실권자, 즉 공정 고문, 전문가, 표준평가위원회 위원 등에게 영향력을 행사해 달라고 요구했다. 리스크가 너무 클 것 같으면 중개인을 통하는 것보다는 아예 해당 지역의 토목회사 등과 같은 하청업체의 서비스를 구매하는 방법을 사용했다. 이렇게 하면 반부패기관의 간섭이 크게 줄어든다. 알스톰만의 특수한 사례가 아니고, 대형 국제 컨설팅회사를 중개인으로 사용하는 대부분의 다국적 기업들이 유사한 속임수를 사용했다.

규정과 제도를 준수하도록 독려할 책임이 있는 준법감시부는 자연히 이러한 행위들에 대해서 들은 바가 있을 것이고, 회사의 최고위층도 마찬가지일 것이다. 그럼에도 이러한 행위가 벌어지는 이유는, 두말할 필요 없이 그들이 그렇게 하도록 만들었기 때문이다.

6

한 통의 전화

와이어트 구치소에서의 첫날 밤 나는 이상할 정도로 초조해서 거의 잠을 자지 못했다. 메이슨은 기차 화통을 삶아 먹은 듯한 소리를 내며 코를 골아댔다. 아침 먹을 시간이 되어서야 해방이 된 느낌이었다. 드디어 감방에서 벗어날 수 있고, 특히 샤워를 할 수 있으니 말이다. 나는 일착으로 공용 욕실에 도착해 옷을 다 벗어버리고 샤워를 시작했다가 바로 죄수 중 누군가에게 꾸지람을 들었다.

"여기에서는 알몸으로 샤워하면 안 돼. 반바지 입고 슬리퍼를 신고 해야지. 그래야 오염이 안 돼."

분명히 여기에서는 모든 것을 새로, 그것도 빠르게 배워야 했다. 사실 와이어트 구치소에 수감된 사람들은 거의 상습범이나 누범이어서 모두 구치소 내부 규정과 제도, 처세법을 잘 알고 있는 듯했다. 나만이 갓 도착한 풋내기였다. 여기에서는 '속성반' 수업을 따라잡지 못하면 조롱거리가 되기에 십상이었다.

나는 행방이 묘연한 변호사 라티프와 연락이 닿을 방법을 반드시 생각해 내야 했다. 교도관에게 세스 블룸에게 전화할 수 있게 허락해 달라고 다시 한번 부탁했더니 "그건 사회복지사에게 말해 봐. 아마 점심 먹고 나면 건너올 거야."라고 대답했다.

나는 지금 철창생활에서 중요한 덕성 중 하나인 인내심을 기르는 중이다. 점심시간이 지나자 사회복지사가 도착했다. 그런데 여러 사람이 우르르 몰려들어 다투어 그녀에게 말을 붙이려고 하다 보니 내 차례가 올 때까지 기다려야 했다. 기다리고 또 기다렸다. 감옥에서 익혀야 할 첫 번째 덕목은 '기다리는 것'이다.

드디어 내 차례가 되었다. 사회복지사는 내가 전화하도록 해 주었다. 그리고 감동적인 장면이 발생했다. 세스 블룸에게 나의 절망감을 호소하고 도움이 필요하다고 말했더니 전화 상태가 좋지 않았음에도 불구하고 이 미국 FBI 요원은 나의 구조 요청을 알아들었다. 더욱 뜻밖인 것은 그가 와이어트 구치소로 전화를 걸어 교도관에게 사회복지사를 통해 나에게 라티프의 전화번호를 전달해 주라고 한 것이다. 그는 내 변호사보다 나의 변호에 더 신경을 써 주었다.

라티프의 전화번호는 입수했지만, 그녀에게 연락하려면 새로운 난관 하나를 극복해야 했다. 공용 홀에 설치된 4대의 벽걸이식 공중전화를 순조롭게 사용하려면 우선 매우 번거로운 과정을 거쳐야 했다. 구치소 복역 기간 중 연락하고자 하는 사람을 열거한 명단을 사회복지사를 통해 교도관에게 제출해야 했다. 이 명단은 반드시 정식 심사와 허가를 받아야 하며, 구치소 당국의 명부에 기록이 되어 있어야 했다.

첫 번째 문제는, 조금 전에 사회복지사가 준 라티프의 전화번호 외에 다른 사람의 전화번호는 하나도 기억이 나지 않는 것이었다. 두 번째 문제는, 전화를 걸려면 돈을 내야 한다는 점이었다. 죄수들은 모두 하나씩 가지고 있는 식당 계좌에 있는 돈으로 전화비를 내는데, 가격이 너무 비쌌다. 그런데 나는 지갑과 신용카드 등을 모두 몰수당했고, 이것들을 라티프가 보관하고 있었다. 정말이지 카프카식 비극이었다. 그런데 너무나 의외로 사회복지사가 이런 상황을 눈치채고 자기 사무실의 직통전화를 '파격적으로' 허락해 주었다.

드디어 나는 그녀에게 전화할 수 있었고, 그래서 그녀는 내가 어느 구치소에 갇혀 있는지 알게 되었다. 그런데도 그녀는 겉치레로 물었다.

"그런데 당신이 있는 구치소의 위치가 어디죠?"

구치소 주소를 찾는 일조차도 하고 싶지 않은 건가. 도대체 이 여자는 앞뒤가 꽉 막힌 것인가, 아니면 내 일에 전혀 관심이 없는 것인가. 이어지는 그녀의 말을 듣고 있자니 마음이 더욱 불안해졌다.

"네, 피에루치 씨, 상황이 별로 좋지 않아요.……법원에 보석금으로 10만 달러를 내겠다고 할 생각이었는데, 그쪽은 이 액수로는 어림없다고 생각하나 봐요. 미국 법무부가 당신을 계속 억류할 생각이라 검사가 보석금을 올릴 것이 분명합니다. 말씀해 보시죠? 은행 계좌에 돈이 얼마 있어요?"

나는 머릿속으로 얼른 계산해 보았다.

"모두 합쳐서 한 40만 달러 정도 될 겁니다."

"음…… 그걸로는 부족하겠는데요. 좀 더 준비할 수 있나요?"

"어렵겠는데요. 제가 회사 고위층이기는 하지만 거금이 있는 사람은 아닙니다. 파리 근교에 집이 한 채 있는데, 첫 할부금이 제로인 대출을 받아서 산 거예요. 그것밖에 없어요. 그건 그렇고, 이런 일이 발생한 건 사적인 문제 탓이 아니잖아요? 회사는요? 회사 때문에 감옥에 갇혀 있는데, 회사가 개입해야지요."

"그러겠지요.…… 알겠습니다. 잘 들으세요. 내일 오전에 법정을 다시 열어 당신의 보석 청구를 심리하기로 법원의 승낙을 받았어요. 그러니 곧 결론이 날 겁니다. 너무 걱정하지 마세요. 해결 방법을 찾아낼게요."

"그러기를 바랄 수밖에 없네요. 이 소식을 회사 법무 책임자인 카에게도 알려 주세요. 워싱턴에서 미국 법무부와 미팅을 마치면 이곳으로 나를 보러 와 달라고요."

라티프는 보관하고 있던 내 블랙베리 핸드폰에서 아내, 여동생 그리고 부모님의 전화번호를 찾아서 알려 주었다. 나는 그녀에게 내 신용카드 비밀번호를 알려 주고 수시로 필요할 때 써야 하니 빨리 내 식당 계좌로 50달러를 입금해 달라고 부탁했다. 나는 평상시, 특히 위기의 순간에는 더더욱 냉정함을 유지하며 생각하려는 습관을 지니고 있다. 엔지니어 교육을 받아서 그런 건지 아니면 수학에 흥미가 있어서 그런 건지는 알 수 없지만. 복잡한 국면에 맞닥뜨리면 나는 연산 방식을 사용하여 일을 처리하는데, 먼저 더하기 부호와 빼기 부호를 쭉 적고 그러고 나서 덧셈과 뺄셈을 한다.

(덧셈에 해당하는) 좋은 정보는, 이 지옥이나 다름없는 구치소에서 내가 구차하게 생활할 날이 몇 시간밖에 안 남았다는 것이다. 부족한 보석금 대신 집을 저당 잡히기는 하겠지만, 내일 아침이면 판사는 나를 석방하는 판결을 할 것이다. 살인사건의 피의자도 석방하는 사법제도를

가진 나라에서 석방 외의 판결은 모두 나에게는 아라비안나이트에 나오는 일처럼 터무니없는 이야기였다.

(뺄셈에 해당하는) 안 좋은 정보는, 내 운명을 판결할 법관이 나를 석방하는 대신 법원의 최종 판결이 나올 때까지 출국 금지 결정을 내릴 수 있다는 것이다. 가정으로 보나 일로 보나 몹시 좋지 않은 상황이지만, 그렇다고 재앙이라고 할 정도는 아니었다. 2006년에 프랑스로 떠나기 전 이미 코네티컷에서 7년 동안 일한 경험이 있기 때문에 회사(미국 본부)의 일은 상세히 알고 있으므로 몸이 싱가포르가 아닌 미국에 있다 할지라도 최소 몇 개월은 보일러 업무를 큰 문제 없이 꾸려 나갈 수 있었다. 물론 그러려면 회사가 내 사정을 고려한 맞춤형 직위를 만들어 주어야 하지만. 회사의 일로 인해 이런 어처구니없는 곤경에 처했으니 회사는 마땅히 사리에 맞는 결정을 해 줄 것으로 생각했다. 이것이 내가 회사에 바라는 최소한의 기대였다.

반대로, 나 말고 가족의 경우에는 악몽일 것이다. 2012년 8월, 우리 부부와 아이들 넷은 싱가포르로 이주했다. 아시아로 이주해 온 것은 우리 가족 모두에게 아주 많이 보탬이 되었다. 우리 부부는 많은 곤란을 극복해 왔기에 싱가포르에서의 생활은 새로운 출발을 상징했다. 베팅에 성공한 것이다. 아이들도 즐겁게 지냈고, 싱가포르의 환경에 완전히 적응했다. 아이들은 전학한 국제학교를 무척 좋아했고 친구도 많이 사귀었다. 우리가 싱가포르에 도착한 그 주에 가브리엘라가 자기 태블릿 PC를 손에 들고서 새로 입주한 집 안의 이곳저곳을 돌아다니며 멀리 프랑스에 계신 할아버지에게 새집을 소개해 드렸는데, 지금도 그 장면이 눈에 선하다. 그때 아이의 표정이 그렇게 신나고 즐거울 수가 없었다. 다른 세 아이도 마찬가지였다.

아내 클라라와 나는 72시간이나 연락을 못 했다. 내가 출장을 다닐 때면 비록 아주 가끔 집에 전화 연락을 했지만, 이제는 실상을 이야기할 때가 되었다. 나는 변호사와 상의해서 내일 그녀에게 모든 것을 말해 주기로 했다. 내일 법정 심리가 끝나면 나는 다시 자유를 얻을 테니, 그녀에게 주는 타격이 그리 크지는 않을 것이다. 그런데 이 며칠간의 사건 전부를 그녀에게 어떻게 설명해 준담? 만약 최종 판결 결과가 나오기까지 몇 개월을 미국에서 지내야 한다면, 이 몇 개월간 우리의 생활은 어떻게 조정해야 하지? 싱가포르에서 미국으로 이사해야 하나? 아내는 신경생물학 박사 학위와 근무 경력 덕분에 싱가포르에 있는 대형 프랑스계 기업에 채용되었고, 새로 시작한 일을 좋아했다. 아마도 나 혼자 보스턴에서 지내야 할지도 모른다. 이런 별거 생활을 클라라는 견뎌낼 수 있을까? 아이들은?

감방 침대에 누워 생각에 생각을 거듭했다. 마음은 풀 수 없는 문제들로 가득했다. 기소장 요약본을 다시 한번 읽어보았고, 따라한 프로젝트와 관련된 일들을 발생했던 시간순으로 정리해 보려고 했다. 그런데 너무 오래전의 일들이라……. 법정은 내일 오전 11시에 열릴 예정인데, 미국 구치소에서 법원까지 가려면 시간이 필요하니 교도관이 아마 날이 밝기 전에 나를 깨울 것이다. 대략 새벽 4시쯤이겠지. 잠시라도 눈을 붙여야 하는데, 침대가 너무 좁고(폭이 50센티미터도 안 됨) 플라스틱 매트는 무척 얇아서 자다가 침대 밑으로 떨어질까 염려되었다. 감방 친구가 밑으로 떨어지는 걸 방지하는 묘책이라면서 끈으로 침대 매트, 담요, 침대보 등을 매듭을 지어 묶어 보라고 했다. 이 방법은 효과는 좋지만,

숨이 너무 막혔다. 내 자신이 끈으로 바싹 조여져 있는 고기 토막처럼 느껴졌고, 눈을 감고 휴식을 취하는 것도 지나친 바람 같았다. 나는 미동도 하지 않고 작은 소리도 내지 않은 채 날이 밝아 오기를 기다렸다.

7

그들은 나를 잊었다

와이어트 구치소에 들어선 순간 교도관은 나의 물건을 전부 압수했다. 결혼반지와 손목시계조차도 남겨 주지 않아 나는 시간개념을 잊어버렸다. 해가 밝아오자 부드러운 아침 햇살이 문틈을 뚫고 들어왔다. 1분 1분이 참 더디게 흘렀으나 나는 인내심을 가지고 기다렸다. 귀를 기울여 조그만 소리도 놓치지 않고 들으면서 나를 찾아오는 교도관의 발소리가 들려오기를 기도했다. 나를 법정으로 데리고 갈 교도관의 발소리를.

그러나 소리는커녕 그림자 하나 나타나지 않았다. 지금 시간이 적어도 아침 6시는 되었을 텐데, 그럼 교도관들은 나를 잊어버렸다는 건가? 밖을 향해 감방문을 두드려 보았으나 아무런 반응이 없다. 다시 두드렸다. 점점 더 힘을 주어 두드렸다. 마침내 교도관 한 명이 무슨 일인가 싶어 건너오더니 내 말을 들어 주었다. 말을 듣고 난 교도관의 얼굴에서 나는 악의가 아니라 놀라움이 번지는 것을 볼 수 있었다. 그는 자기뿐만 아니라 다른 교도관들도 나를 뉴헤이븐 법원으로 데리고 가라는 지시를 전혀 들은 바 없다고 맹세하듯 말했다. 그러면서 다시 한번 확인해 보겠다고 했다.

그는 상황을 알아보러 갔다가 돌아와서 그런 명령이 없었다고, 확실히 없었다고, 일정표상에 나를 법원으로 호송한다는 기록이 없다고 확인해 주었다. 나는 낙담하여 미칠 것만 같았다. 변호사가 나에게 거짓말을 한 것일까? 그녀가 검사와 결탁해서 한패가 된 것 아닌가? 회사가 내 변호사로 정해 주어서 만난 것이지, 나는 그녀에 대해서 아는 것이 없지 않은가? 그녀를 어떻게 믿지? 이렇게 피동적인 상황에 부닥치기는 처음이었다. 나는 망상에 빠져들지 않으려고 필사적으로 노력했다. 나는 다시 한번 힘을 주어 감방문을 두드렸다. 교도관이 머리를 감방 안으로 들이밀고 무슨 일이냐는 표정을 지었으나 동정심은 이미 고갈된 상태였다. 나는 사리에 근거해 힘주어 강조하듯이 말했으나 나의 미친 듯한 모습은 누가 보아도 정신 상태가 비정상이라고 느꼈을 법했다.

교도관은 매우 귀찮아하는 표정이 역력했다. 나는 변호사와 꼭 통화해야겠다고 말했다. 이건 너무나 중요한 일이다, 뭔가 큰 오해가 있을 거라고 말했다. 나는 반드시 나가야 하고, 본래가 판사가 소환한다고 했으니 나를 석방하려고 했던 것 아니겠냐고 말했다. 지금 이 상황이 너무 황당하니 교도관이 꼭 좀 도와주어야 한다고 말했다. 교도관은 아무 말 없이 뒤돌아서 가버리더니 1분 후에 돌아와 스트레스를 풀어줄 좋은 처방 하나 – 한 권의 책 – 를 내밀었다.

책은 다름 아닌 《와이어트 구치소 내부수칙》이었다. 무려 50여 페이지에 달하는 책이었는데, 어떤 상황에서 죄수가 구치소 관리자에게 항의할 수 있는지에 관한 규정도 있었다. 나는 정말이지 미친 듯이 큰소리로 외쳐대고 싶었다. 어떡하자는 거지? 나를 미치게 만들려는 거야? 움직이지 못하도록 몸에 꽉 끼는 옷이라도 입히겠다는 거야? 서서히 나는 냉정함을 되찾기 시작했다. 침묵하고 기다리는 것 외에 다른 선택지는 없었다. 시간이 한참 흘러 해가 질 무렵이 되어서야 나는 라티프로부터 걸려온 전화를 받았다.

그녀가 말했다. "세상에, 와이어트 교도관들이 엄청나게 멍청한 일을 저질렀어요. 당신을 법정으로 호송하는 일을 잊어버리다니요. 원래 계획에는 예정된 시간에 법정 심리가 열려 조건부 석방 결정을 내리려고 했는데, 당신이 법정에 나타나지 않자 개정 시간을 이틀 뒤로 연기해 버렸어요!"

나는 애써 참고 심호흡을 하면서 현실을 마주했다.

"라티프 씨, 일이 이미 이렇게 된 이상 아내에게 연락 좀 해 주세요. 분명 걱정하고 있을 겁니다."

"네, 바로 조치할 테니 염려 마세요, 피에루치 씨. 아! 그리고 내일 내 보스랑 같이 보러 갈게요. 갈 때 기소 서류 중 결정적으로 중요한 자료들을 가지고 갈 테니 같이 보기로 해요."

도대체 내가 무엇 때문에 기소되었는지, 구체적인 내용을 알아볼 기회가 왔다. 48시간 전에 라티프가 기소장 요약본을 건네주어 읽어 보았지만 건진 것은 하나도 없었고, 오히려 문제점만 여러 개 발견했을 뿐이었다. 통화를 마친 후 다시 감방으로 압송되어 혼자 있으려니 앞날이 막막했다. 나처럼 활동력이 넘치는 사람이 이렇게 지내자니 정말 견디기 힘들었다. 아무것도 할 수 없는 상태에서 시간을 보내기 위해 《와이어트 구치소 내부수칙》을 읽고 또 읽었는데, 거기에는 대소사를 막론하고 구치소 생활에 관한 내용이 상세하게 적혀 있었다. 그중에 '외부와의 연락'이라는 제목의 장이 있는데, 페이지 수가 꽤 되었다. 이것을 읽어보고서야 사회복지사가 왜 자기 사무실의 전화를 쓰게 해 주면서 무슨 대단한 특혜라도 베푸는 것처럼 거창하게 '특례'라고 말했는지 이해가 갔다. 외부에 전화하는 구체적인 과정은 마치 미국 CIA가 제정한 것 같았는데, 이렇게 규정되어 있었다. 전화를 걸고자 하는 죄수는 구치소 간부에게 전화번호 명단을 제출해야 하고, 간부는 통화를 허용할지 말지를 결정할 뿐만 아니라, 구치소의 허락이 떨어진 명단의 사람들은 구치소의 온라인 플랫폼에 미국에서 개설한 은행 계정 등 필요 사항을 등록해야 한다. 외국이라면 이건 정말 머리 아픈 일이다. 솔직하게 말해 이 과정을 완료하려면 적어도 2주일의 시간이 필요한데, 나는 2주일이나 기다릴 형편이 못 되었다.

다른 사정들도 마찬가지였다. 구치소 안에서는 사사건건 돈을 내야 했다. 심지어는 죄수들이 일상생활에 사용하는 비누, 치약, 칫솔, 샤워할 때 신는 샌들과 물 마실 때 쓰는 플라스틱 컵 같은 필수품까지도 다 돈을 내고 사서 써야 했다. 이 중 플라스틱 컵에 대해 좀 더 설명하자면, 물론 사전에 구치소 식당에서 돈을 주고 사야 하는데, 다른 재질로 된 용기는 가져다 놓지를 않기 때문에 와이어트 구치소에서는 플라스틱 컵만 사용할 수 있다. 그래서 유일하게 사용 가능한 플라스틱 컵이 이곳에서는 보배이다. 여기에서 마실 수 있는 음용수란 딱 한 종류뿐인데, 그것은 바로 얼음이었다. 왜 그랬을까 하는 의문은 오늘까지도 풀리지 않는다. 물을 마시려면 반드시 먼저 감방을 나가(물론 나갈 수 있을 때만)

공용 홀로 가서 구치소 측에서 주는 얼음을 받는다. 얼음은 돈을 받지 않고 무료로 주는데, 딱 한 상자뿐이다. 얼음을 플라스틱 컵에 가득 담아서 감방으로 돌아와 온수 공급기에서 물을 컵에 가득 담는다. 만약 얼음이 없으면(자주 없다) 다음번 상자가 도착할 때까지 기다려야 한다. 얼음 상자는 하루에 한 번 배송된다. 참을 수 없을 정도로 목이 마를 때 기다리고 기다리다 얼음 한 컵을 얻어 감방으로 돌아오는 것만큼 행복한 일이란 없었다. 원인은 간단했다. 얼음을 받아와 녹이는 일은 하루에 몇 차례, 정해진 시간에만 할 수 있었기 때문이었다.

나는 식당을 겸하고 있는 공용 홀이 D 구역 생활의 핵심 구역이자 유일한 생활 구역이라는 것을 바로 알아차렸다. 밥과 찬 – 그렇게 부르기도 민망했지만 – 은 4개의 칸으로 나뉜 밤색 플라스틱 쟁반에 담아 주는데, 첫 번째 칸에는 빵 두 조각, 두 번째 칸에는 – 자주 비어 있지만 – 녹색 채소를 담아 준다. 세 번째 칸에는 메인 요리를 담아 주는데, 매일 종류가 바뀌고 색깔도 다른 죽이다. 어떤 재료를 사용해서 이 죽을 만드는지 설명할 방법이 없는데, 맛도 없을뿐더러 냄새도 없다. 그래서 우리가 뭘 먹는지 알 수가 없다. 마지막 칸에는 디저트라는 것을 담아 주는데, 하루도 변함없이 '설탕물에 삶은 사과'가 나온다.

와이어트 구치소는 민간이 운영하는 곳이라 음식 가격은 푼돈까지 따지고 한 끼 가격이 1달러를 넘지 않는다. '민영' 구치소는 기업이다. 영리를 추구한다는 말이다. 죄수들은 구치소 측의 돈을 한 푼도 쓰면 안 되고, 구치소를 경영하는 사람이 돈을 벌게 해 주어야 한다. 구치소는 돈 벌 기회는 절대로 그냥 내버려 두지 않았다. 텔레비전의 영상을 보는 건 무료이지만 소리를 들으려면 돈이 들었다. 구치소 상점에서 수신기와 이어폰을 사야만 들을 수 있으니까. 돈을 쓰지 않고 할 수 있는 일은 아무것도 없었다. 미국의 구치소에서 시간은 이렇게 끊임없이 돈을 쓰는 가운데 흘러갔다.

공용 홀의 벽에는 모퉁이마다 1대씩 총 3대의 텔레비전이 걸려 있다. 그중 한 대는 흑인용인데, 유방 확대 수술을 받은 반라의 미녀들이 나오는 비위 상하는 리얼리티쇼 프로그램만 틀어놓는다. 라틴아메리카계 죄수들은 다른 모퉁이의 텔레비전을 에워싸고 있는데, 이곳에서는 주로 유니버설(Universal) TV의 멕시코 드라마를 틀어 주고, 가끔 축구 경기도 틀어 준다. 나머지 한 대는 백인용이었다. 농구나 미식축구 혹은 격투기를 돌아가면서 틀어 주고, 이 밖에 매일 아침 미국 CNN의 1시간짜리 뉴스 방송을 틀어 준다. 원칙상으로는 당연히 누구나 마음대로 자신이 원하는 프로그램을 볼 수 있지만, 텔레비전마다 '좋은 자리', 즉 텔레비전 모니터 정면 자리는 해당 종족들이 차지하는 게 묵인되었기 때문에 이 종족에 속한 사람들이 당연하다는 듯 앉아 있다. 그렇지 않는 경우 텔레비전을 볼 수는 있지만, 채널을 돌리자고 요구할 수는 없다. 죄수들끼리 리모컨 때문에 다투다가 때로는 폭력 사태로 번지기도 하므로 리모컨 관리 권한은 죄수가 아닌 교도관이 가지고 있다.

식당을 겸한 이 공용 홀에는 텔레비전 숫자와 같은 3대의 감시 카메라가 설치되어 있어 이곳을 항시 감시하고 있다. 식당에 있는 4대의 벽걸이형 공중전화기 앞에는 언제나 줄 서서 기다리는 사람들이 끝없이 이어졌다. 통화할 때는 프라이버시와는 전혀 무관하게 누구든지 다른 사람이 전화(최장 20분)로 나누는 대화를 다 들을 수 있었다. 모든 통화는 와이어트 구치소가 감청과 녹음을 하고, 녹음 내용은 검사와 FBI 수사관에게 전달되었다. 마지막은 공용 홀에 이웃해 있는 공용 샤워실인데, 샤워 꼭지 2개는 고장이 나 있었다. 죄수들은 슬리퍼를 신고 반바지를 입은 채 샤워실로 들어가야 했는데, 이는 위생 때문만이 아니고 성폭행을 방지하려는 목적도 있다고 한다.

8

검사장 출신 변호사 스탠

"안녕하십니까? 스탠 트워디(Stan Twardy)라고 합니다. 코네티컷주 검사장 출신이죠."

내 새 변호사라고 하면서 등장한 사람이 자기소개를 했다. 큰 키에 반백의 머리, 62세라는 그는 얼굴에 할리우드식 미소를 살짝 지으면서 말했다. 검사장 출신 변호사인 그는 셀 수 없을 정도로 다양한 명예직 직함을 가지고 있었다.

진작 이랬어야지. 회사가 이제야 박식하고 프로에다가 수완까지 있어 어떤 상황에도 응대할 수 있는 변호사를 보낸 것이다. 트워디는 미국 500대 기업 중 몇몇 기업의 변호 업무를 맡은 적이 있고, 예닐곱 권의 법률 전문 서적을 써서 미국 '최우수 변호사' 중 한 명으로 꼽히는 영예를 얻기도 했다.

"우선 설명할 것은," 그는 이렇게 서두를 떼면서 본론을 시작했다. "내가 근무하고 있는 데이 피트니(Day Pitney) 로펌은 당신이 일하는 알스톰의 뇌물공여 사건의 변호를 맡은 패튼 보그스(Patton Boggs) 로펌의 위임을 받았습니다. 우리 측 변호사의 수임료는 전액 귀사가 지불합니다."

나는 그가 한 말의 한 마디, 한 문장을 자세하게 곱씹어 보았다. 그의 옆에 앉아 있는 라티프는 그와 비교하면 하늘과 땅 차이가 났다. 이때 그녀가 할 수 있는 거라고는 조용히 그를 우러러보는 것뿐이었다. 트워디는 당당한 말투에 단어 구사도 정확하여 어떤 복잡한 국면에서도 방향을 잃지 않을 것 같은, 자신감 넘치는 인상을 풍겼다. 그는 계속 말을 이어 나갔다.

"당신의 회사가 당신의 변호 비용을 지급하겠다고 보증했지만, 그러나 형을 살게 되면 당신이 그 비용을 회사에 상환해야 한다고 했습니다."

내가 잘못 들은 게 아니겠지? 내가 꿈을 꾸고 있나? 트워디는 여전히 계속 말을 이어 나갔다. 그의 표정은 침착하고 냉정했다. 라티프는 줄곧 말없이 입을 다물고 침묵을 지켰다.

"사실상 당신이 이 변호 비용을 회사에 상환할 가능성은 꽤 크죠. 당신이 응소하기로 했으나 우리가 변호에 실패했을 경우, 또는 당신이 응소를 포기하고 유죄를 인정하는 경우에는 회사에 변호 비용을 상환해야 합니다."

무슨 이런 말이 있어. 정신 차리라고 자신을 꼬집을 필요는 없었다. 원래 깨어 있었으니까. 나는 화가 나서 말했다.

"진짜 창피스러운 이야기군요. 도저히 받아들일 수 없습니다. 나의 모든 활동은 회사의 이름으로 진행된 것이며, 나는 업무 수행 내내 회사의 모든 내부 규정을 엄격히 준수했습니다."

"당신이 받아들이든 받아들이지 않든 우리의 변호가 필요하다면 반드시 이 전제 조건을 설명해 주라고 회사가 요구했습니다."

믿을 수가 없었다. 회사가 이렇게나 후안무치하다니. 그러나 나는 또다시 내가 잘못 알아들었을 것이라는 환상에 빠졌다.

"당신이 지금 무슨 말을 했는지 알고 있나요? 현재 회사는 미국의 관련 당국과 협상을 하고 있는데, 죄명을 인정하고 벌금에 대해서 협상을 할 겁니다. 그런데 나도 회사 방침처럼 죄를 인정하고 형을 살게 된다면 회사가 나를 내팽개치고 상관하지 않을 것이니, 나는 혼자가 될 것이라는 의미 아닙니까? 이건 어떻게 설명할 거죠?"

"피에루치 씨, 이건 이렇게 해석할 수 있죠. 당신이 미국 회사에서 일하고 있었다면 응당 벌써 해고되었을 겁니다."

어처구니없게도 트워디는 나를 죄인 취급하면서 훈계했다. 그러나 그는 나를 와이어트 구치소에서 빼내 줄 수 있는 유일한 사람이었기에 나는 자세를 낮추고 말투도 억제했다. 그는 알스톰의 요구대로 작성한 서류와 펜을 주면서 나에게 서명하라고 했다. 나는 정색을 하고 서명을 거절했다.

"카를 만나서 이 일을 상의해 봐야겠소. 그가 아직은 미국에 있을 테니 나를 보러 이곳으로 와 달라고 해 주시오."

트워디는 카에게 나의 요구를 전달하겠다고 약속했다. 그리고 그가 내민 서류에 서명하기를 거절했음에도 개의치 않고 대화를 이어 나갔다. 드디어 그는 내가 가장 관심이 있는 주제 – 내 보석 문제 – 를 거론했다.

"피에루치 씨, 당신이 체포된 후로 상대방이 요구하는 금액이 계속 오르고 있다는 사실을 아셔야 합니다. 나와 라티프가 보기에 당신을 이곳에서 데리고 나가려면 큰 금액을 내야 할 것 같습니다."

나는 침을 삼키고 나의 최우선 관심사이자 유일한 문제이기도 해 매일 생각하고 있는 문제를 끄집어냈다. 이 문제는 미국에서 매우 중요했다.

"얼마인가요?"

"알스톰에서는 150만 달러를 내겠다고 했습니다. 당신은 40만 달러를 내면 충분할 것으로 보입니다. 이 외에, 귀사는 아파트 한 채를 임차하는 비용과 당신이 프랑스로 도피하지 못하도록 감시할 두 명의 간수 급여를 내는 데 동의했습니다."

"간수요? 24시간 내내 나와 내 가족을 감시한다고요?"

"맞습니다. 이건 국제통화기금(IMF) 칸 전 총재에게 요구되었던 석방 조건이죠. 그의 범죄행위에 대해 예비심문이 진행되는 동안에 그는 줄곧 그러한 상태로 뉴욕에서 지내야 했습니다. 당신도 낙관하지 마세요. 우리가 제시한 금액을 판사가 받아들인다 해도 그 돈을 조달하는 데에 시간이 좀 필요합니다. 또 아파트를 빌려야 하고 간수도 고용해야 하니 2~3주 이내에 여기를 벗어나지는 못할 것입니다. 만약 모든 일이 순조롭게 진행된다면……."

모든 일이 순조롭게 진행된다면? 이 친구는 내가 이곳에서 어떤 고통을 겪고 있는지 모르는 모양이지? 복장이 터질 노릇이네. 나는 지금 구치소, 그것도 미국에서 가장 낡아빠진 구치소에 들어와 있다고. '2~3주', 그의 말투는 간단한 관리 문제나 하찮은 고민거리, 또는 생각지 못한 작은 풍파 정도를 해결하고 있는 듯했다. 회사 경영진은? 고위 경영자가 구치소에 들어가 있는데도 회사가 아무것도 해 주지 않는다는 사실을 누가 믿을 수 있겠는가? 회사가 트워디에게 변호사 수임료를 헛되이 내지는 않을 것이고, 트워디는 마치 화로 위에 놓인 우유를 지켜보듯 분명 회사의 엄밀한 감시하에 놓여 있을 것이다. 회사는 트워디에게 압력을 가하겠지. 회사는 또…….

변호사가 별안간 내 생각의 실타래를 끊었다. "피에루치 씨, 알아 두세요. 우리 변호사 측과 알스톰은 어떠한 직접적 접촉도 없었던 겁니다. 접촉이 금지되어 있거든요. 우리는 당신의 상사와 대화하면 안 됩니다. 귀사가 우리를 통해 당신에게 압력을 가하지 않을지 미국 법무부가 걱정하니까요. 귀사의 이익을 위해 변호를 맡은 패튼 보그스 로펌의 변호사가 우리에게 당신의 변호를 책임지도록 위임했기 때문에 우리는 패튼 보그스 로펌의 변호사하고만 의견을 교환할 수 있습니다."

이 말을 듣자니 내가 끊임없이 아래로 추락하는 모습이 뇌리에 떠올랐다. 트워디가 한 번 입을 열면 내 발밑의 지면이 다시 한 칸 아래로 더 가라앉았다. 그가 회사와 접촉을 할 수 없다면, 그러면 어떻게 나를 변호해 준다는 말인가? 나는 또 어떻게 회사의 내부 증거와 자료를 확보해 나의 결백을 증명한단 말인가? 또 어떤 판사가 뇌물공여 혐의 사건에서 내가 정말 어떤 역할을 했는지 안 했는지 조사하여 밝혀낼 수 있다는 말인가? 내 변호사는 이 복잡한 형세에 관해 판단이 부족한 것이 분명했다. 트워디는 자기가 변호사라는 사실에 도취해 있는 모양인데, 그렇다면 정말 보충 수업이 필요하겠다.

"스탠 씨," 나는 될 수 있는 대로 온화한 태도로 말했다. "내가 기소된 죄명이 회사가 계약을 따내기 위해 중개인을 이용한 행위인데, 그런데 말입니다, 중개인 고용 결정은 나와는 관련이 없어요. 회사에는 제도화된 엄격한 내부 프로세스가 있고, 이 프로세스에 의하면 더 고위층의 지시가 있어야 가능한 거예요."

"피에루치 씨," 그는 재빨리 내 말을 끊더니 자기 말을 이어갔다. "지금 이런 세부적인 것까지 말하기는 이르고요. 이 자리에서 중요한 건 당신의 보석 청구가 받아들여지도록 가능한 한 충분하게 준비하는 겁니다."

"그런데 말입니다, 이 일에서 내가 한 것은 주요한 역할이 아니고, 부차적인 역할뿐이었습니다. 나는 바이어도 아니고, 중개인을 물색한 사람도 아니고, 중개인을 모집하라고 허가한 사람은 더더욱 아니라니까요. 당신이 판사에게 이 점을 명확하게 설명해 주지 않는다면 나를 변호해 준다고 할 수 있나요? 중개인으로 지정하려면 13명의 사인이 필요하고, 그다음에 최종 3명의 서명자 중 2명의 동의 사인이 있어야 하며, 그런 과정을 거친 후에 서류는 마지막으로 CEO인 파트릭 크롱에게 보고됩니다. 회사는 반드시 이에 관한 서류, 특히 따라한 프로젝트의 중개인 고용에 관한 서류를 당신에게 건네주어야 합니다. 오늘부터 당신도 회사에 이 서류들을 달라고 해야 합니다."

계속해서 트위디에게 회사의 최고위층 중 결정적 역할을 한 사람이 누구인지, 즉 CEO 파트릭 크롱의 지시를 직접 받은 직속 부하가 누구인지 설명해 주었는데, 그는 한 글자도 기록하지 않았다. 그는 나를 바라보기만 하면서 갈수록 안타깝다는 표정을 지었다. 심지어는 나를 바보 취급하는 느낌이 들었다.

결국, 나는 입을 다물었고, 분위기는 매우 어색해졌다. 이어 잠시 침묵의 시간이 흐르는 동안 우리는 서로를 뚫어지게 바라보았다. 변호사가 나를 바보 취급할 수도 있겠다고 문득 깨달았다. 회사가 내부에서 널리 사용되고 있는 뇌물공여 시스템의 증거물을 미국 검사에게 드러낼 거라는 망상을, 잠깐 동안이지만 그런 착각을 하다니! 이런 증거물은 내가 책임이 없다는 것을 밝혀 줄지는 몰라도 다른 한편으론 외부로 드러나면 – 최고위층의 몇 사람부터 시작해서 – 회사의 준법 감시 프로세스는 모두 세상 사람의 이목을 가리는 것이었음을 스스로 폭로하는 꼴이 되지 않는가? 이 미련퉁이 같으니라고. 회사가 이런 위험을 무릅쓰면서까지 구출해 줄 거라고 믿었다니. 이런 시각에서 보자면 앞으로의 회사 방침은 분명했다. 잘못을 자백하고 형사책임을 감당하는 자기희생의 방식으로 관리자 하나를 구해 낼 회사가 어디 있겠는가? 나는 이런 시각에서 문제를 살펴보지 못했다. 너무 순진하든지 아니면 너무 교만했다. 내가 지금 인정해야 할 것은 나의 처지가 정말이지 매우 위험하다는 것이다. 그리고 지금부터는 회사의 도움 없이 나 혼자 싸워야 한다.

힘없는 목소리로 트워디에게 다시 물었다.

"기소장을 읽어 보았나요? 검사가 다른 문서도 보냈나요? 최악의 경우 나는 어떤 형을 받게 될까요?"

"지금 단계에서는 대답하기가 어렵습니다. 우리도 당신과 마찬가지로 기소장 요약본만 읽어보아서요."

"기소장 요약본 안에는 내가 유죄라는 어떤 증거도 없잖아요?"

"나도 당신의 그런 견해에 동의하고 싶소. 직접적인 증거는 확실히

84

없지요. 당신 이메일을 봐도 앞으로 발생할 수 있는 뇌물 건을 언급한 이메일은 한 통도 없더라고요. 그런데 말입니다, 검사가 우리에게 150만 건의 문서를 보내왔어요."

"문서 150만 건이라고요?"

"예, 그 외에 검사 측에서 말하기를 자기들에게는 당신이 이 범죄에 가담했다는 사실을 증명해 줄 두 명의 증인이 있다고 했습니다."

변호사의 도움을 받기 위해 결국 나는 변호사가 대신 가져온 회사 서류에 사인을 해 주었다. 회사가 나에게 받아들이기를 강요한 조건에 분노와 원망이 일었지만, 나로서는 선택의 여지가 없었다.

9

아내

스탠의 거만한 태도에 비하면 라티프의 어설픈 태도가 갑자기 부드
럽게 느껴졌다. 약간의 인간미마저 느껴졌다. 구치소 면담을 마치고 나
서면서 라티프는 싱가포르에 있는 아내 클라라와 통화할 수 있게 연결
해 주겠다고 제안했다.(이런 행위는 통상 금지된 것이지만) 아, 이제 아
내와 통화를 하고 목소리를 들을 수 있겠구나. 내 마음은 기대 반 우려
반이었다. 내가 체포된 사실을 어젯밤에 클라라에게 말해 주었다고 라
티프가 덧붙여 말했다. 그때는 내 보석 심사가 48시간 연기되는 것이
확정된 후였다.

"시차 때문에 싱가포르에 있는 클라라에게 전화했을 때는 그녀가 막
사무실에 도착했을 때였어요. 당신이 체포되었다는 소식이 당연히 그녀
에게는 엄청난 충격이었겠지요. 그렇지만 당신이 나더러 될 수 있는 대
로 빨리 알려 주라고 해서요."

"반응이 어땠나요?"

"처음에는 무척 두려워했어요. 당신이 사고를 당했거나 심장병이 발작한 줄 알았대요. 오늘 아침에도 몇 차례 전화가 왔고, 그래서 와이어트 구치소에서 인정하는 통화 허용 명단에 등록하는 방법을 알려 주었습니다. 등록하고 나면 당신과 통화할 수 있을 거예요. 다만 시간이 좀 걸리겠죠."

"급행으로 등록이 안 되나요?"

"네, 절대로 불가능합니다."

"그럼 언제부터 통화가 가능하죠?"

"그때그때 다른데, 어떤 때는 3일 걸리더라고요. 그런데 외국인이 신청하면 보통 시간이 더 걸리니까 아마 1주일이 필요할 수도 있고, 2주일이 걸릴 수도 있어요. 이 기간에 다시 등록해야 할 수도 있고요. 그렇지만 우리가 도와줄 방법은 없어요. 이건 절차이고, 우리는 이 절차 규정을 따라야만 하니까요."

미국인은 자기네의 '절차'에 대해서 자부심이 대단하다. 나는 코네티컷주에서 근무할 때 이미 이 단어에 주목한 적이 있다. 미국인은 절차를 특별히 사랑해서 근무 중 상상력을 기대하기 어렵고, 상상력을 대신해서 많은 시간과 노력을 들여 절차를 준수한다. 대단히 훌륭한 제도이지 않은가!

나는 스탠과 라티프와 작별을 고했다. 4시간 후 나는 다시 감방문을 나서서 구치소의 전화기를 집어 들고 라티프의 핸드폰 번호를 눌렀다. 핸드폰이 연결되자 그녀는 바로 클라라에게 돌려주었다.

"여보세요! 프레드! 아, 드디어……"

클라라의 목소리를 듣고 나는 그녀가 열정이 가득 찬 듯이 말하고 있지만 실은 지치고 혼란에 빠져 있음을 바로 느낄 수 있었다. 지난 24시간 동안 그녀는 와이어트 구치소 인터넷 플랫폼에 등록하려고 계속 시도하고 구치소에 끊임없이 전화했지만, 신용카드가 아직 구치소 측에서 식별되지 않기 때문에 결국에는 내 식당 계좌에 돈을 보내지 못했다. 그래서 그녀는 절망 상태였다. 클라라의 하루가 어떠했으리라는 것을 어렵지 않게 짐작할 수 있었다. 아무 일 없다는 듯이 꼭 해야 할 회사 일들을 처리했을 것이고, 우리 가족을 보러 2주 일정으로 싱가포르에 막 도착한 어머니와 네 아이가 쓸데없는 걱정을 하게 될까 봐 틀림없이 단 한마디도 하지 않았을 것이다. 체포당한 상황을 이야기해 주고 나서 나는 그녀를 안심시키려고 무척 노력했다. 심지어 나 자신도 믿기지 않는 이야기를 지어내는 것도 마다하지 않았다.

"체포된 후 바로 회사 보일러 부문 미국본부의 책임자 팀 커런과 회사 법무 책임자 카와 연락을 취했어. 그들은 회사가 이제 한창 미국 법무부와 협상 중이고, 내 개인 문제도 협상에 포함해 처리하겠다고 했어. 내일이면 석방될 것이고, 사태도 진정될 거야. 그러니 당신 주변에는 그때까지 잠시나마 비밀로 하자고."

"비밀 유지는 이미 불가능해요." 클라라의 말이었다. "〈월스트리트저널(The Wall Street Journal)〉에 이미 당신이 뉴욕 케네디 국제공항에서 체포되었다는 소식이 보도되었고, 〈르 몽드(Le Monde)〉도 당신으로 이 사건을 보도했어요. 하지만 염려 말아요. 이 일에 관심 기울이는 사람이 없으니까요. 어머니와 아버지도 아직 뉴스를 못 보셨고요. 알스톰에서도 연락해 온 사람 없어요."

"음, 그럼 이후에 무슨 소문이 나지 않도록 묵묵히 기도하자고. 엄청나게 무거운 분위기에서 다시 일을 시작하고 싶지는 않으니. 아이들은? 다 별일 없지?"

"지금까지는 아무것도 몰라요. 어제 가브리엘라와 라파엘라가 할머니가 오신 것을 환영하는 프로그램을 하나 준비했어요. 가브리엘라는 신데렐라로, 라파엘라는 잠자는 숲속의 미녀로 분장했어요. 레아와 피에르는 기타를 연주했고요. 어머님은 무척이나 기뻐하셨어요. 그러니 아직은 아무런 말씀도 안 드리는 것이 좋겠어요. 조금 전에 어머니께 당신 미국 출장 일정이 예정보다 조금 더 길어질 수도 있다고 말씀도 드렸고요."

"오케이, 그럼 그렇게 하자고."

"프레드……."

"응?"

"인터넷에서 미국 해외부패방지법 관련 자료를 찾아보았는데, 이번 사건은 사태가 매우 엄중해요. 이 법은 미국 정부가 어느 회사의 어떤 사람이든, 그가 이 지구의 어디에 있든 언제든지 마음대로 체포할 수 있도록 허가해 준 법이에요. 게다가 미국은 사람을 감옥에 가둘 수 있고, 형기도 무척 길어요."

"에이, 너무 뻥 아냐?"

"아니에요, 프레드. 당신을 불안하게 하려는 건 아니에요. 하지만 미국 당국은 미국과 조금이나마 관련이 있으면, 예를 들면 미국 증권거래소에 상장이 되어 있다든지, 거래에 미국 달러를 사용했다든지, 미국 서버에 등록된 이메일을 썼다든지 하는 것이 모두 미국이 행동을 취할 이유가 돼요. 황당하지만 이런 일이 일상적으로 발생한대요. 게다가 알스톰이 프랑스에서 뇌물공여 혐의로 기소당한 첫 회사가 아니더라고요. 조사해 보니 이런 일이 토탈(Total), 알카텔(Alcatel), 테크닙(Technip) 등의 회사에서도 발생했었어요. 그리고 유럽의 10여 개 회사가 같은 죄목으로 기소를 당했었더라고요."

"나처럼 관리자가 기소당한 경우가 있어?"

"있어요. 알카텔 사건에서 있었던 것 같아요. 또 한 번은 지멘스(Siemens)를 조사하면서 미국 FBI가 지멘스의 고위층에 국제 체포령을 내렸었어요. 내 생각으로는……."

클라라는 이러한 내용을 알게 되니 무척 걱정되었고, 나에게 전부를 말해 줄까 말까 주저한 모양이었다. 나를 조금이라도 더 불안하게 만들고 싶지 않았으리라.

"당신이 생각하기에 뭐?"

"당신이 알다시피 미국인은 자기들 이익에 관련된 일에는 예의를 지키지 않잖아요. 그리고……."

"계속해. 당신이 파악한 내용을 알려 줘."

"그래요. 그들이 당신을 보석으로 풀어 준다고 해도, 내 생각인데, 당신을 강제로 미국에 남아 있게 하지 않을까요?"

나는 어떻게 대답해야 할지를 몰랐다. 아내를 어떻게 위로해 주어야 하지? 내 생활에 격한 변화가 일어나고 있다고 말해야 하나? 눈앞의 이 모든 것이 어떻게 결말이 날지 나는 전혀 알 수가 없었다. 문제가 발생한 원인을 확실히 파악한 후 어떻게 할지 결정하는 타입인 나는 원인 파악을 할 수 없어 눈앞이 칠흑같이 어두웠다. 그러나 클라라는 나보다 더 멀리까지 내다보고 생각했다.

"프레드, 필요하다면 우리가 미국으로 갈게요. 지금까지 살아오면서 이사의 연속이었으니 이사 한 번 더 하는 것쯤이야…… 걱정하지 말아요. 필요하면 내가 아이들 데리고 갈게요. 아이들도 세계를 집 삼아 여기저기 다니며 사는 생활에 습관이 되었잖아요. 그러니 이런 부분은 걱정하지 마세요. 나는 당신과 항상 같이 있을 거예요."

그녀의 결심에 나는 무척 놀랐다. 클라라는 지혜로워서 아주 빠르게 앞으로 다가올 미래를 대비하기 시작했다. 그러나 눈앞의 미래는 내일 열릴 예정인 공청회이고, 그때 나의 보석 신청에 대해서 두 번째 심리가 진행될 것이다. 그전에는 나의 심리 결과가 어떻게 나올지 예측하기 어렵다. 지금은 미국 법무부가 하라는 대로 할 수밖에 없으니 그들의 '절차'가 크게 선심을 베풀어 주기를 바랄 뿐.

10

제2차 개정

이번에는 교도관이 잊어버리지 않았다. 새벽 4시 정각에 두 명의 교도관이 감방으로 들어와 나를 깨웠다. 처음 압송됐을 때처럼 또 몸수색을 당하고 머리부터 발까지 쇠사슬로 묶였다. 나를 태운 장갑 트럭은 3시간 만에 뉴헤이븐 법원에 도착했다. 개정 시간까지 몇 분이 남아 있어 나는 허가를 받아 라티프와 스탠 두 변호사를 만났다.

스탠과는 두 번째 보는 것인데, 두 사람 모두 이번에는 약간 활기가 없어 보였다. 둘은 조금 전에 노빅 검사를 만나서 잠깐 이야기를 나누었다고 알려 주었다.

"검사가 되게 완고해서 조금도 타협을 안 하려고 합니다." 스탠이 상황을 설명했다. "우리가 준비한 보석 금액에 별 관심을 보이지 않고 당신을 계속 수감해 줄 것을 법정에 요청하겠다고 하네요. 내 생각엔 귀사가 협력을 거절한 것이 아직 가슴에 맺혀 있는 것 같고, 알스톰이 요 몇 년 동안 자기들을 무시하고 있다고 여기는 것 같아요."

나는 끝 모를 바닥으로 끊임없이 추락하는 기분이었다. 스탠 변호사와 몇 번에 걸쳐 나누었던 이야기를 종합해서 얻은 결론 때문이었다. 3년여 전에 미국 법무부가 조사에 착수했다. 다시 말하면 2009년 말부터 조사가 진행되었다. 그러나 회사 법무 책임자인 카는 고의로 이 시점에 대해서는 말해 주지 않았다. 이제야 왜 미국 법무부가 이처럼 공격적인 자세로 나를 대하는지 이해가 되었다. 그들은 겉과 속이 다르게 양다리를 걸친 알스톰에 대한 대가를 나로 하여금 톡톡히 치르게 할 속셈이었다.

사실 미국은 조사를 개시한 후 바로 알스톰에 통지하고 협조해 달라고 요청했다. 미국 법무부는 조사를 받게 될 모든 기업들에 통상적으로 '기소유예 협의'를 제안한다. 그렇게 하려면, 즉 기소유예를 받으려면 기업은 반드시 스스로 자기 죄를 털어놓고, 그와 관련된 모든 행위를 진술해야 하며, 필요할 때는 그 일을 위해 고용한 사람도 불어야 한다. 또 기업은 반드시 내부 반부패 메커니즘을 만들겠다고 약속하고, '감찰' − 3년 연속 미국 법무부에 보고할 감독원 − 의 존재를 받아들여야 한다. 이런 조건을 준수할 경우 판사는 기업과 협의를 할 수 있고, 그렇게 되면 통상 벌금으로 끝난다. 기업이 이러한 요구를 받아들이면 일반적으로 기업의 관리자가 체포되지는 않는다(이론적으로는 이런 협의가 있다고 해서 개인에 대한 기소가 종결되는 것은 아니지만). 알스톰 사건이 발생하기 전 프랑스의 두 기업, 즉 토탈과 테크닙이 이 방식에 의해 2013년과 2010년에 각각 3억 9,800만 달러와 3억 3,800만 달러의 벌금을 물었다.

그러나 알스톰, 더 정확히 말하자면 CEO 파트릭 크롱은 미국 법무부와 끝까지 해 볼 심산이었다. 그래서 내가 나중에 알아차린 것처럼 알스톰이 자기들과 협력할 것이라고 미국 법무부가 믿게 하고는, 실제로는 협력하지 않았다. 미국 법무부는 나중에 놀림을 당했다는 것을 알았고, 검사는 뚜껑이 열렸다. 그래서 전술을 바꾸어 이제까지 사용했던 경고 방식을 중지하고 맹렬하게 공격하기 시작했다.

이것이 바로 허를 찌르듯 나를 체포한 '진짜' 이유이다. 지금 미국 법무부는 누가 더 센지 깨닫게 함으로써 알스톰이 알아서 죄를 인정하도록 압박하려는 것이었다. 나는 파트릭 크롱 때문에 이 더러운 덫에 걸려 미국 법무부의 '인질'이 된 것이다. 잠시 후 법정에서 노빅 검사의 입을 통해 이 모든 것을 확인할 수 있었다. 법정 심리를 주재하는 심사위원회 의장 존 G 마골리스(Joan G Margolis) 판사가 노빅 검사에게 발언하라고 지시하자 노빅은 왜 알스톰에 선전포고를 했는지 그 내막을 단도직입적으로 밝혔다.

"이 회사는 협력하겠다는 약속을 한 후에도 여러 차례 미국 법무부의 믿음을 저버렸습니다. 알스톰은 우리가 조사를 진행할 수 있도록 협조를 해 주어야 함에도 실제로는 태만하게 행동하면서 중요한 내용은 제외하고 지엽적인 정보만 건네주는 등 태도가 어정쩡했습니다. 저는 OECD가 최근에 이 사건에 대한 프랑스 정부의 태도를 지적했다는 사실을 말씀드리려 합니다. 몇 년간 알스톰이라는 다국적 기업이 스위스, 영국, 이탈리아, 미국을 포함한 여러 나라 정부로부터 뇌물공여 혐의로 기소를 당했는데도 프랑스 정부는 지금까지 아무런 행동도 취하지 않고 있습니다."

그는 조금도 주저하지 않고 말을 이어 나갔다.

"검찰 측은 모든 증거를 장악했으며, 그중에는 공범들이 인도네시아의 의원을 매수하기 위해 어떤 협의를 했는지 밝혀 주는 대량의 서류가 포함되어 있습니다. 은행에서 제출한 증명서도 가지고 있습니다. 우리는 또한 증인도 확보했습니다. 증인들은 이미 본 법정에 나와 증언할 준비가 되어 있습니다."

마음속에서 다시 한번 의심이 일었다. 미국 법무부는 어떻게 이런 자료들을 찾아낸 거지? 법정 개정 전에 스탠과 라티프가 나와 이야기를 나눌 때 이번 싸움의 속사정 – 나에게는 심각한 타격임이 확실한 속사정 – 을 말해 주었는데, 처음에 나는 그 둘을 믿지 않았다. 인위적으로 조작한 흔적이 너무 뚜렷해 마치 영화 대본 같았다. 나는 속으로 나 자신에게 말했다. '아니야, 이런 이야기는 영화에서나 볼 수 있는 거야.'

그러나 내가 틀렸다. 지금 보니 실제 상황인 것이 확실했다. 알스톰에 관한 증거를 확보하려고 미국 법무부는 여러 수단을 활용했는데, 그중 하나가 프락치 – 회사의 핵심 부문에 심어 놓고 조사원과 전방위로 협력하는 감시자 – 를 이용하는 것이었다. 이 프락치는 다년간 재킷에 펜 모양의 녹음기를 숨겨 두고 동료들과의 대화를 대량으로 녹음했다. 그는 두더지처럼 회사 내부에 숨어 있으면서 미국 FBI를 위해 일했다. 나이가 65세에 가까운 이 사람은 왜 이런 역할에 동의했을까? 미국 FBI와 법무부가 어떤 압력을 가했기에 그는 회사의 배신자가 되었을까?

장기간 감금이라는 위협이었을까? 그 이유를 미처 깊이 생각해 보기도 전에 노빅 검사가 알스톰 사건에서 내가 관련된 부분을 말하기 시작했다. 그의 진술은 단도직입적이었다. 그가 보기에 알스톰은 검사 인생에서 만난 가장 광범위하게 부패한 기업이며, 나는 부패를 주도한 주모자 중 한 명이었다.

"프레데릭 피에루치 씨는 알스톰의 관리층으로서 직급이 높습니다. 근래 알스톰 경영진은 줄곧 그에게 중임을 맡겼습니다. 오늘 알스톰은 판사님께 150만 달러의 보석금을 납부할 테니 그를 석방해 달라고 요청했습니다. 그러나 이 회사는 이번 뇌물공여 사건에 가담한 혐의를 받고 있습니다. 비록 정식 기소는 아직 이루어지지 않았다고 하지만, 이 회사는 여전히 이 사건의 공모자 중 하나입니다. 그러므로 본 검사는 이런 의문을 갖게 됩니다. 공모자가 보석의 담보인이 될 자격이 있는가? 또한, 우리는 이 사건이 앞으로 어떻게 전개될지 아직 확신이 없습니다. 만약 어느 날 알스톰과 프레데릭 피에루치 씨의 이익에 충돌이 생긴다면, 그때는 무슨 일이 생길까요? 만약 피에루치 씨가 죄를 인정하겠다고 결정하면 또 무슨 일이 생길까요? 알스톰은 어떻게 반응할까요? 그때 가서는 누가 보석금의 담보인이 되는 것일까요? 전자수갑을 채운다고 충분한 보장이 되는 건 아닙니다. 프레데릭 피에루치 씨는 언제든지 전원을 꺼버리고 도망갈 수 있다는 점을 판사님은 잊지 마시기 바랍니다. 알스톰이 지급을 약속한 간수의 급여에 대해서 말하자면, 회사가 어느 날 돌연히 지급 중단을 결정한다면 어떻게 처리해야 할까요? 2년 전 미국 법무부는 프랑스 국민 칸(Kahn, 도미니크·스트로스 칸 전 IMF 총재)의 아파트 주위에 간수를 배치하는 것을 허가한 적이 있습니다만, 그것과 본 안건의 상황은 완전히 다릅니다. 칸 안건에서는 담당 판사가 판결 주문에 동의했고, 고발 내용이 믿을 만하지 못하며, 칸 씨를 고발한 주요 증인의 증언이 효력을 잃었습니다. 그러나 이 안건과 칸 안건의 상황은 완전히 반대로, 이 안건은 내용이 확실하고 신뢰할 수 있습니다.

끝으로, 프랑스는 자기 국민을 인도해 주지 않는다는 점을 판사님께서는 유념해 주시기 바랍니다. 프레데릭 피에루치 씨를 풀어준다면 우리는 영원히 그를 다시는 찾지 못하게 될 것입니다. 이 사람은 미국에 남아 있으면 중형, 즉 종신형에 처하리라는 것을 매우 잘 알고 있습니다."

종신형이라고? 나는 몸을 돌려 변호사를 바라보았다. 스탠은 고개를 돌렸고, 라티프도 내 눈을 정면으로 보지 못하고 고개를 숙이고 뭔가를 쓰는 체했다. 내가 종신형에 처해질 가능성이 있다. 종신형. 내 나이 이제 겨우 45세이니 앞으로 30~40년을 감방에서 지내야 할 수도 있다. 와이어트 구치소에 수감된 이 닷새도 견딜 수가 없는데 말이다. 내가 이 악몽에서 앞으로 몇 시간이나 더 버텨낼지도 의문인데 말이다. 태양을 볼 수 없어 암흑과 같은 이곳에서 생명을 다하는 순간까지 지내야 한다고? 이런 일이 왜 생긴 거지? 내가 10년 전에 알스톰의 중간 관리자로서 성도 이름도 모르는 사람을 중개인으로 고용하는 걸 허가했고, 그가 회사가 계약을 따내도록 도와주려고 뇌물을 준 것 때문이겠지. 그러나 나는 누구를 속이거나 해친 적이 없고, 더군다나 단 한 푼의 리베이트도 받지 않았다. 나는 전혀 이득을 챙기지 않았다. 하물며 이 일은 모두 알스톰의 내부 프로세스에 따라 진행된 것이다. 종신형! 정말 어처구니가 없군. 협박이 분명해. 검사가 나를 압박하려고 위협해서 겁먹게 하려고 연기하는 것이겠지.

그는 자리로 돌아가 앉으면서 두 명의 내 변호사와는 완전히 상반된 표정을 지으며 두 눈으로 나를 직시했는데, 보아하니 전혀 농담이나 과장이 아니었다. 그의 말이 사실이라면 나는 정말 감옥에서 남은 인생을 마쳐야 하는 것인가?

라티프가 나의 석방을 요구하는 변론을 시작했으나 넋을 잃은 상태여서 거의 귀에 들어오지 않았다. 잠시 후 그녀의 목소리가 어렴풋하게 들려왔으나 안개 속에서 꽃을 보듯 선명하지가 않았다. 그녀는 기소 절차상의 문제를 열심히 입증하는 것 같았다. 그녀는 내가 기소를 당한 사항은 미국 해외부패방지법의 5년 기소 시효를 넘겼으므로 이미 법률적 효력을 잃었다고 주장했다. 기소와 관련된 일들은 2003~2004년에 이루어졌는데, 나에 대한 기소는 2012년 11월부터 시작되었단다.

왜 이렇게 시효 조항에 매달리지? 왜 직접 판사에게 진상을 말하지 않는 거지? 내가 아무런 법률적 근거가 없는 불공정 대우를 당하고 있다고 판사에게 직접 말하는 것이 그렇게 어려운 것인가? 데이비드 로스차일드는 범법 행위를 인정했기에 감옥에 들어가지도 않았고, 납부하라고 요구받은 보석금도 겨우 5만 달러였다. 이 금액은 나를 석방하는 조건으로 요구하는 보석금 액수와는 실로 비교할 수가 없다. 이 외에, 노빅 검사는 파트릭 크롱과 힘을 겨루면서 나를 크롱에게 압박을 가하는 수단으로 삼았는데, 이런 행위가 미국에서는 받아들여지는가? 그는 내가 자기 손안에 든 '인질'이라는 것을, 그와 알스톰이 두고 있는 장기판에서 그의 '졸'이라는 것을 조금도 숨기지 않고 있는데, 설마 이것이 정의란 말인가?

마골리스 판사가 잠시 상의하기 위해 퇴정했다. 잠시 후 그녀가 법정으로 다시 돌아왔고, 나는 변론이 끝났다는 사실을 바로 알아차렸다.

그녀는 큰 소리로 말했다. "본 법정으로 말할 것 같으면, 본 안은 평범한 안건이 아닙니다. 본 법정이 통상적으로 처리하는 것은 수입이 낮은 가정의 청구들이어서 보석금은 1,500달러를 넘기지 않는데, 그렇더라도 이 금액은 많은 경우 그들이 평생 모은 금액입니다. 그러나 본 안에서 변호인이 내겠다는 보석금은 100만 달러를 넘습니다만, 내가 보기에는 이것으로도 부족합니다. 알스톰이 지급하겠다는 150만 달러와 피고가 내겠다는 40만 달러 외에 미국 시민 한 명의 집을 보석금의 일부로 제공해야 하겠습니다. 피고 측이 서류를 가지고 나를 찾아오면 보석 청구를 다시 심리하도록 하겠습니다.”

마골리스 판사는 알스톰을 신뢰하지 않았고, 나도 신뢰하지 않는 것이 분명했다. 그녀의 생각을 바꾸려면 미국 시민의 보증이 필요했다. 반대로 노빅 검사는 수월하게 그녀를 설득시켰다. 그는 허리를 꼿꼿하게 펴고 얼굴에는 득의만만한 표정을 지으며 성큼성큼 법정을 걸어 나갔다.

나는 완전히 무너져 내렸다. 두 변호사에 대한 분노를 억제할 수가 없었다. 알스톰이 제시한 엄청난 금액의 보석금은 잘못된 전술이었다. 이 전술은 나에게 오히려 불리하게 작용했다. 나는 변호사에게 충분한 신뢰를 보냈다. 달리 내가 할 수 있는 것이 없었으니까. 그러나 내가 틀렸다. 스탠처럼 경험이 풍부한 변호사, 게다가 코네티컷주 전직 검사장이었던 사람이 어떻게 나와 회사 간의 이해충돌이 가져올 수 있는 거대한 리스크를 보지 못했단 말인가? 어떻게 검사와 주심 판사의 반응을 예측하지 못했단 말인가? 나는 그를 매우 의심하기 시작했다. 그는 도대체 누구 편이지? 법정 심리가 끝나고 발견한 것인데, 스탠이 아는 패튼 보그스 로펌(알스톰을 변호하는 로펌)의 변호사가 관찰원으로 와서 내 일거수일투족을 엿보고 있었다.

회사는 안심하겠지, 내가 아무런 말을 안 했으니. 그러나 이로부터 얻어 낸 결론은 명확했다. 나는 감시를 당하는 처지에 놓여 있고, 알스톰과 미국 법무부 사이에서 억압받고 있으며, 내가 선택하지도 않은 변호사에 의해 제어 당하고 있었다.

11

125년 징역형

다시는 구치소의 이 높은 담들을 보지 않을 줄 알았다. 그러나 현실을 직시해야 했다. 나는 다시 그 감방으로 돌아왔다. 여기에서 며칠 또는 몇 주, 심지어는 세 번째 보석 신청을 할 때까지 더 지내야 할 것이다.

한 시간 한 시간이 끝없이 길었다. 나는 지금까지 알스톰의 소식을 듣지 못했다. 스탠 말로는 알스톰 법무 책임자 카가 워싱턴에 와서 법무부와 교섭을 진행한 건 확실하다고 했다. 카는 내가 체포된 지 24시간 후에 도착했는데도 FBI를 전혀 걱정하지 않았는데, 이것이 나로서는 놀랄 일이었다. 변호사인 그는 10년 넘게 줄곧 회사 내의 요직을 맡아 와서 회사의 모든 부문을 알고 있기 때문이었다.

그는 2004년 전력 부문의 법무 관련 부책임자가 되었다가 1년 후에 소송 관련 책임자로 임명되었고, 2011년에 또 승진하여 회사 전체의 법률 업무를 총괄했다. 그는 회사의 모든 거래 방식을 잘 알고 있었고, 회사가 어떻게 중개인을 채용하는지, 또 어떻게 그들에게 돈을 지급하는

지를 누구보다 더 잘 알고 있었다. 직원을 조사한다면서 왜 그를 체포하지 않았지? 나보다 그에게서 캐낼 수 있는 것이 훨씬 많을 텐데, 그들은 왜 나만 겨냥했지? 나로서는 전혀 이해하기 힘들었다.

나는 카가 미국에 와서 협상하는 기회를 이용해 와이어트 구치소에 와서 나를 면회해 주기를 바랐지만 아무런 소식이 없었다. 나에게는 회사의 다른 고위층과 연락할 방법도 없었다. 기업계 인사가 세상 물정 모르는 어린아이가 아니라는 점은 물론 잘 알고 있었다. 그렇기는 하지만 심한 혐오감이 들었다. 눈 깜짝할 사이에 나는 회사에 해악을 끼치는 인물이 되어버렸다. 구치소에 들어온 이후 다들 내가 페스트 환자라도 된 것처럼 피하느라 바빠 아무도 나와 접촉하려 하지 않았다. 동료든 상사든 20년을 같이 지내왔는데, 이 시각에 일말의 동정도 베풀지 못한다는 말인가? 그러나 다른 사람을 원망한들 무슨 소용이 있겠는가? 더 긴요한 일들이 아직 많이 있는데.

이번 주에 스탠과 라티프가 다시 나를 보러 왔다. 우리는 같이 나의 미국 친구와 내가 업무적으로 교류했던 미국 사람들 가운데에서 내가 구치소를 벗어날 수 있도록 주택을 저당 잡혀 줄 사람을 찾았다.

스탠이 말했다. "당신의 제안대로 미국 알스톰 보일러 부문 책임자 팀 커런에게 물어보았고, 판매 부문 부사장 엘리아 제데옹(Elias Gédéon)에게 부탁도 해 보았으나 둘 다 거절했습니다. 둘의 대답은 완전히 같았는데, 조건부 석방 여부를 결정하는 판사에게 잘 보이려면 알스톰에 도움을 요청해야지, 자기들에게 요청할 건 아니라고 했습니다."

"마음을 가라앉히고 보면 그들을 이해할 수 있습니다. 나라고 해도 이러한 위험을 떠안지 않을 테니까요." 스탠에게 내 생각을 말했다.

"미국에 가까운 친구가 있나요?"

"별로요. 미국을 떠난 지가 7년이고, 미국에 가족은 없습니다. 비록 몇 사람과는 연락을 유지하고 있기는 하지만, 그리 친밀하지는 않아요. 그런데 클라라는 많은 사람과 교류하고 있고, 우리가 가장 희망을 크게 걸고 있는 것도 그녀의 절친인 린다입니다. 우리는 린다를 포함한 몇 사람의 회신을 기다리고 있어요. 이것 말고 프랑스에 있는 우리 집을 담보로 할 수 없나요?"

"안 됩니다. 판사가 거절할 겁니다. 과거에 미국 법무부가 귀국 경내에 있는 재산을 압류했다가 엄청나게 고생했거든요."

또다시 깊이를 알 수 없고 벽이 미끄러워 몸을 멈출 수 없는 터널 안으로 떨어지는 느낌이 들었다. 어렴풋이 해결 방안이 하나 생각났다가 바로 사라져버려 기억이 나질 않았다. 스탠이 무슨 말을 할지 이미 짐작이 되었다. 그의 표현이 너무 솔직해서 탈이지만.

스탠이 말했다. "지금은 잠시 구치소에 있어야 하겠습니다. 오늘 아침 로펌 사무실에서 당신의 상소 일자에 관한 첫 번째 제안을 받았는데, 2013년 6월 26일, 그러니 2개월 후입니다."

나는 더는 떨어지지 않으려고 터널 안 벽에서 손잡이를 잡으려 안간힘을 썼다.

"그런데 만약에 알스톰이 내 사건을 미국 법무부와의 협상에서 다루면, 그러면 형세에 좀 변화가 있지 않을까요?"

스탠이 반박했다. "그렇게 해도 변화는 없을 겁니다. 이건 서로 다른 두 건의 소송이거든요. 미국 법무부는 법인을 기소할 수 있고, 법인과 협상을 할 수도 있어요. 그러나 법무부가 자연인인 당신을 기소하는 것과는 별개입니다."

"알아요. 그러나 어찌 되었든 회사가 내 안건을 미국 법무부와의 협의 안건에 포함시킬 가능성은 여전히 남아 있습니다."

"이론적으로는 할 수 있죠. 그러나 일단 당신이 수감되면 그렇게 하기가 무척 어려워질 겁니다. 현재 당신 상황이 그렇습니다. 내 생각엔 알스톰이 그렇게 하지 않을 거라고 믿습니다. 알스톰의 변호사는 상대방을 설득해서 내야 할 벌금을 최대한으로 낮추고, 특히 아직 기소되지 않은 다른 관리자들을 보호하느라 바쁘기 때문이죠."

"그럼 내가, 내가 그들과 조건을 이야기해 볼 수 있나요?"

"할 수 있죠. 죄를 인정하는 거죠."

"그게 아니고, 내 말은 나를 석방하는 벌금 액수를 협상한다는 겁니다."

"아니죠, 당신은 죄를 인정하는 방법밖에 없어요. 그런 후 판사가 당신을 감옥에 넣을지 말지를 결정합니다."

"그럼 만약 데이비드 로스차일드처럼 죄를 인정하면 나도 5년 형을 받게 되나요?"

보아하니 곧 터널의 끝에 도달하려나 보다. 참 긴 터널이었다. 아무리 긴 터널이라 해도 어디에선가는 끝나는 법이지. 그 끝이 바로 여기인가? 글렀어, 절대 내키지 않은 출구인데도, 스탠의 말을 들어 보면 나에게는 이 출구도 사용이 안 된대.

스탠이 말했다. "불행하게도, 당신의 상황은 데이비드 로스차일드와 비교하면 더 까다로워요. FBI가 먼저 그를 조사했고, 그는 바로 협조하겠다고 동의했기 때문에 협상에서 가장 유리한 조건을 확보했다는 걸 알아야죠. 당신은 두 번째였어요. 그래서 FBI의 입장에서 보면 당신으로부터 얻어낼 수 있는 내용이란 극히 한정적이었죠. 그런데도 당신은 노빅 검사가 제시한 조건을 그때 바로 받아들이지 않았죠."

거래! 조건! 협상! 우리가 눈앞의 상황을 토론하기 시작한 이래 스탠과 라티프는 나에게 협상이라는 말만 했지, 사실과 증거에 근거해 판단하지는 않았다. 마치 카펫 상인들 간의 거래처럼 말이지. 그러나 이번에는 카펫이 아니고 나라고! 좋아, 그들이 그렇게 할 생각이라면 그렇게 하라지. 정의니 진리니 바라지 말고, 사람들이 말하는 것처럼 좀 현실적으로 되자고. 그들과 협상하자고. 나도 그들의 사고방식에 맞추어 사고하도록 노력해 보자고. 나는 숨을 한번 깊이 들이마셨다.

"좋습니다. 스탠 씨, 당신이 원한다면 우리 다시 시작해 봅시다. 나에게 가해질 형벌은 뭐죠? 노빅 검사는 나를 종신형에 처해야 한다는 위협적인 말을 하던데, 놀라게 하려는 말이죠? 정말 그런 건 아니죠?"

"아, 그거요." 스탠이 대답했다. "이론적으로 말하면, 그건 사실과 별차이가 없어요. 당신이 10가지 죄목으로 기소되었기 때문이죠. 첫 번째 죄목은 당신이 미국의 해외부패방지법 위반을 기획했다는 겁니다. 간단하게 말하면, 이 죄목은 당신이 회사의 다른 고위층과 결탁해서 따라한 프로젝트의 계약을 따내려고 인도네시아 의원 한 명에게 뇌물을 제공하는 비밀 모의를 한 혐의입니다. 이 의원은 자카르타 의회 산하 에너지위원회 소속입니다. 이 죄목은 5년 형에 처할 수 있습니다. 이건 범행 모의죄이고요. 돈을 건네면 한 번 건넬 때마다 기소 죄목이 하나 추가됩니다. 그런데 검사들이 가지고 있는 증거에 의하면, 이 의원의 친족 한 명에게 돈을 4번 건넸으므로 당신은 5년짜리 5번으로 총 25년 형을 받을 수 있습니다. 이 외에 두 번째 주요 죄목은 자금세탁 모의죄입니다. 검은돈을 깨끗한 돈으로 바꿀 목적의 모의라는 거죠. 이 자금세탁죄는 20년 형에 해당합니다. 그리고 밝혀진 금액 총액이 형량을 5배로 할 수 있는 금액이어서, 자금세탁죄로 당신에게 내려질 형량은 100년입니다. 그래서 여기에 뇌물공여죄 25년을 더하면 최종 – 이론적으로 '최종' – 형량을 125년으로 계산할 수 있는 것입니다."

이것은 더 이상 터널이 아니었다. 이건 완전히 심연이었다. 하마터면 나는 실소를 터뜨릴 뻔했다. 그러나 꾹 참고서 여전히 논리적으로 따지면서 힘주어 말했다.

"스탠 씨, 잠깐만요. 이거 너무 황당하잖아요. 같은 중개 계약 한 건에 대해서 검사는 어떻게 미국 해외부패방지법 위반과 자금세탁 행위로 10개의 죄목을 걸 수 있는 거죠?"

"미국의 사법 체계는 이렇게 작동됩니다. 피에루치 씨. 자금세탁에 대해 미국과 유럽의 정의가 다릅니다. 미국에서는 금전 거래에서 1건이라도 법을 위반하면 미국 법무부는 자금세탁도 같이 있었던 것으로 간주합니다."

"이거 너무 놀랄 일이군요. 미국의 해외부패방지법과 그 판례에 관해 더 많은 자료를 좀 찾아 주세요."

스탠은 표정이 굳어졌다. 마치 내가 자신에 대해 인신공격을 했다는 듯한 표정이었다.

그가 내 말을 끊고 단호하게 말했다. "내가 보기에 지금은 이 문제를 얘기할 때가 아닌 것 같은데요. 가장 필요한 것은 먼저 당신 문제를 잘 협상하는 것이죠. 안 그래요?"

다시 원점으로 돌아왔다. 협상과 거래. 글에서도 읽어 보았고 다른 사람에게서 듣기도 해서 미국의 사법 체계가 하나의 '큰 시장(Big Market)'이라는 것을 나는 알고 있었다. 그런데 이번에 이런 일을 몸소 겪고 나서 비로소 이 말에 내포된 진정한 의미를 제대로 알게 되었다. 변호사 판사 검사가 모두 '상업적으로' 연결되어 있는 것 아닌가 하는 의혹이 일었다. 스탠은 누구 편에서 일하지? 어떻게 세계의 종말 같은 계산 공식을 제시하지? 125년 형이라니! 설마 그도 공갈 협박으로 나를 굴복시키려고 하나? 나는 화가 나 다그쳤다.

"당신 말처럼 기왕에 협상을 하려면 검사가 기소한 죄목의 내용을 내가 더 깊이 있게 알아야 할 필요가 있지 않냐 말입니다! 그가 법정에 제출한 증거는 무언가요? 나와 관련된 죄의 증거는 또 무언가요? 구치소에 들어온 지 일주일이 넘었는데, 나에게 가져다준 실질적인 내용은 아무것도 없어요."

이번에는 라티프가 발끈해서 말했다.

"당신의 죄상을 열거한 기소장이 총 72페이지입니다. 아주 상세하게 적혀 있죠. 읽어 드릴까요? 자, 시작합니다."

12

기소장

기소장의 표제는 간단명료했다. '미합중국의 프레데릭 피에루치에 대한 기소.'

너무나 도식화된 표제이지 않은가. 이 표제만으로도 나는 이미 비위가 상했다. 기소장은 91절로 되어 있고, 별도로 40여 페이지의 부록이 붙어 있었다. 부록의 주요 내용은 내가 코네티컷주 윈저에서 근무했을 때 주고받은 이메일의 복사본이었는데, 검사는 그중에서 20여 건을 인용했다. 20여 건의 이메일 중 첫 번째 것은 11년 전으로 거슬러 올라간 2002년 2월의 것이었다.

그 당시 회사 구성원들이 엄청난 스트레스를 받고 있었다는 것을 나는 아직 기억하고 있다. 우리에게는 단 하나의 사명뿐이었다. 회사를 파산의 위기에서 구해 내는 것이었다. 그래서 우리는 회사로부터 모든 입찰 프로젝트에 전력 질주하고 필사적으로 싸우도록 강제 동원되었다. 우리의 구호는 '과정은 필요 없고 결과로 말하자'였다. 바로 이런 상황에서 우리는 100메가와트 보일러 2대, 총 1억 1,800만 달러짜리 인도네시아 따라한 프로젝트의 입찰에 참여했다. 알스톰의 규모로 본다면 작은 공사였으나, 당시처럼 어려운 시기에는 우리가 따낼 수 있는 몇 안 되는 공사 중 하나였다. 그래서 이 공사는 매우 전략적 의미가 있는 것으로 여겨졌고, 본사는 이 공사를 '최우선으로 따낼 공사'로 정했다.

그런데 몇 가지 걱정이 있었다. 그중 하나는 이 프로젝트가 인도네시아에 있다는 점이었다. 당시 이 지역의 영업 환경은 비교적 후진적이고 부패 문제가 심했다. 1998년 수하르토(Suharto) 정권이 무너진 후 이런 상황은 조금 호전되었지만, 그 이전에는 미국 정부가 지원했던 '독재자'의 통치 아래 회사는 계약 금액의 15퍼센트, 심지어는 20퍼센트까지를 수하르토 가족과 연결된 중개인에게 커미션으로 지불했다. 수하르토 시대였든 아니었든 뇌물을 주지 않고는 자카르타에서는 사업을 할 수가 없었다.

그러나 우리는 승산이 확실하다는 것을 명확히 알고 있었다. 실제로 수하르토 통치 시대에 인도네시아 내의 프로젝트는 주로 미국과 일본 회사에 발주되었다. 보일러 영역에서는 두 개의 미국 대기업이 전체 시장을 독점했다. B & W(Babcock & Wilcox)와 컴버스천 엔지니어링(Combustion Engineering)이었다. 후자는 알스톰이 ABB를 통해 얼마 전 사들인 미국 자회사였다.

그러므로 따라한 프로젝트의 입찰 경쟁에서 알스톰은 유리한 위치에 있었다. 게다가 인도네시아 국가전력공사는 우리 회사 보일러 제품의 등급에 맞는 순환유동층(circulating fluidized bed) 보일러 기술을 이미 선택했다. 이는 저질탄을 연소시킬 때 발생하는 오염물질 배출을 크게 감소시키는 기술이다. 이 첨단 기술 영역에서 알스톰은 세계 2대 선두 주자 중 하나였다. 다른 한 곳의 경쟁사는 미국의 에이멕 포스터 휠러(Amec Foster Wheeler)였다. 간단히 말해 입찰 경쟁의 시작은 좋았다. 그 이후의 전개 과정은 다음과 같다.

2002년 8월 어느 날 윈저에 있는 영업 대표 데이비드 로스차일드가 우리가 계약을 체결하는 데 도움을 줄 중개인 한 명을 고용할 수 있도록 허가해 달라고 요청했다. 인도네시아는 전통적으로 윈저 사무실 매출에서 큰 점유율을 차지하는 시장이어서 나는 윈저 사무실이 이 민감한 지역에서 어떻게 일을 추진해야 하는지 당연히 알 것으로 생각했다. 8월 28일 나는 이메일로 그에게 "계속 추진하시오. 그리고 내가 정식으로 허가할 수 있는 관건 자료를 보내주시오."라고 회신을 보냈다. 그런데 이 이메일이 검사가 쓴 기소장에 한 글자도 빠짐없이 그대로 적혀 있었다.

이 이메일 내용에 대해 나는 아직도 또렷이 기억하고 있다. 또한, 이이메일을 쓰고 난 후에도 여전히 염려가 되어 로스차일드에게 전화를 걸어 접촉 중인 중개인에 관한 정보를 묻고, 더 자세한 사항을 알아보려고 했던 것도 기억이 났다. 로스차일드는 지극히 평상적인 말투로 이 중개인은 인도네시아 의회의 에너지위원회 소속 에미르 모에이스(Emir Moeis) 의원의 아들이라고 알려주었다. 외국 공직자에게 뇌물 주는 것을 감시하는 미국의 해외부패방지법이 1997년부터 미국에서 발효가 되었음에도, 2002년 당시 미국 사무실의 동료들은 별걱정을 안 했던 모양이다. 2002년까지는 이 법률이 미국 내에서 아주 드물게 집행되었기 때문이었다(몇 년에 겨우 한 번 집행됨). 그러므로 25년 동안 컴버스천 엔지니어링과 발전 분야의 어떤 미국 경쟁 회사도 이 법률 때문에 주저했던 경우는 없었다.

당시 나는 이러한 법률 메커니즘에 대해 아는 바가 거의 없었다. 그러나 의원의 아들에게 커미션을 주는 것은 비열한 수단이라고 느꼈다. 그래서 즉시 로스차일드에게 이 중개인의 고용을 중지하라고 지시했다. 일을 신중하게 처리해야겠다는 생각이 들어서였다. 그렇게 생각한 이유는 이 중개인이 레자 모에나프(Reza Moenaf)가 선택한 사람이었기 때문이다. 키맨인 모에나프는 자카르타의 보일러 부문을 이끌면서 회사에서 인도네시아의 국제관계부를 장악하고 있었다. 로스차일드는 나의 지시를 따랐다.

검사는 로스차일드가 그 후 다른 사람에게 발송한 이메일도 언급했다. "어떤 일이든 최종적으로 확정 짓지 마세요. 내가 피에루치에게 이 일을 얘기했고, 우리는 이 정객에 대해 걱정하고 있습니다." 나는 당시 이 심사허가 프로세스 건을 이렇게 중지시켜 적을 만들었을 수도 있겠다고 생각했으나 이 정도까지 심각할 줄은 생각지도 못했다. 나중에 알게 되었는데, 내가 중개인 고용 계약 건을 거절하자 몇 명의 관련자들이 리베이트를 받지 못했다. 이로 인해 나는 뒷날 대가를 치르게 된 것이었다.

로스차일드는 다시 며칠이 지난 2002년 9월 초에 모에나프가 피루즈 샤라피(Pirooz Sharafi)라는 새 중개인을 찾았다고 보고했다. 워싱턴에 사는 이란계 미국인인데, 지난 몇 년간은 절반의 시간을 인도네시아에서 지내면서 자기 비즈니스를 해 오고 있고, 개인 연락처 목록이 전화번호부 책처럼 두꺼운 마당발이라고 했다. 인도네시아의 다른 몇 건의 프로젝트에서 샤라피는 ABB 사의 중개인 역할을 했었다는 말도 했다. 이러한 내용은 모두 로스차일드가 나에게 장담한 것들이다. 그는 샤라피가 수단이 뛰어난 브로커이며, 뇌물은 쓰지 않을 사람이라고 말했다. 이에 대해 매우 의심스러웠으나 원저의 전 ABB 동료에게 또다시 반대 의견을 내기도 어려웠다. 뭐라 해도 중개인의 청렴, 정직 여부를 조사하는 것은 원래 파리 본사 준법감시부의 임무였다. 내가 할 일은 중개인 비용을 총매출액에 반영하는 것뿐이었으며, 다른 것들은 내가 책임질 일들이 아니었다.

다시 몇 개월이 흐른 후 미래에 중개인이 될 샤라피가 파리의 알스톰 본사에 왔고, 회사 고위층은 그를 접견했다. 샤라피 외에 인도네시아 의회에서 에너지사업 분야 책임을 맡은 에미르 모에이스 의원도 있었다. 그리고 이 기회를 빌려 샤라피는 회사의 주선으로 로렌스 호스킨스 Laurence Hoskins(파트릭 크롱 아랫급의 2단계 경영진) – 알스톰 국제관계부 아시아지역 시니어 부사장 – 를 만났다. 이어서 샤라피는 준법감시부의 책임자도 만났다. 회사에서는 심지어 그의 도움으로 언젠가는 인도네시아의 두 번째 계약을 체결할 것을 기대했다. 결론적으로 말하면, 파리 방문이 끝난 후 준법감시부와 호스킨스는 샤라피를 따라한 프로젝트의 중개인으로 고용하는 건을 승인했다. 나의 상사들은 이 중개인이 제시한 보증에 무척 만족해하는 듯했다. 그러니 내가 더는 의심할 일이 있었겠는가?

샤라피의 임무는 대단히 간단했다. 고객, 정객, 재무 전문가와 고문 엔지니어 간의 만남을 조직하고, 그들에게 당사 입찰서의 탁월한 점을 칭찬하면 되었다. 간단히 말하면, 틀에 박힌 브로커의 일이었다. 그의 보수는 총매출액의 3퍼센트였는데, 이것도 이런 종류의 서비스에서 흔히 책정되는 지급률이었다.

이후 몇 개월 안에 샤라피는 정식으로 일을 시작했다. 이 프로젝트는 우리와 일본 마루베니상사가 50 대 50으로 컨소시엄을 형성해서(마루베니도 샤라피를 중개인으로 삼는 것을 승인했다) 공동으로 미국의 대기업과 경쟁했다. 막 시작했을 때는 모든 것이 아주 순조롭게 진척되는 듯했다. 알아본 바에 의하면 우리의 입찰서 가격이 가장 낮았고, 기술평가는 가장 우수했다. 우리가 절대적 우위를 점했기 때문에 계약은 우리 수중에 들어올 것이 확실했다. 그러나 한편으론 미국 회사를 이기는 것이 무척 힘들다는 것도 알고 있었다. 특히 인도네시아처럼 상당 부분 미국에 의해 지배되는 국가에서는 말이다. 그래서 나는 우리의 입장을 설명하고 미국의 노여움을 달래기 위해 샤라피, 모에나프와 같이 자카르타 주재 미국 대사관을 방문했다.

2003년 여름에 예기치 않은 일이 발생했다. 형세가 갑작스레 미국 회사에 유리한 방향으로 기울었다. 키맨에게 뇌물을 주었든, 아니면 뇌물을 주겠다고 약속했든, 미국 측 중개인이 인도네시아 국가전력공사 평가단의 의견을 돌려놓은 것이 분명했다. 우리는 입찰에서 떨어질 위기에 봉착했고, 일본 측 파트너도 같은 판단을 내렸다. 이에 마루베니상사의 사장이 직접 파트릭 크롱에게 연락해 따라한 프로젝트에 대한 우려를 표했다. 파리에서는 계약 협상이 실패할 것이라는 예측으로 인해 사내 여론이 분분했다. 나는 인도네시아로 즉시 건너가 손실을 가능한 한 감소시키라는 톰 파조나스의 지시를 받았다. 본사에서도 호스킨스를 현장으로 급파했다.

나는 엄청난 압박을 짊어진 채 직원들에게 최선을 다해서 국면을 전환하라고 지시했다. 이때 오간 무수한 이메일 중에 검사가 오늘 나를 기소하는 데 사용한 이메일이 한 통 있는데, 여기에는 당시의 당황해하는 분위기가 여실히 드러나 있다.

2003년 9월 16일, 나는 윌리엄·폼포니에게 다음과 같은 이메일을 보냈다. "금요일에 우리가 이 일을 이야기했을 때 당신은 모든 것이 다 우리의 뜻대로 되는 중이라고 했잖소? 그런데 지금에 와서 갑자기 우리가 예비후보로 바뀌었다니 이게 무슨 말이요? 당장 내일까지 해결 방안을 제출하시오. 우리는 절대로 이 프로젝트를 놓쳐서는 안 됩니다."

2003년 9월 말, 회사는 자카르타의 보로부두르 호텔(Borobudur Hotel)에서 위기 대책회의를 소집했고, 이 회의에서 마루베니상사 측은 (바로 내가 이전에 그럴 것이라고 강렬하게 의혹을 품었던 것처럼) 미국의 경쟁사가 평가위원회의 위원 몇 명과 인도네시아 국가전력공사의 고위층에게 뇌물을 주기로 약속했다고 밝혔다. 알스톰 국제관계부도 같은 결론을 내렸기 때문에 알스톰과 일본 회사는 아즈민(Azmin)이라는 새 중개인을 고용하기로 합의했다. 나는 아즈민이라는 사람을 알지 못했고 만난 적도 없었는데, 국제관계부가 인도네시아의 다른 프로젝트에서 그와 협력한 적이 있다고 했다.

내가 해결해야 할 일은 이 새로운 중개인을 고용할 때 우리의 예산을 초과하지 않도록 해야 한다는 것이었다. 그래서 첫 번째 중개인 샤라피의 지급률을 낮추어 그가 받을 커미션은 매출액의 1퍼센트, 금액으로는 약 60만 달러로 조정하고, 나머지 2퍼센트를 아즈민에게 주는 것으로 결정했다. 그러나 이런 일은 말은 쉽지만 실제로 해내기는 어렵고, 우리에게 남아 있는 시간은 얼마 되지 않았다. 호스킨스는 즉시 파리 본사에 보고했고, 본사는 24시간 이내에 그의 보고를 승인했다.

2003년 9월, 아즈민은 무대에 등장했다. 이 무대에서 곧 완승하여 우리는 2004년 최종적으로 이 프로젝트를 거머쥐었다. 그런데 두 명의 중개인을 고용했으니 알스톰의 고위층은 2개의 자금 흐름 채널이 필요했다. 윈저에 있는 미국본부는 샤라피에게, 스위스 자회사는 아즈민에게 지급하는 것으로 결정했다. 그리고 아즈민이 받을 돈이 정당하고 합법적이라는 것을 증명하기 위해 스위스 자회사는 위조된 서비스 확인서도 제공했다. 이 서류를 만든 사람은 이 회사 준법감시부의 직원이었다.

따라한 계약서에 최종 서명하기 얼마 전인 2004년 5월 24일, 인도네시아 국가전력공사의 총재 에디 위디오노(Eddie Widiono)가 초청을 받고 파리에 도착해 알스톰 본사의 레드 카펫을 밟았다. 그를 영접하기 위해 파트릭 크롱은 자신의 참모 전원을 소집했다. 나는 회사의 다른 고위층과 함께 초청 의식 후의 오찬에 참석했다. 위아래 사람을 막론하고 모두 회사가 이 미래의 시장을 얻기 위해 어떤 조건을 제시했는지 충분히 잘 알고 있었다. 최종 서명은 2004년 6월 26일에 하기로 예정되었다.

나는 이후로 이 일의 진척 상황을 추적해 보지 않았다. 피루즈 샤라피가 마지막 커미션을 2009년에 받았다는 사실만 알고 있었다. 나는 2006년 중간에 발령을 받아 프랑스로 돌아왔다.

지금 검사가 나를 이 뇌물공여 사건의 공모자 중 한 명으로 기소했다. 그러나 내가 스탠과 라티프 두 변호사에게 혼신을 다해 거듭 강조하는 것처럼 "이 사건에서 나는 개인적으로 눈곱만큼의 이득도 취하지 않았고 한 푼의 '리베이트'도 받지 않았다. 검사도 기소장에서 이 점은 확인해 주지 않았나. 만약에 검사들이 어떤 의혹이 있었다면 기소장에 적었을 것 아니겠는가. 나는 내 일을 했을 뿐이다. 파트릭 크롱 등 상사가 당시에 하달했던 명령을 완수했던 것이라고. 그래서 말인데, 왜 나를 감옥에 가두느냐고? 그리고 왜 나야, 다른 사람이 아니고?"

스탠이 내 말을 반박했다. "당신 말이 맞긴 합니다만, 그러나 당신은 법을 위반했다는 것을 알아야 해요. 최소한 당신이 처한 위치가 모호하다는 것 정도는 알아야 하지 않겠습니까?"

나는 부정하지 않았다. "물론이지요. 그러나 21세기 초에 프랑스의 대기업에서 나와 유사한 직위를 담당했던 어떤 사람도 이런 상행위로 인해 처벌을 받았다는 이야기를 들어 보지 못했습니다."

자기와는 상관없다는 듯한 두 미국 변호사의 표정에 나는 무척 분노했다. 지금에 와서 그들은 내 편에 서는 것을 거절하겠다는 건가. 내 말을 듣지 않았고, 또는 들어도 못 알아듣는 척했다. 잠시 후 스탠이 내 마음속에 남아 있던 마지막 희망까지 깡그리 깨뜨려 버리는 한 가지 정보를 말해 주었다.

"참, 마지막으로 당신이 알고 있어야 할 게 있습니다. 이메일과 대화 내용 외에 검시 손에는 또 많은 증언이 있습니다."

"스탠 씨, 나도 알고 있지요. 데이비드 로스차일드의 증언……."

"그 사람 것만이 아니고요. 샤라피, 이 프로젝트의 첫 번째 중개인이지요? 이 사람이 많은 것을 진술했어요. FBI가 탈세 사건 하나를 처리하고 나서 바로 그를 잡아다 심문했는데, 길게는 몇 년에 이르는 감금형을 피하려고 조사원과 거래를 했습니다. 확실한 면책특권을 받으려고 따라한 안건의 실정을 진술하면서 그가 당신과 다른 사람을 불었어요."

13

감옥생활에 익숙해지다

수감된 이후 처음으로 아침에 일어날 때 피곤하지가 않았다. 마침내 밤에 잠드는 데 성공했기 때문이었다. 감방 친구인 신용카드 위조범 조와 마약 밀매자 메이슨이 내가 밤새도록 드르렁드르렁 코를 골았다고 했다.

둘은 즐거운 듯이 말했다. "프랑스 양반, 거봐, 우리가 진작에 말했잖아. 사람은 마지막에는 어떤 것에도 적응한다고. 그것이 구치소라고 해도 마찬가지지."

이 말이 끝나자마자 조금 전 두 사람이 한 말이 틀렸다고 일부러 증명이라도 하려는 듯 교도관이 방문을 두드리는 소리가 들려왔다. 나는 아니었다. 나는 구치소 생활에 적응하지 못했다. 특히 와이어트 구치소의 생활엔 적응할 수 없었다. 교도관이 우리더러 빨리 감방에서 나와 복도에 서라고 명령했다. 구치소 측에서 정기 검사를 진행할 모양이었다.

잠시 후 텔레비전 연속극에서 보았던 특수부대처럼 검은 옷에 철제

헬멧을 쓰고 무기를 휴대한 대여섯 명이 감방으로 돌진해 들어갔다. 구치소 소장과 두 명의 조수가 따라 들어갔다. 침대 매트, 시트, 담요, 베갯잇 등의 물품은 물론이고, 구석구석 모든 물건을 전부 뒤집어 보면서 샅샅이 수색했다. 그다음에는 우리를 한 사람씩 욕실로 불러들여 벌거벗긴 후 몸을 수색했다. 이 과정을 거친 후 우리는 감방으로 돌아갈 수 있었다. 그러고 나서 또 한 사람씩 불려 나가 '지도원'(사회복지사에 상당)과 단독으로 대면했다.

그녀는 무척이나 침착한 어조로 물어보았다. "피에루치 씨, 내가 알기로 당신은 이곳으로 이감되어 온 지 얼마 안 되었지요. 그렇기는 하지만 혹 어디 비정상인 것을 발견한 게 있나요?"

나는 참지 못하고 신경질적으로 웃고 말았다. 이 여자 제정신인 거야? 내가 보기에 와이어트 구치소는 모든 것이 다 비정상이지. 지금은 교도관이 감방을 이리저리 뒤엎고 검사하고 있지. 그러니 지도원에게 내 고충이나 하소연할 때가 아니라고. 이럴 때는 침묵을 지키는 것이 상책이지.

그녀는 또 기계적으로 몇 가지 질문을 던졌다.

"폭행을 당했나요? 마야이나 약품 거래를 목격했나요? 무슨 소문 같은 것을 들은 것이 있나요? 수감자 사이의 폭력 행위를 본 적이 있나요?"

이 사람이 나를 정신박약아 취급하나? 이 여자는 냉혹한 중범죄자 집단 속에 혼자 놓인 이 화이트칼라 프랑스인 경범죄자가 감히 감옥 안의 '침묵의 법칙'을 깨뜨릴 수 있다고 생각하는 것일까? 아니면 내가 여기에서 일찍 죽어 버리기를 바라는 것일까? 이번에는 무슨 일이 있어도 말을 해야지. 나는 아무것도 못 보았다고.

그러나 나의 침묵은 그녀의 주의를 끌지 못했다. 그녀는 이미 질문을 마쳤다. 임무를 완료한 그녀는 무표정하게 돌아가라고 했다. 다음 목적지는 화장실이다. 교도관 한 명이 유리병 하나씩을 나누어 주며 그 안에 오줌을 누라고 했다. 그것도 자기가 보는 앞에서. 몰래 마약을 했는지를 검사하는 것이었다. 검사 결과는 음성. 나는 감방으로 되돌아왔고 감방문은 다시 찰칵 잠겼다. 그 후 감방문은 온종일 잠겨 있었다. 손을 씻을 수도 없고, 화장실을 사용할 수도 없었다. 정말이지 난감했다. 감방을 전면적으로 수색할 때는 죄수들이 마약이나 다른 물품을 하수도로 내려보내는 것을 방지하기 위해 수돗물을 끊었다. 그날 저녁 우리는 오늘 정기 검사 후에 3명의 죄수가 작은 별실로 옮겨졌다는 것을 알게 되었다.

다음 날 조가 우리를 떠났다. 그는 캘리포니아주의 감옥으로 이감되어 그곳에서 나머지 형기를 복역한다고 했다. 이건 별로 좋은 소식은 아니었다. 조가 떠난 후 조의 침상을 쓰게 된 젊은이는 도미니카 사람이었다. 몇 시간 동안 줄곧 맥없이 침대에 누워 눈을 크게 뜨고 있는데, 눈빛이 흐리멍덩했다. 시도 때도 없이 큰 소리로 뜻 모를 이야기를 중얼거렸다. 고순도 코카인을 마셔 뇌가 망가진 것이 분명했다. 이 3.3평 방의 분위기는 숨이 막혔다.

그나마 다행인 것은 클라라가 드디어 싱가포르에서 내 구치소 식당 계좌에 돈을 입금하는 데 성공했다는 것이다. 이제 우리는 전화로 상의할 수 있었다. 그리고 구치소 매점에서 물건을 살 수 있게 되었다. 칫솔, 치약, 면도날, 면도크림, 면봉, 그리고 갈아입을 옷과 팬티를 주문했다.

하루하루 시간이 흘러 나의 격리 기간이 마침내 끝났다. 나는 감방을 벗어나 공용 홀에 갈 수 있게 되었다. 전화를 사용할 수 있고, 다른 죄수들과 만날 수 있고, 와이어트 구치소라는 하나의 작은 사회를 탐색해 볼 수 있고, 이런저런 온갖 추악함에 맞닥뜨리기도 하고, 어쩌다 한 번이지만 인간의 눈부신 본성도 탐색할 수 있게 되었다.

크리스라는 이름의 죄수가 있었는데, 놀라 자빠질 만한 이력의 진짜 폭력배였다. 은행 무장 강도 20여 차례에 유죄 판결도 20여 차례. 57년의 인생 중 26년을 철창 안에서 보냈다. 두 아이가 있었는데, 아들은 26살로 아직 만나 본 적은 없고, 딸은 아내가 감옥에 면회하러 왔을 때 임신하여 낳았다. 그는 12곳의 연방 감옥에서 지내보았기 때문에 미국의 감옥 시스템을 훤히 꿰뚫고 있었다. 그에게는 떨쳐 버릴 수 없는 고뇌가 하나 있었는데, 그것은 바로 변호사였다.

그는 끊임없이 강조했다. "프랑스 양반, 당신의 변호사를 절대 믿지 마세요. 대부분의 변호사는 몰래 정부를 위해 목숨을 바쳐 일하고 있어요. 특히나 죄가 있다는 것을 절대 말해 주면 안 됩니다. 그렇지 않으면 거래하자고 압박할 겁니다. 당신이 거절하면 검사에게 달려가 당신의 죄를 다 까발립니다. 그리고 다른 죄수를 조심해야 합니다. 죄수 중에는 밀고자가 많이 있어요. 그들은 아주 작은 것이라도 들으면 쪼르르 교도관에게 달려가서 일러바칩니다. 그렇게 하면 형벌을 경감받을 수 있으니까요."

크리스는 언제 어디서나 음모를 꿰뚫어 볼 수 있었다. 그는 스탠이 검사장을 지냈던 사람이기에 좋은 변호사일 리가 없다고 믿었다. 스탠은 미국 법무부의 의도를 파악하는 데 능숙하고, 또 법무부와 깊이 얽히고설켜 있다고 했다. 크리스는 나더러 변호사를 다른 사람으로 바꾸라고 권하면서 자기의 변호사도 괜찮은 편이라고 말했다.

"그 변호사보다 더 나은 변호사는 못 찾을 겁니다."

문제는 내가 그의 말에 말려들어 갔다는 것이다. 온종일 크리스의 제안을 받아들일까 말까 생각했다. 그러다가 마지막 순간 의식이 뚜렷하고 맑았을 때 그의 제안을 받아들이려던 생각을 바꾸었다. 나는 그때 그렇게 해야 한다고 느꼈다. 그러나 나중에 발생한 일들을 보면, 크리스 말이 맞았다. 내 판단력은 이제 믿을 게 못되었다. 모든 일이 급전직하로 전개되었다.

나는 가족을 제외하고 모든 사람에게서 버림받았다고 느꼈다. 그런데 뜻밖에도 오후에 가장 괴상한 면회를 받았다. "피에루치, 변호사 면회." 한 교도관이 소리쳤다. 변호사와의 만남 또는 회사 경영진 대표와의 만남이라고 할 수 있는 이 만남은 와이어트 구치소의 별도 방에서 '접촉식 면회'로 이루어졌다. 그 반대는 '비접촉식 면회'라고 하는데, 이는 면회 온 사람과 재소자 사이에 쌍방을 격리하는 유리 벽이 설치된 것을 가리킨다. 13개의 장갑 안전문을 지난 다음 다시 알몸으로 몸수색을 받고 방 안으로 들어가니 한 여성이 나를 기다리고 있었다.

"저는 보스턴 주재 프랑스 영사관에서 나왔습니다. 원래는 영사께서 직접 면회를 오려고 했는데, 최종 순간에 다른 일정 때문에 못 오게 되었습니다."

40세 정도 돼 보이는 이 L 여사는 날씬한 몸매에 행동거지도 우아했다. 그러나 면회자라고 하기엔 매우 부자연스러웠다. 이곳의 환경에 놀라서 그랬던 것 같다. 다른 사람이라도 그랬을 것이다. 그녀는 천성이 우울하고 감상적이었는지 대화의 중점을 잊어버렸다. 내 상황을 묻지도 않고 내가 필요로 하는 도움이 무엇인지는 안중에도 없는지, 자신의 인생에 관해 이야기하기 시작했다. 마지막으로 인도네시아에서 살았던 이야기, 그곳에서 위대한 사랑을 만난 이야기, 아들의 불행, 심지어는 분위기 있는 레스토랑에서 주문했던 마지막 요리까지.

그녀의 이야기를 듣고 있자니 머리가 어지럽고 지끈거렸다. 하지만 버럭 화를 내야 할지 아니면 아무 말도 하지 말아야 할지 갈피를 못 잡겠어서 그녀가 때와 장소에 맞지 않게 수다스럽게 쉴 새 없이 지껄여도 그대로 내버려 두었다. 면회 마감 시간이 되어서야 나는 그녀가 면회 온 진의를 알게 되었다. 그녀는 몸을 돌려 방에서 나가려다 말고 돌연 사무적인 얼굴로 말했다.

"피에루치 씨, 마지막으로 하나만 더. 프랑스 감옥으로 이감시켜 달라고 신청하는 건 다시는 생각하지 마세요. 미국 법무부에서 재판이 끝났다고 선언하기 전에는 그들은 당신을 놓아주지 않습니다. 사실 미국 법무부는 프랑스가 부패행위에 대한 기소에 있어서 지나치게 느슨하다고 생각합니다."

이것이 그녀의 이번 면회 목적이었다. 나는 그녀의 말뜻을 완전히 알아들었다. 보아하니 프랑스는 아무런 행동도 취할 것 같지 않으니 나 혼자서 이 곤경을 헤쳐 나가야 했다.

몇 주 후에 면회자가 보스턴 주재 프랑스 영사관의 부영사 제롬 앙리(Jérôme Henry)로 바뀌었다. 그는 동료 L 여사와는 반대로 어색함이 없고 자유로워 보였다. 일 처리가 능숙하고 상냥한 외교관이었다. 내가 구류를 사는 동안 그는 여러 번 나를 보러 왔고, 가족과 연락이 유지되도록 해 주었다. 나의 전체 복역 기간 중 그는 몇 안 되는 유능한 성원자

중 한 명이었다. 비록 그가 나를 도와줄 수 있는 여지는 극히 제한적이었지만.

L 여사와의 '초현실적인' 면회가 끝난 후 다시 감방으로 돌아왔다. 하나밖에 없는 총구 모양의 작은 창문 넘어 내 시야에 먼저 들어온 것은 한 줄의 철제 난간이었다. 그 몇 미터 뒤로 일렬로 늘어선 철망이 보였고, 더 먼 곳에 또 철제 난간이 보였다. 제일 뒤편에는 언덕이 있었는데, 모르모트 한 마리가 조형물처럼 그 꼭대기에 누워 있었다. 나는 조용히 그 모르모트를 관찰했다. 그런데 이 모르모트 덕분인지, 아니면 그날 아침 감옥을 에워싼 푸른 하늘 때문인지 모르겠지만, 교도관이 나를 감방 밖으로 나가도록 특별히 허가해 주어 처음으로 구치소 마당을 산책할 수 있었다. 기온은 섭씨 15도, 날씨는 시원하고 상쾌했으며 하늘은 끝없이 넓었다. 내가 가장 좋아하는 미국 동해안의 봄날 아침 풍경이었다. 혼자 마당을 천천히 거닐고 몇 차례 농구 숏 동작을 하다 보니 하마터면 다시 자유의 몸이 된 것으로 착각할 뻔했다. 그렇지만 내 뇌리는 여전히 끝없는 문제로 가득 차 있었다. 아버지는 지금 뭘 하고 계실까? 작은딸 라파엘라는 탈모를 방지할 좋은 약을 찾았을까? 어머니는 싱가포르에서 뭘 하실까? 클라라와 네 아이는 어떻게 지내고 있을까? 클라라가 소득신고서를 잘 쓸 수 있을까? 그리고……

14

의지할 수 있는 것은 가족뿐

클라라는 능력자였다. 그녀는 싱가포르에서 모든 일을 도맡아 했다. 1주일 동안 전력을 다해 나를 위해 집을 저당 잡혀 줄 미국 시민을 물색했다.

이 보증이 없으면 미국의 어느 판사도 나의 보석 신청을 받아주지 않을 것이다. 그녀는 알스톰과도 연락해 화력발전 부문의 법무 책임자 마티아스 슈바인페스트(Mathias Schweinfest)와 통화를 했는데, 이 사람의 상시는 바로 과거 7년 동안 나의 보스였던 안드레아스 루쉬(Andreas Lusch)였다. 슈바인페스트는 알스톰 법무 책임자 카에게 상황을 종합하여 보고했다.

클라라가 통화하면서 말했다. "놀랐어요. 처음에는 마티아스 슈바인페스트가 매우 우호적이었고, 알스톰은 줄곧 당신을 지원하고 있다고 했으니까. 그런데 세부적인 문제를 꺼내고 보니 그간의 말이 모두 빈말이었다는 것을 알게 되었죠."

"당신 말은 결국…… 그가 당신에게 뭐라고 했는지 말해 봐. 자세하게."

"그럴게요. 집을 저당 잡히는 것에 대해서는 회사가 우리를 도와 알아봐 주지 않을 거라고 했어요. 미국 법무부가 허락하지 않을 거라고 하면서요. 미국 검사는 알스톰이 나서서 집을 저당 잡힐 사람을 찾는 것은 일종의 핑계고, 실제로는 당신을 다른 형태로 도와주는 것으로 여길 거라고 했어요."

"이런 상황일 거라는 것은 이전에 알고 있었고……."

"더 안 좋은 상황은 지금부터예요. 우리의 힘으로 리스크를 안고 당신에게 담보를 제공할 미국인을 찾았다 해도, 당신이 보석으로 나온 후에 알스톰에서 계속 일할 수는 없을 거래요."

"뭐라고? 그럴 리가. 아무리 그래도 회사가 나를 이렇게 대하면 안 되지."

"아니에요, 프레드. 마티아스 슈바인페스트가 분명히 말했어요. 회사도 미국 법무부의 조사를 받고 있으므로 당신이 윈저의 동료들과 만날 수 없대요. 최소한 조사받는 기간에는 만나면 안 된다고 해요. 심지어는 나도 그들과 연락할 수 없고요. 미국 측이 내가 회사의 어떤 책임자와도 직접 연락하는 것을 금했답니다."

나는 머리를 한방 얻어맞은 느낌이었다. 미래의 모든 계획이 돌연 물거품이 되어 버렸다. 지금까진 보석으로 풀려나더라도 바로 프랑스로 가지 못하고 미국에 남아서 재판을 기다려야 하므로 윈저에 있는 회사 미국본부로 가서 보일러사업 부문의 일을 계속할 수 있으리라고 생각했다. 그런데 지금 클라라의 말을 듣고 보니 모든 것을 다시 계획해야 한다는 생각이 들었다. 계획을 다시 세워 보아야 할 것은 나 자신에 대한 것만이 아니었다. 회사의 도움 없이 내 가족이 어떻게 버텨낸다는 말인가?

그런데 클라라는 이런 문제를 이미 예상했던 모양이었다.

"최소한 당신이 아직 죄를 인정하지 않았으니 회사는 계속 당신 급여를 지급할 거예요. 그러나 사태가 앞에서 말한 것처럼 전개된다면 당신은 조만간 노사조정위원회에 회사를 기소해야 해요. 회사가 당신을 이렇게 팽개치면 정말 염치가 없는 거지요. 난 정말 좀 혼란스러워요. 하지만 걱정 말아요. 줄곧 가족과 연락하고 있으니까요. 특히나 줄리엣이 도움을 많이 주고 있어요. 그리고 인터넷에서 미국의 해외부패방지법에 관한 자료를 좀 찾았어요. 그중에 이 방면에 경력이 많은 변호사가 작성한 보고서가 하나 있어요. 읽어 볼 만하니 잠시 후 보내줄게요."

나는 여동생 줄리엣이 우리를 지원해 주는 것이 얼마나 소중한 것인지 잘 알고 있었다. 줄리엣은 법학을 전공했는데, 나에게 보낸 편지에서 검사의 기소장을 자세하게 분석해 보았다고 말했다. (내가 체포된 이튿날 기소장의 거의 모든 내용이 미국 법무부 홈페이지에 올라와 있었다.)

줄리엣의 편지 내용이다. "사랑하는 오빠, 오빠가 미국 FBI에 체포되었다는 소식을 새언니로부터 전해 듣고 너무 놀란 나머지 온몸이 부들부들 떨려 어쩔 수 없이 가던 길을 멈추고 광장 옆 계단에 앉아 잠시 쉬어야 했어요. 눈물이 그렁그렁한 새언니의 두 눈이 눈에 선하더군요. 집에 들어오자마자 구글에서 오빠 이름으로 검색하니 오빠가 '미합중국의 프레데릭 피에루치에 대한 기소'라는 안건의 기소 대상이 되어 있네요. 그래서 미국 법무부의 공개 문건을 클릭하고 첨부파일을 열어 보았죠.

더욱 놀란 것은 기소장 전문이 70페이지를 넘는 거예요. 아직 판결이 나오지도 않았는데 법무부가 기소 내용을 대중에게 공개하다니요. 프랑스 사람으로서는 정말이지 불가사의죠. 기소장을 자세히 읽어 보니 더더욱 상식적으로 이해하기 어려웠어요. 미국 법무부가 뭘 근거로 오빠를 감금한 거죠? 뭐가 증거이고요? 그들의 이런 사법 운용 방식을 보고 분노가 치밀었어요. 기소장의 내용이 틀림없이 전부 바르다고 쳐도, 프랑스나 유럽의 관례로 볼 때 부패행위가 입증될 경우 우선 기업을 상대로 기소를 해야지, 직원을 기소하는 것은 아니잖아요. 부패행위가 직원이 독단적으로 저지른 것이라든가 중간에서 돈을 받은 것이라면 모를까. 그런데 오빠의 경우는 이 두 가지 다 아니잖아요. 오빠, 기죽지 마세요. 꿋꿋이 버텨내세요. 난 그들이 바로 오빠를 석방해 줄 거라고 굳게 믿어요. 프랑스 외교부에 이 일을 알리고 외교부가 나서서 오빠의 위기를 해결해 달라고 할게요."

이제는 프랑스 외교부에 관해서 이야기해 보자. 내가 체포된 곳은 미국 뉴욕 케네디 국제공항이다. 이곳에서 발생한 영사 업무는 뉴욕 주재 프랑스 영사관 관할이다. 내가 수감된 와이어트 구치소는 로드아일랜드주에 있고, 여기에서 발생한 영사 업무는 보스턴 주재 프랑스 영사관 관할이다. 그러나 줄리엣이 외교부에 연락하기 전까지 외교부 직원들은 나의 행적에 관해서 아무것도 몰랐고, 심지어는 나라는 존재도 모르고 있었다.

줄리엣이 외교부에 연락하고 나서야 보스턴 영사관은 L 여사를 나에게 보냈다. 만약 줄리엣이 나와 L 여사가 나눈 대화 내용을 알았다면, 프랑스 외교부가 보낸 대표가 나에게 무슨 말을 했는지 들었다면 – 간단히 말해 프랑스는 이 일에 아무런 조치도 하지 않을 것임— 분명히 경악했을 테고, 장차 어떤 일이 벌어질지 막막해졌을 것이다.

감방에 수감된 이후로 아이들과 전화로 처음 이야기를 나누었다. 그러나 내가 지금 어디에 있는지 말해 주지 않았다. 피에르는 최근의 수학 시험에서 성적이 아주 안 좋다고 말했는데, 나는 꾸짖지 않았다. 이것이 아이에게는 매우 이상했던 모양이다.

나와 클라라는 아이들에게 얼마나 더 진상을 숨길 수 있을까? 아내와 아이들을 위해, 내 마음의 평정을 회복하기 위해 나는 반드시 자유를 되찾을 방법을 생각해 내야 했다. 와이어트 구치소에 너무 오래 수감되어 있다간 곧 미쳐 버리고 말 것이다. 죄수들 간에 지옥같이 싸우고 욕하는 소리를 더는 견디기 어려웠다. 돈, 자동차, 마약, 창녀에 대한 그들의 이야기를 더는 듣고 싶지 않았다.

15

와이어트 구치소에서 본
미국의 사법제도

나는 죄수들을 다시는 보고 싶지 않았고, 그들의 목소리도 더는 듣고 싶지 않았다. 그러나 그들 사이에서 어떻게 살아가야 하는지를 반드시 배워야 했다. 크리스의 제안을 따르지 않고 죄수 두세 명을 찾아가 내가 체포 감금된 원인을 그들에게 설명하기로 했다. 나는 이곳의 환경과 전혀 어울리지 않았다. 외모로 보아 전혀 마약사범 같지 않았고, 강도처럼 보이는 것은 더더욱 아니었다. 그러나 계속 침묵한다면 나중에는 나를 소아성애증 환자로 여길 텐데, 그것은 너무 무서웠다. 그러나 아무래도 '밀고자들'을 믿을 수 없어 내가 체포된 이유를 다 털어놓지 않고 사건의 대략적인 내용만 이야기했다.

내가 겪어온 경위를 듣더니 감방 친구들은 하나같이 다 내가 죄를 인정하지 않으면 검사는 절대로 풀어 주지 않을 것이고, 그러니 반드시 법무부와 거래를 해야 하는데, 이 거래라는 것도 드러내 놓고 하는 것이 아니라 암중모색해야 한다고 조언했다. 거래 조건이라는 것이 나에게는 극히 불평등하거나 불공평할 텐데, 판사가 검사의 기소에 대해서 전부 유보할지 일부 철회시킬지 나는 알지 못하고, 알 수도 없었다. 그런데 그렇게 하지 않는다면 나는 다시 자유를 찾겠다는 몽상을 포기해야 하고, 여기에서 몇 개월 심지어는 여러 해를 살겠다는 마음의 준비를 해야 했다.

그 이유는, 이곳 와이어트 구치소에서는 사법 처리 과정이 영화에서 보는 것과는 다르기 때문이었다. 미국의 드라마나 영화에서는 자국의 사법 체계를 떠벌리기 위해 왕왕 다음과 같은 장면을 찍는다. 많은 사람이 주목하는 법정 심리 현장, 경험이 풍부한 변호사가 정의의 화신이 되어 피고인을 변호한다. 우리는 이러한 줄거리에 오래전에 세뇌되어 가장 취약한 계층의 사건이라도 경청해 주고 변호해 주는 사람이 있는 것으로 잘못 알고 있다. 그러나 사실은 전혀 반대이다. 취약 계층이 관련된 사건은 기본적으로 법정 심리까지 가지 못한다. 피고인 가운데 90퍼센트는 변론을 포기하는데, 이유는 대단히 간단하다. 엄청난 변호사 비용을 피고인이 전액 부담해야 하기 때문이다. 돈이 많은 사람, 돈이 정말 많은 사람만이 로펌의 변호사 비용을 감당할 수 있기 때문이다.

미국의 사법 체계를 경험해 본 피고인은 검사가 사실상 유죄 방향으로만 조사를 진행한다는 것을 알게 된다. 그러나 프랑스의 예심판사는 다르다. 유죄 증거와 무죄 증거를 같이 찾는다. 사건 서류를 열람하고, 안건에 대해 재심리를 진행하고, 피고에게 유리한 증언을 찾는다.

그런데 미국에서는 이러한 절차를 진행하는 데 들어가는 비용을 전부 피고인이 부담해야 한다. 재무 안건에서는 열람해야 할 서류가 왕왕 몇만, 심지어는 십수만 건이 되기 때문에 몇 개월 또는 몇 년간 진행되는 동안 전문 변호사에게(많게는 몇십만 달러에 달하는) 변호 비용을 낼 능력이 있는 피고인은 거의 없다. 사설 탐정에게 재조사를 의뢰할 능력이 있는 피고인도 거의 없다. 이런 피고인의 상황과는 정반대로 검사는 각종 조사 수단과 방대한 수의 경험 많은 변호사들을 보유하고 있다. 공인된 차이인데, 프랑스와 비교해서 미국의 사법 기관은 돈이 무척 많다. 그러므로 조사 수단에 있어서 피고와 원고는 근본적으로 대등하지가 않다. 게다가 만약 피고인이 수감되면 변호사와 소통할 수 있는 채널이 매우 제한된다. 실제로는 근본적으로 피고인의 소리를 들어줄 수 있는 사람이 없다. 일단 와이어트 구치소처럼 경비가 삼엄한 구치소에 수감되면 상황은 더욱 나빠진다.

미국의 연방급 범죄 사건에서 검사는 대배심원단(추첨으로 뽑힌 16명~23명의 시민으로 구성)의 동의가 있어야만 소송을 제기할 수 있다는 사실은 부인하지 않겠다. 이론적으로 말하면 대배심원단이라는 이 기구는 부당한 소송을 방지하는 문에 해당한다. 그러나 현실 세계에서의 상황은 정반대이다. 미국 법무부의 조사 자료를 보면 2010년에 대배심원단에 넘겨진 16만 2,351건의 사건 중 겨우 11건만이 부결되었다. 피고인이 재판을 받겠다고 최종 결정을 한다 해도 그를 재판하는 판사의 재량권도 프랑스에 비해 적다. 미국에는 '최저 형량 제도'라는 것이 있어서 징벌 등급을 나누어 놓았는데, 기준이 유달리 엄격하다. 바로 '미국연방 양형지침'이라는 것으로, 판사의 업무에 엄격한 규정을 설정한 것이다.

따라서 피고인은 검사에게 휘둘릴 수밖에 없다. 검사의 권력은 막강하며 피고인이 죄를 인정하도록 하는 일체의 수단을 가지고 있다. 검사의 전투 결과는 다음과 같다. 미국 법무부 승소율 98.5퍼센트. 미국 법무부가 기소한 사람 중 98.5퍼센트는 최종적으로 유죄 판결을 받았다는 이야기다.

판사는 목적 달성을 위해 죄수가 고통을 당하게 하는데, 자기들이 필요하다고 생각하는 기간만큼 고통을 준다. 와이어트 구치소에서 일부 죄수는 2년 또는 5년 동안 '거래'를 기다려 왔다. 처음에 그들은 검사가 내놓은 첫 번째 제안을 거절했다. 검사가 제시한 수형 기간이 너무 길다고 생각했기 때문에. 그들은 두 번째 제안도 거절했다. 그래서 현재 세 번째 제안을 기다리고 있는데, 길흉을 예측할 수 없다. 이런 기다림 속에서 사람들은 심리적으로 견디기 어려운 고통을 받게 되는데, 많은 죄수가 이 과정에서 몸이 망가지고 정신에 이상이 생긴다. 스트레스가 너무 커서 자살하는 죄수가 비일비재했다.

와이어트 구치소에서 나와 가장 가깝게 지낸 '수송기'라는 별명을 가진 감방 친구가 있는데, 뉴욕 마피아에서 수금책을 맡아 자가용 비행기로 돈을 라스베이거스로 옮겨서 돈세탁을 했다. 처음에 그는 27년 형 제안을 받고 거절했다. 그래서 12개월을 감금 당한 후 검사가 14년 형을 제안했다. 그는 또 거절했다. 그래서 1년을 더 감금 당한 후 더는 견디지 못하고 유죄인정서에 서명하고 말았다. 검사가 구형한 형기는 7년을 초과하지 않았고, 최종적으로 '수송기'는 5년 형을 선고받았다. 그러나 이처럼 형기가 줄어드는 경우는 아주 드물다. 절대다수의 경우 판사가 검사의 의견에 따르기 때문이다. 다른 죄수들에게는 이런 행운이 따르지 않았다.

소송에서 지지 않으려고 검사도 이런저런 방식을 생각한다. 피고인이 협력하도록 유도하고, 증거 없이도 한패를 고발하거나 폭로하도록 부추긴다. 이런 형벌 제도는 정말이지 인생을 비뚤어지게 하는 황당한 것이어서, 모두가 다른 사람을 팔아서 자기를 지켜낼 궁리를 하게 만든다. 예를 들면 앞에서 말한 신용카드 위조범은 자기 아내를 팔아서 아내는 8년 형을 선고받고 자기는 대폭 경감된 2년 형을 받았다. 이런 상황을 많은 사람이 알게 되면 통상 당사자를 격리 수감하여 배신행위를 증오하는 죄수들에게 괴롭힘을 당하는 것을 방지한다.

미국의 변호사는 이런 체제에 적응한 지 오래다. 미국 변호사 중 많은 수가 법조계 생활을 부검사 또는 조리검사에서 시작해서 나중에 대형 로펌에 들어간다. 이 가운데 절대다수의 변호사는 재판정에서 피고를 변호하지 않는다. 그러므로 프랑스 사람이 보기에는 진정한 변호사가 아니다. 그들은 기껏해야 협상 전문가라 할 수 있으며, 가장 중요한 임무가 의뢰인이 유죄를 인정하도록 설득하는 것이다. 그런 다음에 원고인 검사와 거래하면서 가능한 한 가벼운 형벌을 요청한다. 이 변호사들은 검사와 흥정할 때 그 유명한 '미국연방 양형지침'에서 필요한 부분을 인용한다. 이처럼 기이한 사법 체계에 맞닥뜨린 나는 어쩔 수 없이 타협이라는 것을 배울 수밖에 없었다.

16

양형지침

나는 스스로 무장해야만 했다. 총칼이 꿰뚫을 수 없는 '갑옷'을 입어야만 미국 법무부라는 이 흉악한 기계에 파괴 당하지 않을 수 있으니. 다음번에 미국 법무부와 '협상 테이블'에서 만날 때면 가능한 한 조금이나마 저항력을 갖춰야 한다. 그럼, 그렇고말고. 오늘 이후로 나는 이런 시각으로 문제를 보아야 한다. 도박판에서 사람은 저마다 자기의 패를 가지고 이기기를 바란다. 그런데 이런 상황에 봉착하면 이긴다는 믿음을 유지할 수 있을까? 라티프는 내가 체포되자 내 업무 장비들(핸드폰과 노트북 등)을 거두어 갔다. 그녀는 방금 우리가 지난번 만난 후 알스톰에서는 정보시스템 내의 직원 명단에서 내 이름을 삭제했다고 말해주었다. 나는 회사 이메일을 사용할 수 없고, 태블릿 PC는 회사 네트워크에 접속이 안 되었다. 업무용 전화 패키지 요금제 서비스도 끊겼다. 회사는 나와의 연락을 단절했고, 그것은 회사로서는 필연적 조치였다. 내가 무죄든 유죄든 상관없이 나는 그들에게 빨리 떨쳐 내야 할 대상이었다.

기다릴 수밖에 없었다. 그러나 기다림은 정말이지 나를 무너져내리게 했다. 갑자기 내가 이 세상에 존재하지 않은 듯했고, 신체의 일부 장기를 떼어 낸 것 같았다. 22년 동안 전전긍긍하면서 부지런히 해왔던 일이 순식간에 깡그리 없어져 버렸다. 그러나 매우 중요한 결정 – 검사와 협상을 할지 말지 – 을 해야만 했기 때문에 반드시 빨리 냉정함을 되찾아야 했다. 그들은 내가 수감된 지 3주 후인 5월 5일을 우리가 만나는 날로 지정했다. 그들은 3주간이라는 시간이 지났기 때문에 내가 적절하게 '절여져' 이제는 '먹을 수 있게' 되었으리라고 여겼을 것이다. 스탠은 이 과정에서 꼭 알아야 할 요점을 말해 주었다. 나는 그의 말을 한 글자도 빠뜨리지 않고 A4 용지 크기의 노트에 적어 두었다. 나는 이 노트에 감옥에 들어온 후 발생했던 크고 작은 일들 – 예를 들면 식당의 메뉴, 교도관의 질책 그리고 다른 죄수들이 해 준 이야기 등 – 을 매일 기록했다. 물론 구금 이래 재판을 받아 온 과정도 모두 기록해 두었다. 다음은 스탠이 그날 했던 말이다.

"검사가 아마 '플리 바겐'*을 제안할 겁니다. 까놓고 말하면 이건 비밀 협상인데, 예비 협상에 해당하죠. 그때 그들은 당신에게 불리한 증거들을 내놓고 죄를 인정하라고 압박할 겁니다. 당신이 받아들이면 법정 심리를 하는 번거로움을 덜어낼 수 있죠. 물론 알스톰의 고위층이 빨리 죄를 인정하고 조사에 협조하도록 압력을 가하는 데에도 편리하고요. 알

---

* 역주: plea bargain. 유죄를 인정하거나 다른 사람에 대해 증언하는 대가로 형을 낮추거나 가벼운 죄목으로 다루기로 검찰이 피고인과 거래하는 것을 말한다. 우리나라에서는 시행되지 않고 있으나 미국에서는 수사와 재판에 소요되는 비용을 절감하기 위해 이 제도를 적극 활용하고 있다.

스톰은 이번 일로 거액의 벌금을 내야 합니다."

"그럼 나에게는 뭐가 좋아지죠?"

"당신이 죄를 인정하면 검사 측에서는 이미 기소된 알스톰의 다른 경영진 몇 사람의 죄를 명확하게 입증할 수 있고, 이건 교환이므로 당신의 형기가 줄어들겠지요. 지금 기소될 죄목이 10가지인데, 당신과 검사 측의 협상이 순조로울 경우 아마 그중에서 간단한 부패 공범죄 한 가지로 기소될 겁니다. 로스차일드처럼 길어야 5년 형이겠죠. 물론 이건 모든 것이 순조롭게 진행되고, 판사가 당신이 죄를 인정한 사실을 받아들이는 상황에서죠."

"내가 거절하면?"

"그러지 말 것을 건의합니다. 그들의 손에는 두 장의 '비장의 카드', 즉 두 명의 증인이 있어요. 첫 번째 증인은 피루즈 샤라피인데, 이 사람은 이미 검사에게 깡그리 다 털어놓았습니다. 두 번째 증인은 데이비드 로스차일드고, 이 사람도 유사한 내용을 말했고요. 이렇게 해서 피루즈 샤라피와 데이비드 로스차일드 이 두 사람은 모두 검사와 합의를 본 거죠."

"그들의 증언이 가치가 있다고 보세요?"

"충분히 판사를 설득할 수 있을 것으로 봅니다. 그러니 만약 당신이 꼭 소송을 하겠다면, 그건 당신의 미래를 상대로 러시안룰렛을 하는 거예요."

"아마도…… 그러나 이 증인 두 사람에게는 나에 대한 물적 증거가 없잖아요. 그들이 기소장에서 언급한 이메일 중에는 직접 나를 가리키는 것은 없습니다. 그러니 정말 소송을 하게 되면 나에게 한 가닥 희망이라도 있지 않을까요?"

"문제는 바로 그 이메일들이에요. 검사가 어제 당신에 관한 모든 서류를 보내왔는데, 시디(CD)로 총 11개입니다. 적게 잡아 150만 건의 물증이죠. 안에 있는 것은 주로 알스톰 고위층이 최근 14년간 주고받은 이메일들이고, 또 FBI가 '내부 침투' 방식으로 녹음한 음성 자료도 있습니다. 검사 말로는 녹음 자료에서 당신의 목소리는 못 들었다고 하더군요. 그렇지만 우리는 그 안에 구체적으로 어떤 것들이 녹음되어 있는지 모릅니다."

"그럼 변호사가 분석을 해야죠. 내가 보기에는 이것이 변호사가 당장에 가장 먼저 해결해야 할 일인 듯싶은데요."

스탠이 갑자기 화를 내며 말했다.

"이게 얼마만 한 업무량인지 알고서 하는 말입니까? 천문학적 숫자입니다. 150만 건. 최소 3년은 걸리고, 몇백만 달러가 있어야 하는 거라고요."

심혈을 기울여 설치해 놓은 그물을 거두어들이고 있군. 정말 두렵군. 설치한 사람은 어떤 경우든 승자가 될 것이다. 간단히 말해, 석방되고 싶으면 죄를 인정해야만 했다. 그렇지 않으면 재판 전에 장시간을 구치소에 갇혀 지낼 각오를 해야 했다. 감방 친구의 말이 옳았다. 나의 맨 처음 생각이 무엇이었든 간에 검사가 몰아붙여 마지막에는 나를 협상 테이블에 앉게 만든다던.

이런 상황에서 나는 어떻게 해야 하지? 5월 5일이 곧 닥칠 텐데. 이해득실을 예측하고, 계산하고, 저울질하다 보니 이런저런 생각이 회전목마 돌 듯이 내 뇌리를 휘휘 감았다.

운명을 결정하는 그날은 도래했고, 감옥 조례는 나를 현실 세계로 돌아오도록 만들었다. 나는 또다시 손과 발에 쇠사슬을 찬 채 다른 11명의 피의자와 함께 압송 차량에 처박혀 뉴헤이븐 법원으로 보내졌다. 그곳에는 나에게 '플리 바겐'을 제시할 검사가 기다리고 있었다.

법원으로 들어서자 스탠과 라티프가 보였고, 그 둘 옆에 내 보석 신청을 두 번이나 매섭게 거절한 노빅 검사가 서 있었다. 그리고 노빅 검사 옆에 이전에 본 적이 없고 영원히 만나지 않았으면 하고 기도했던 검사 대니얼 칸(Daniel Kahn)이 있었다. 대니얼 칸은 미국 법무부 반부패 사무실의 연방 검사인데, 이번에 이 일로 워싱턴에서 건너왔다. 하버드대학 로스쿨을 졸업하고 해외부패방지법을 전공한 이 검사는 젊고 유능하며 야심만만한 데다 똑똑하고 수완이 뛰어났고, 화이트칼라 범죄를 척결하는 것으로 정평이 나 있었다. 미국 최우수 부검사 상을 받기도 했다.

뉴헤이븐 법원의 법정에 들어서자 칸은 바로 일에 뛰어들어 미국 법무부가 입수한 증거들을 빔프로젝터 스크린에 띄워서 보여주었다. 화면에 띄워진 자료는 4개가 있었는데 - 나는 모두 처음 보는 것 - 2005년부터 2009년까지 우리의 중개인 샤라피의 은행 계정 한 곳의 이체 기록들이었다. 그 안에는 인도네시아의 그 의원 측근의 계정으로 들어간 28만 달러가 한 건 있었다. 검사 측은 이것이 바로 부정부패의 확실한 증거라고 보았다. 어찌 되었든 검사는 내가 소송하겠다는 뜻을 굽히지 않으면 샤라피를 법정에 세워 증언하게 할 것이다. 샤라피가 그 의원과 다년간 사업상의 거래가 있었다는 점을 생각하면(샤라피는 그 의원과 인도네시아에서 몇 개 회사에 같이 투자를 했다고 한다) 내가 보기에 이러한 이체 기록은 전혀 이상한 점이 없었다. 어떻게 그것이 따라한 프로젝트의 계약과 반드시 관련이 있다고 할 수 있는가? 설령 이것들이 따라한 계약 건과 정말 관련이 있다 해도, 나는 지금껏 샤라피나 다른 사람에게서 들어 본 적도 없었고, 구체적인 금액은 더더욱 알지 못했다. 그러나 나는 벙어리처럼 한마디도 하지 않고 침묵을 지킬 생각이다. 라티프가 법정 심리 개시 전에 강력하게 건의했던 대로.

"어떤 일이 생겨도 절대 반응을 보이면 안 됩니다. 검사 측에서 당신을 흔들려고 해도 미간 한번 찌푸리지 말아야 합니다."

나는 전투태세를 갖추고 기다렸다. 그러나 칸의 말 한마디 한마디를 듣는 내내, 내가 파리 잡는 끈끈이에 걸린 가련한 파리 같다는 느낌이 들었다. 아무리 발버둥을 쳐도 빠져나오지 못하고 오히려 더 빠져드는 느낌이었다. 칸과 노빅 검사의 보고서에 나는 '체인 중 한 개의 고리'로 정의되었다. 덩굴을 더듬어 참외를 따듯, 그들에게는 범죄 혐의의 등급에 따라 더듬어 올라가 알스톰 CEO 파트릭 크롱을 잡아들이는 것이 중요했다. 나에 대한 심리는 30분도 안 되어 끝났다. 검사 둘 다 나에게는 한 가지도 묻지 않았다. 오늘 나에게 '근육' 자랑을 해 본 것으로 족했다. 공은 나에게로 왔고, 차 낼지 말지는 내가 결정하면 되는 것이다. 마냥 시간을 끌 수는 없었다. 심리 전에 스탠이 말한 것처럼 시간은 나의 가장 큰 적이었기 때문이다.

변호사가 말했다. "검사들이 말하지 않은 것이 있습니다. 이걸 말하면 당신의 처지는 사면초가가 됩니다. 그들은 얼마 전 알스톰의 고위 관리자 중 세 번째로 폼포니를 기소했어요(그가 은퇴하고 몇 년 후 그의 자리를 데이비드 로스차일드가 이어받았다). 그들은 지금 시간이라는 패를 쓰고 있습니다."

"정말 이해가 안 돼요. 스탠 씨. 폼포니가 기소된 것이 내 사건에 무슨 영향이 있다는 거죠?"

"그들은 분명 그에게 협상안을 던질 겁니다. 만약 폼포니가 당신보다 앞서 죄를 인정한다면, 그리고 검사에게 새로운 정보를 제공한다면, 그렇게 되면 당신은 이용 가치가 없어지는 거죠. 그럼 지금과 같은 방식으로 그들과 유죄인정 협상을 하지 못하는 것이고요. 결국, 당신은 버리는 돌이 될 것이고, 그들은 당신을 잊을 겁니다. 그럼 재판받을 때까지 구치소에서 기다릴 수밖에 없죠. 시간이 이삼일밖에 없어요. 정말 빨리 결정해야 합니다. 더는 끌면 안 돼요."

"정말 비열하군요. 내가 죄를 인정한다면 알스톰은 더는 내 변호사 비용을 대지 않고 나를 완전히 버린 채 돌보지 않을 것이고, 죄를 인정하지 않는다면 125년간을 감옥에 갇혀 있어야 한다고요. 폼포니에게 선수를 빼앗길 수 있으니 이틀 내로 결정하라니요. 눈앞의 이 상황을 초래한 근원은 내 사건의 서류가 150만 건으로 너무 많아 내가 다 읽어 볼 방법이 없고, 당신의 로펌도 그 서류들을 분석할 방법이 없다는 거잖아요. 지금 날 놀리는 거 아닙니까?"

"우리도 어찌할 방법이 없어요. 프레데릭 씨, 125년 형을 받을 가능성이 있는 당신이 현재 상황을 직시하려 하지 않으니 답답합니다."

"나에게 도대체 어떤 리스크가 있는 거죠? 솔직히 말해 주세요. 어떤 죄수들이 말해 주던데, 그 악명 높은 《미국연방 양형지침》이란 게 도대체 뭡니까?"

라티프가 제멋대로인 아이를 달래듯 가볍게 손짓을 했다.

"피에루치 씨, 좀 냉정을 찾고 잘 들으세요."

라티프가 말해 준 내용은 내가 들었던 것 중 가장 황당무계한 것이었다.

"우리가 연구를 좀 했는데요." 라티프가 나를 보고 말했다. "우선 해외부패방지법을 위반하면 12포인트, 다음 알스톰이 기소된 계약으로 얻은 총이익을 계산해 보면 600만 달러이니 18포인트 추가, 끝으로 인도네시아 의원에게 뇌물 공여한 것은 중죄이니 다시 4포인트 추가됩니다. 그 밖에 여러 건의 자금 이체 기록이 있는데, 법무부는 이를 여러 번의 뇌물공여 행위로 간주하므로 다시 2포인트 추가하면 총 36포인트가 되죠. 만약 검사가 당신을 이 '음모'의 주모자로 보면 4포인트를 추가해야 하는데, 사실 당신이 주모자는 아니니 당연히 이건 계산하지 않아 최종 포인트는 그대로 36포인트입니다."

"라티프 씨, 그렇게 한참 포인트를 계산해서 뭘 설명하려는 겁니까? 내가 가장 알고 싶은 것은 내가 감옥에서 몇 년을 있어야 하냐는 것입니다."

"지금 그 얘기를 하고 있다고요. 이 36포인트는 하나의 표에 표시됩니다. 이 표는 두 가지 입력 방법이 있습니다. 가로에는 당신에게 선고될 개월 수를 적고, 세로에는 법을 어긴 범죄에 대응하는 포인트 수를 적습니다. 만약 당신이 꼭 소송하겠다고 하면 판사가 형을 가늠하고 죄를 정할 때 이 계산표를 따르는데, 당신은 통상 최소 188개월에서 최대 235개월이 선고됩니다."

"라티프 씨, 미국 법무부는 왜 이렇게 계산하죠? 우선 알스톰의 이윤을 왜 나에게 계산해 넣죠? 돈이 내 주머니로 들어온 것이 아니라 회사, 즉 주주들의 주머니로 들어간 것인데. 나는 그중에서 1달러도 받지 않았고, 리베이트도 받지 않았어요. 회사의 이익을 위해 부지런하고 성실히 일만 한 직원과 중간에서 이윤을 가로채고 자신의 주머니를 채우는 직원을 같이 취급한다는 겁니까?"

"그렇습니다. 미국 법무부는 전자의 직원도 자기 자리를 보전하고 승진을 바라고 복리후생을 우려낼 생각을 하므로 해당 직원이 이익을 보았다고 추정합니다."

"그러나 이런 상황에서는 이른바 이익이라는 것을 계량화해서 설명해야지요."

"잘 들어요. 이걸 토론하는 것은 아무런 의미도 없어요. 당신이 그런다고 미국의 법률을 바꿀 수 있겠어요? 포인트 적립 원칙이란 바로 이거예요. 더는 논의의 여지가 없어요."

"또 송금 건은 어떻게 된 겁니까? 샤라피에게 주는 커미션을 몇 번에 나누어 지급했다고 해도 본래가 한 건의 중개인 계약인데, 여기에서 2 포인트를 추가하는 것은 어떻게 해석해야 합니까?"

여기까지 이르자 라티프는 얼굴이 뻘겋게 상기되어 곧 폭발할 것처럼 화가 난 듯했다. 라티프 대신 스탠이 무뚝뚝하게 대답했다. "미국의 해외부패방지법이 이렇게 규정한 것이니, 이렇게 다투는 것은 아무런 의미가 없습니다." 나는 할 말이 없었다.

3시간 동안 차를 타고 와이어트 구치소로 돌아왔다. 나는 너무 큰 충격을 받아 사고 능력을 거의 상실했다. 화살에 놀란 새처럼 위축되어 구치소의 유일한 공공 공간인 공용 홀을 배회했다. 죄수 몇 명이 장기를 두고 있었는데, 그중 한 명이 장기를 잘 두는지 공세가 맹렬했다. 장기를 이긴 후에 이 친구가 한담이나 나누자고 나를 찾아왔다. 그가 들려

준 이야기는 이러하다. 어쩌다가 집에 마리화나 500킬로그램을 은닉하고 있다가 체포되었다. 그가 13살 때 창녀였던 어머니는 집을 나갔고, 아버지는 자기를 숲속에 버렸다. 커서는 도둑질로 먹고살았고, 차츰 곤경에서 벗어난 후에는 마리화나를 심기 시작했다…….

나는 머릿속으로 500킬로그램의 마리화나를 포인트로 환산하고 나서 이 포인트를 다시 형기로 계산하기 시작했다. 그는 이전에 죄를 지은 적이 있어 범죄 전과의 포인트 수를 더했다. 그러다가 현기증이 났는지 어질어질해서 계산을 멈추었다.

감방 친구 메이슨은 여러 번 말했다. "감옥에서 살아남으려면, 눈을 감고 나서 심호흡을 해." 심호흡하면 살아남는다. 이렇게 간단했다.

2013년 5월 5일 밤, 나는 처음으로 와이어트 구치소에서 다른 죄수들과 함께 식당에서 텔레비전을 보았다. 텔레비전에서는 유럽축구연맹 챔피언스 리그 결승전의 녹화방송을 내보내고 있었는데, 예상을 뛰어넘어 바이에른뮌헨팀이 바르셀로나팀을 3 대 0으로 이기는 이변이 일어났다.

17

A 수감동

둘째 날, 구치소 소장은 나를 A 수감동으로 옮겼다. 대머리에 치아는 반이나 빠진 75세 정도의 자그마한 노인이 프랑스어로 인사를 했다. "안녕하십니까?" 사투리도 전혀 섞이지 않은 표준 프랑스어 발음이어서 내 귀를 의심하지 않을 수 없었다.

"안녕하세요, 프랑스 양반?" 그가 반색하며 말을 걸어왔다. "나는 잭(Jack)이라고 합니다. 그런데 여기 구치소에서는 그냥 '그 노인네'라고 부르지요. 당신을 오래 기다리고 있었어요."

내가 놀란 표정을 짓자 자기는 와이어트 구치소 소장과 관계가 좀 좋다며, 그게 내가 A 수감동으로 옮겨 온 주된 이유라고 설명했다.

"당신이 구치소에 올 때부터 소장에게 당신을 여기로 옮겨 달라고 부탁했지요. 적어도 당신이랑 같이 있게 되면 내가 프랑스어를 더 연습할 수 있으니까요."

잭은 내가 만났던 사람 중에 가장 흥미로운 인물이었다. 그는 예전에 거대 조직의 전설적 인물이었다. 프랑스의 마약 판매 조직으로 악명 높았던 '프렌치 커넥션'의 마르세유 지파에서 살아남은 몇 안 되는 조직원 중 한 사람이었다. 이 조직은 1930년대에서 1970년대까지 미국 범죄조직의 코카인 공급상이었다. 뉴욕의 브롱크스 지역에서 범죄조직 생활을 시작, 1966년에 5년 징역을 살았고, 1974년 다시 체포되었으나 그 후 마르세유로 도주했다. 1978년 프랑스 마약 단속 형사반에 검거돼 범죄 생활이 다시 한번 중단되었다.

그는 미국으로 송환된 후 12년간 복역하고 출소 후 본업으로 돌아가 헤로인을 암거래하기 시작했고, 다시 체포돼 두 번 더 징역형을 받았다. 그는 총 36년을 감옥에서 보냈고, 그중 4년은 프랑스에서 복역했다. 마지막으로 수감된 곳이 바로 와이어트 구치소인 것이다. 이런 이력 덕분에 그 높은 담장 안에서도 그를 도와주는 존재가 있으리라는 것은 굳이 설명하지 않아도 될 정도였다. 사실 그는 구치소 안의 모든 사람을 알고 있었고, 모든 수감자도 그의 존재를 알고 있었다. 심지어 그를 존경하는 수감자도 있었다. 그는 이 구치소의 진정한 주인이었다.

전과가 화려하다는 것 말고도 꽤 열정적이고 괜찮은 사람이었다. 그는 프랑스를 좋아해서 항상 프랑스어를 사용하는 두 사람을 달고 다녔다. 한 사람은 알렉스(Alex)라는 그리스인으로, 마르세유 상경대학을 나와 BNP에서 일한 경력이 있었다. 다른 한 사람은 그리스계 캐나다인으로, '운반책'이라는 별명으로 불렸다. 세 사람은 나를 귀빈처럼 대접했다. 나에게 커피, 사탕, 우윳가루, 라디오, 알루미늄테 안경, 새 운동화(내가 구치소 매점에서 맞춘 운동화는 아직 오지 않았다) 등을 주었는데, 그중 특히 내 맘에 드는 것은 고급 베개와 중고 매트리스였다.

내가 처음 배정된 D 수감동과 달리, A 수감동에는 독방이 없었다. A 수감동은 56개 침상이 있는 커다란 옥사이며, 수감자 4명당 한 칸을 사용하고, 두 칸마다 중간에 1.3미터의 낮은 가림막이 있다. 한 칸에는 이층침대 두 개가 있고, 칸의 면적은 9제곱미터를 넘지 않는다. 옥사가 비좁은 것보다도 자연광이 부족한 게 더 괴로웠다. 선팅 필름이 부착된 자그마한 세 쪽 창문을 통해 겨우 햇빛이 들어왔다. 수감자들은 네온 조명에 의존해 생활했고, 조명 중 하나는 밤에도 항상 켜두어, 수감자들 사이에 폭력이 발생했을 때 주동자를 색출하는 용도로 사용했다.

나처럼 침대 위 칸을 쓰는 수감자는 머리와 겨우 50센티 거리에서 비추는 조명 빛에 적응해야 잠을 잘 수 있었다. 나는 사흘 밤이 지나고서야 잠드는 데 성공했는데, 며칠은 피로와 절망에 가득 찬 두 눈으로 온통 얼룩지고 칠이 벗겨진 누런 벽을 바라보며 누워 있을 수밖에 없었다. A 수감동은 10년 가까이 제대로 된 수리나 보수를 하지 않았다. 그 이유는 모두 한결같다. 수익성이라는 명목하에 구치소의 운영 원가를 될 수 있는 대로 낮추어야만 하는 것이다.

더욱 치욕스러운 것은 욕실이었다. 공용일 뿐 아니라 나란히 배치된 화장실 변기 5개가 사이사이에 1미터 정도 낮은 칸막이로 분리되어 있을 뿐, 변기 앞쪽은 아무 가림막도 없었다.

수감 생활 몇 주 후부터 수감자들은 규정에 따라 서로 다른 구역으로 옮겨진다. 나이 혹은 위험등급에 따른 구분 외에도 '조직' 구역과 '노동자' 구역 등이 있다. A 수감동은 40세 이상이고 기본적으로 분란을 일으키지 않는 수감자가 가는 구역으로 알려져 있다. 여기엔 비교적 커다란 '라틴아메리카 조직'(도미니카인, 자메이카인, 멕시코인)이 있고, 몇 몇 아시아계가 있었다. A 수감동은 그리스인과 그리스계 미국인 9명이 있었는데, 나는 유일한 프랑스인이었다. 나의 감방 친구는 대부분 계획 살인, 흉기 소지 강도, 마약 판매 혹은 은행 카드 위조(베트남계가 가장 많았다) 범죄자였다.

다들 이 구역 수감자들은 비교적 온화한 거라고 말했다. 다른 수감동은 어떨지 상상조차 하기 싫다. A 수감동에서 말다툼, 절도, 마약이나 약물 거래는 평범하고 흔한 일이었다. 이런 사건들로 수감자가 몇 주 혹은 몇 달 독방에 갇히는 일은 매주 발생하는 일이었다. 이런 귀찮은 일에 연루되지 않는 기본적인 규칙은, 절대로 다른 수감자를 오래 쳐다보거나 신체 접촉을 하지 않는 것이다. 어깨를 치거나 악수하는 등의 행동을 하지 않는다. 줄 서서 배식을 기다릴 때 다른 수감자의 발을 밟지 않도록 한다. 어떤 사소하고 작은 행동도 신체 침해 행위라고 여겨질 수 있다.

수감동 옆에 산책할 수 있는 작은 운동장이 있는데, 비록 농구장 반만 한 크기로 작기는 해도 평화로운 피난처 같은 곳이었다. 수감자들은 굳이 말하지 않아도 서로서로 규칙을 엄격히 준수했다. 8~11시에는 체조나 산책하는 수감자들이 운동장을 사용한다. 나머지 오전 시간과 오후 시간에는 맨손 공 던지기를 하는 수감자들의 공간이다. 20~21시에는 산책하는 수감자들이 다시 나와 바람을 쐰다.

내가 이 감방으로 옮겨온 후 한 수감자가 공용 공간을 사용하는 암묵적 규칙을 가르쳐 주었다. 식사 시 반드시 같은 식탁, 같은 위치에 앉아야 한다. 두 끼 식사 시간 사이에 최종 자리가 바뀔 수도 있지만, 이 규칙이 유지되도록 힘쓴다. 매시간 다른 일이 생길 수 있지만, 새내기 수감자는 이 암묵적 규칙을 반드시 지켜야 한다. 처음 왔을 때는 어렵고 난해하다. 그러나 모두 점차 이 규칙에 따르게 된다.

새로운 '보금자리'에서 나는 처음으로 아이들 사진을 받았다. 클라라가 가장 잘 나온 사진을 골라 보내 주었다. 활짝 웃고 있는 아이들 표정에 내 기분도 좋아졌다. 알렉스와 '운송책'은 수감된 이후 ― 각기 15개월과 22개월 ― 한 번도 부인과 아이들을 만나지 못했다. 그들은 수감 전에는 부부 사이가 매우 돈독했는데, 지금은 문제가 점점 복잡해진다고 했다.

어제 여동생 줄리엣과 아내 클라라와 통화하다 아버지가 나를 보러 미국에 올 준비를 하고 있다는 얘길 들었다. 나는 정말 그런 일이 없기를 바란다. 면회실 유리막을 사이에 두고 아버지와 전화로 한 시간 동안 대화할 생각을 하면 벌써부터 마음이 무겁다. 74세 고령의 노인이 이런 수모를 겪지 않았으면 한다. 창피해서 쥐구멍에라도 숨고 싶은 기분이 들 것이다. 이렇게 스스로를 위로하는 동시에 내가 이기적임을 자책할 수밖에 없다. 내가 만약 당신이라도 당연히 비행기를 타고 미국에 와서 옥중에 있는 아들을 도와주고 마음의 짐을 덜고 싶을 것이다. 아들의 일에 냉정하기 힘들다는 것을 잘 알고 있지만, 그래도 자제하고 아들을 위해 무엇을 할지 진지하게 생각하셨으면 한다. 그런데 만약 내 앞에 닥친 그간의 상황을 알게 되면, 아버지도 이해하게 될 것이다.

내일, 난 아주 중대한 결정을 한다. 대충 혐의를 인정할 것이다. 클라라한테 면회하러 오라고 해서, 이 결정이 아내와 아이들에게 엄청난 영향을 줄 것이어서 마음이 복잡하다고 설명해야 한다. 아내는 가정이나 직장에 심각한 타격이 올지라도, 내가 다시 자유의 몸이 되는 것만 생각하고 있다. 자유는 값을 매길 수 없기에.

　내겐 아직 하룻밤 생각할 시간이 있다. 내 머릿속에는 적어도 좋은 소식 하나가 있다. 린다는 우리가 코네티컷주 윈저에 살 때 알게 된 미국 친구인데, 집을 담보로 내게 자유를 얻게 해 주겠다고 이미 동의했다. 아주 희망적이긴 하지만, 이걸로 충분할까?

18

알스톰, 나를 버리다

A 수감동에서 견디기 힘든 첫 밤을 보냈다. 56명의 수감자가 꽉 들어 찬 감방 안에는 천둥같이 요란한 코 고는 소리, 여기저기 방귀 소리, 몰래 혹은 대놓고 수음하는 소리, 화장실 오가는 소리, 거기에 교도관의 고함 소리까지…….

아침 식사 후 스탠에게 전화했다. 실은 나는 아무것도 결정한 것이 없었다. 모든 것은 그가 통보할 내 형기에 달려 있었다.

"좋은 소식 하나와 그리 좋지 않은 소식 하나를 전해야겠네요." 스탠이 의미심장하게 말했다.

"먼저 안 좋은 소식부터 알려 주세요."

"당신이 체포된 이후 알스톰이 계획을 바꾼 듯합니다. 이전엔 알스톰은 미국 법무부에 협조하기를 매우 꺼리는 모습을 보여 왔거든요. 그런데 이제 미국 법무부가 요청한 문건들을 제출하기 시작했어요. 검찰 측이 추가로 받은 수만 건의 문서 중에 3천여 건에서 당신이 거론되고 있어요. 제 느낌으로는……."

"뭔데요?"

"나도 잘 모르긴 하지만……알스톰의 일부 인사들이 이번 사건을 이용해서 따라한 이외 다른 사건에서도 당신을 희생양으로 삼아 자신들의 안전을 도모하는 것 같습니다."

"그렇게 해서 얻는 게 뭘까요? 이해할 수가 없네요. 그 사람들이 그러는 이유를 모르겠어요. 나를 궁지로 몰면 오히려 내가 역공할 수도 있잖아요."

"피에루치 씨, 들어 보세요. 당신이 조사받는 것을 보고 사태가 심각하다고 느끼는 것 같습니다. 벌금액이 엄청나리라는 사실도 알고 있고요. 특히 파트릭 크롱 회장과 다른 고위층들은 자신들이 기소될까 봐 두려워하고 있어요. 피해를 줄이고, 이미 감옥에 들어간 사람을 희생시키자는 거죠."

"그런데 그들이 간과한 건, 만약 그렇게 나온다면 나도 관련된 이사진 십여 명을 까발릴 수 있어요. 심지어 이사진 전부를요."

"저도 압니다. 피에루치 씨. 만약에 알스톰이 충분히 협조하고 벌금을 낸다면, 미국 법무부는 회사의 이사진에게 빠져나갈 길을 열어 줄 거예요. 내가 강조하고 싶은 건, 이렇게 되면 검사는 알스톰이 제출한 문건 중 당신과 연관된 내용을 추궁하게 될 터이니 재판이 지연되리라는 거예요."

"시간이 오래 걸릴까요?"

"그리 오래 걸리지는 않을 겁니다. 3천여 문건 중에 몇백 건은 중요한 내용일 수도 있지요. 그래서 당신이 동의하면 검찰 측이 와이어트 구치소로 물증 CD를 보내고, 당신은 구치소 컴퓨터로 그걸 열람하고, 그 후 뉴헤이븐 법원에서 이 증거들을 근거로 신문을 받는 거지요. 검찰 측이 당신의 진술에 만족한다면 기소를 취하하게 될 겁니다."

"아니면요?"

"다른 대안은 없어요. 검찰 측을 설득 못 시키면 와이어트 구치소에서 계속 재판을 기다리고 있어야 합니다."

"안심이 되는 말을 좀 해 줄 수 없나요? 보석 신청을 계속해도 될까요? 미국 친구 린다가 부동산을 담보로 제공해 주기로 했거든요."

"가능합니다. 그런데 알스톰이 태도 변화 후에도 보석 기간의 보호관찰 비용과 아파트 임대료를 지급할지 모르겠네요. 만약 당신이 전부를 부담한다면 하루 24시간, 주 7일의 비용이 엄청날 겁니다. 더군다나 검사들은 그 많은 문건을 다 조사하기 전까지는 당신을 석방하는 데 동의하지 않을 것이고요."

"좋은 소식도 있다고 하지 않았나요?"

"네. 좋은 소식이란 게 바로 당신이 이 문건들을 열람하는 데 동의하고 신문에 응한다면 형기를 6개월로 감해 주겠다는 거지요."

나는 6개월이라는 수치를 듣고 기뻤다. 그것이 바로 그들이 기대한 효과였을 것이다. 계속 법정에 나와 응소하면 장기형으로 겁을 준 다음 다시 형량 감소를 미끼로 혐의를 인정하게 할 것이다. 누구도 벗어나기 어려운 상황에 빠지게 된 것이다.

이미 15분 통화를 했으니, 언제든 전화가 끊길 수도 있다. 통화는 20분만 가능하기 때문이다. 난 아직도 스탠에게 물어봐야 할 게 많이 남아 있다. 유죄인정 규정, 검사의 신문 절차, 6개월 형기에 대한 담보 조건, 고소 취하가 가능한 혐의는 뭔지 등. 그런데 스탠은 나의 결정을 재촉하고 있다.

"빨리 결정을 해야 해요. 검찰 측은 분명히 폼포니에게도 같은 조건을 제시했을 겁니다. 그가 먼저 동의하면 당신의 형기는 이 6개월에 그치지 않고 분명히 더 늘어나게 될 거예요. 게다가 당신이 검사가 내놓은 조건들을 놓치게 되면, 혐의를 인정하는 길밖에 안 남게 됩니다."

난 마지막 질문을 했다.

"6개월의 형기에 관해서인데요, 재판부가 검사의 구형을 받아들인다면 나는 뭐를 얻게 되지요?"

"아무것도 없어요. 재판부는 스스로 판결을 내린다고 생각하지요. 하지만 재판부는 대부분 검사 측 의견을 받아들이게 되고, 더욱이 코네티컷주에서는 더 그렇지요."

"검사가 법정에서 단 6개월 징역형을 구형한다고 확신할 수 있다면 그렇게 하지요, 스탠 씨."

긴 한숨이 나왔다. 난 마지막으로 이 결정을 내린 것이다. 그러나 헤아릴 수 없이 많은 문제가 꼬리를 물고 남아 있다.

만약에 내가 혐의를 인정하면 알스톰 이사진은 어떤 반응을 보일까? 회사가 경제적 지원을 끊으면 아내와 아이들은 어떻게 생활하지? 가족들은 분명히 싱가포르에 남아 있지 못하고 프랑스로 돌아갈 수밖에 없을 것이다. 그러면 나는 보석금으로 자유의 몸이 된다 해도 혼자 미국에 남아 있어야 하고, 직업도 찾지 못하고, 그저 판결을 기다릴 수밖에 없을 것이다.

그렇다면 이혼하는 게 더 현명한 방법일 수도 있다. 프랑스 집을 클라라에게 주면 최소한 아내가 가정을 지킬 희망이라도 남게 되니까.

19

다시 뉴헤이븐 법정으로

뭔가 잘못됐다. 그것도 아주 많이! 칸 검사와 노빅 검사의 화난 표정만 보아도 내 대답이 그들이 원한 것이 아니었음을 알 수 있었다. 그들은 '내게 생각할 시간을 주기 위해' 휴정을 신청했다. 스탠 변호사는 나를 질책했다.

"도대체 왜 그래요? 왜 부인하는 거예요?"

"난 아무것도 부인하지 않았어요. 그저 진실을 말한 거예요. 알스톰이 로비스트인 샤라피에게 커미션으로 1퍼센트를 준 건 맞아요. 그렇지만 그 사람하고 인도네시아의 에미르 모에이스 의원에 대한 뇌물 제공과 관련해서 이야기한 적이 전혀 없어요. 그리고 에미르 모에이스는 이 프로젝트와 관련해서 공식적인 역할이 없는 사람이었어요."

"그렇지만 뇌물이 오갔으리라는 것은 짐작할 수 있잖아요. 그렇지 않습니까? 그럴 가능성이 있다는 것을 알고 있잖아요. 게다가 샤라피가 이미 진술했어요. 알스톰 관련자들을 다 불었다고요. 그러니 당신도 이

제 빙빙 돌려 말하지 말고, 검사가 원하는 대로 말해 줘요. 경고하건대, 자꾸 이러면 신문은 중단되고 바로 구치소로 돌아가게 될 것이고, 6개월 구형도 물거품이 될 거라고요."

"거짓말을 해야 한다는 이야기군요. 이것 참 황당하군요. 맞아요. 알스톰이 또 다른 로비스트 아즈민을 채용했을 때 나를 포함한 모든 이사진은 알고 있었지요. 누군가 뇌물을 요구한다는 것을요. 아즈민을 고용한 이유는 의심할 여지가 없었어요. 그렇지만 샤라피가 처음 고용될 때는 뇌물을 주라는 요구는 없었어요. 어쨌든, 그 사람이 내게 그렇게 말했고요."

"그건 맞는 얘기지만 검사는 두 번째 로비스트 아즈민한테는 전혀 관심 없어요. 검사들이 당신에게 적용한 죄목은 모두 샤라피의 증언에서 나온 거라고요. 게다가 지금 검사들은 조사 방법을 바꿀 생각이 없고요."

"그럼 어떻게 해야 합니까?"

"음……내 말을 잘 들으세요."

변호사는 생각지도 못한 묘안을 냈다. 증언을 조금 바꿔 보자고 했다. 내가 거짓 증언을 하지 않으면서도 변호사가 검사들과 합의한 결과를 날려버리지 않을 정도로, 어떤 사실은 '일부러 모르는 척'하자고 했다. 이메일 내용은 내가 직간접적으로 뇌물공여에 연루되었음을 증명할 수 없고, 마지막에 샤라피에게 일부 돈이 건너갔다는 사실을 몰랐다 해도, 나는 나도 모르는 상황에서 범죄행위를 저지른 셈이다. 그러므로 난 이 일에 대해 '일부러 모르는 척'해도 되는 것이다. 미국 법무부로서는 어차피 같은 결론일 테니.

나는 스탠이 한 말을 마음속에 되새기면서 다시 법정으로 돌아가 검사들에게 처음부터 끝까지 외우듯 진술했다. 달리 내가 할 수 있는 게 있었을까? 노빅 검사와 칸 검사는 나의 변화에 기분이 좋은 듯했다.

나중에서야 검사들이 아즈민의 부패행위가 훨씬 더 심각했음에도 불구하고 왜 아즈민에게는 관심이 없고 첫 번째 로비스트 샤라피만을 주목했는지 알게 되었다. 아즈민은 계약의 효력이 발생한 이후 2006년까지만 돈을 받았으므로 시효가 만료된 상태였다(미국 해외부패방지법의 시효는 5년). 반면에 알스톰이 샤라피에게 마지막 보수를 지급한 것이 2009년이기 때문에 내가 기소된 2012년 11월 당시 그의 범죄행위는 시효가 남아 있었다.

진이 빠지는 하루를 보내고 와이어트 구치소로 돌아와서 아내에게 전화를 했다. 줄리엣이 아내를 도와주고 있었다. 줄리엣과 2개 국어에 능통한 제부는 내 변호사들과 협력해서 법률적인 일을 처리하고, 아내는 알스톰과 연락을 이어 가고 있었다. 아내 쪽에서 연락을 시도하고 있었다는 편이 더 옳을 것이다. 회사가 볼 때 나는 이미 버린 카드이고 조직의 골칫덩어리일 뿐이니. 아내는 알스톰 내부에서 돌아다니는 루머를 이야기해 주었는데 나로서는 믿기 어려운 일이었다.

회사 법무팀은 전혀 나에게 연락할 생각 없이 자체적으로 결론을 냈다. 그들은 내가 원래 의지와는 상관없이 결국 압력에 못 이겨 범죄 사실을 인정하리라고 믿었다. 결국 그들의 생각이 맞았다. 그들은 로스차일드와 샤라피가 미국 법무부에 '협조'했다는 것을 알고 자신들의 생각을 굳혔다. 심지어 그 둘은 '제보자'의 신분을 획득하여 '배반' 행위 덕분에 미국의 '도드 프랭크 법(Dodd-Frank Act)'에 따른 제보 보상금을 받을 수 있다는 소문도 있었다. 회사가 내는 벌금의 10퍼센트~30퍼센트를 신고 보상금으로 받을 수도 있다는 것이다. 실제로 UBS의 한 퇴직자는 내부고발로 1억 400만 달러라는 거액을 받은 적도 있다.

로스차일드를 둘러싼 소문이 정확한 것은 아니다. 내가 아는 한, 그는 결코 미국 법무부의 보상금을 받을 수 없다. 재판부는 그와 회사가 합의하는 조건으로 그의 형량만 감해 주었기 때문이다.

내가 체포된 이후 회사 전체가 두려움에 휩싸인 모양이었다. 다들 전에 나누었던 대화들을 기억해 내려 안간힘을 썼다. 그때 '두더지(조직 내부에 있는 스파이)'가 자리에 같이 있지는 않았는지, 그 두더지가 대화를 녹음하지는 않았는지, 특히 나중에 책임질 말을 하지는 않았는지 모두들 걱정하고 있었다. 미국 FBI 요원이 갑자기 자신의 사무실에 나타날까 걱정하고 있었다. 퇴직자들 중에는 문제가 생길 경우 회사 법무팀이 변호사를 선임해 줄 것을 요구하는 사람도 있었다. 파트릭 크롱 회장이 위험한 상태이고, 언제든 기소될 수 있다고 생각하는 사람들이 많았다. 파리 본사는 이미 적색경보가 발령된 상태다.

내가 체포된 이후 미국 법무부에서 조사나 신문을 받았던 임직원 50여 명에게 회사 법무팀은 경고문을 발송했다. 알스톰으로서는 아주 이례적인 방어행위이다.

"아시다시피 미국은 이미 우리 회사의 부패행위가 의심되는 해외 프로젝트에 관해 사법 조사를 진행하고 있습니다. 회사 내부 단속 차원에서 이번 모든 사안과 연루된 직원 중 만약 미국 출장을 계획하고 있는 분이 있다면 미국 당국의 신문 가능성을 염두에 두십시오. 미국 출장 전에 카에게 확인을 받기 바랍니다."라고 메일에 씌어 있었다. 이어서 충고하기를 "만약에 신문을 받게 되면 임직원 여러분은 발언할 권리도 가지고 있지만, 동시에 묵비권을 행사할 수도 있음을 알고 계시기 바랍니다. 이는 전적으로 본인의 결정이며 미국 정부는 여러분에게 진술을 강요할 권리가 없습니다." 법무팀은 그 뒤에도 기타 건의 사항을 열거해 놓았다.

알스톰은 왜 하필이면 내가 체포된 후에야 비로소 임직원들에게 경고문을 보냈을까? 카는 내가 체포되기 전에 왜 겁낼 필요 없다고 했을까? 난 그 50명의 임직원 안에 없는 것이다. 이 사건과 관련된 직원에게서 나중에야 알게 된 사실이다. 왜 이런 상황에서 체포된 거지? 왜 나일까? 오랜 시간 스스로 자문했지만, 아직도 그 답을 얻지 못했다. 내가 앞으로 맡기로 한 직무(알스톰과 상하이전기그룹 합자회사의 대표)와 이 불행한 사태와 연관이 있는 것일까? 이 합자회사가 발표되면 그룹은 전기생산 분야에서 전 세계 선두 기업이 될 것이다.

전문가에 의하면 이 합자로 알스톰과 상하이전기 모두 국제적 영향력이 커질 것이고, 우리의 주요 경쟁업체인 GE그룹에게는 커다란 타격을 주게 될 것이라고 했다. 이것이 바로 미국인들이 걱정하는 점이었다.

나의 온갖 의문에 대한 해답을 얻는 것과 무관하게, 루발루와 알스톰 본사와 그룹 해외법인 전체가 어떤 불안과 우려에 휩싸여 있을지는 상상할 수 있었다. 만약 회사 집행부가 수건돌리기 식으로 폭로된 고위 이사진을 보호한다 해도 나는 놀라지 않을 것이다. 내게는 유감스럽게도 이미 돌이킬 수 없는 일이 되어 버렸으니.

20

증거

버텨 내야 했다. 심리적으로나 육체적으로나 나는 내 자신을 보살피고 몸을 단련해야 했다. 이곳에서는 어쨌든 시간은 있었다. 매일 아침 구치소 마당에서 체조를 하는 3인조에 끼어서 사흘 동안 운동을 했다. 나는 팔굽혀펴기 3개도 못할 정도로 체력이 엉망이었지만, 포기하지 않고 계획을 짰다. 오전에는 운동으로 건강을 유지하고, 오후에는 물증들을 열람하기로 했다. 구치소 내 컴퓨터실에는 오래된 구형 컴퓨터 6대가 비치되어 있었다. 범죄자들이 자신의 소송 파일을 볼 때, 특히 검사가 취합한 물증을 볼 때 사용할 수 있었다.

입구의 여성 교도관이 변호사가 보낸 서류 뭉치를 수감자들에게 나눠주었다. 라티프가 CD 4장을 보내왔다. 컴퓨터에서 열람하고 기록도 할 수 있으나 프린트는 금지되었다. CD에는 알스톰이 제공한 물증 3,000여 건이 담겨 있다고 하는데, 검사가 조사한 증거도 다수 보태졌을 것으로 의심되었다. 그중 대부분에는 스위스 경찰의 스탬프가 찍혀 있었다(알스톰은 2010년 스위스에서 부정부패행위로 기소되어 조사를 받았다).

대부분 2002년~2011년 사이에 주고받은 메일이거나 복사해 보낸 메일이었다. 오래된 사항들의 세부 내용은 이미 기억도 나지 않았다. 수감자들은 하루에 한 시간 컴퓨터실을 사용할 수 있었다. 머릿속으로 재빨리 계산해 보니 검사가 수집한 150만 건의 물증을 모두 다 보려면 1분에 한 건을 보더라도 68년이 걸린다. 이 얼마나 기이하고 터무니없는 상황인가. 기본적인 인권을 침해하는 사법 체계 아닌가. 미국 법무부 공직자들도 시간을 연장하는 게 유리하다는 걸 분명히 알고 있다. 그래서 고의로 몇 톤에 달하는 서류 뭉치로 피고인들을 짓누르는 거다. 그들은 비인도적인 원칙을 준수하고 있다. 재판에 계류 중인 범죄자들이 자신을 변호할 수 있는 모든 수단을 박탈하여 – 단, 돈이 있는 사람은 제외 – 결국에는 혐의를 인정하게 만든다.

마음속으로는 절망적이었지만, 매일 CD를 들여다보았다. 이렇게 미친 듯이 CD를 들여다보는 짓은 시간 낭비일 뿐이야. 아니야. 누가 알아? 내가 재수가 좋아서 금덩어리라도 발견하게 될지. 결정적인 물증으로 원고의 입을 틀어막을 수 있을지도. 무엇보다도 CD는 뭔가 목표를 주었고, 적어도 두뇌 회전을 유지할 수 있잖아.

겨우 몇 주가 지났을 뿐인데, 구치소 생활은 내 정신 상태를 무너뜨릴 지경이었다. 시계도 없고, 컴퓨터도 없고, 비행기도 없고, 회의도 없고, 사무실도 없고, 일도 없고, 아무것도 없다. 구치소에서 최고의 관심사라고는 닭 다리를 먹을 수 있을까(한 달에 세 번), 아니면 다음 일요일에 아이스크림 작은 통 하나를 배급받을 수 있을까 하는 문제였다.

구치소 A동의 분위기가 갑자기 나빠졌다. 말싸움과 폭력 사태가 빈번해졌다. 이틀 전 덩치 큰 흑인이 내 거울을 훔쳐 갔는데, 이 장면을 본 터키인이 대번에 우리 사이에 끼어들었다. 내가 말리려고 했지만, 서로 욕하고 소리 지르기 시작했다. 수감자들이 모두 둘러서서 이 장면을 구경했다. 두 사람은 유일하게 감시 카메라가 없는 샤워실로 가서 서로 죽일 듯이 싸웠는데, 때마침 무장 교도관들이 들어와 큰 사고가 나기 전에 싸움을 말렸다. 그 둘은 독방에 수감되었다. 최근에는 독방이 빌 틈이 없다. 나는 보복당할까 봐 두려웠다. 이 소란은 바로 내 거울 때문에 시작된 것이니까. 여기서는 언제든 폭력에 맞닥뜨릴 수 있다.

얼마 후 새 수감자가 들어왔는데, 이 거칠고 우악스러운 뚱보는 우리가 잘 아는 왜소한 노인과 같은 방을 쓰게 되었다. 신입 죄수는 상습 강간범이었다. 교도관은 이 죄수가 노인은 건드리지 않으리라 생각했거나 아니면 아무 생각도 없었던 것 같다. 그저 비어 있는 침상을 전부 채우고 싶었던 것이다. 밤에 고함 소리가 들렸다. 무슨 일이 일어나고 있는지 짐작이 되었다. 아침이 되어 보니 이미 때는 늦어 노인은 의무실로 보내졌다.

지난 주부터 미사에 참석하기로 했다. 구치소 안의 모든 라틴아메리카인과 그리스인이 참석했다. 나는 지난 4년 동안 성당에 가지 않았다. 마지막으로 간 것은 조카의 첫영성체 때였다. 신부는 이웃과 자신을 용서할 줄 알아야 한다고 설교했다. 나는 하느님을 믿지 않는다. 그러나 예수의 계시는 어디에나 있다. 혹시 예수는 더 심오한 뜻으로 나를 하느님의 울타리 안으로 데리고 온 것은 아닐까 혼자 생각해 보았다. 출소하면 더 진지하고 온화하고 진실하게 살게 될까? 나는 더 좋은 아빠, 더 좋은 아들, 더 좋은 형이 될 수 있을까? 클라라는 이미 나 때문에 많이 힘들었는데, 나는 더 좋은 남편이 될 수 있을까?

한 달여가 지난 후에 상황은 확실해졌다. 만약 조건부 석방이 되어도 반드시 미국에 남아 있어야 하므로 클라라가 아이들을 데리고 와야 함께할 수 있는 것이었다. 클라라는 이미 모든 마음의 준비를 해 두었다. 싱가포르에서 이사하고, 일자리를 찾고, 아이들을 학교에 입학시키고, 심지어 나를 위해 보스턴에 아파트를 찾아 놓는 일까지. 클라라는 온 힘을 다해 이 모든 마음의 준비를 했지만, 아무런 의미가 없었다. 내가 계속 구금 상태이기 때문에 깨진 항아리에 물 붓는 격이 된 것이다. 네 아이가 입학하기로 한 싱가포르 국제학교는 정원이 아주 적어서 9월 개학 전까지 미리 등록금을 납부하고 5월 초에 적잖은 보증금을 내야 했다. 생각해 보니 가족들은 최소한 이번 학년에는 아시아에 남아 있는 것이 모두에게 좋을 것 같았다.

이번 주 친구 톰이 면회 왔다. 그는 프랑스와 미국 혼혈아로, 내가 1999년 막 미국에 왔을 때 알게 되었다. 면회실에서 전자신호를 차단하는 거대한 유리 벽을 사이에 두고 수화기로 대화했다. 대다수 면회인이 가족을 데리고 왔고, 특히 아이들이 많아서 시끄러운 나머지 소리가 잘 안 들렸다. 어찌 되었든 아는 얼굴을 만나니 기분이 좋았다. 그와 클라라는 계속 연락하고 있어서 면회를 마치면 아내에게 나의 건강과 심리 상태를 이야기해 주기로 했다고 말했다. 1시간의 면회 시간은 1분의 오차도 없어서 시간이 되면 수화기가 자동으로 끊긴다. 대화 내용은 녹음이 되기 때문에 내용에 제한을 받았다. 그에게 모두 걱정하지 말라고 전해 달라고 했다. 면회 시간은 너무 빨리 지나갔다.

톰은 나를 면회 오는 몇 안 되는 친구 중 하나다. 1999년부터 2006년까지 우리 부부가 미국 생활을 할 때 알게 된 친구들은 와이어트 면회로 미국 정부 모 부서에 기록이 남는 것을 두려워할 것이다. 나도 충분히 이해한다. 며칠 후에 린다도 면회를 왔다. 그녀는 내 보석금을 위해 본인 집을 담보로 내놓았는데, 아무나 할 수 없는 일이란 걸 알기에 너무나 고마웠다.

21

미국 검사들의 '글로벌' 사찰

검사들은 나를 가만 놔두지 않았다. 5월 중순부터 6월 초 사이, 칸 검사와 노빅 검사는 3차례나 뉴헤이븐 법정으로 나를 소환했다. 그들은 한바탕 '글로벌 시찰'을 시작했다. 긴 시간을 할애해 2002년과 2011년 사이에 알스톰 내부에서 오간 메일에 대해 캐물었다. 회사가 인도, 중국, 사우디아라비아, 폴란드 등지에서 사인했거나 구상했던 계약들에 대한 것이었다. 그들의 질문은 엄청나게 꼼꼼했다. "이 이니셜들은 무슨 의미인가? 이 발신인은 업무적 관계인 듯한데 왜 '친구'라고 호칭했나? 당신은 이 사람들을 만난 적이 있나? 있다면 언제인가? 당시 누가 당신과 같이 있었나? 당신은 이 프로젝트에서 로비스트를 채용한 적이 있나? 있다면 어떤 사람들인가? 연봉은 얼마인가? 월급 날짜는 언제였나?"

내게 보여준 문서 중 검사들은 특히 인도의 시팟(Sipat)과 바흐 I (Bahr I)프로젝트에 관심을 보였다. 내 기억에는 2002년부터 2005년까지 이 프로젝트는 알스톰에서 부문 간에 많은 의견 충돌이 있었다. 충돌의 한쪽은 전력 환경(보일러 업무 담당) 부서와 전력 터보시스템(터빈 담당) 부서이고, 다른 한쪽은 국제관계 부서와 글로벌 전력 세일즈 부서였다. 의견이 어긋나는 부분은 주로 로비스트를 오래전부터 쌓아온 ABB의 네트워크에서 구하느냐, 아니면 알스톰의 네트워크에서 선택하느냐의 문제였다. 치열한 싸움이었다. 나는 최종 채용된 로비스트를 만난 적도, 연락해 본 적도 없었다. 사실 알스톰이 입찰액을 제시했을 때 이미 실패가 예견돼 있었다. 우리는 시팟 프로젝트에는 입찰액을 제시하지 않았고, 바흐 프로젝트에는 너무 높은 금액을 써냈다. 결과적으로 알스톰은 두 프로젝트를 모두 놓쳤다. 이렇게 결론이 난 일인데, 미국 법무부에는 아직도 끝난 일이 아니었다. 그들은 2004년과 2005년 사이의 지나간 장부를 2013년에 다시 파헤치고 있었다. 도대체 왜?

신문할 때마다 검사들은 여러 문제를 들쑤시며 나를 다그쳤다. 나는 최선을 다해 답변했으나 대답은 내 직책 범위 내에 한정되었다. 많은 사건이 이미 너무 오랜 과거의 일이었다.

한 가지 생각만 했다. 이 끝날 것 같지 않은 법정 신문을 마치면 나는 자유의 몸이 된다. 검사가 참석하는 네 번째이자 최후 법정 심문도 6월 첫째 주말에 진행된다. 정상적인 재판 절차라면 칸 검사와 노빅 검사는 내게 최후 변론을 하게 할 것이다. 나는 드디어 보석신청서를 제출하게 될 것이고, 그때는 아무도 반대하지 않을 것이다. 더욱이 클라라가 이미 보석금 40만 달러를 마련해 놓았고, 린다는 집을 담보로 내놓았다. 라티프 변호사도 그 정도면 충분하다고 했다. 만약에 재판 일정에 변동이 없다면 나는 6월 15일쯤이면 구치소에서 벗어날 수 있다.

구치소에서 알게 된 잭은 내가 곧 나간다는 것을 알고 무척 섭섭해했다. 그는 내가 출소하게 되면 자기가 가장 좋아하는 여가수 니콜 크루아질(Nicole Croisille)의 CD 한 장만 보내 달라고 했다. 1976년 프랑스 올림픽경기장에서 그녀의 공연을 본 적이 있는데, 당시 그는 프랑스에서 탈옥범 신세였다. 그는 그녀가 현장에서 〈그 사람에 대해 말해 주세요(Parlez-moi de lui)〉를 노래할 때 매우 감동했던 순간을 기억하고 있었다. 밤이 되어 조명 아래서 깊은 잠이 들었는데 꿈속에서 나는 파리에 가 있었다. 마지막 '검사 나으리'의 법정 신문을 받기까지 24시간이 남아 있었다.

내가 마지막이라 여긴 재판이 시작되었다. 알스톰이 제출한 모든 문건이 대조되었다. 스탠 변호사 쪽에서도 모든 준비가 완료되었다. 우리는 까다로운 두 주인공 칸 검사와 노빅 검사의 비위를 맞추기 위해 모든 대사를 철저하게 연습했다. 내가 좋아하는 사람들은 아니지만. 그런데 재판이 끝나갈 무렵 갑자기 칸 검사가 내 변호사와 단독 면담을 요구해 왔다.

다들 옆방에 가서 대화를 나누었다. 왜 나는 이 대화에서 제외되는 것일까? 내 답변 방식이 검사들의 심기를 건드린 것일까? 첫 재판 때처럼 말이다. 폼포니 쪽에서 또 다른 정보를 내놓았나? 알스톰이 또 새로운 증거를 제출했나? 검사들이 나에게 새로운 '죄명'을 만들려고 하나?

이런저런 생각을 하고 있을 때 문이 열렸다. 스탠이 혼자 들어와 내 앞에 앉았다. "좋아요. 현재 당면한 상황을 정리해 봅시다. 당신이 계속해서 보석 신청을 하면 검사들은 거절할 겁니다."

"검사들이 뭘 새로 제시했나요, 스탠 씨?"

"우리 모두 같은 문제에 직면하고 있어요. 검사들은 피의자 하나를 본보기로 삼아 다른 사람에게 경고를 보내려는 거예요. 첫 번째로 체포된 샤라피는 면책특권을 획득했어요. 두 번째로 체포된 로스차일드는 사전 형량 조정을 진행할 수 있어요. 그런데 당신은 불행하게도 세 번째로 체포되었고, 알스톰 내에서의 직위도 훨씬 높아요. 그래서 검사들의 논리에 의하면 당신은 더 많은 대가를 치러야 한다는 거예요. 당신과 그들이 어떤 유죄인정 협상을 하든 간에, 어쨌든 그들은 당신을 감옥에서 6개월 썩혀서 외부와 접촉할지 모를 위험성을 차단하고 싶어 해요. 특히 당신과 알스톰이 접촉하는 걸 차단하려는 거지요."

"이건 말도 안 돼요. 나보다 데이비드 로스차일드를 먼저 체포한 것은 그가 미국 시민이기 때문이고, 게다가 미국에서 거주하고 있었잖아요. 나는 외국에 있었고요."

"나도 완전히 같은 생각이에요. 피에루치 씨. 그런데 우리는 막다른 골목에 갇혔어요. 다른 방법이 없다고요. 6개월 징역형을 받아들이거나 아니면 내일부터 계속 보석 심사를 요구하든가 둘 중 하나입니다. 그런데 보석이 받아들여질 가능성은 아주 희박해요."

"잠시만요. 아내의 의견을 듣고 싶어요."

"정말 죄송합니다. 피에루치 씨, 그건 불가능해요. 이 재판을 이어갈지 아니면 포기할지 지금 당장 결정해야 해요. 검사는 10분을 줄 테니 결정하라고 했어요."

10분의 시간밖에 없다. D 수감동의 수감자 메이슨이 가르쳐 준 방법을 사용했다. 심호흡을 계속했다. 이치는 아주 간단하다. 검사가 보기에 내가 구치소에서 계속 6개월을 있게 되면, 내가 뭘 하든 또 무슨 말을 하든 나는 어디로도 도망칠 수 없는 것이다. 나는 이미 2개월 남짓 수감되어 있었으니 이제 4개월이 남아 있다. 지금 한 번에 수감 기간을 채우느냐, 아니면 재판부 선고를 기다렸다가 4개월을 더 복역하느냐를 결정해야 한다. 후자의 경우는 와이어트 구치소보다 조건이 좋은 구치소로 이송될 가능성이 크다. 그러나 결론은 일찌감치 내려져 있었다. 스탠의 충고에 따라 와이어트로 돌아가 남은 4개월을 채우기로 했다. 칸 검사와 노빅 검사도 그렇게 결론을 내렸기 때문이다. 나는 지금도 그들이 왜 그렇게 무자비하게 굴었는지 도무지 이해가 되지 않는다. 내가 아직도 모르는 다른 무언가가 있었을 것이다. 그걸 알아내려면 좀 더 많은 시간이 필요할 것이다.

22

해외부패방지법(FCPA)

'해외부패방지법'이란 단어가 계속 내 마음을 옥죄고 있다. 이 법 때문에 수감되었는데(앞으로도 4개월을 더 갇혀 있어야 한다), 나는 이 법률에 관해 아는 것이 별로 없다. 스탠과 라티프가 얼마간의 정보를 주었지만, 내가 여러 차례 요청했음에도 불구하고 아주 간단한 자료만 가져다줄 뿐이었다. 다행히 아내가 모든 부패 관련 기소 사건이 열거된 800페이지에 달하는 미국 로펌의 연구자료를 찾아 주었다. 이 논문을 받은후 꼼꼼히 모든 사건을 연구하면서 내 경우와 비교해 나갔다. 몇 달간이 일만 붙잡고 있었더니 거의 해외부패방지법 전문가의 경지에 다다를지경이었다. 그래도 전문가 수준은 못 되어서 2013년 봄에 제대로 교육을 받게 되었다.

이 법률은 그 유명했던 워터게이트(Watergate) 사건 이후 1977년에공포되었다. 리처드 닉슨 대통령이 사임하게 된 정치 스캔들을 조사하는 과정에서 미국 사법 기관은 외국 공직자에게 불법 자금과 뇌물을 공여한 엄청난 시스템을 폭로하게 되었다. 400개 미국 회사가 연관된 사건이었다. 조사 책임자였던 미국 상원 위원회에 의하면 미국 방위산업체 록히드(Lockheed)가 외국에 전투기를 판매하기 위해 임원들이 이탈리아, 독일, 네덜란드, 일본, 사우디아라비아 등의 정부 인사와 기업 고위 임직원에게 수천만 달러의 뇌물을 제공했다. 록히드는 프랑스의 미라주 5 전투기와 경쟁 중이었던 F-104 전투기를 판매하기 위해 네덜란드의 줄리아나 여왕의 남편 베른하르트 공에게 100만 달러가 넘는 뇌물을 제공했다는 사실도 인정했다. 이 사건을 계기로 지미 카터(Jimmy Carter) 대통령 시절 미국 기업이 '외국인 공직자'(공무원, 정치지도자, 공무를 위탁받은 자)에게 뇌물을 주지 못하도록 하는 법이 제정된 것이다. 이 법률은 두 정부기관에서 집행한다. 형사상으로는 미국 법무부가 위반 기업과 개인을 기소하고, 민사상으로는 미국 증권거래위원회(SEC)가 회계장부 조작(투자자 기만)으로 뇌물공여 행위를 은폐한 혐의가 있는 기업을 기소한다. 미국 증권거래위원회는 일반적으로 미국 증권시장(뉴욕증권거래소, 나스닥)에 상장된 기업에만 관여한다.

그러나 해외부패방지법은 1970년대 후반에 발효된 이후 미국 주요 기업들의 강력한 비판에 부닥쳤다. 그들은 이 법 때문에 수출시장(에너지, 국방, 통신, 제약 등의 분야)에서 미국 기업이 불리한 위치에 처하게 된다고 주장했다. 사실 다른 경제 대국, 특히 프랑스·독일·영국·이탈리아 등 유럽 여러 나라에서는 아직 이와 유사한 조치를 취하지 않고 있었다. 이들 국가의 기업은 부패가 난무하는 국가에서 아무런 제약 없이 계속 로비스트를 활용하여 사업을 영위해 나갔다. 프랑스 등 몇몇 국가는 기업들이 아예 뇌물 금액을 재무부에 신고하여 세금 공제 혜택을 받는 제도를 공식화하기도 했다. 이 제도는 프랑스에서 2000년까지 지속되었다.

자국의 수출산업이 위험에 빠지기를 원하지 않는 미국 정부는 해외부패방지법 시행에 전혀 열성적이지 않았다. 1977년부터 2001년까지 겨우 21개 기업만이 미국 법무부의 제재를 받았다. 대부분 비주류 기업이었다. 1년에 한 건도 채 안 되었다는 이야기다.

그러나 미국의 기업가들은 이 법이 '휴면상태'인 것이 불만스러웠다. 미국의 대기업들은 이 법 덕분에 얼마나 많은 이익을 취할 수 있는지 잘 알고 있었다. 그렇게 하려면 국제시장의 경쟁자들이 자신들과 같은 대우를 받게 만들기만 하면 되는 것이었다. 1988년, 드디어 그들이 바라던 대로 되었다. 미국 국회가 법을 수정하여 해외에서도 효력을 발휘하도록 만들었다. 이후 미국의 해외부패방지법은 어느 나라의 어떤 기업에도 적용 가능한 법이 되었다.

미국 정부는 어느 기업이든 미국 달러로 계약을 하거나 지메일(gmail) 또는 핫메일(hotmail)처럼 미국에 기반을 둔 서버를 이용해서 메일을 주고받거나, 저장하거나, 심지어 단순히 전달하기만 해도 그 기업을 기소할 권리가 있다고 생각한다. 이 수정 법안은 미국의 교묘한 속임수나 마찬가지다. 자국 기업의 경쟁력을 약화시킬 수 있는 법률을 타국 기업에 간섭하거나 지하 경제전쟁에서 사용할 수 있는 기막힌 도구로 탈바꿈시켰다. 미국 법무부와 증권거래위원회는 2000년대 중반 이후 끊임없이 이 법의 역외(域外) 적용의 한계를 시도했다. 심지어 글로벌 제약회사를 기소하기 위해 외국 의사들을 '공직자'로 간주하는 일까지 서슴지 않았다. 그들이 공공서비스 위탁 업무에 종사한다는 명분으로.

기업들이 미국 해외부패방지법 위반으로 납부한 벌금 총액이 2004년에는 1,000만 달러 정도였는데, 2016년 갑자기 27억 달러로 폭증했다. 9.11 테러 이후 발효된 '애국자법(Patriot Act)'이 벌금 증가의 큰 원동력이 되었다. 이 법은 테러 방지라는 명분하에 NSA, CIA, FBI 등 미국 정부기관이 외국 기업과 그 직원들을 광범위하게 감시할 수 있는 권리를 부여했다. 2013년 전 CIA 직원 에드워드 스노든(Edward Snowden)이 '프리즘(PRISM)'이라는 전자 감시 체계를 이용한 미국 정부의 비밀 정보사찰을 고발하면서 세계 각국은 비로소 미국의 주요 디지털 기업(구글, 페이스북, 유튜브, 마이크로소프트, 야후, 스카이프, AOL, 애플 등)도 미국 정보기관과 정보를 공유했다는 사실을 알게 되었다.

이것이 전부가 아니다. 미국 정부는 불법적인 수단으로 정보를 수집하는 데 그치지 않았다. 지속적으로 압력을 행사하여 OECD 국가들도 부패방지법을 입법하도록 촉구했다. 프랑스는 2000년 5월 OECD를 통해 '부패방지협약'을 발표했다(9월 정식 발효). 유럽 국가들은 미국과 달리 역외 적용을 가능하게 할 법안을 제정할 수단도, 야망도 없었는데, 이것이 그들을 함정에 빠트렸다. 'OECD 뇌물공여 방지 협약'에 가입함으로써 사실상 미국이 유럽 기업을 기소할 권한을 부여한 것이다. 역으로 미국 기업을 공격할 수 있는 법적 수단은 갖추지 못한 채. 그것은 우리 모두를, 아니 더 정확히 말하자면 OECD 회원국들을 함정에 빠트리는 악성 메커니즘이다. OECD 회원국이 아닌 중국, 러시아, 인도는 자국의 수출기업을 타깃으로 하는 부패방지법을 아직 채택하지 않고 있다.

나는 결코 부패와 싸우지 말아야 한다고 생각하지 않는다. 사실은 정반대다. 부패 관료나 독재자의 주머니에 거액의 뇌물이 들어가는 것보다 빈곤국이나 개발도상국의 발전에 쓰이는 것이 훨씬 더 유용하다고 생각한다. 그렇다. 부패는 암적인 존재다. 세계은행의 통계에 의하면 2001년과 2002년 사이에 1조 달러가 뇌물로 사용되었는데, 이는 같은 기간 전 세계 무역 총액의 3퍼센트에 해당한다고 한다. 이 돈은 수많은 국가가 학교, 병원, 진료소 혹은 대학을 세우는 데 사용했어야 하는 돈이었다. 당연히 이런 고질적인 악행과 싸워야 한다. 그런데 싸울 대상을 잘못 고르면 안 되는 것이다.

미국의 해외부패방지법은 도덕적 가면 아래 숨겨진 가공할 경제적 통치 도구였다. 2000년부터 2019년까지 부패가 확연히 줄었는가? 전혀 그렇지 않다. 한 가지 확실한 것은 이 법이 미국 재무부에는 노다지 같은 반가운 존재라는 것이다. 부과된 벌금은 여러 해 동안 그리 많지 않았는데 2008년부터 갑자기 폭발적으로 증가했다. 외국 기업의 막대한 기여 덕분이다. 1977년과 2014년 사이에 수사 대상 기업(474개) 중 단 30퍼센트만이 비 미국 기업이었는데, 이들이 낸 벌금은 전체의 67퍼센트를 차지한다. 1억 달러 이상 벌금을 낸 26개 기업 가운데 21개 회사가 외국 기업이다. 그 안에 독일 기업으로는 지멘스(8억 달러)와 다임러(Daimler, 1억 8,500만 달러), 프랑스 기업으로는 토탈(3억 9,800만 달러), 테크닙(3억 3,800만 달러), 알카텔(1억 3,700만 달러) 그리고 소시에테 제네랄(Société Générale, 2억 9,300만 달러), 이탈리아 기업으로는 스남프로게티(Snamprogetti, 3억 6,500만 달러), 스위스 기업 판알피나(Panalpina, 2억 3,700만 달러), 영국항공(British Airways, 4억 달러), 일본 기업 파나소닉(Panasonic, 2억 8,000만 달러)과 JGC(2억 1,900만 달러)가 있다. '미국' 법에 의한 벌금치고는 매우 인상적인 글로벌 성적표 아닌가!

당연히 미국 기업도 조사 대상이다. 내가 놀란 것은, 해외부패방지법이 시행된 근 40년 동안 미국 법무부는 석유업계 대기업, 예를 들어 엑슨모빌(ExxonMobil)이나 쉐브론(Chevron) 같은 기업이나 혹은 레이시언(Raytheon), 유나이티드 테크놀로지UTC, 제너럴 다이나믹스(General Dynamics) 같은 방위산업체에서는 어떤 문제도 적발하지 않았다는 점이다. 민감한 영역에서 어떻게 이들 미국 대기업들만이 거액의 커미션에 의존하지 않고 계약을 성사시킬 수 있었을까? 이 분야에서 22년 동안 일해온 사람으로서 이해할 수가 없다. 불가능한 일이다. 미국 법무부는 독립된 기구가 아니고 오랫동안 미국의 강력한 거대 글로벌 기업의 영향 아래 있었다는 점을 우리는 깨달아야 한다. 더 자세히 조사해 본 결과, 미국 대기업이 기소되는 경우는(다행스럽게 가끔 그런 경우도 있다) 대부분 다른 나라에 의한 것이다. 미국 법무부는 가급적 자기들이 수사권을 가져가서 '안방'에서 자기들 입맛에 맞게 요리한다.

할리버튼(Halliburton)과 KRB 사건은 대표적인 사례이다. 1990년대 중반, 할리버튼(훗날 미국 부통령이 된 딕 체니가 당시 CEO)의 자회사 KRB는 프랑스의 테크닙, 그리고 일본의 JGC, 마루베니상사(따라 한 사건에 연루된 일본 기업)와 제휴하여 나이지리아의 보니섬(Bonny Island) 유전에 설비를 제공했다. 20억 달러짜리 계약을 따내기 위해 KRB는 런던의 변호사를 통해 나이지리아 관리에게 1억 8,800만 달러의 뇌물을 제공했다. 이 일이 누설되어 프랑스 수사 판사*에게 배당되었다. 2004년 5월, 판사는 런던의 로비스트를 신문했다. 미국은 그저 조사를 가동할 뿐, 선택의 여지가 없었다. 최종적으로 프랑스와 미국은 다음과 같이 합의했다. 미국 정부가 이 사안에 관해 자체 조사에 착수했으므로 프랑스 법원은 할리버튼과 그 자회사 KRB의 법적 책임 추궁을 포기한다.

미국 검찰은 KRB의 임원들이 거액의 리베이트를 챙겼다는 사실을 알았으니 기소하지 않을 수 없었다. 그러나 리베이트 금액과 비교하면 처벌이 극히 가벼웠다. 기업이 준 뇌물 1억 8,800만 달러 중에 1,000만 달러를 리베이트로 받은 KRB의 CEO 앨버트 잭 스탠리(Albert Jack Stanley)는 겨우 30개월 징역형을 받았다. KRB는 총 벌금 5억 7,900만 달러를 냈고, 테크닙은 3억 3,800만 달러의 벌금을 냈다. 한 프랑스 판사가 밝혀낸 사건인데, 프랑스 회사는 프랑스 정부가 아니라 미국 정부에 3억 3,800만 달러의 벌금을 내라는 판결을 받은 것이다. 도끼로 제 발등을 찍은 셈이다.

이런 사례들에 비하면 따라한 사건은 상대적으로 규모도 훨씬 작고, 나는 따라한과 거래 당시 중간관리자에 불과했으며, 단 한 푼의 리베이트도 받지 않았다. 그럼에도 불구하고 15년 징역형을 받을 수도 있다. 파트릭 크롱이 처음부터 미국 법무부의 조사에 협조하지 않았기 때문이다. 어떻게 이럴 수 있는가? 자료를 보면 볼수록 점점 더 역겹고 우울했다.

---

* 역주: 살인 등 중범죄나 선거·공안·뇌물 등 정국에 미치는 영향이 큰 사건의 경우 수사 판사가 직접 경찰을 지휘하여 수사하는, 프랑스의 독특한 사법제도

내가 보기에 미국에서는, 내 사건뿐 아니라 모든 사건이 확실히 하나의 거래다. 미국 법무부는 뇌물공여가 의심스러울 경우 바로 혐의 기업의 CEO에게 연락을 취해 몇 가지 옵션을 제안한다. 협조에 동의하고 혐의를 인정한 후 아주 긴 재판을 시작하거나(99퍼센트가 이 방법을 사용한다), 굴복하지 않고 소송 절차를 밟거나(내가 조사한 수백 건 중에 단 두 건만 이 방법을 사용했다), 아니면 지연전술을 사용하는데(알스톰의 경우처럼), 이때는 위험을 감수해야 한다. 그래서 많은 기업들이 결국 미국 법무부나 증권거래위원회와 협상하는 쪽을 선택한다.

불행하게도 내 사건은 이렇게 진행되지 않았다. 파트릭 크롱은 내부적으로 정화한다고 미국 법무부를 믿게 하려다 오히려 위험한 짓을 한 셈이 되었다. 그러자 엄청난 자원을 보유한 FBI라는 거대한 조직이 작동을 시작한 것이다. 미국 정부는 사실 마약 근절을 더 중요시하고, 부패방지 임무는 두 번째 우선순위로 두고 있다. 600여 명이 넘는 FBI 요원이 부패방지 임무를 수행하고 있는데, 그중 국제부패팀은 외국 기업을 전담 조사한다. FBI는 함정 수사로 기업을 잡기도 하지만 프랑스에서는 마약 수사를 제외하고는 법적으로 금지되어 있다. 2009년, 미국은 내부 잠입 비밀 요원(그중에는 프랑스인 폴 라투르도 있다)을 동원해서 가봉 국방부 장관의 로비스트로 신분을 위장했다. 이 가짜 로비스트는 20여 기업을 찾아다니며 로비하는 척하며 계약 성사 시 사례금 지급을 미끼로 던졌다. 물론 이 모든 것은 기록되었다. 미국은 내 사건에서처럼 증거 수집을 위해 정보원을 회사에 침투시키기도 한다. FBI는 수단과 방법을 가리지 않고 목표로 삼은 기업을 타격하거나 껄끄러운 회사를 와해시키며, 저항을 시도하는 기업은 그 대가를 치르게 만든다.

미국 경찰은 섬뜩한 기계다. 그러나 연구를 하면 할수록 내 상황이 아주 특이하게 느껴졌다. 파트릭 크롱의 전략이 잘못되어 감옥에 들어오게 되었다는 것을 감안하더라도 그들이 나를 다루는 방식은 매우 독특하다. 미국의 다른 어떤 해외부패방지법 기소 사건과도 달랐다.

23

유죄인정 협상

나는 특히 알카텔의 전 라틴아메리카 지역 담당 간부였던 프랑스인 크리스티앙 삽시지앙(Christian Sapsizian) 사건을 자세히 살펴보았다. 그는 2008년에 기소되었는데, 나와 매우 비슷한 사례였다. 알카텔은 코스타리카 전력통신공사(ICE)와의 계약 성사를 위해 로비스트를 채용했다. 1998년 이전까지 알카텔과 알스톰은 모두 한 그룹에 속한 회사였다. 나는 알스톰의 자회사인 알카텔 카블(Alcatel Câbles)을 통해 알스톰에 입사했다. 자원입대하여 1990년부터 1992년까지 16개월 동안 알제리의 알카텔 지사에서 복무하다 알스톰으로 자리를 옮긴 것이다. 1998년에 분리되기 전까지 두 회사가 로비스트를 채용하는 내부 과정은 거의 같았다. 알스톰과 마찬가지로 알카텔도 로비스트에게 몇 차례 나누어 지급했다. 플로리다에서 체포된 알카텔의 삽시지앙과 나의 유일한 차이점은, 그는 개인적 이득을 챙겼고 나는 그러지 않았다는 것이다. 그는 30만 달러의 리베이트를 챙겼다.

그러나 사건을 자세히 들여다보니 그가 나보다 훨씬 가벼운 형을 선고받았다는 것을 알게 되었다. 그는 본인이 부당 이익을 챙겼다는 것을 인정했음에도 불구하고 10년 징역형을 선고받았다. 그러나 나는 이론적으로는 125년의 구금 가능성이 있다. 스탠에게 이 문제에 관해 물어보니 능숙하게 설명하기를, 미연방 차원에서는 법 적용이 같지만 내가 기소된 코네티컷주와 삽시지앙이 기소된 플로리다주의 법률 시행에 약간의 차이가 있을 수 있다는 것이었다. 그는 "바로 그 때문에, 그런 경우를 바로잡기 위해 양형지침이 있는 것입니다."라고 말했다.

변호사는 내가 미국 법무부와 힘겨루기를 해 봐야 얻을 것이 전혀 없다고 생각하는 것 같았다. 변호사가 전혀 도움이 될 것 같지 않은 데다가 앞으로 어떻게 해야 할지 확신이 없었다. 할 수 없이 나는 감방 동료, 특히 경험이 풍부한 마약 조직의 고수 잭에게 법적 조언을 구하기로 마음먹었다.

거의 반세기 동안 민·형사 재판을 경험하고 36년간 수감 생활을 한 그는 웬만한 변호사보다 자기가 더 도움이 될 거라고 했는데, 그의 생각이 아주 틀린 것은 아니었다. 소송 서류를 모두 본인이 직접 작성해서 변호사에게 읽어 보게 한 후 판사에게 제출해 온 것이 한두 해가 아니었다.

"판사들하고 검사들을 옴짝달싹하지 못하게 만들어야 해요." 그가 충고했다. "재판 전에 검사와 형량 협상을 마치고 서명을 하고 나면 당신을 더는 어쩌지 못해요. 판사도 마찬가지예요. 당신의 변호사들이 검사와 그렇게 담판 지었길 바라오."

"모르겠어요. 검사들이 6개월 형을 제시했다고 했으니 그저 6개월 형일 거라고만 생각하고 있어요."

"생각한다고요? 반드시 확인해야 돼요. 특히 형기가 공란으로 되어 있는 협의 문서에는 사인하면 안 돼요. 검사들이 구형할 때 당신을 엿먹일 수도 있어요. 검사들은 자기들 맘대로 형기를 바꾸기도 해요. 알겠어요? 험한 꼴 당하는 거예요."

그의 판단이 정확할 수도 있겠다는 생각이 들었다. 나의 두 변호사는 로펌에서 일하기 전에는 검사 보좌관을 한 적이 있으니 이런 수법을 분명히 알고 있었을 것이다. 그런데 왜 그들은 유죄인정 협의 문서에 여러 변수가 있다는 사실을 자세히 설명해 주지 않았을까? 잭의 조언이 없었다면 내가 어떻게 이런 걸 알 수 있었을까?

다음 날 다시 스탠에게 전화해서 유죄인정 협의에 구체적인 사항을 확인해 보았다.

"아니요. 형기가 확정된 유죄인정 협의가 아닙니다. 코네티컷주에서는 그런 식으로 하지 않아요. 메사추세츠주나 뉴욕주를 포함해서 여러 다른 주에서는 그렇게 하고 있다는 건 인정하지만요. 당신에게 이에 관해서 이야기해 준 사람은 이들 지역에서 진행된 소송의 사례를 알고 있는 겁니다."

"이것도 나에게 불리하게 작용하는 코네티컷주의 특이점이겠네요. 그러면 당신은 내가 어떤 유죄인정 협의 문서에 사인하길 바라나요?"

"공란을 비워 둔 협의문서요."

"유죄인정 문서에 형기를 명시하지 않으면, 6개월 형을 선고받는다는 걸 내가 어떻게 확신할 수 있지요?"

"코네티컷주에서는 좀 미묘한 게 있어요. 판사들이 압박받는 걸 싫어

해요. 그러나 다들 서로 신뢰하는 관계예요. 판사, 변호사, 검사들 모두 우리랑 함께 일한 지 몇십 년 된 사람들입니다. 아무도 자신들이 한 말을 번복하진 않을 거예요. 노빅 검사가 내게 6개월이라고 했으면, 6개월이 될 겁니다. 저를 믿으시고 걱정하지 마세요. 그런데 새로운 골칫거리가 생겼어요."

"네? 뭔데요?"

"열 가지 기소 내용 중에 두 건을 반드시 인정해야 해요. 원래 말했던 한 가지 범죄가 아니고요."

"뭐라고요? 한 달 전에는 한 건만 유죄를 인정하면 된다고 하지 않았나요?"

"노빅 검사와 그렇게 협의를 했지요. 그런데 결론을 내린 건 그가 아니라 멀리 워싱턴에 있는 미국 법무부의 칸의 상사예요."

"그러면 그들은 왜 생각을 바꾼 거예요?"

"그들은 당신과 알카텔의 삽시지앙의 사례를 잘 알고 있는데, 삽시지앙이 두 가지 기소 내용을 인정했다는 거예요."

"그렇지만 삽시지앙은 리베이트 30만 달러를 받지 않았나요? 그 건과 내 사안은 완전히 다르다고요. 스탠 씨, 내가 보기엔 미국 법무부가 어떤 요구를 하든 당신은 모두 동의만 하지 반대할 생각이 없는 것으로 보이네요. 나처럼 직원이 중간에서 먹은 게 없는 케이스를 찾아보세요. 변호사가 그런 일을 해야지요."

"그러겠습니다. 그러나 별 소용 없을 겁니다. 피에루치 씨, 명심하세요. 반드시 폼포니보다 먼저 유죄를 인정해야 합니다. 그렇지 않으면 우리는 협상할 여지를 다 잃게 됩니다."

미국 법무부의 제안이 아무리 불합리하고 파렴치하다 해도 나는 받아들일지 말지만 선택할 수 있을 뿐이었다. 나는 다시 딜레마에 직면했다. '최악의 것'을 선택할 것인가, '덜 나쁜 것'을 선택할 것인가. 흑사병을 선택할 것인가, 콜레라를 선택할 것인가. 고심 끝에 결국은 이렇게 문제를 해결하기로 했다. 내가 두 가지 범죄 사실을 인정하면 아마도 10년 징역형을 선고받게 될 것이다(스탠 변호사는 6개월이라고 했지만). 만일 법무부의 제안을 거절하고 소송 절차를 그대로 밟기로 하면 아마 15년에서 19년 형을 선고받게 될 것이다. 검사들은 분명히 알스톰이나 나에게 또 양아치 같은 술수를 사용할 테고, 그것은 바로 회사 이사진에게 보내는 신호일 것이다. '우리의 실력을 좀 봐. 너희가 고분고분 합의하지 않으면 바로 애처럼 될 것이다.'라는 신호. 이번 소송에서 나는 그저 하나의 도구, 인질 혹은 누군가의 이익을 위해 납치된 죄수일 뿐이다. 그러나 그때까지도 나는 음모의 전모를 눈치채지 못했다.

스탠과 라티프 두 변호사 모두 실망스러운 표정이었지만 역시 합의를 받아들이라고 권했다. 결국, 절망에 빠진 나는 기소된 두 가지 범죄를 인정하기로 했다. 나로서는 정말 선택의 여지가 없었다. 나는 변호사들에게 내가 사인하게 될 문서를 미리 좀 보내 달라고 부탁했다.

나는 유죄인정 협의 문서에서 매우 완벽한 미국식 조항을 발견했다. '피고는 절대로 유죄인정 사실을 공개적으로 부정하지 않고, 항소할 권리를 포기하며, 협의 문서 작성 시 따라한 사건에 대해 언급하지 않기로 동의한다.' 변론에서는 개인적 사항(가정, 교육, 종교 등) 외에 다른 내용은 포함시킬 수 없었다. 그래서 내가 알고 있는 사건의 진상을 말할 수도 없고, 알스톰에서의 나의 지위를 설명할 수도 없었다. 기소되었든 아니든, 알스톰의 다른 간부들과 비교했을 때 내가 이 사건에서 어떤 역할을 했는지를 판사는 어떻게 판단할 수 있을까?

스탠이 무뚝뚝하게 대답한다. "판사는 검사가 제시한 공소사실을 받아들입니다."

더 이상한 것은 양형지침에 근거한 포인트 산정과 이론적 양형 범위가 포함되어 있지 않다는 사실이다. 이는 내가 조사해 본 다른 유죄인정 협의들과는 상반된 것이다. 이에 대해 문제를 제기하자 스탠은 코네티컷에서는 관례화된 방식이라면서 "받아들이든 말든 알아서 하세요."라고 대답했다.

결국에는 동의했다. 그러지 않을 도리가 있었겠는가. 2013년 7월 29일, 유죄인정 협의 문서에 서명하기 위해 뉴헤이븐 법정에 소환되었다.

공판은 3개월 전인 4월 19일 내 보석 신청을 거절했던 그 판사가 주재했다. 나는 이미 100일 동안 수감 생활을 했다. 100일이 아니라 100년이 지나간 듯했다.

마골리스 판사가 말했다. "프레데릭 피에루치 씨, 본 판사가 피고의 유죄인정 협의를 받아들이기 전에 선서를 하기 바랍니다. 서기는 피고에게 선서를 시키세요."

서기는 내게 일어나서 오른손을 들라고 했다.

"피에루치 씨, 진실만을 말하겠다고 선서했습니다. 만약에 위증이나 거짓 진술을 하면 법적 처벌을 받게 됩니다. 아시겠습니까?"

"알겠습니다, 판사님."

"풀네임과 나이 그리고 학력을 이야기하세요."

"프레데릭 피에루치 미셸, 나이는 45세입니다. 프랑스에서 엔지니어

링 학사 학위를 취득했고 뉴욕의 콜롬비아 대학에서 MBA 학위를 취득했습니다."

"영어를 알아듣습니까?"

"네."

"변호사와 소통에 문제가 없습니까?"

"판사님, 저는 와이어트 구치소에 수감되어 있는데, 그게 좀 쉽지가……"

내가 말을 마치기도 전에 변호사가 일어나 말했다.

"판사님, 피에루치 씨의 전화 통화에 제한이 있어서 대화하기가 쉽지는 않습니다. 그렇지만 저와 동료 변호사 리즈 라티프는 피고와 세 번의 만남을 가졌으며, 오늘 별 어려움 없이 대화를 나눌 수 있었습니다."

아, 그렇지! 내가 여기에 온 것은 스탠과 세세한 부분까지 연습했던 유죄인정 내용을 암송하러 온 것이다. 지금은 결코 우는소리를 할 때가 아니며, 미국 사법 체계를 비판할 때는 더더욱 아니다.

"피에루치 씨," 판사가 스탠의 말을 이어받았다. "당신은 약물치료를 받고 있습니까?"

"네. 지금 진정제를 복용하고 있습니다. 구치소에서 받는 스트레스 해소와 불면증 완화를 위한 처방입니다."

"그 약물이 이번 공판의 내용을 이해하는 데 영향을 줄 거라 생각됩니까?"

"아닙니다, 판사님."

"지난 48시간 이내에 마약을 하거나 알코올을 섭취했습니까?"

"아닙니다, 판사님."

"당신의 변호사가 선고될 수 있는 최고 형기를 알려 주었습니까? 그리고 변화사와 이 문제에 관해 상의했습니까?"

"네, 했습니다. 판사님."

"그래서 당신이 사인할 협의 내용을 완전히 이해했습니까?"

"네, 이해했습니다. 판사님."

"당신은 어떤 면에서든 협박을 받은 적이 있습니까?"

어떻게 대답해야 할까? 그런 적은 없다. 하지만 경비가 철통같은 구치소에 갇혀 자신의 소송과 관련된 자료에 충분히 접할 수 없었던 것은 위협이 아닐까? 그러나 내가 이 점을 문제 삼으면 유죄인정이 불가능해진다. 그래서 내 대답은 "아닙니다"였다. 미국의 사법 정의는 계속 이어졌다.

판사가 강조하며 말했다. "피에루치 씨, 당신이 당신의 결정에 대해 잘 이해하고 있다는 사실을 확인하기 위해 당신이 무슨 일을 했고, 어떤 죄를 지었는지 간단히 설명하기 바랍니다."

드디어 스탠과 열심히 준비해 온 대사를 암송해야 할 시간이 되었다. 나는 내 범죄행위를 인정하는 긴 연설을 시작했다.

"판사님, 1999년부터 2006년까지 본인은 알스톰 그룹의 보일러 국제영업부문 부사장으로 일했습니다. 당시 근무 지역은 코네티컷주 윈저였습니다. 2002년부터 2009년까지 본인은 알스톰 그룹의 전력사업 부문 자회사와 기타 자회사의 직원들, 합자 파트너인 일본의 마루베니상사의 직원들, 그리고 회사가 외부에서 채용한 로비스트들과 공모하여 외국 관료들에게 뇌물을 제공했습니다. 인도네시아 따라한 발전소 인수 프로젝트 수주가 목적이었습니다. 이 뇌물액은 커미션으로 위장 처리했습니다. 본인과 공모자들은 이메일로 연락하며 세부 사항을 상의했습니다. 본인과 공모자들은 따라한 프로젝트 계약을 성사시켰습니다."

"감사합니다. 노빅 검사, 이 진술 내용에 만족하십니까?"

"아주 만족합니다. 판사님." 노빅 검사의 연기도 나무랄 데가 없었다.

"피에루치 씨, 다음과 같이 결론을 내립니다. 피고는 두 건의 범죄를 인정했습니다. 첫 번째 범죄는 5년 징역형과 벌금 10만 달러를 선고할 수 있습니다. 두 번째 범죄는 5년 징역형과 벌금 25만 달러를 선고할 수 있습니다. 피고의 유죄인정 협의는 미국 출입국관리법에 따라 피고에게 영향을 미칠 수 있습니다. 알고 있습니까?"

"네, 알고 있습니다. 판사님."

"잘 들으세요, 피에루치 씨. 피고는 가까운 장래에 양형감독관의 신문을 받게 됩니다. 그가 양형 보고서 작성을 책임집니다. 이 보고서는 법원에 제출되고, 그 후 법원이 이 보고서에 따라 적합한 판결을 내립니다. 알겠습니까, 피고인?"

"네, 알겠습니다. 판사님."

"이 보고서는 반드시 10월 10일 이전에 제출해야 합니다. 검사는 10월 17일 이전에 이 보고서에 대한 의견을 제출해야 합니다. 공판 개정은 2013년 10월 25일이며, 이날 피고인의 형이 확정됩니다. 반드시 이 공판에 참석해야 합니다."

"네, 알겠습니다. 판사님."

"좋습니다. 이상으로 공판을 마치겠습니다. 모두 즐거운 오후 그리고 즐거운 휴가 보내시길 기원합니다."

판사님은 농담한 게 아니었다. 이 말을 할 때 아주 진지했다.

이 공판 일자는 검사가 스탠에게 6개월 징역형이라고 한 것과 어느 정도 일치해서 조금 위안이 되었다. 이제 자유의 몸이 되는 날을 기다리면 된다. 10월 25일!

2013년 7월 29일부터 판사, 검사 그리고 변호사들의 휴가철이 시작된다. 코네티컷주의 뜨거운 날씨는 숨을 쉬기도 어려울 정도였다. 와이어트 구치소로 돌아가는 장갑호송차 내부는 커다란 불가마 같았다. 내 옆에 있던 젊은 범죄자는 두 손으로 얼굴을 감싸고 있었다. 그는 법정에서 지금 막 판결을 받고 나왔다. 마약 판매죄로 96개월 징역형을 선고받았다. 나도 무척 더웠지만 그를 위로했다.

"만약 당신이 감옥에서 모범수로 지내면 형기의 15퍼센트를 감형받을 수도 있으니 35살 정도면 출소하게 될 거요. 앞으로 남은 인생이 길어요. 가정도 꾸리고 아이도 낳고 일자리도 찾고…… 여기서 잘만 지내면 후일을 기약할 수 있어요."

그에게 하는 이 말들은 실은 나 자신에게 하는 말이었다. 그러나 이 숨 막힐 듯 더운 호송차 안에서 내 말은 아주 무기력하게 들렸다. 감옥에서 그 긴 시간을 보내고 나온 35세의 흑인 남성이 미국에서 다시 정상적인 생활을 시작할 수 있는 확률이 도대체 얼마나 되겠는가? 이 나라는 그를 위해 뭘 해 줄 수 있는가? 그러면 나는? 이 나라는 또 내게 뭘 준비해 줄 수 있는가? 펄펄 끓는 듯한 호송차는 마치 지옥 같았다. 거의 쓰러질 지경이었다.

24

아내의 면회

아내가 유리 벽 너머에 서 있다. 검은 긴 머리에 깊은 두 눈, 너무 아름답다. 드디어 클라라가 왔다. 아버지는 겨우 설득시켜 막았지만, 클라라는 무슨 말도 듣지 않으려 했다. 2013년 8월 5일 저녁 무렵, 아내는 구치소 대문을 들어섰다.

새벽에 일어나 면회를 기다리는 죄수가 다 그렇듯, 면도해서 어느 정도 사람 꼴을 만들려고 했다. 아내에게 근래의 내 모습 중 가장 괜찮은 모습을 보이고 싶었다. 안색이 좋아 보이게 하려고 볼을 가볍게 두드려 보았지만 그래도 창백하다. 수면이 부족하고, 햇빛도 못 보고, 스트레스를 받고 있어서 두 눈은 쑥 들어가고, 광대뼈가 드러나 있고, 눈 밑에는 다크서클이 심하다. 나의 이런 모습을 아내가 싫어할까? 스스로 위안을 한다. 클라라는 바스크족의 아주 강인한 성격을 가진 여자다. 강인함이 몸에 배어 있어서 모든 시련을 다 헤쳐 나갈 수 있을 것이다. 내게 아름다운 미소 띤 얼굴을 보여 줄 것이다. 내가 4개월 동안 가장 그리워

한 것은 바로 아내의 미소 띤 얼굴이었다.

저녁 7시, 면회실로 향했다. 드디어 아내를 만났다. 두꺼운 유리막이 우리를 갈라놓고 있었다. 아내를 볼 수는 있지만 쓰다듬거나 안을 수는 없었다. 나는 모든 것을 주더라도 아내와 키스하고 싶었다. 그러나 와이어트 구치소 면회자 관리규정은 모든 돌발 행동을 금지했다. 규정은 전부 34조인데, 여성 면회 신청인에게는 반바지, 긴치마, 무릎에서 6인치(약 15.24센티) 이상 올라오는 미니스커트, 목선이 깊게 파인 상의, 와이어 브래지어, 긴 외투, 모자, 장갑, 스카프, 장신구 등을 금지했다. 그러나 결혼반지는 허락했다. 남성 면회 신청인에게는 모자 착용을 금지하고, 종이와 펜을 휴대해서 필기하는 행위를 금지했다. 대화 내용은 모두 기록되었다.

모든 것은 규정대로 일사불란하게 진행되었다. 단, 이론상으로만. 실제로는 면회실 현장이 너무 혼란스러웠다. 상상을 해 보자. 아주 넓은 강당의 공간을 유리 벽으로 분리해 놓았다. 벽 한쪽은 죄수들(약 20여 명)이 앉아 있고, 다른 편에는 가족들이 앉아 있다. 그들은 전화 수화기를 통해 대화한다. 모든 사람이 동시에 말을 하는데, 그중 많은 사람이 스페인어를 하고 있다. 상대방이 내 소리를 들을 수 있게 하려면 다들 코를 유리 벽에 바짝 갖다 대고 크게 말해야 한다.

클라라는 싱가포르를 떠나 먼저 아이들을 친정 부모님에게 맡긴 다음 곧바로 비행기를 타고 보스턴으로 왔다. 이 길고 긴 여정으로 아내는 기력이 거의 바닥난 듯했다. 그녀는 조심스레 카키색 죄수복을 입은 내 모습을 훑어보았다. 아내는 괜찮은 척했지만, 내 눈에는 마음이 심란해서 눈가에 눈물이 비치는 게 보였다. 고함 소리 가득한 면회실에서 아내는 구치소가 어떤 곳인지 보게 되었다. 이 모든 게 뭐라 표현하기 어려운, 비현실적인 상황이었고, 또한 지난 4개월처럼 이 현실을 외면할 수도 없었다. 아내는 이곳의 폭력도 보고, 더럽혀져 있는 벽도 만져 보고, 구치소의 퀴퀴한 냄새도 맡게 되었다. 앞으로 이 와이어트 구치소를 잊지 못할 것이다. 내 몸이 그래도 괜찮은 걸 보고 다소 안심을 하더니, 불편한 심정을 숨기려고 계속 쉬지 않고 얘기했다. 아이들, 싱가포르의 업무, 동료, 장모님과 내 여동생 얘기까지 일일이 다 해 주었다. 나는 한마디도 하지 않고 그저 철창 밖 아내의 일상생활을 듣기만 했다. 나는 행복했다.

내 사건에 관한 얘기가 시작되면서 갑자기 기분이 나빠졌다. 내가 체포된 후 처음 몇 주 동안은 내 동료들, 특히 알스톰 그룹의 싱가포르 지사 대표 바우터 반 버쉬가 줄곧 아내에게 전화를 걸어 왔다. 그런데 그 후 직위 고하를 막론하고 순차적으로 연락을 끊는 바람에 아무한테도 도움을 받지 못하는 고립 상태가 된 아내는 파트릭 크롱에게 면담을 신청했다. 크롱을 대신해서 전력사업 대표 필립 코셰(Philippe Cochet)가 8월 5일 루발루와에서 아내와 만나기로 했다.

우리는 이 만남을 통해 앞날을 준비할 수 있기를 크게 기대했고, 알스톰이 미국 법무부의 여러 제한하에서도 나를 어떻게 지원할지 알고 싶었다. 불행하게도 7월 29일 내가 검사와 유죄인정 협상을 하면서 코셰와의 만남은 약속 전날 취소되었다. 그는 아내에게 앞으로 다시는 연락하지 않겠다고 했다. 모두 우리를 마치 전염병에 걸린 사람처럼 취급하며 피했다. 이 일로 아내는 큰 충격을 받았다. 나도 마찬가지였다.

알스톰이 직면한 문제는 계속 늘어났다. 7월 30일, 내가 범죄를 인정한 그다음 날, 미국 법무부는 알스톰에 대한 조사를 '다시' 가동했다. 여기에 따옴표를 단 이유는, 문득 의문이 들었기 때문이다. 모든 내용은 검사가 미리 작성해 놓은 게 아닐까, 그들은 처음부터 그물을 짜 놓고, 사전에 한 발짝 뗄 때마다 엄중히 대비해둔 건 아닐까 스스로에게 질문을 던져 보았다.

내가 체포된 후 알스톰이 처음 협상에 임한 태도는 검사들을 만족시키지 못했다. 그래서 그들은 알스톰의 신임 이사를 기소해서 회사에 강한 일격을 날리기로 했다. 새 이사는 당시 직위가 나보다 더 높았다 ─ 국제관계 부서의 아시아 지부 부회장이었고, 로비스트 계약에 사인한 3인의 인사 중 한 사람이며, 파트릭 크롱의 아킬레스건이었다. 그가 기소되는 사태를 보면서 파트릭 크롱 회장은 미국 법무부에 기소될 시간이 성큼 다가왔음을 예감했을 것이다. 같은 날 미국 법무부 공식 사이트에 게시된 기소 문서에 의하면, 로렌스 호스킨스가 따라한 프로젝트에서 뇌물을 제공하고 로비스트를 고용한 사실을 은폐한 죄로 기소되었다고 한다. 이사진에 속하는 사람들은 ─ 로렌스 호스킨스는 거의 회사의 이사급이다. ─ 분명히 국제관계 사업의 부패 기제에 대해 알고 있었을 것이다. 이는 내 책임을 어느 정도 가볍게 해 줄 수도 있다.

미국 법무부는 알스톰 내부의 모든 사람의 역할과 책임에 대해 손바닥 들여다보듯 알고 있음을 증명하기도 했다.

이제는 노빅과 칸을 너무나 잘 알게 되었다. 그들의 비밀 계획의 음모를 의심하지 않을 수 없다는 것까지도 말이다. 내가 가장 놀란 것은 미국 법무부가 로렌스 호스킨스를 놓칠 수도 있는 위험을 무릅쓰고 그를 기소한 사실을 사전 공개했다는 것이다. 그렇지만 내 기소 건에 관해서는 신중하게 입을 꾹 다물었다. 그들의 목표물이 로렌스 호스킨스가 아니라면 파트릭 크롱에게 압력을 넣으려고 하는 건가? 그들은 한층 한 층 알스톰이란 '로케트' 위로 올라서서, 이제 곧 조종석에 들어갈 수 있게 되었다. 로렌스 호스킨스 다음으로 체포 명단에 오를 사람은 당연히 파트릭 크롱 회장일 것이다.

루발루와에서 카가 이에 조직적으로 반격을 할지 아니면 손들고 항복할지를 결정할 것이다. 그들은 마지막에는 협상을 선택할 게 뻔하다. 다른 선택의 여지가 없다. 알스톰 같은 거대한 프랑스 기업도 어쩌겠는가? FBI와 미국 법무부의 강력한 압력에는 어떻게 당해낼 힘이 없다. 알스톰도 거액의 벌금을 내야 하는 운명에서 벗어날 수 없다. 그러나 내 윗사람은 이 위험에서 벗어나기 위해 내가 밟은 전철을 다시 밟지 않고 어떻게 거래를 할까? 그들은 누군가를 희생시킬 것이다. 생각하고 싶지도 않았고, 클라라에게 말을 꺼낼 수도 없었다.

한 시간의 면회가 끝났다. 클라라는 이틀 후에 다시 오겠다고 했다. 요 며칠 아내는 우리의 진정한 친구 린다 집에 있을 것이다. 아내와 아쉽게 헤어졌다. 첫 번째 면회 시간은 이렇게 금방 지나갔다. 불안하고 초조해하는 아내의 모습에 마음이 찢어지는 듯했다. 그러나 복도를 따라 감방으로 돌아가면서 마음이 많이 나아졌다. 아내는 아이들과 부모님은 다 잘 있으니 안심하라고 했다. 아내를 만났을 뿐인데, 스트레스가 많이 풀렸다.

와이어트 구치소의 교도관 중에는 마음 좋은 사람도 있고, 내 운명에 전혀 관심 없는 사람도 있고(대다수가 그렇다), 동네 불량배 같은 사람도 있다. 2013년 8월 7일 오후, 클라라가 두 번째 면회를 왔을 때 정말 악랄한 여성 교도관을 만났다. 면회 시간은 오후 1시부터인데, 이 교도관은 한참 동안 전화를 붙잡고 있었다. 교도관이 전화를 끊지 않으면 면회실로 전화를 할 수 없다. 교도관에게 내 아내가 이미 와 있다고 얘기했다. 한 번, 두 번, 세 번, 교도관에게 내 상황을 이해시키려고 했다. 그러나 그 교도관은 계속 모르는 척했다. 한 시간이 지난 다음에야 면회실로 들어가도 된다고 말했다. 그런데 또 다른 교도관이 복도에서 한참 기다리게 했다. 나는 이성을 잃었다. 나도 이렇게 해서는 문제를 해결할 수 없다는 사실을 잘 알지만, 결국 모든 교도관의 심기를 건드려 화를 북돋게 되었다. 그들은 내게 고함을 질렀다. "여기서 너는 죄수고, 우리가 너보고 3시간 기다리라고 하는 건 그럴 권리가 있어서 그러는 거야." 철창문과 검사 장치를 모두 통과하는 데 20분 이상 걸렸다. 클라라는 면회실에서 두 시간 반이나 기다려야 했다.

그나마 다행인 것은 우리는 다음 날 마지막으로 만날 기회가 있고, 면회 시간도 두 시간으로 늘어날 거라는 사실이었다. 이 마지막 면회에서 주위의 죄수와 가족들의 시끄러운 대화, 질서를 지키게 하려는 교도관의 고함 소리, 의자가 바닥에 찍찍 끌리는 소리, 문 여닫는 소리, 흥분한 죄수의 통곡 소리와 욕설 등 그 어떤 것도 우리 부부의 애정에 영향을 주지 못했다. 우리는 함께했던 지난 시간과 데이트, 함께 겪어 왔던 어려움 등을 추억했다. 전에는 느껴 보지 못했던 친근함이 느껴졌다. 우리 사이에 유리막이 가로놓여 있었지만, 마음은 하나가 된 듯했고 감격스러웠다.

아내는 남은 휴가 기간 3주 동안 정신적 압박을 조금 내려놓으려 노력할 것이다. 우리는 이미 몇 가지 중대한 결정을 했다. 나는 유죄인정을 할 것이고, 아이들은 싱가포르에 돌아가 학교에 다닐 것이고, 아내는 한 학년이 끝나는 2014년 6월까지 계속 직장에 다니기로 했다. 그 전에 내가 석방되고, 내 형기도 선고될 것이며, 2013년 크리스마스 전에 아내와 만나게 될 것이다.

알스톰이 앞으로 어떻게 나올지 나는 모른다. 그러나 회사 관리 부서는 얼마 전 미국 보일러 업무를 주관하는 팀 커런이 내 업무를 임시 대리하도록 임명했다. 나는 이를 좋은 징조로 본다. 그들이 내 자리를 남겨 둔 것이다, 나를 해고하지 않을 것이다. 이 길고 긴 8월, 나는 석방되는 날을 매일 세고 있다. 이제 두 달만 견디면 된다.

요 몇 달 동안, A 수감동 죄수들은 모두 L2 구역으로 옮겨졌다. 그곳에 수감된 죄수들은 모두 조직의 일원들이었다. 6제곱미터의 1인실에 죄수 둘을 쑤셔 넣었다. 나는 다른 그리스인 야니스(Yanis)와 같은 감방에 들어가게 되었다. 다행히 그 죄수와 사이가 괜찮았다. 그러나 L2 구역에는 죄수들이 산책할 운동장이 없었다.

9월 초, 아버지를 뵈었다. 내 반대에도 불구하고 미국으로 오셨다. 나라도 그렇게 했을 것이니, 뭐라 할 수 없었다. 그런데 아버지를 뵙고 몹시 놀랐다. 등이 구부정한 아버지는 지팡이를 짚으며 어렵게 걸음을 옮기셨다. 예전에 무척 건장하고 활력이 넘쳤었는데, 갑자기 십 년은 늙으신 것 같다. 몇 주 전 좌골신경통이 발병한 탓에 앉을 수조차 없어 줄곧 집에서 누워 계셨다고 한다. 이런 몸으로 7시간을 고통을 참아가며 일반석에 앉아서 파리에서 보스턴까지 날아온 다음 차를 렌트해 3시간 운전해서 아들에게 오셨다는 말인가? 나는 매우 자괴감이 들어서 자책하기 시작했다. 나는 아내와 부모님 등 가족들을 너무 고통스럽게 했다.

클라라처럼 아버지도 나를 세 번 면회 오셨다.

가족과의 면회는 무엇과도 비교할 수 없는 위로와 만족감을 주었다.

25

해고

어퍼컷을 한 방 맞았다. 좀 더 정확히 말하자면, 허리 아래를 치는, 비겁하고 비열한 펀치였다. 아침에 받은 이메일의 충격이 그랬다. 발신 일자는 2013년 9월 20일이었다.

주제: 해고에 관한 사전 면담 통지
회사는 귀하와의 고용 관계를 해지할 수밖에 없음을 통보합니다. 회사는 귀하가 미국에 감금되어 있어 본 사전 면담에 참석할 수 없음을 알고 있습니다. 그러므로 회사가 해고 절차를 이행하는 사유는 첨부 문서로 보냅니다. 회사는 귀하가 서면으로 의견을 제출해 주기 바랍니다.

유죄인정 협상이 중대한 결과를 초래할 수도 있다고 우려하긴 했었다. 아내가 나를 위해 선택한 고용문제 전문 변호사이자 테일러베싱

(TaylorWessing) 로펌 파리 지사의 파트너인 마르쿠스 아쇼프(Markus Asshoff)가 아내를 대신해 알스톰을 상대하게 되었다.

이론상 알스톰은 내가 유죄를 인정한 후 2개월 안에 해고할 권리가 있다. 그래서 나는 이 2개월이 그냥 지나가길 초조하게 기다렸다. 왜 그랬는지는 모르겠지만, 나는 회사 경영진이 해결책을 찾아내서 나를 해고하지 않을 거라고 막연히 생각하고 있었다. 환상에 빠져 있었던 것이다. 내가 체포된 이후 회사 경영진은 내 안부를 묻거나 조금이라도 격려해 주려는 기미도 없이 내가 감옥에서 시달리도록 방치했다. 더 나쁜 사실은, 몇몇 임원들이 업무차 미국을 방문할 때에 그중 단 한 사람도 나를 면회하러 오지 않았다는 것이다. 그럴 가치가 없다고 생각한 것이다. 비열한 놈들이다. 그들은 나를 잊었고, 이제는 나를 내치고 싶어 하는 것이다.

그룹 인력자원팀 책임자 브루노 기유메(Bruno Guillemet)는 문서의 서두에서 내가 '직무를 이탈'했다고 질책했다. "귀하는 수감 상태이므로 고용 계약을 이행할 수 없고…귀하의 업무상 위치를 고려하면 귀하의 결근으로 인해 회사는 계약 관계를 유지할 수 없게 되었습니다." 그의 글은 이렇게 이어졌다. "당신의 유죄인정 성명은 미국 법무부가 당신에게 유기징역을 선고하게 할 것이며, 그렇게 되면 알스톰의 세계적 이미지는 분명 크게 훼손될 것입니다. 알스톰의 가치관과 윤리에 어긋나는 당신의 행위는 감독기구가 본사를 불신하고 의심하는 분위기를 조성하였으며, 특히 회사가 전 세계 비즈니스를 전개하는 데 있어 큰 악영향을 미쳤습니다."

이 낯 뜨거운 황당한 비난을 읽고 또 읽어 보았지만 받아들일 수가 없었다. 내가 제멋대로 직무를 이탈했다고? 그들은 태연하게 이것이 해고 근거라고 주장하고 있다. 완벽하게 구체적 사실을 외면하고 있다. 내가 해고된 이유가 따라한 프로젝트 때문이 아니고, 또한 내가 범죄 혐의 사실을 인정했기 때문도 아니고, 바로 내가 싱가포르 사무실에서 일하고 있지 않기 때문이라는 것이다. 마치 내게 선택권이 있기라도 한 것처럼! 그들은 염치도 없이 내가 죄목을 인정했다는 이유로 나를 질책하는 것이다. 나로서는 다른 선택의 여지가 없다는 것을 너무나 잘 알고 있으면서. 이 편지는 정말 가식의 극치를 보여주고 있다. 인사팀 총책임자는 자기가 뭘 쓰고 있는지 알고서 적은 것일까? 만약에 파트릭 크롱이 미국 법무부의 압력 때문에 본인이 십수 년을 책임졌던 회사의 범죄행위와 본인의 죄를 인정하게 되면, 마찬가지로 파트릭 크롱과 모든 집행위원회의 임원들을 해고한다는 의미인가? 나는 의문을 갖게 되었다. 그들은 어떻게 '알스톰의 가치관과 윤리를 위반'하는 행위라고 질책할 수 있을까? 내가 그들에게 확실히 일깨워줘야 할까? 알스톰에서 일했던 시간 동안 나는 엄격하게 회사의 규정에 따라 일했고, 규칙도 어긴 적이 없고, 어떤 꼼수를 부린 적도 없다는 것을 알려 줘야 할까?

놀라운 것은, 그들의 말대로라면 나는 과거에 '정직하지도 성실하지도 충실하지도 않게 업무를 이행했다'라는 것인데, 설마 그런 내게 로비스트를 채용하는 일을 맡겼다는 것인가? 설마 내가 비밀리에 그룹의 스위스 법인을 통해서 전 세계의 로비스트와의 거래를 결정했다는 것인가? 설마 내가 뇌물 액수를 결정했다는 것인가? 내가 국제관계 부서, 기업 윤리경영 부서, 로비스트 선발 매뉴얼 등 이런 기구를 만들었다는 것인가? 당연히 아니다. 정반대로, 비슷한 업무를 했던 다른 관리자들처럼 엄격히 회사의 규정을 지켰다. 지난 10년간 알스톰과 자회사는 10여 개 국가에서 부정 혹은 부패 혐의로 기소되어 판결을 받은 적이 있다. 여기에는 멕시코, 브라질, 인도, 튀니지, 그리고 이탈리아, 영국, 스위스, 폴란드, 리투아니아, 헝가리, 심지어 라트비아 등의 국가가 있다. 알스톰 그룹의 두 자회사는 세계은행의 감시망에 들어 있었다. 2012년 세계은행은 그들을 잠비아 수력발전 댐 관련 뇌물공여 혐의로 블랙리스트에 올렸다. 관련 계약은 회사가 기소되고 판결을 받는 계기가 되었다. 난 참여한 적도 없다. 그런데도 알스톰은 내가 회사 이미지를 훼손했다고 모욕하고 있다. 정말 겉으로만 선량한 척하는 위선자들 같으니라고!

따라한 사건이 있던 당시의 윤리경영 부서의 팀장 브루노 카엘린(Bruno Kaelin)은 알스톰의 스위스 자회사 프롬(Prom)의 법률대표를 겸하고 있었으므로 대다수 로비스트 계약은 모두 프롬의 페이퍼컴퍼니가 체결한 것이다. 2008년 스위스 경찰에 체포되었을 때 카엘린은 겨우 40여 일 감옥에 있었다. 알스톰은 2011년 스위스 정부에 수천만 유로의 벌금을 내는 것으로 고소를 취하시켰다.

현실은 아주 참혹하기까지 하다. 회사 내부에는 전 대륙을 아우르는 대규모의 부패가 존재한다.

회사의 고위 임원들은 내가 혐의를 인정하기 전에도 이미 알스톰의 명예는 땅에 떨어져 있다는 것을 누구보다 잘 알고 있었다. 간단하게 말하자면, 지금 그들은 FBI에 체포되어 함정에 빠져 있다. 미국의 보복 수단은 세계은행이나 라트비아 혹은 스위스 검찰보다 훨씬 강력했다.

그래서 파리에서 그들은 대(大)를 위해 소(小)를 버리기로 했다. 그들은 FBI에 협력하기를 거절한 3년 후에 조금의 망설임도 없이 미국 법무부에 자신들의 '성실함'을 증명하려고 애썼다. 그들은 미국을 향해 심지어 이미 희생될 준비가 다 되었음을 밝혔는데, 그 '희생 제물'이 바로 나였던 셈이다.

아내는 내 해고 통보를 받은 후에 파트릭 크롱 회장을 만나 해고 통보를 거부하기로 했다. 파트릭 크롱(내 전 상사지만)은 아내의 면담을 받아들였다가 마지막에 취소했다. 클라라가 그에게 메일을 보내고 복사해서 내게도 보내주었다.

클라라는 최근 몇 주간의 나의 힘겨운 구치소 생활에 대해 이야기했다.

"프레드는 몸과 마음에 큰 타격을 받았습니다. 남편은 여태까지 본인의 인생에 일어나리라 생각지도 못했던 일을 매일 겪고 있습니다. 남편은 바로 옆방에서 수감자가 강간을 당하거나, 어떤 죄수가 음식물에 날카로운 유리 조각을 섞어서 살인을 기도하거나, 죄수가 자살하거나, 혹은 제대로 치료를 받지 못해 사망하거나, 수감자들 간에 항상 칼부림이 나는 걸 보고 있습니다."

아내는 알스톰이 나를 돌봐 주지 않는 데 대한 섭섭함을 표시했다.

"2013년 4월 14일, 저와 남편 그리고 아이들의 행복한 시간이 멈췄습니다. 저는 혼자서 네 아이를 돌보며 이 문제를 해결해야 합니다. 프레드는 지금 우리 집에서 15,000킬로미터 떨어져 있는 구치소에 구금되어 있습니다. 아이들은 기가 죽었고, 프레드는 그런 아이들을 위로해 주지 못하고 있습니다. 우리의 7살 난 쌍둥이 딸 가브리엘라와 라파엘라는 거의 매일 밤 아빠가 보고 싶다고 울고 있습니다."

아내는 우리가 받은 해고 통보는 이미 고통을 받는 그녀에게 '추가로

가해진 위해와 모욕'이라고 적었다. 아내는 남편이 항상 알스톰에 충직했으며 어떤 기만도 한 적이 없었다고 파트릭 크롱에게 확실하게 말했다. "무슨 일이든 매뉴얼대로 했으며, 모든 것을 위에 보고했습니다. 업무 능력이 뛰어나서 여러 차례 인정을 받았으며, 남편이 수감되기 바로 직전에는 회사가 보너스 100퍼센트를 지급했습니다." 클라라는 마지막에 해고를 취소해 달라고 요구했다.

파트릭 크롱 회장은 아주 번지르르한 어투로 아내에게 회신했다. 메일에서 그는 우리 가정의 곤경에 마음이 아프다면서 다정하게 나를 프레드라고 부르고, 심지어 이 모든 상황이 자신과 관련이 있음을 인정하면서도 실제로는 기유메가 제시한 논점을 다시 확인하고 있었다. "당신의 남편은 이미 알스톰의 관리규정과 도덕적 규범을 위반했다고 인정했습니다." 당연히 거짓말이다. 나는 알스톰의 규정을 어긴 적이 없다. 정반대로, 나는 엄격히 규정대로 일해 왔다. 파트릭 크롱은 그룹의 회장으로서 "알스톰 그룹, 이사회 그리고 모든 임직원의 이익을 보호할 책임이 있다."라고 했다. 마지막으로 클라라에게 다시는 직접 자신에게 메일을 보내지 말라고 했다. 그의 변호사들이 우리 가족과 일절 접촉하지 말라고 건의했다는 것이다.

파트릭 크롱 회장은 정말 알스톰의 이익을 보호하려고 하는 것일까? 정말 그런 생각이라면 그는 이렇게 해야 한다. 미국 법무부 검사와 만나 알스톰의 부정행위를 시인하고, 이 모든 사태는 컨설턴트 계약으로 위장함으로써 뇌물공여 행위를 은폐하려 했기 때문임을 인정해야 한다. 그는 알스톰의 법적 책임을 시인하고 사퇴 의사를 표명해야 한다. 이것이 미국이 원하는 대로 협력하겠다는 뜻을 입증하는 최선의 방법이며,

벌금 액수를 줄이고 알스톰을 곤경에서 벗어나게 하는 방법일 것이다. 그러나 그러기에는 희생이 너무 크다. 파트릭 크롱 회장은 본인의 직장 생활을 끝내기보다는 부하 직원에게 책임을 떠넘기는 길을 선택했다.

26

6개월이 지나다

"아빠, 물어볼 게 있어요. 언제 집에 와요?"

전화 통화하면서 가브리엘라와 라파엘라가 물을 때마다 아직 정확한 날짜는 모르겠다며 대답을 피했다. 미국에서 할 '일'이 생각했던 것보다 더 오래 걸릴 것 같다고만 말했다. 그러나 10월 초가 되었을 때 아이들에게 곧 돌아가서 크리스마스를 같이 보내게 될 거라고 했다. 내가 틀렸다. 확실히 틀렸다.

사실 폼포니는 미국 법무부에 저항하고 있었다. 그는 유죄인정을 거부했으나 미국 시민이어서 판사는 그의 보석 신청을 받아들였다. 그는 여유롭게 변호를 준비하면 된다. 만약 검사들의 말이 사실이라면, 내가 유죄를 인정했기 때문에 폼포니는 협상 카드가 거의 없어서 10년 이상의 형기를 선고받을 가능성도 있다고 했다. 이는 나이가 많고 건강이 안 좋은 사람에게는 거의 사형선고나 마찬가지다. 그래서 그가 소송 절차를 지연시키고 있다는 것이 이해가 된다.

그러나 그의 대처 방법은 내 운명에 큰 영향을 주게 될 것이다. 폼포니가 그들의 압력에 굴복하지 않는 한 검사들은 내가 재판받지 못하도록 할 것이다. 폼포니가 재판에 회부될 경우, 내가 법정에 나가 그를 지목해 주기를 바라기 때문이다. 그러므로 그들은 절대로 나를 프랑스로 돌려보내지 않고 손에 닿는 곳에 두어야 하는 것이다. 나는 다시 한번 교묘한 메커니즘에 부닥친 것이다.

"만약에 내가 거부한다면요? 그래도 유죄인정 후 3개월 내에 감형을 선고받을 수 있는 권리가 있는 거 맞지요?"

"당연히 당신이 결정하는 겁니다. 그러나 만약에 이 날짜를 고집하면 검사들은 선고공판 때 6개월이 아니라 10년 징역형을 구형할 수도 있지요."

"그러면 어떻게 해야 하죠? 보석을 신청하고 싱가포르에 돌아가서 검찰이 판결 날짜를 정할 때까지 기다려야 하나요?"

"검찰은 싱가포르로 돌아가지 못하게 할 겁니다. 보석을 받게 되더라도 당신은 반드시 미국에 남아 있어야 해요."

세게 한 방 얻어맞았다. 몇 달이 걸릴지도 모른다. 내가 결정할 수 있는 것은 아무것도 없다. 모든 건 폼포니의 결정에 달려 있다. 어쩔 도리가 없으니 분노를 억누를 수밖에 없었다. 나는 할 수 없이 공판 일자 연기에 합의했다. 이 소식을 클라라에게 전하자 아내는 크게 좌절했다. 그래도 아이들이 미국에 와서 크리스마스에 온 가족이 보름 동안 같이 지낼 수 있게 되었다. 아내는 내가 보석 후에 지낼 집을 찾기 시작했다.

이틀 후 스탠이 와이어트 구치소로 찾아왔다. 화난 표정이었다.

"아주 안 좋은 소식이 있어요. 검사가 당신의 선고공판 일자를 연기했을 뿐 아니라 보석 신청도 거절했어요."

"뭐라고요? 분명히 노빅 검사와 6개월 형으로 협의했다면서요?"

"저도 화가 납니다. 이번 상황은 기존 관례와 너무 다르네요. 코네티컷에서는 이런 협의는 통상 변호사와 검사들 간의 신뢰를 기초로 하거든요."

"스탠 씨, 난 코네티컷에서 관례로 어떻게 한다든지, 혹은 통상 뭐가 안 된다든지 그런 것에는 관심 없어요."

"노빅 말이 이 결정은 워싱턴에서 온 명령이랍니다. 칸이 내린 거라네요."

"그래요. 그렇지만 당신은 처음부터 알고 있었잖아요."

"네, 인정합니다. 죄송합니다. 저도 처음 겪는 상황입니다."

"그들은 뭘 원하는 건가요?"

"그들은 당신이 와이어트 구치소에서 6개월에서 10개월 정도 더 있기를 바라고 있어요."

"왜 6개월에서 10개월이지요? 10개월이란 숫자는 어디서 나온 거죠?"

"저도 잘 모릅니다. 노빅과 칸에게 전화를 걸어 봤지만, 저한테 자세한 걸 얘기하지 않습니다. 분명히 무슨 일이 생긴 것 같습니다."

"당신 생각은요?"

"알스톰과 연관이 있는 것은 분명한 것 같은데, 그게 뭔지는 저도 잘 모르겠습니다."

막 터널의 끝이 보이기 시작했을 때 다시 함정에 빠져 버렸다. 너무도 낙담해서 견디기 어려웠다. 클라라와 아이들을 생각하면 더 그랬다.

마음속으로는 최악의 상황도 준비해야 했지만, 6개월에서 10개월 사이의 어느 시점에서든 석방될 수 있다는 희망에 매달렸다. 와이어트라는 '지옥'에서 앞으로도 4개월을 더 있어야 하다니. 나는 다시 미국의 해외부패방지법으로 기소되었던 모든 기업들과 개인들에 대한 조사에 몰두했다. 그들이 어떻게 대처했는지 알기 위해서였다. 줄리엣과 클라라한테 빠진 문건들을 보내 달라고 했다. 나는 미국의 해외부패방지법에 중독된 것처럼 빠져들었다.

나는 검사들의 게임이 어떤 것인지를 알아내려고 안간힘을 썼다. 그들이 보기에 나는 알스톰을 다루기 위한 바둑돌 같은 존재였다. 그러나 그들의 분노는 정도가 지나치다. 그들이 알스톰에 대해 발동한 전쟁은 그저 회사를 처벌하는 데 그치지 않는 것 같았다. 그들은 마치 도덕적 의무나 어떤 신성한 임무에 사로잡혀, 마치 지구상의 모든 부패 현상을 쓸어버리겠다는 사명이라도 가지고 있는 듯했다. 아니면 내가 모르는 다른 이유가 있을지도.

2013년 말, 알스톰은 법적 문제 외에도 곤경에 처해 있었다. 아버지가 보내준 〈르 피가로〉를 보고 알게 되었다. 아내도 알스톰과 관련된 신문 기사를 스크랩해서 정기적으로 보내 주었다. 신문이 발행된 지 10여 일이 지나서야 기사를 볼 수 있었지만, 이곳에서는 시간이 천천히 흐르니 상관이 없었다.

2013년 11월 6일, 파트릭 크롱이 프랑스 100명을 포함하여 주로 유럽에서 1,300명의 인력을 감축한다고 발표했다는 사실도 1주일이 넘어서야 알게 되었다. 나는 크게 놀라지 않았다. 글로벌 경제침체의 충격으로 알스톰에는 이미 2012년에 경고신호가 울리고 있었다. 유럽 국가들은 아직 금융위기에서 벗어나지 못한 상태였고, 개발도상국의 경제성장도 기대치보다 낮았다. 결과적으로 2012년 9월 대비 알스톰의 수주물량이 22퍼센트 감소했다. 이뿐 아니라 회사는 몇몇 프로젝트의 경쟁에서 모두 좌절을 맛보았다. '유로스타' 고속열차는 지멘스가 따냈다. 일드프랑스 지역에서 운행될 열차 제조 프로젝트에서 알스톰은 캐나다의 봄바디어(Bombardier)에 졌다. 이 프로젝트의 발주사인 SNCF(프랑스 국영 철도회사)는 알스톰이 제시한 입찰가가 너무 높다고 판단했다. 게다가 에너지 부문의 가스 터빈 영업 실적도 저조했다.

펀더멘털은 여전히 탁월했다. 알스톰은 원자력 발전소 건설 방면에서는 세계에서 가장 풍부한 경험을 가지고 있었다. 알스톰은 또한 턴키 방식의 발전소 건설과 유지보수 분야에서 세계 최고 기업이며, 세계 발전설비의 25퍼센트를 공급한다. 알스톰은 수력발전 영역에서도 선두 자리를 지키고 있었다.

회사가 처한 상황이 2003년처럼 심각하지는 않다고 해도, 여전히 크게 걱정되는 상황이었다.

캐시 플로(현금 흐름)는 4년 이내에 세 번째 마이너스 성장을 나타낼 것으로 보였다. 2013년 11월 16일, 〈르 피가로〉가 파트릭 크롱 회장을 취재해서 그의 전략에 관해 보도했다. 운수 부문 주식 일부를 러시아에 매각한다는 것이었다. 알스톰은 운수 부문의 지분 20~30퍼센트를 매각, 20억 유로를 확보하여 에너지 부문을 재건하는 데 사용하겠다는 것이다. 이것이 사업 분야가 다양한 거대 그룹의 장점이다. 한 분야가 일시적으로 저조하더라도 다른 분야의 수익으로 그것을 메꿀 수 있는 것이다.

그러나 이 인터뷰에서 한 가지는 언급되지 않았다. 알스톰은 2011년 중국의 상하이전기그룹과 합자 보일러회사를 세우기로 약정 협의했다고 발표했는데, 이건 어떻게 되는지? 예전에 파트릭 크롱 회장은 매번 분석가들에게 이번 협상은 커다란 이익을 가져올 거라고 떠들어댔다. 그러나 이번에는 한마디도 꺼내지 않았다. 이상하다. 아주 이상하다. 그런데 나는 왜 아직도 이런 지나간 일들을 분석하고 있나?

클라라가 알스톰에 보낸 편지와 부모님이 파트릭 크롱 회장에게 보낸 편지 모두 회신을 받지 못했다. 2013년 11월 16일, 알스톰이 사전 통보해 왔다. 2014년 6월 30일 정식으로 노동 계약이 끝날 것이고, 이는 내 근무 태만이 원인이며, 회사의 관리질서를 교란했기 때문에 다른 인력이 내 자리를 대신에 할 수밖에 없었다는 것이다(절대로 내가 따라 한 프로젝트에 관한 범죄를 인정했기 때문이 아니다). 알스톰은 이번 학년을 마치고 난 다음에 싱가포르에서 프랑스로 가족이 이사하는 것에는 동의했다. 그나마 위안이 되는 일이다.

12월은 예전처럼 돌아왔다. 3개월 동안 구치소 밖에 나가 자유의 공기를 마셔 보지 못했다. 거의 질식할 지경이다. 구치소는 거의 피를 말리고 있었다. 무엇보다 다음번 면회에 대한 두려움이 앞섰다. 나는 극구 반대했지만 아버지와 클라라의 면회 후 모친과 여동생이 기어코 미국으로 오기로 했다. 그들은 내일 도착한다.

27

온 가족이 출동하다

어머니와 동생은 나를 보고 소스라치게 놀랐다. 카키색 죄수복을 입은 유령 같았을 것이다. 어머니의 첫마디는 "어쩜 이렇게 말랐니!"였다. "여기서 잘 먹고 있니? 제대로 먹기는 먹는 거니?"

어머니가 울기 시작했다. 구치소를 본 충격에 아들을 만난 기쁨, 먼 길을 오신 피로가 자아낸 눈물이었을 것이다.

"우리 비행기는 어제저녁쯤에야 보스턴에 도착했어. 공항에서는 예약해 둔 차를 거의 3시간 가까이 기다려서야 받았지. 프로비던스(Providence)로 출발할 때는 이미 밤이 깊었어."

파킨슨병 합병증을 앓고 계신 76세의 어머니는 프로비던스의 열악한 상황을 보고 놀라셨다.

"여기는 왜 이리 황량한지. 차에서 내려 보니 이건 마치 코엔(Coen) 형제가 연출한 영화 〈파고(Fargo)〉의 배경인 파고(미국 노스다코타주의 도시)에 온 듯한 기분이 들 정도야. 마치 버려진 도시 같더구나."

그러고는 다시 잘 먹고 있냐고 물어보셨다. 세상의 모든 어머니는 다 같은가 보다. 여동생 줄리엣도 몹시 놀랐지만, 직업상 프랑스의 구치소 상황을 체계적으로 잘 알고 있어서 두 구치소를 비교하지 않을 수 없었다.

"이곳은 나무랄 게 없네. 아주 전문화되었고, 아주 깨끗해."

나는 웃음이 나왔다. 면회자 대기실은 와이어트 구치소에서 가장 모습을 갖춘 곳이며, 죄수 가족들을 예의를 갖추어 대해 준다. 그렇지만 공공 면회실 강당을 보면 줄리엣도 바로 생각이 달라질 것이다. 그곳은 언제나 시끄러워서 조용히 대화하기가 힘들다. 어머니가 먼 거리를 달려온 노고와 좋지 않은 몸 상태 등을 고려해서 면회 오셨을 때 '관례를 깨고' 일인 면회실을 사용하게 되었다. 칸막이 너머로 줄리엣의 설명을 들었다. 줄리엣은 프랑스 외교부와 접촉해 프랑스 정부가 내가 처한 상황을 잘 파악하도록 설득했다.

"오빠가 4월에 체포되었을 때 보스턴 영사관 사람들은 전혀 모르고 있었어. 오히려 내가 알려 주었지. 주 뉴욕 프랑스 영사관 사람들은 외교부에 통보하는 것도 잊고 있었어. 5월에 내가 아버지를 모시고 외교부를 찾아갔는데, 우릴 만난 사람들은 바로 인권 보호 위원회와 범죄인 보호 부서 과장이었어. 그 사람들 태도가 아주 냉랭하고 거리감이 있었어. 마치 오빠 일은 자신들과 아무 상관이 없다는 듯이."

몇 달이 지난 후 프랑스 외교부 직원들과 만났을 때도 여동생은 마찬가지로 이해가 되지 않는 답변을 들었다.

"그 사람들이 한다는 말이, 자기들은 전 세계 2,000여 명의 프랑스 범죄인 사건을 처리하고 있는데, 오빠의 기소 건은 그리 엄중한 게 아니래. 우린 오빠의 상황이 아주 특수하고, 오빠 말고도 프랑스 거대 그룹도 미국 법무부의 목표물이 되었다는 걸 그들이 알아듣도록 설명했어. 그들이 뭐라고 대답했는지 알아? '전혀 그렇지 않습니다. 부인! 프랑스 정부와 이번 기소 건은 어떠한 연관성도 없습니다. 프레데릭 피에루치 씨의 기소 건은 부가가치세를 내지 않아 크뢰즈(Creuse)주에서 체포된 사장 사건과 비슷합니다. 아시겠어요, 프레드 부인?'"

줄리엣은 그때를 떠올리며 몹시 화를 냈다. 가족이 움직여 주고 있는 게 조금 위로가 되었다. 그래도 이 어려움을 혼자서 견디고 있는 건 아니다. 동생과 어머니가 사방팔방으로 나를 돕고 있다는 것을 알게 되니 빨리 보석을 받아 항소할 생각이 더 간절해졌다.

와이어트 구치소의 시간은 너무 더디게 흘렀다. 크리스마스가 다가오고 있는데, 검사들은 여전히 보석을 허가해 줄 기미를 보이지 않았다. 12월 28일, 라티프 변호사가 빨리 연락을 달라고 했다. 8개월 반이나 수감 생활을 했으니 이제 좋은 소식이 온 것일까? 그러나 내 꿈은 잔인하게 깨졌다. "패튼 보그스 로펌의 제이 다든(Jay Darden)의 전화를 받았습니다. 그는 알스톰의 변호사입니다. 회사는 앞으로 우리 변호사 비용을 대지 않겠다고 통보했으며, 그 이전 변호사 비용도 7월 29일, 즉 유죄를 인정한 그날까지만 지급돼 있습니다." 라티프는 아주 싸늘하게 선포했다.

순간 아무 말도 할 수 없었다. 겨우 정신을 차리고 어렵게 입을 열었다. "우리 가족한테 파리 본사와 연락을 취해 빨리 이 문제를 해결하라고 하겠습니다. 알스톰이 왜 이런 결정을 내린 것 같습니까?"

"아마도 열심히 미국 법무부에 잘 보이려고 하는 것이거나, 미국 법무부가 강력한 압력을 행사한 것이겠지요. 그래서 알스톰이 어쩔 수 없이 이렇게 나온 것이겠지만, 어쨌든 본질은 같은 거지요."

나는 가족과 15,000킬로미터나 떨어진, 경계가 삼엄한 구치소에 수감되어 있는 상태에서 22년 근무해 온 회사에서 해고되고, 또 나라에서도 버림을 받아 프랑스 정부는 내 기소 건을 신경 쓰고 싶어 하지 않으며, 어마어마한 변호사 비용을 내야 할 처지에 놓여 있었다. 언제 보석이 받아들여질지도 모르겠고, 최종적으로 어떤 형을 선고받게 될지도 알 수 없었다. 용기를 내보려 했지만 무용지물이었다. 마음이 땅바닥으로 곤두박질쳤다.

2014년 1월 초, 부영사 제롬 앙리가 내게 프랑수아 올랑드(François Hollande) 대통령이 2월에 미국을 방문한다고 알려주었다. 이 소식은 다시 내게 희망을 안겨주었다. 그는 내 사건이 이번 방문 때 논의될 것이라고 했다. 그의 말에 의하면, 정부 관리들이 미국 법무부가 알스톰에 취한 행동의 최종 목표를 의심하기 시작했다는 것이었다.

개인적으로는 크게 기대하지 않았다. 그러나 영사관과 부모님은 올랑드 대통령이 버락 오바마 대통령과 회담 중에 내 기소 건을 거론해주기를 희망하고 있었다. 그래서 부모님은 프랑스 대통령에게 편지를 썼다.

"대통령님, 저희 아들이 지금 경계 삼엄한 구치소에 수감되어 있습니다. 대통령님께서도 상상할 수 있으실 겁니다. 한 집안이 악몽에 휩싸여 대단히 어려운 상황에 놓여 있습니다…… 이번 사건에 혐의를 받고 있는 다른 두 민간인 - 알스톰의 전 직원(로스차일드와 폼포니) - 은 수감되지도 않았습니다. 알스톰이 지난 몇 년간 미국 법무부의 조사에 응하지 않았기 때문에 미국 법무부가 민간인(알스톰 직원)에 대해 소송을 제기했을 가능성이 있습니다. 저희는 사법과 그 독립성을 존중합니다. 헌법이 부여한 미국 대통령의 권한 범위 안에서 미국 정부가 저희 아들을 특별사면해 줄 것을 대통령께서 요구해 주시기를 간절히 부탁드립니다. 대통령님, 이 힘없는 부모의 소원을 들어주시어 미국 방문 기간 두 정상이 회담하실 때 미국 정부에 이 문제를 제기해 주시기를 간절히 빕니다."

이 편지는 제 역할을 못 하고 결국 실패로 끝났다. 올랑드 대통령의 방미 기간에 대사관은 간단하게 내 문제를 보고했지만, 오바마 대통령에게 나를 관대하게 처리해 달라는 요구는 전달되지 않았다. 나도 잘 안다. 양국 정상회담에 더 중요한 안건들이 있었을 것이다. 시리아 사태, 핵무기 확산, 테러 방지 대책, 전 세계 기후 온난화 문제, 게다가 감청 스캔들까지 문제가 산재해 있었다.

3개월 전인 2013년 11월의 에드워드 스노든 사건으로 프랑스와 미국 두 나라의 관계가 냉각되었다. 스노든은 미국 국가안보국(NSA) '프리즘' 프로젝트의 감시 범위가 대대적이었다고 폭로했다. 이로 인해 올랑드 대통령과 오바마 대통령은 회담 후 '유화정책'을 채택하고, "양국의 상호 신뢰 관계를 회복한다"라고 선포했다. 그러나 프랑스인들의 분노는 가라앉지 않았다.

에드워드 스노든은 미국 NSA 문건을 공개했다. 2012년 12월 10일부터 2013년 1월 8일까지 30일 동안 미국은 프랑스인들의 통화를 감청해서 7,000만 건이 넘는 통화기록을 확보했는데, 이는 1일 평균 300만여 건에 해당한다. 더욱이 특정 전화번호를 중점 감청 대상으로 삼아 자동 접속 시스템으로 통화내용을 녹음하기도 했다. 심지어 어떤 키워드로 검색하면 핸드폰 문자 내용을 복원할 수도 있다.

위키리크스(WikiLeaks)에서 폭로한 다른 문서들도 의문을 불러일으킨다. 그중 '프랑스: 경제발전'이라는 제목의 기록에는 미국 NSA가 어떻게 프랑스 대기업의 비즈니스 거래정보 수집 임무를 수행하는지 자세히 공개되어 있었다. 미국의 첩보 요원들은 프랑스의 중요한 사업 영역 – 천연가스, 석유, 원자력과 전력 – 의 총액 2억 달러가 넘는 계약을 꼼꼼히 연구하고 있었다. 알스톰은 대다수 중요 사업 영역에서 핵심 조사 대상 기업이었다. 이러한 비밀 폭로 문서는 미국 정부가 비즈니스 첩보 활동을 활발히 했다는 증거이다. 이것이 바로 대서양 정보 문화의 오래된 관습이다. 1970년부터 미국 해외정보자문위원회[1]는 "이후 비즈니스에 관한 감청은 국가 안보의 일부분으로 간주하며, 외교·군사와 과학기술 감청과 동일한 우선 권한을 가지게 된다." 1993년~1995년(빌 클린턴 대통령 재임 기간) 미국 CIA 국장을 맡았던 제임스 울리(James Woolley)는 2000년 3월 28일 〈르 피가로〉 인터뷰에서 인정했다. "사실이다. 미국은 유럽 기업의 정보를 비밀 수집하고 있으며, 나는 이것이 전적으로 정당한 행위라고 생각한다. 우리의 역할은 3가지다. 첫째는 UN이나 미국의 제재를 위반한 기업을 모니터링하는 것이고, 둘째는 민간·군사 기술을 추적하는 것, 셋째는 국제 통상에서 부정부패행위자

---

1 미국 경제 정보에 관한 내용은 프랑스 정보연구 센터(CF2R)의 연구보고 인용: 레슬리 바렌 (Leslie Varenne)과 에릭 데네세(Éric Denécé)가 편찬한 〈미국의 약탈과 국가 지위 양보〉

를 찾아내 체포하는 것이다."

　여러 해 동안 미국은 2단 시스템을 만들었다. 위에서는 미국의 강력한 정보수집 도구를 이용해서 외국 기업들이 체결한 대형 계약에 관한 정보를 확보한다. 밑에서는 복잡하고 엄격한 법률 도구를 동원해서 미국의 규칙을 어기는 기업들을 기소한다. 세계 어떤 국가도 이런 무기를 갖추고 있지 않다. 미국 기업은 손쉽게 그들의 주요 경쟁 기업을 약화하고, 타격을 주며, 심지어 흡수해 버릴 수 있는 것이다. "우리 경제에 해를 끼치는 어떤 개인이나 조직도 법을 초월할 수 없다."[2] 미국 법무부 장관 에릭 홀더(Eric Holder)는 이 한마디로 모든 걸 정리했다. 그러나 그들의 목표물은 단지 제조업체에 한정되지 않았다. 2000년대 중반, 특히 서브프라임 모기지론 위기 이후 미국 정부는 경제제재를 어긴 금융 회사를 하나씩 타격했다. 2014년 초, 프랑스의 BNP가 함정에 빠졌다. 이 은행은 미국 법무부에 의해 미국의 적대 국가(이란, 쿠바, 수단, 리비아)와 달러 교역을 한 죄목으로 기소되었다. 은행은 30여 명의 고위직 임원을 해고하고 89억 달러의 어마어마한 벌금을 내는 데 동의할 수밖에 없었다. (이 BNP 사건이 발생한 시기는 내게 절대적으로 불리하게 작용했다. 이 때문에 정치가들이 알스톰 사건을 가볍게 여기게 되었다) 프랑스 소시에테 제네랄과 프랑스 농업은행(Crédit Agricole) 등 프랑스 금융기관은 미국에 거액의 벌금을 냈다.

　지금까지도 이해할 수 없는 건, 프랑스의 지도자들은 왜 미국의 공갈에 결연히 대처하지 못하느냐는 것이다. 그들은 도대체 뭐가 두려운 것

2　〈르 몽드〉 2014년 10월 19일 자 인용

일까? 우리 기업이 어느 정도까지 약탈[3]당해야 하는 것일까? 우리는 다른 나라의 이런 부당한 행위를 잔말 말고 받아들여야 할까? 왜 우리가 마치 피해자 역할을 자처하듯 행동하는지 도무지 이해할 수가 없다. 우리는 자신이 쇠락하는 모습을 계속 지켜보는 구경꾼이 되었다.

---

3   2017년 〈사팽(Sapin) 제2 법안〉 발표 후 프랑스와 미국이 공동으로 기소한 사건이 벌금형을 받게 되면 프랑스는 그 벌금에서 일부분을 받을 수 있게 되었다. 그래서 프랑스 소시에테 제네랄 기소 건에서 프랑스 정부는 벌금 2억 5,000만 유로를 받았다.

28

새로운 일을 찾다

나와 같은 방을 쓰는 거구의 외다리 션(Sean)은 매주 월요일 내 '화학 수업'을 받는다. 나는 지금 여기서 보조교사다. 와이어트 구치소에 수감된 지 꼭 1년이 되었다. 경비가 철통같은 이 요새에서 12개월을 지냈다. 예전에 무서운 악몽을 꿨을 때도 수감되는 꿈은 꾸어 본 적이 없었다. 불행에 빠진 나는 운 좋게 3월 초부터 '보조교사'라는 일을 맡게 되었다. 그때부터 하루 일정이 빡빡하게 채워졌다. 매일 3시간 수업으로, 월요일에는 생물과 화학을 가르치고, 화요일과 목요일은 영어, 수요일과 금요일은 수학을 가르친다.

스탠 변호사와 라티프 변호사와 장시간 이야기를 나누었다. 패튼 보그스 로펌으로부터 내 변호사 비용을 내지 않겠다는 통보를 받은 이후 그들은 아주 신중한 태도로 변했다. 나의 저축은 전부 보석금으로 써야 하니 그들에게 변호사 비용을 줄 수 없다는 걸 잘 알고 있었다. 직업윤리상으로는 내 변호를 계속해야 하지만, 그들의 생각이 어떤지 나는 확신할 수 없었다. 나중에야 이런 상황에서는 어떻게 소송을 진행해나가야 하는지 알게 되었지만, 그때는 내가 어떻게 할 수 없는 일이었고, 나의 가장 큰 관심사는 어떻게 구치소를 나가느냐였다. 체포된 이후 하루가 1년같이 길게 느껴졌다. 마음은 긴 터널을 빨리 벗어나려는 사람처럼 조급했다. 그런데 터널의 끝에 도달했다는 생각이 들 때마다 터널 밖의 빛은 더 멀어졌다. 공항에서 두 손목에 수갑이 채워질 때 누군가 내가 터널에서 이렇게 오랜 시간 헤매게 될 거라고 알려 주었다면, 나는 분명히 미쳐 버렸을 것이다. 스탠과 라티프는 계속 미국 법무부에 요구하고 있지만, 검사들은 여전히 양보하지 않는다고 했다. 12개월이 지났다. 폼포니는 여전히 협상을 거부하고 있다. 그가 최종적으로 소송으로 가든 아니면 유죄를 인정하는 협상을 하든, 검사들은 더는 내 운명과 그를 연관 짓고 있지 않았다. 무슨 일이 벌어진 것일까? 그들은 어떻게 해야 나를 석방해 줄까? 도무지 영문을 모르겠다.

그때는 내가 강의를 하고 있을 때, 아니 더 정확하게 말해서 '내가 보조교사를 맡고 있을 때'였다. 나는 정식 교수 왓슨(Watson) 여사의 강의를 옆에서 돕고 있었다. 왓슨 교수는 150센티미터 단신에 머리숱이 적은 금발의 통통한 여성이었다. 나이는 60세 정도, 두 번 이혼하고 자식 다섯을 둔 엄마였다. 그녀는 이 와이어트 구치소에서 15년 동안 일했을 뿐 아니라 소년 교화소에서도 교육을 담당했다. 아주 열정적이고, 온종일 우리에게 얘기해댔다. 그녀는 어떻게 줄곧 직업적 신념을 유지하고 있는지 모르겠다.

내가 수학 수업을 도와주던 28세 죄수는 오랫동안 코카인을 다량 흡입해 뇌 손상이 회복될 수 없는 상태였다. 그는 용기를 내 모든 것을 극복하고자 했고, 나도 온 힘을 다해 도왔다. 그러나 4개월 이상 왓슨 여사의 수학 강의를 들었는데도, 계산 능력이 여전히 유치원 졸업반 아이들 수준에도 못 미쳤다. 그는 더하기 빼기도 못했다. 그의 뒤에서 다른 죄수들이 몰래 손가락 욕을 할 때마다 내 마음도 아팠다.

그러나 어떤 젊은 죄수는 놀라웠다. 12살 이후 학업을 포기했던 사람이 비율 계산이나 우리가 학교 다닐 때 어려워 좌절하기도 했던 2차 방정식을 아주 간단하게 배우기도 했다. 만약에 이런 죄수들이 다른 환경에서 성장했다면, 분명히 대학에 들어가고도 남았을 것이다. 왓슨 교수는 심리와 행동에 관한 좌담회도 개최했다.

이런 일 외에도 그녀는 많은 일을 처리해야 했다. 한 여성이 서로 다른 남자의 아이를 낳으면, 이 아이들은 엄마 혼자서 키우는 경우가 많다. 이런 일들은 비일비재하다. 여성을 아주 우습게 생각하는 죄수들도 있다. 그들은 여성을 두 부류로 나눈다. '나쁜 여자'와 '위대한 어머니', 즉 본인들의 어머니이다. 그러면서도 죄수들은 항상 새끼가 몇 명이라고 허세를 부린다. 자식이 많으면 많을수록 강한 남성성을 가졌다고 여긴다. 그중 한 죄수는 본인의 '계산법'에 의하면 자식이 19명이라고 아주 자랑스럽게 떠들어댔다. 서른도 안 되었는데 말이다. 모순되는 말이지만, 그들은 본인의 어머니는 무척 존중한다. 어머니의 날이 되면 가장 예쁜 카드를 준비하는 게 매년 치르는 중요한 행사다. 그러나 아버지의 날은 그와 반대로 철저히 잊혀졌다.

수업이 없을 때는 나 혼자 공부를 했다. 계속해서 미국 해외부패방지법에 관련된 판례를 모았다. 매일 시간을 들여 각양각색의 도표와 그래프를 작성해서 그 가운데서 어떤 규칙을 찾으려 했다. 자료에 근거해 심층 연구한 십여 페이지에 달하는 결과를 연필로 직접 작성해서 스탠과 라티프에게 보냈다. 나는 지금 미국의 해외부패방지법을 손바닥 보듯 잘 알고 있지만, 두 가지는 여전히 잘 모르겠다. 알스톰은 조사에 응한 지도 1년 남짓 되었는데, 미국 법무부와 왜 아직도 협상에 도달하지 못한 것일까? 더 중요한 것은 미국 법무부는(신문 기간에 내게 보여준 문서에 따르면) 확실하게 알스톰 내부의 모든 부패 증거를 확보하고 있는데, 왜 로렌스 호스킨스를 기소한 이후 알스톰의 다른 직원은 기소하지 않는 것일까? 애초에 나를 신문할 때 노빅 검사가 기소 계획을 설명했다. 직위 고하에 따라 한 계단 한 계단 알스톰의 모든 고위 임원을 기소할 거라고 했다. 파트릭 크롱 회장이 설사 성실히 미국 법무부와 협력한다고 해도 쉽게 함정에서 벗어날 수 없을 것이다. 내가 보기에는 수감되는 재앙도 피할 수 없을 것이다. 만약 성실하게 협력하지 않아도 마찬가지로 기소되는 위험에 처할 것이다. 어떻게 해도 피할 수 없는 것이었다. 그에게 좋은 해결책이란 없었다. 나도 마찬가지다.

12개월 동안 나는 이전과 다른 세상에서 살았다. 글로벌 기업에서 고위직 임원으로 살았던 내가 인간적 고통과 심각한 범죄가 교차하는 지점에 떨어져, 전과라고는 없었던 엔지니어가 피도 눈물도 없는 범죄자의 선생님이 되어 있다.

어제 외다리의 거구 선이 왜 이렇게 힘들여 가며 열심히 화학 공부를 하는지 고백했다.

"누구나 다 알듯이 길거리에서 마약을 파는 건 매우 위험한 일이지요. 난 다시 공부해서 필로폰 제조기술을 터득할 거예요."

그가 그런 재주가 없어서 다행이다. 그것이 성공할 가능성은 별로 없을 것 같다. 격려를 해 주기는 했지만, 나 자신이 화학 전문가가 아니다. 학교에서 실린더 가열 실험을 할 때조차도 우수한 학생이 아니었다. 실생활에서도 서서히 불붙고 있는 폭탄이나 곧 터질 폭발물을 쉽게 찾아내는 데 익숙하지 않았다.

특히 2014년 4월 24일의 폭발은 더더욱 그랬다.

29

4월 24일의 선고

2014년 4월 24일, 순식간에 모든 것이 명확해지고, 여러 달 동안 나를 힘들게 했던 문제의 해답을 드디어 찾게 되었다.

평소 아침처럼 식당에서 아침 식사를 하면서 CNN 뉴스를 보고 있었다. 하루 중 유일하게 TV(백인 전용)에서 뉴스를 볼 수 있는 시간이었다.

대략 아침 7시 반쯤, 뉴스 진행자가 프랑스의 알스톰이 에너지 부문 전체의 70퍼센트를 약 130억 달러에 회사의 주요 경쟁업체인 GE에 매각할 예정이라고 보도했다.

"이는 전례 없는 규모의 거래입니다. 역사적인 사건입니다." 진행자는 격앙된 목소리로 블룸버그의 단독 뉴스라면서 "이번 거래는 GE의 역대 최대 규모의 기업 인수"라고 전했다. 뉴스가 끝날 무렵에는 "며칠 내로 계약이 마무리될 것입니다."라고 했다.

CNN의 뉴스 진행자뿐 아니라 나도 입이 벌어질 정도로 놀랐다. 믿기 어려울 정도로 경악스러운 거래였다. 불과 몇 달 전, 파트릭 크롱 회장은 캐시 플로를 개선시키기 위해서라면서 알스톰 운수 부문의 20퍼센트를 러시아에 팔고, 또 중국과 에너지 부문 합자회사를 설립할 계획이라고 하지 않았던가? 그런데 그는 지금 회사의 '보물'인 에너지, 전력, 그리드를 미국에 팔려고 한다? 말문이 막힐 지경이었다. 비록 알스톰의 상황이 어렵기는 하지만, 결코 회생불능은 아니다. 정말 이해할 수 없는 일이 벌어진 것이다.

이 거래의 배후에는 밝힐 수 없는 동기가 있을 것이다. 아마도 크롱 회장이 생각하기에 이것이 바로 미국 검찰의 손아귀에서 벗어날 수 있는 길이라고 생각했을 수도 있다. GE가 오랫동안 탐내 왔던 알스톰의 소중한 전력과 그리드 사업을 전부 내주고 미국 법무부가 은혜를 베풀어 주기를 기대했는지도 모른다. 훗날 그는 이 매각을 통해 면책특권을 받은 것을 일관되게 부인했다.[1] 그러나 수천 페이지에 달하는 관련 판례를 조사해 본 나로서는, 크롱이 미국 법무부와 어떤 사적인 합의 없이 이러한 대규모의 거래의 리스크를 부담했으리라고는 상상하기 어렵다. 정치적으로 격렬한 반응을 불러일으킬 수 있는 일이기 때문이다.

이것이 바로 파트릭 크롱 회장이 해결 불가능한 문제를 대하는 방법이었다. 아마 6개월이 지났는데도 미국 법무부가 나를 석방하지 않은 이유이기도 할 것이다. 나는 미국이 필요로 하는 인질인 것이다. 게다가 미국 법무부는 유일하게 개인을 기소하느냐 마느냐를 결정할 수 있는 기구이므로 이 모든 것은, 적어도 미국의 관점에서는, 완벽하게 합법적으로 처리된 것이다. 프랑스 정부는 이 거래의 내막을 알고 있는 것일

---

1 작가와 인터뷰할 때도 파트릭 크롱은 여전히 부정함.

까? 나는 매우 의심스럽다. CNN 뉴스를 본 직후 들었던 생각들이다.

사실 이 소식을 접하고 머릿속이 복잡해지고 마음이 아팠다. 성사될 경우 프랑스의 에너지 독립에 심각한 영향을 미칠 수 있을 텐데, 프랑스 정부가 이러한 거래를 승인한다는 것은 상상하기 어려웠다.

알스톰은 프랑스 내 58개 원자로의 모든 터빈 발전기를 제조·정비·수선하는 사업을 책임지고 있었다. 동시에 아레바(Areva)그룹이 플라망빌(Flamanville)에 건설하는 유럽 가압수형 원자로에 필요한 아라벨라(Arabella) 모델의 증기 터빈을 생산하고 있었다. 알스톰은 프랑스 전체 전력생산 설비의 75퍼센트를 책임지고 있었으며, 전 세계가 부러워하는 기술을 가지고 있었다. 알스톰은 더욱이 프랑스의 항공모함 샤를드골(Charles De Gaulle)호에 증기 터빈을 납품하고 있었다. 알스톰은 국가적으로 매우 중요한 역할을 하는 기업이었다. 이런 그룹을 외국 회사의 손아귀에 들려 주다니, 정말 미친 짓이었다. 프랑스 정부가 이 매각에 동의하게 되리라는 사실을 나는 믿을 수 없었다.

와이어트 구치소에서 약 6,000킬로미터 떨어진 곳에 나와 생각이 같은 프랑스 정부 인사가 있었다. 마뉘엘 발스(Manuel Valls) 총리 내각의 경제산업부 장관 아르노 몽트부르(Arnaud Montebourg)였다.

"믿을 수 없다. 이건 헛소리다!"

직원이 블룸버그 뉴스를 전했을 때 그는 이렇게 내뱉었다.[2]

몽트부르가 그렇게 말한 이유는, 이 글로벌 기업의 운명을 줄곧 가까

---

2   장 미셸 카트르푸앵(Jean-Michel Quatrepoint) : 《알스톰, 국가 스캔들》, 파얄(Faial)출판사, 2015년

이서 지켜보고 있었기 때문이다. 그는 2013년 초부터 알스톰의 상황을 최우선으로 파악하고 있었다. 우려스러운 정보가 계속 들려왔기 때문이었다. 알스톰은 험난한 길을 지나고 있었다. 글로벌 경제위기로 에너지 시장이 많이 침체한 상태에서 발전소 수주가 예상보다 저조했다. 또한 알스톰이 프랑스에서는 여전히 대기업이라고는 하지만, 양대 경쟁 기업인 독일의 지멘스나 미국의 GE에 비하면 작은 회사였다. 프랑스가 가장 걱정하는 것은 알스톰의 최대 주주인 부이그(Bouygues) 그룹의 자금회수 선언이었다. 부이그 그룹은 알스톰 주식을 매각하고 통신, 특히 4G 사업에 매진할 계획이었다.

경제 분석가들은 알스톰이 이 힘든 시기를 잘 넘길 방안을 고민하기 시작했다. 몽트부르 장관은 이 임무를 유럽에서 가장 명성이 높은 산업전략 컨설팅 회사인 롤란드 버거(Roland Berger)에 의뢰했다. 롤란드 버거는 독일에서 설립된 회사로, 전 세계 36개국에 2,400명의 직원을 두고 있다. 이 회사의 대표 컨설턴트 가운데 한 사람인 하킴 엘 카루이(Hakim El Karoui)가 알스톰의 회계감사를 맡았다. 카루이는 파리의 고등사범학교(ENS)를 졸업하고, 프랑스 전 총리 장 피에르 라파랭(Jean-Pierre Raffarin)과 티에리 브르통(Thierry Breton) 장관의 고문직을 맡기도 했다. 그는 몽트부르와도 가까운 사이였다. 롤란드 버거의 회계감사팀은 알스톰에 대해 대조적인 평가를 내놓았다. "알스톰은 분명히 경쟁력이 있지만, 레버리지 효과를 위해 새로운 제휴관계를 맺을 필요가 있다."는 분석이었다. 이 보고서에서 롤란드 버거의 회계감사팀은 알스톰의 운수사업은 스페인 혹은 폴란드와 제휴해야 하고, 에너지 사업은 즉시 아레바 그룹과 협력해야 한다고 조언했다. 알스톰을 부분적 혹은 전체적으로 매각해야 한다는 주장은 전혀 없었다.

2014년 2월, 언론이 이 연구 결과를 폭로하기 시작했다. 파트릭 크롱은 몽트부르에게 불만을 표시했다. "당신의 명문대 출신 직원들이 대단하군요. 그런데 말이 너무 많군요.[3]"

거침없이 행동하는 자유주의자이자 사르코지 대통령의 오랜 친구인 크롱 회장(그는 2007년 사르코지의 대통령 당선 축하 파티의 초대 손님 중 한 사람이었다)과 국가자본주의를 지지하는 사회주의자 몽트부르 장관, 이 두 사람이 개인적으로 사이가 좋지 않다는 것은 공공연한 비밀이었다. 두 사람은 서로 혐오하는 사이였다. 그러나 두 사람은 2013년 초부터 어쩔 수 없이 6번이나 만나 회의를 하게 되었다. 회의의 중심 주제는 늘 알스톰의 미래였다. 프랑스 정부는 더 이상 알스톰의 주주가 아니므로 당연히 사기업인 알스톰 그룹의 일에 관여해야 할 명백한 이유가 없었다. 그러나 몽트부르가 보기에 알스톰은 결코 보통의 사기업이 아니었다. 첫째, 알스톰은 거의 한 세기 동안 프랑스 정부의 물량에 의존해 왔다. 둘째, 알스톰은 2003년 파산의 위기에서 벗어나게 도와준 프랑스 정부에 빚을 지고 있다. 셋째, 알스톰의 핵에너지 사업, 고속철도 사업(TGV)과 지하철 등의 운송업무는 프랑스의 국익과 긴밀한 관계가 있다. 이 세 가지 외에 훨씬 더 정치적인 이유가 있다. 사르코지의 보수 정권이 파산 직전에 구해 낸 프랑스의 글로벌 기업을 사회주의 정권에서 포기하는 것을 몽트부르가 어떻게 받아들일 수 있었겠는가? '생산력 회복'을 위해 투쟁하겠다고 약속했던 몽트부르로서는 프랑스 유권

---

3 작가와 인터뷰 진행 시 파트릭 크롱 회장이 직접 진술함.

자들이 자신을 용서하지 않을 것임을 확신했다. 이것이 그가 1년 가까이 알스톰의 CEO에게 문제를 해결하도록 끊임없이 압박했던 이유이다. 그래서 몽트부르는 파트릭 크롱이 자신의 신뢰를 배반하고 속인 사실을 믿지 못했던 것이다.

2014년 4월 24일, 블룸버그가 매각 소식을 보도한 지 몇 분 후, 몽트부르는 즉시 엘리제궁의 에마뉘엘 마크롱에게 전화했다. 당시 경제수석비서관이었던 마크롱은 자신도 매우 놀랐으며, 자신은 이 거래에 관해 전혀 몰랐다고 주장했다. 그는 정말로 놀랐을까? 훗날 나는 마크롱이 2012년 6월 엘리제궁에 들어간 이후 비공식적으로 미국의 AT 키어니(Kearney)에 알스톰이 다른 대기업과 합병될 경우 파생될 사회적 영향에 관한 연구를 의뢰했다는 사실을 알게 되었다. 무슨 목적이었을까? 이때 그는 무슨 정보를 가지고 있었을까? 그는 미국의 동향을 주시하고 있었던 것일까? 지금까지도 이 문제는 수수께끼로 남아 있다. [4]

당시 몽트부르(그도 당시엔 마크롱이 이미 세부적 연구를 했었다는 걸 모르는 상황이었다)는 비서를 시켜서 급히 상황을 파악하고 파트릭 크롱에게 연락하라고 지시했다. 그러나 그는 찾을 수 없었다. 그도 그럴 것이, 파트릭 크롱 회장은 그때 시카고에서 GE 인사들과 매각 조건을 마무리하고 돌아오는 비행기 안에 있었다.

뉴스는 뉴욕에서 흘러나왔다. GE의 프랑스법인 회장 클라라 가이마르(Clara Gaymard)는 당일 마침 미국 출장 중이었다. 그녀는 몽트부르에게 GE와 알스톰의 협상이 진행 중이라고 확인해 주었다.

---

4 마크롱이 경제산업부 장관 재직 당시 이 문제에 관한 답변을 거부함.

몽트부르는 현실을 직시해야 했다. 파트릭 크롱 회장이 일언반구도 없이 미국에 프랑스 산업의 보석을 매각하려고 하는 것이다.

이 대단한 CEO가 몽트부르 장관을 속인 것이다. 보도에 따르면, 알스톰과 GE의 인수합병 계약은 72시간 이내에 결론이 날 거라고 했다. 그들은 파리의 금융계와 산업계 인사들에게 인수합병을 발표할 장소로 가브리엘 회관 리셉션 홀을 예약해 두었다. 몽트부르라고 가만히 앉아서 보고만 있지 않았다. 그는 이런 약탈 행위에 굴복하기를 거부했다. 파트릭 크롱에게 이 상황에 대해 해명하라고 요구했다. 몽트부르는 기사를 보내서 파트릭 크롱 회장이 시카고에서 돌아오는 비행기에서 내리자마자 바로 자신의 집무실로 데려오게 했다. 분위기는 험악했다. 파트릭 크롱은 알스톰이 일시적인 곤경이 아니라 구조적인 위기를 맞고 있다고 주장했다.

"지금 알스톰은 급격히 변화하는 시장에서 살아남기에 역부족입니다. 따라서 근본적인 해결책을 강구할 필요가 있습니다. 에너지사업을 매각함으로써 캐시 플로를 개선해서 운수 부문을 살리려는 겁니다."

몽트부르는 아무 말도 듣고 싶지 않았다. 바로 질타했다. "이 사무실이 보입니까? 곧 못 보게 될 거요. 지금 당신이 앉아 있는 그 자리는 필립 바랭(Philippe Varin, PSA 그룹의 전임 CEO)이 거액의 퇴직금을 박탈당한 자리요. 당신은 다시는 여기 못 올 거요. 마지막 커피 잘 드시오. 이게 바로 죄인의 커피요." 몽트부르는 분노하며 면담을 끝냈다.

훗날 파트릭 크롱은 주변 사람들에게 몽트부르의 폭언에 상당히 놀랐다고 말했다. "당신은 우리를 뒤에서 겁탈하려고 한 거요!"라는 말도 들었다고 한다.

몽트부르의 말이 좀 충격적이기는 하지만, 상당히 적절한 표현이라는 점을 인정하지 않을 수 없다. 몽트부르는 충분히 격분할 만했다. 파트릭 크롱은 몽트부르를 제대로 속이고 있었다. 나중에 알고 보니 몽트부르뿐만 아니라 많은 사람이 다 속고 있었다. 알스톰의 중역들, 이사회, 가장 직접적인 이해당사자인 에너지사업부의 책임자 필립 코쉐, 심지어 최고재무관리자(CFO)까지 모두 몰랐다. 알스톰 내부에서 파트릭 크롱 회장은 딱 두 사람에게만 사실을 알렸다. 한 사람은 법무 책임자 키이스 카로, 미국 법무부와 협상을 맡고 있었다. 다른 한 사람은 그의 심복 중 하나인 그레구아르 푸 기옴(Grégoire Poux-Guillaume)인데, 알스톰의 그리드 사업 부문의 책임자였다.

40대의 푸 기옴은 GE와의 극비 연락을 담당하고 있었다. 그의 부친은 페시네(Pechiney)에 근무한 적이 있으며, 파트릭 크롱 회장과는 막역한 사이다. 나는 푸 기옴을 아주 잘 알고 있었기 때문에 그가 어떻게 이런 중책을 맡게 되었는지도 알 수 있었다. 2004년 파트릭 크롱이 알스톰의 선장실 조타 키를 맡은 지 얼마 안 되었을 때 30세의 푸 기옴을 파격적으로 환경통제시스템 사업의 책임자로 임명해서 석탄 연료 발전소의 환경오염 방지 설비사업을 관리하게 했다. 이 설비들은 통상 보일러에는 모두 장착해야 하는 부속설비로, 모든 관련 프로젝트들은 그의 팀과 협력해야 했다. 푸 기옴은 2007년에 알스톰을 떠나서 CVC 캐피털에 들어갔는데, 이 회사는 룩셈부르크에 있는 전 세계에서 가장 큰 투자 기금 회사이다. 1년 후 CVC 캐피털과 GE가 합작해서 아레바 그룹의 전력사업부를 인수하려 했다. 그들의 시도가 실패하기는 했지만, 푸 기옴은 이 기간에 GE의 고위 임원들과 긴밀한 관계를 맺게 되었다. 2010

년에 그는 CVC를 떠나 다시 알스톰으로 돌아와서 그의 멘토인 파트릭 크롱 회장을 위해 일하게 된 것이다.

파트릭 크롱 회장의 '젊은 조수'는 언제 GE에 알스톰의 에너지사업 부문 매각 계획을 알려 주었을까? 이 문제는 내가 오랫동안 생각해 온 질문이다. "2014년 초입니다." 알스톰의 고위 간부들은 이렇게 말하고 있지만, 담판은 아주 오래전부터 시작되었을 거라고 나는 확신하고 있다. 이는 훗날 확인된 사항이다. 사실 푸 기옴이 2013년 8월 GE와 담판을 시작했으니, 블룸버그가 폭로하기 9개월 전이다.[5] 몽트부르는 전에 없이 분노했다. 9개월 동안 그와 프랑스 정부 모두 파트릭 크롱의 장난에 놀아난 것이다.

담판의 일정표는 반드시 장시간 비밀 유지가 필요하다. 이것이 가장 중요한 관건인 이유는 다른 일정표, 즉 알스톰이 법적으로 곤경에 처한 시기와 내가 수감 상태에 있던 때와 딱 맞아떨어진다.

2013년 여름, 공포는 이미 회사 고위 임원들을 감싸고 있었다. 내가 유죄를 인정한 다음 날인 2013년 7월 30일, 내 상사이자 회사의 국제관계 부서의 아시아 법인 부회장 로렌스 호스킨스가 미국 법무부에 기소되었다. 루발루와 고위 임원은 이러한 상황 전개를 크게 우려했다. 그들은 날로 더 초조해졌으며, 매일 이런 고민에 빠졌다. 미국 법무부 리스트의 다음 사람은 누구일까? 미국은 회장까지도 기소하려는 것일까?

그래서 이 시기에 푸 기옴이 GE의 이사들과 협상을 한 것이다. 이 두 날짜가 일치한다. 이것은 그리 단순한 우연일 수 없다.

---

5 파트릭 크롱이 2018년 봄 프랑스 국민의회 조사위원회의 공청회에서 확인한 내용임.

마찬가지로, 2013년 하반기 알스톰은 하는 수 없이 미국 법무부에 협력하려는 협상을 시작했고, 압력에 못 이겨 나를 해고했으며, 내 변호사 비용 지급을 정지시켰다(내가 7월 29일에 유죄를 인정한 후 한참이 지난 2013년 12월 28일에서야 변호사 비용 지급을 정지시킨다고 했다).

나중에 알게 되었다. 2014년 2월 9일, 계약의 두 당사자는 파리의 브리스톨(Bristol) 호텔 객실에서 저녁을 함께했다고 한다. 알스톰 측에서는 파트릭 크롱 회장과 푸 기옴이 참석했다. GE 측에서는 세 사람, 제프 이멜트(Jeff Immelt) 회장과 인수합병 책임자 그리고 에너지사업 부문의 총책임자가 참석했다. 그날 알스톰 전력 부문의 책임자 필립 코셰와 수석 재무담당자는 이 회의에 대해 전혀 모르고 있었다. 프랑스 상업 계약에서 이렇게 복잡하고 130억 달러라는 거액의 인수 계약은 없었다. 가장 중요한 것은 왜 그들을 참석하지 못하게 했느냐는 것이다.

다시 말하자면, 이 시점이 아주 이상하다는 이야기다. 브리스톨 호텔 객실에서 한 회의는 알스톰이 천문학적인 벌금을 내게 되리라는 사실을 이미 확실히 알고 있는 상황에서 진행된 것이다. 당시 〈워싱턴 포스트〉의 보도로는, 노무라 증권은 벌금이 12억~15억 달러가 되리라고 예상했다. 이외에 파트릭 크롱이 줄곧 이 부패 기소 건이 그의 비즈니스 선택을 방해한 것이 아니라고 강력히 주장했지만[6] 나는 믿을 수 없다. 비즈니스에서 우연이란 말은 없다.

이런 관점으로 사건을 바라보는 사람은 나뿐만이 아니다. 몽트부르도 의혹을 표시했다. 2014년 4월, 사건의 경위를 밝히기 위해 프랑스

---

6 작가와 인터뷰 진행 시 파트릭 크롱은 강력히 부인함.

대외안보총국에 반첩보 조사를 신청하기까지 했다. 그는 비밀리에 직접 대외안보총국의 베르나르 바졸레(Bernard Bajolet) 국장에게 연락했는데 거절당했다. 바졸레 국장은 몽트부르에게 통상적인 상황에서 그들은 '동맹의 친구' 영토상의 사건에 관여할 수 없다고 설명했다. 프랑스 대외안보총국은 미국처럼 강대한 동맹국의 '화단'에 발을 들일 수 없는 것이다.

우리는 명심해야 한다. 2014년 봄, 미국의 글로벌 기업은 프랑스 최고의 전략적 기술을 보유한 회사를 인수·합병하려고 준비하고 있었다. 확실히 프랑스는 경제 쪽 정보수집 능력을 보강해야 한다. 경제 정보 관리 조직의 부처 간 대표를 역임했던 클로드 레블(Claude Revel)은 유관 부서가 즉각적인 반응을 내놓지 못한 점이 아쉽다고 지적했다.[7] 그녀는 알스톰 인수는 미국이 유럽 파트너를 향해 경제전쟁을 발동하는 새로운 시작임을 파악하고 이를 여러 차례 감독 부문에 알렸으나 헛수고였다. 결국, 그녀는 2015년 6월에 해임되었다.

---

[7] 작가와 인터뷰 진행 시 확인한 내용

30

스탠과의 진실의 시간

　2014년 봄, 알스톰 매각 소식은 프랑스 전역에 큰 파장을 몰고 왔다. 나한테까지 왔을 때는 잔잔한 물결만 전해졌을 뿐이다. 알스톰의 매각이 내 재판에 무슨 영향을 주게 될지 걱정이 되었다. 나는 아내 클라라와 여동생 줄리엣 그리고 제부 프랑수아(François)에게 전화했다. 그들도 모두 이 거래는 파트릭 크롱이 미국 법무부가 파놓은 함정에서 벗어나기 위해서 벌인 것이라고 말했다. 내 변호사 마르쿠스 아쇼프(Markus Asshoff)나 주 보스턴 프랑스 영사관의 제롬 앙리도 이 문제를 똑같이 바라보고 있었다. 모두 어떻게 대처해야 할지 고민하고 있었다. 어쩌면 프랑스 외교부도 마침내 행동을 개시할지도 모른다.

　나는 엘리제궁, 총리 관저와 프랑스 외교부에 각각 편지를 보냈다. 파트릭 크롱이 나를 위해 아무 일도 안 하리라는 것을 알았기 때문이다. 그래서 순진하게도 이곳에서 풀려나도록 외교부가 도와줄 것이라는 희망을 가졌다. 오바마 대통령은 프랑스에 노르망디 상륙작전 70주년 축하 메시지를 보냈다. 이는 아마도 올랑드 대통령의 방미 후 생겨난 좋은 기회일지 모른다.

나는 내 두 변호사와 허심탄회하게 얘기를 나누었다. 해외부패방지법(내 머리맡에 두고 언제나 들춰 보는 자료이다)의 판례를 살펴보니 GE에 관한 세부적 기억이 새로워졌다. 내가 기록해 두었던 노트를 다시 꺼내 보니 진상이 한꺼번에 눈앞에 펼쳐졌다. 알스톰은 GE의 다섯 번째 인수합병 대상이 되는 것과 동시에 미국 법무부에 부패 회사로 기소되는 것이다. 나중에 내가 이 사실을 기자에게 전했고, 〈르 피가로〉는 2014년 12월 22일에 이 사실을 확인 보도했다.

GE가 알스톰의 관례화된 수법을 미국 법무부에 제공한 것은 아닐까 하는 의심까지 해 보았다. 사법 조사가 경쟁 기업의 제보로 시작되는 경우가 이것이 처음은 아닐 것이다. 혹자는 알스톰이 불리한 상황에 빠지고 파트릭 크롱이 기소 위협을 받는 기회를 이용해 GE가 앉아서 물고기를 잡았다고 생각할 수도 있다.

경제전쟁은 잔혹하다. 그러나 나는 이런 천박한 술수에는 관심이 없다. 내가 지금 원하는 것은 두 변호사에게 내가 그리 쉽게 속지 않으리라는 걸 보여 주는 것이다. 그리고 이 새 국면을 어떻게 이용할 것인지를 의논할 생각이다. 전직 검사인 스탠은 코네티컷주에서 같이 일했던 법무부 장관 에릭 홀더를 비롯해서 미국 법무부의 많은 동료들과 관계를 유지하고 있다. 나는 스탠이 그에게 직접 혹은 그의 부하들에게 물어봐 주길 바랐다.

"스탠 씨, 당신도 알다시피 파트릭 크롱이 알스톰을 GE에 매각해서 본인이 기소되는 것을 피하려 하고 있어요. 그러니 당신이 미국 법무부에 한번 알아봐 줘요."

"내가 보기엔 불가능해요." 그는 냉랭하게 대답했다.

"왜요? 당신과 아주 잘 알잖아요."

"그렇기는 해요." 라티프가 인정했다. "그렇지만 당신의 요구는 우리를 모욕하는 말이에요. 만약에 당신의 요구를 승낙한다면, 미국 법무부의 검사들은 GE와 공범자가 되는 거라고요. 당신은 지금 미국 법무부의 독립성을 의심하고 있는 건가요?"

"당연하지요. 강력하게 의심하고 있어요."

기업이 미국 법무부와 합의한 모든 협상을 장시간 자세히 조사해 본 결과, 어떤 건은 확실히 정치적 압력을 받았다는 사실을 나는 확신할 수 있었다. 나는 이들 의심스러운 기소 건들을 세세히 표시해 두었다. 지금 나는 화가 머리끝까지 나서 변호사들에게 이 리스트를 읊어댔다.

"사우디아라비아에서 무기 매매 계약 관련 부정행위 혐의로 기소된 영국의 방위산업체 BAE시스템스의 예를 들어 봅시다. 당시 영국 총리 토니 블레어가 사건에 관심을 보인 후 BAE시스템스는 아주 작은 '과실'이 있음을 시인했지요.[1] 뇌물공여를 인정할 필요가 없었고, 이로써 벌금도 4억 달러로 감면받게 되었어요. 애초에 예상했던 처벌은 그보다 훨씬 컸는데요. BAE시스템스의 간부들은 걱정할 필요가 없어졌지요. 예를 더 들자면, 국제 무기 박람회 스캔들로 미국 방위산업체의 책임자 22명이 기소되었지만, 그 후 아무 일도 없었지요. 나중에는 소송이 기적처럼 취하되었고요. 거대 석유 회사 엑슨모빌은 카자흐스탄의

---

1 미국 외교부에 로비스트의 존재를 통보하는 걸 잊음.

석유와 천연가스 개발권을 따내기 위해 중개인을 통해 나자르바이예프(Nazarbaiev) 대통령과 그 가족에게 뇌물을 건넸지요. 이 뇌물공여 행위가 확인된 후에도 이 회사는 어떤 법적 책임도 진 적이 없어요. 이 모든 게 미국 CIA의 지원으로 진행되었다고 말할 수밖에 없겠지요. GE는 말할 것도 없고요. 스탠 씨, 어떻게 생각하나요? 내부고발자가 몇 차례나 GE가 이라크나 브라질에서 저지른 부패행위를 고발해도 지금까지 매번 GE는 혐의에서 빠져나왔지요. 심지어 그들은 눈곱만큼도 걱정하지 않는다고요. 당신도 미국 법무부가 가장 무거운 벌금형을 선고한 10개 기업을 분석했었지요? 10개 기업 중에 8개 기업이 외국 기업이고, 두 개만 미국 기업이지요.[2] 미국의 해외부패방지법이 선포된 후 45년 동안 FBI는 GE나 쉐브론 같은 미국 대기업의 부패 증거를 한 번도 발견하지 못했습니다. 이와 반대로 과거 10년 동안 노르웨이 국영 석유회사, 이탈리아의 에니(ENI), 프랑스의 토탈 등의 기업을 털었지요. 그래서 나는 미국 법무부의 공정성을 의심하는 거예요. 의심하는 것 이상이라고요."

"그건 당신하고는 아무 관계없는 일이에요." 라티프가 정색을 하고 말했다.

그녀의 말에 너무 열을 받아서 참을 수가 없었다. "더는 나를 바보로 알지 말아요. 미국의 사법은 나무랄 데가 없다고 하지 말라고요. 그러지 말라고!"

스탠이 작은 목소리로 말했다. "이해합니다. 그렇지만 화내지 마세

---

2 부록 참고

요. 미국의 사법은 당연히 완벽하지 않습니다. 그런데 당신은 1년 넘게 갇혀 있으면서도 아직 아무것도 깨우친 게 없네요. 당신 사건을 담당할 판사는 미국 법무부와 파트릭 크롱 회장 사이에 무슨 협상이 있었는지 관심이 없어요. 판사는 오로지 검사의 이야기만 듣고 판단한다는 거예요."

"그래서 판사는 기소된 기업의 최고 책임자가 법망을 빠져나가는 것에는 관심이 없다는 거군요. 판사는 아랫것들의 법적 책임에만 관심을 두는 것이고요."

"그렇습니다. 프레데릭 씨, 판사는 관심이 없어요."

"그러면 미국 법무부가 알스톰의 최고 경영진을 두둔하고 나한테만 죄를 묻는다면, 이건 판사들이 조폭이라는 뜻이잖아요."

"당신은 아직도 이해하고 싶지 않은 거요? 물론 시스템은 공정하지 않지요. 그러나 당신은 그냥 받아들이는 것 말고는 다른 선택의 여지가 없어요. 10년을 감옥에서 지낼 것이냐 아니면 석방될 것이냐의 문제예요."

스탠과 라티프 두 변호사를 만난 이래 가장 긴장된 순간이었다. 벽에 부닥친 기분이었다. 간절히 무너뜨리고 싶은.

"스탠 변호사, 나는 이 증오스러운 시스템에 신경 쓰지 않아요. 당할 만큼 당했어요. 당신에게 편지를 쓰겠습니다. 워싱턴의 미국 법무부와 파트릭 크롱 사이에 면책과 관련해서 어떤 합의가 있었는지를 당신이 미국 법무부 최고위 책임자에게 문의해 주시기를 공식적으로 요청하겠어요. 그렇게 하고 싶지 않으면 마음대로 하세요. 하지만 서면으로 회신해 주세요. 그래야 당신이 거절한 사실을 증거로 남길 수 있을 테니까 말입니다."

내 말에 화를 참느라 얼굴이 창백해진 스탠은 한참을 침묵하다가 마침내 동의했다.

"당신의 의사는 전달할게요. 그러나 이건 쓸데없는 일이라는 건 알고 계세요. 이건 어리석고 쓸모없는 행동이라고요."

우리의 면담은 한 시간 만에 끝났다. 더 대화할 필요가 없었다. 지나치게 긴장된 분위기 탓에 대화를 이어갈 수가 없었다. 그러나 일주일 안에 다시 연락하기로 했다.

떠나기 직전에 변호사들은 마지막으로 한 가지 소식을 알려 주었다. 알스톰의 아시아 법인 책임자 호스킨스가 텍사스에 사는 아들을 만나러 가는 도중에 체포되었다는 것이다. 2014년 4월 23일에 체포되었으니, 바로 알스톰과 GE가 인수합병을 발표하기 하루 전이다. 심지어 파트릭 크롱이 시카고에서 협상하던 그날이다. 이건 미국 땅에 있는 동안 신변에 무슨 일이 벌어질 수 있는지를 아주 명확히 상기시켜 주는 상황이었다. 1년 전 미국 법무부는 똑같이 키이스 카가 워싱턴에 오기 바로 전날 나를 체포했었다. 사전에 설계된 행동이 아니고서야, 이 일련의 사건이 이렇게 딱 맞아떨어질 수 있을까?

"스탠 씨, 그래서 그 사람들이 생각을 바꾸어서 6개월이 지났는데도 나를 석방하지 않는 것이죠. 그들은 알스톰과 GE가 협상 중이라는 걸 알고 있었던 겁니다. 내가 기자들에게 이야기를 흘리거나 프랑스 정부에 알릴까 봐 걱정한 거지요. 그렇지요?"

"그럴지도 모르죠." 스탠은 모호하게 대답했다.

"이왕 이렇게 모든 게 다 공개되었고 알스톰과 GE의 인수합병 협상도 이루어졌으니, 언제 내 보석 신청을 허가해 줄 건지 물어봐 주세요. 그들도 나를 영원히 가둬 둘 수는 없잖아요. 1977년 미국의 해외부패방지법이 선포된 이후 사익을 챙기지 않은 사건으로 1년 이상을 구속한 사례는 없었어요. 그런데 난 지금 1년 넘게 썩고 있다고요."

"물어보지요." 그는 간결하게 대답했다.

31

GE의 신화

알스톰이 에너지사업 전체를 GE에 넘기는 것은, 그냥 다른 평범한 회사에 매각하는 것과는 다르다.

내가 22년 직장 생활에서 터득한 바에 의하면, GE는 그냥 보통의 기업이 아니다. 전지전능한 미국이라는 나라를 상징하는 회사다.

2014년 전 세계 6대 기업에 오른 GE는 전기, 가스, 석유, 의료장비, 항공, 운수 등 거의 모든 전략 사업을 영위하고 있다. 냉장고, 오븐, 식기세척기, 온수기 등의 가전제품도 생산한다. 2013년 이전까지 GE는 미국 3대 TV 방송사 중 하나인 NBC를 갖고 있었다. 세계 최대 금융기관 중 하나인 GE캐피탈도 갖고 있었다. 이 회사는 2008년 서브프라임 모기지론 위기 때 엄청난 타격을 받았는데, 만약 미국 정부의 대규모 자금 투입(1,390억 달러)이 없었다면 무너졌을 뿐 아니라 모회사인 GE까지 파산했을 것이다. 포드, 제너럴 모터스, 월마트처럼 GE의 물품은 미국의 모든 가정에 한 자리를 차지하고 있는, 일종의 문화유산 같은 기업이다.

2014년 봄, 이 회사의 책임자는 워싱턴에서 영향력 있는 인물인 제 프 이멜트였다. 그는 13년 전인 2001년, '9.11 테러' 나흘 전에 GE의 최 고경영자가 되었다. 그에게 GE는 곧 그의 인생이었다. 아버지와 부인 이 GE의 직원이었으며, 자신도 GE에서 40년 가까이 근무했다. 대단 한 협상 전문가인 이멜트는 공화당 지지자이면서도 버락 오바마와 아주 가까운 사이였다. 2011년 오바마 대통령은 그를 경제자문위원회 위원 장으로 임명했다. 그에게 주어진 임무는 '미국 경제 재건'이었다. 이 재 계의 거물은 진지하게 임무에 착수하면서 "비즈니스는 비즈니스다."라 는 한 가지 행동 방침을 고수했다. 파리에서 그가 한 말이다. "비즈니스 는 전쟁과 마찬가지다. 당신이 이 현장에서 사랑을 찾는다면, 차라리 강 아지를 사는 편이 나을 것이다." 그는 파리를 방문했을 때 이렇게 말하 기도 했다.

비즈니스를 하려면 반드시 대가를 치러야 한다. 내가 법률에 관한 문 서를 읽던 중에 발견한 사실이다. 1990년대 초에 GE는 이스라엘과 체 결한 군수물자 거래와 관련된 부정행위로 인해 6,900만 달러의 벌금을 냈다. 이 처벌은 내부적으로 아주 심각한 타격이었다. GE의 집행부는 관련 팀을 물갈이하고, 엄격한(적어도 이론상으로는) '윤리 헌장'을 채 택했다.

GE의 경영진 가운데 한 사람인 벤 W. 하이네만(Ben W. Heinemann)은 다른 어떤 경영자 못지않게 회사의 방침을 구현해냈다. 2000년대 중반까지 회사의 윤리경영본부의 책임자였던 그는 미국변호 사협회로부터 미국에서 가장 혁신적인 변호사 가운데 한 사람으로 인정

받았다. 그의 리더십 덕분에 GE는 '백기사'라는 찬사를 얻었으며, 미국 법무부의 부패방지 부문과 긴밀한 관계를 맺게 되었다. GE는 통상 옷을 벗는 검사들에게 윤리경영본부의 간부 자리를 제공했다. 2014년에는 15명의 검사가 이곳에서 제2의 직장 생활을 하고 있었다. 2000년 이후 GE는 부패 혐의에 깊이 연루된 간부가 있는 회사야말로 이상적인 '사냥감'이라는 사실을 파악하고 있었다. GE는 아무런 망설임도 없이 이런 기업들을 인수·합병할 계획을 세웠고, 부패 연루 간부들에게 미국 법무부와 협상하는 것을 도와주겠다는 미끼를 던졌다. 내가 스탠한테 지적한 바와 같다. GE는 10년 동안 이런 방식으로 기업 4개를 인수·합병했으며, 알스톰은 '사냥감' 중에 다섯 번째로, 가장 큰 건도 아니었다. 2004년 GE는 미국 기업 이글(Eagle)의 기술을 합병했다. 이 회사는 필리핀과 태국 등의 공항의 폭발물 탐지기 설치 프로젝트와 관련해서 뇌물을 제공한 혐의로 기소되었다. GE는 미국 법무부와의 비밀스러운 협력으로 마침내 기소에 성공했다.[1]

내가 또 주의 깊게 보는 것은, 전력생산 분야에서 GE의 거의 모든 경쟁업체는 미국 법무부에 기소되어 거액의 벌금을 내야 했다는 점이다. 2010년에 ABB는 5,800만 달러의 벌금을 냈다. 2008년에 독일의 지멘스는 8억 달러를 내고 8명의 직원이 기소되었는데, 그중 한 명은 이사회 구성원이었다. 일본의 히타치는 1,900만 달러를 냈다. 이제 알스톰의 차례가 된 것이다. 반대로 이 분야에서 GE의 전력설비 공급 계획에

---

1 미국 법무부, GE, 인비전 테크놀로지(InVision Technologies) 간에 2004년 12월 3일 체결한 계약에 근거

포함된 미국 기업들은 한 번도 해외부패방지법 때문에 미국 법무부의 표적이 된 적이 없다. 예를 들어, 벡텔(Bechtel, 해외 주재 미국 대사관 건축을 도맡았다)과 블랙 앤드 비치(Black & Veatch), 플루어(Fluor), 스톤 앤드 웹스터(Stone & Webster), 사전트 앤드 런디(Sargent and Lundy), 보일러 제조 회사인 포스터 휠러(Foster Wheeler, 석유 관련 사업도 하고 있다)와 밥콕 앤드 윌콕스(Babcock & Wilcox) 등이다. 이들 기업은 모두 같은 국제시장에서 가스, 석탄, 원자로와 풍력발전소 등 경쟁이 극심한 각종 설비의 입찰 경쟁에 참여하고 있다. 그들은 어떻게 로비스트를 전혀 동원하지 않고 겹겹의 포위망을 뚫을 수 있었을까?

이들 기업은 확실히 미국 외교의 도움을 받았다. 예를 들어 2010년에 GE는 상호 합의에 따라(제대로 된 입찰 과정을 거치지 않고) 이라크 정부에 30억 달러의 가스 터빈을 파는 데 성공했다. 이는 시장가격에 전혀 부합되지 않는 조건이었다. 더욱 말이 안 되는 것은, 당시 이라크는 발전소를 건설할 능력이 없었다는 사실이다. 이라크는 가스 터빈 열 몇 대를, 그것으로 뭘 해야 하는지도 모르면서 사들인 것이다. 그걸 가지고 뭘 했는지는 모른다. 그러나 지금까지 아무도 이의를 제기하지 않았다. GE는 때로는 하도급 기업의 입장에서 공사의 도급계약 기업에 설비를 공급하기도 했다. 턴키 방식으로 발전소 공사를 맡은 도급업체에 GE가 가스 터빈을 공급하면, 그 업체가 로비스트에게 수고비를 지급한다. GE가 아시아 시장에서 선호하는 파트너가 바로 한국과 일본의 대형 상사들이다. 이들 회사는 미국 법무부의 감시망을 걱정하지 않아도 되었다.

2014년 봄, GE는 부패와의 전쟁에서 모든 분야의 우승자이자 커뮤

니케이션의 '거장'이 되었다. GE가 내놓은 인수합병 조건은 명백히 아주 불공평했지만, GE 회장은 파트릭 크롱의 지지하에 대외적으로 그들의 제안이 "알스톰을 위한 최적의 해결 방안"이라고 발표했다.

이를 증명하기 위해 제프 이멜트는 두 가지 근거를 제시했다. 첫째, GE는 프랑스 시장과 관계가 깊다. 1960년대 말 프랑스에서 사업을 시작했으며, 프랑스 국내에서 10,000명의 직원을 고용하고 있었다. 둘째, 알스톰과 GE는 '오랜 시간 좋은 관계'를 유지해 왔다. 이는 부인할 수 없는 사실이었다. 그러나 그 관계는 이멜트가 우리도 그렇게 생각하기를 바라는 것만큼 그렇게 아름다운 것은 결코 아니었다. 많은 알스톰 직원들과 마찬가지로 나는 아직도 벨포르(Belfort) 사건을 기억하고 있다. GE는 우리에게 가스 터빈 면허를 판매한 이후 효율이 더 좋은 새 모델을 넘겨주지 않음으로써 결과적으로 우리의 기술을 쓸모없는 것으로 만들었다.

알스톰은 할 수 없이 1999년에 가스 터빈 사업을 GE에 되팔았다. (상징적으로 큰 의미가 있는 벨포르 공장과 직원들을 포함해서).

어쨌든 GE는 프랑스에서 수십 년 활동하면서 프랑스를 다 꿰뚫었다. 프랑스의 경제구조, 노동제도, 문화, 특히 정치 네트워크를 파악했다. 더욱이 GE의 관리자들은 모두 로비의 달인들이었다.

2006년 제프 이멜트는 클라라 가이마르라는 아주 매력 있고 능력이 뛰어난 인재를 채용했다. GE 프랑스 현지법인 대표를 거쳐 2009년에는 GE 인터내셔널 부회장으로 승진한 그녀는 파리에서 누구 못지않은 화려한 인맥을 갖고 있었다. 2011년에는 〈포브스〉가 선정한 '세계에서 가장 영향력 있는 여성' 중 30위에 오르기도 했다. 프랑스 국립행정학교를 졸업한 세련되고 아름다운 그녀는 장관 집무실에서 접견할 때나 TV 프로그램에 출연할 때나 여유가 넘쳤다.

2014년 봄, 그녀는 사교 능력을 발휘하여 GE와 프랑스 정부 간의 위기를 해제시켰다. 그러나 몽트부르 장관은 화를 가라앉히지 못했다. 자신의 집무실에서 파트릭 크롱을 직설적으로 질책한 사흘 후인 2014년 4월 29일, 프랑스 변호사 출신인 몽트부르 장관은 검사가 죄인을 기소하듯이 의회(프랑스 국민의회)에서 크롱 회장을 강력히 비난했다.

"2월부터 나는 프랑스를 상징하는 대표적 기업인 알스톰의 회장 파트릭 크롱에게 물었습니다. 공식적으로 정중하고 엄숙하게 질의했으나 그는 줄곧 '아직 전혀 인수합병 계획이 없다'고 대답해 왔습니다." 장관은 마지막으로 말했다. "경제산업부 장관이 사무실에 거짓말 탐지기를 설치해야 하겠습니까?"

몽트부르 장관은 RTL 방송에도 출연해서 파트릭 크롱을 비판했다.

"평상시에는 장관이 기업에 도움을 줘야 한다고 요구하더니, 정작 자신이 비밀스럽게 거래를 진행할 때는 장관인 저에게 전화하는 것도 까먹었지요. 이는 국민윤리를 위반한 행위입니다." 장관은 말로만 외치는 것으론 만족하지 못하고 행동을 개시했다. 먼저, 인수합병 계약을 마무리하기 위해 막 프랑스에 도착한 이멜트의 접견을 정중하되 단호하게 거절했다. 대신 이멜트에게 서신을 보내 "프랑스에서 에너지 부문 매각 프로젝트는, 특히 원자력의 경우 프랑스 정부의 비준을 통과해야 한다."는 사실을 상기시켰다. 그는 알스톰의 이사진에게도 경고를 보냈다. "주의하기 바랍니다. 이번 매각은 증권거래소의 규정에 어긋날 수도 있습니다."

사실 이것은 모두 과장된 말이었다. 몽트부르 장관은 먼저 시간을 벌려고 했다. 장관은 산업계와 사법 영역의 역량을 총동원하여 전면적인 반격을 시작하기 전에 충분히 준비할 시간을 벌고자 했다. 그는 미국이 법적으로 알스톰을 협박하고 있을 것이라 확신했다. 그러나 올랑드에게 보고할 만한 확실한 증거도 없었다. 그래서 장관은 프랑스 대외안보총국(DGSE)에 도움을 요청했으나 거절당했다. 장관은 혼자 힘으로 증거를 찾을 수밖에 없었다. 몽트부르 장관은 경제산업부에서 급히 4명의 자문관을 선발, 특별 TF를 조직하여 GE와 알스톰의 거래를 깊숙이 파헤치도록 했다. 이 '4총사'는 신속히 미국의 소송 절차의 상세한 내용을 파악하고 내 사건까지 조사하기에 이르렀다. 당시에 그들은 나와 연락할 방법을 찾기까지 했다.

그중 한 사람이 직접 싱가포르에 있는 클라라에게 전화를 걸었다. 클라라는 깜짝 놀랐다. 1년 전 내가 체포되었을 때 프랑스 정부에서는 아무도 나타나지 않았다. 클라라는 상대방의 신분을 의심했다. 너무 젊어서 혹시 남을 사칭한 사기꾼이 아닌가 의심했다. 클라라는 경제산업부 메일을 통해 신분을 확인해 달라고 요청했다. 그가 클라라에게 메일을 보냈지만, 여전히 확신이 들지 않았다. 어떤 태도를 보여야 할지 망설여졌다. 통화내용과 면회실 대화는 모두 기록되어 검사에게 알려질 수 있다. 유일하게 교도관의 감시 없이 자유롭게 대화할 수 있는 시간은 변호사 접견 때뿐이다. 그러나 나는 지금 스탠을 신뢰할 수 없기에 진심으로 그를 대할 수 없다.

운 좋게 내 변호사 마르쿠스 아쇼프가 미국에 머무르는 일주일 동안 로드아일랜드주의 와이어트 구치소로 와서 나를 만나기로 했다. 그의 면회에 나는 뛸 듯이 기뻤다. 1년여 만에 처음으로 마음 편히 하고 싶은 말을 할 좋은 기회였기 때문이다. 우리는 6시간 이상 함께 있었다. 여동생 줄리엣이 사전에 마커스 변호사에게 설명을 잘해 두어서 나는 가족들과 통화할 때의 묵시적인 암시들이 무슨 의미인지를 비로소 알게 되었다. 몽트부르 장관의 자문관이 연락을 취해온 일 때문에 갈등에 빠졌다. 물론 마음속으로는 그를 도와 모든 진상을 밝히고 싶었다. 그러나 온 가족과 마커스 변호사는 반대했다.

나는 지금 감시가 철저한 구치소에 1년여 수감되어 있고, 미국 법무부가 알스톰의 협조를 얻어내기 위해 이용할 '인질'이 되어 있는 상황에서 자칫하면 10년 징역형을 선고받을 수도 있었기 때문이다. 이런 상황에서 내가 간접적으로 몽트부르를 도와 GE의 인수합병 계획을 저지시키려 하는 것을 미국 법무부가 알게 되면(그들은 반드시 알게 될 것이다. 마커스가 보기에 내 가족들과 자신 모두 이미 감청을 당하고 있을 거라고 했다), 미국에 감금되는 시간이 훨씬 더 길어질 것이다. 내키지는 않았지만, 아내에게 몽트부르의 사람과 거리를 두고, 장관실의 연락에 응대하지 말라고 부탁했다.

어찌 되었든 몽트부르는 반격을 시작했다. GE의 인수합병을 늦추기 위해 알스톰의 다른 주요 경쟁업체인 독일의 지멘스를 접촉했고, 지멘스는 즉각 반응을 보였다.

지멘스의 조 케저(Joe Kaeser) 회장은 프랑스 경제산업부에 알스톰의 에너지사업을 인수하고 싶다는 의향서를 보냈다. 지멘스는 인수의 대가로 고속열차 ICE(54억 유로의 수주물량 포함)와 기관차 사업을 포함한 대부분의 철도사업 부문을 알스톰에 매각하겠다고 제안했다. 이 독일 거부의 뜻은 "유럽에 거대 기업 둘을 탄생시킬 절호의 기회다. 프랑스는 운수사업에서, 독일은 에너지사업에서 거대 기업이 되자."라는 것이었다. 케저 회장은 향후 3년간 인력 감축은 없을 것이며, 원자력사업 부문을 알스톰에 돌려줌으로써 프랑스의 이익이 안전하게 보장될 수 있도록 하겠다고 약속했다. 이 제안은 상당히 검토할 만한 가치가 있는 것이어서 몽트부르 장관은 알스톰 이사회가 GE에 지분을 매각하는 결정을 성공적으로 늦출 수 있었다. 장관은 첫 전투에서 승리했다. 본래 72시간 내로 비밀리에 인수합병을 마치려고 했던 파트릭 크롱은 어쩔 수 없이 새로운 책략을 생각해 내야 했다.

몽트부르 장관은 가까스로 주도권을 가져올 수 있었으나 정치적으로는 이 사안에 대한 결정권을 상실하고 말았다. 당시 올랑드 대통령이 이 인수합병안을 직접 챙기면서 서둘러 마뉘엘 발스와 관련 부처 장관들로 구성된 소위원회를 결성했다. 올랑드 대통령도 시간을 벌고자 했던 것인데, 그는 사실 요란스럽게 일을 벌이는 몽트부르를 좋아하지 않았다. 2012년 11월, 몽트부르는 인도 철강 회사 아르셀로미탈(Arcelormittal) 사건에서 심한 말을 쏟아냈다. "아르셀미로탈은 이제 프랑스에 있을 필요가 없습니다." 올랑드 대통령은 몹시 분노했다. 이 발언은 사회당의 좌파들을 기쁘게 했으나, 엘리제궁의 분노를 샀다. 엘리제궁은 협상 대표로 프랑스 국가투자청(APE) 청장 데이비드 아제마를 선임했다. 프랑스 정부는 더는 알스톰의 주주가 아니었지만, 국가의 중대한 이익이 위협받는 상황에서 이것이 문제가 될 것은 없었다. 아제마는 아주 좋은 이미지를 가지고 있었다. 고위 공무원이며 좌파 인사이고, 기업과 사이가 아주 좋았다. 그는 몽트부르의 지휘를 받아야 하는 상황이었지만, 당시 대통령실 부실장인 마크롱에게도 보고해야 했다.

2014년 4월 말에서 5월 초까지, 와이어트 구치소에서 나는 매일 아침 몇 분만이라도 CNN 뉴스를 챙겨보면서 다수의 정치가와 사업가들이 얽혀 있는 이 사건에 대해 알아보려고 노력했다. 그러나 미국인들의 이 사건에 관한 관심은 프랑스인들이 보여준 관심과 같지 않았다. 할 수 없이 클라라가 거의 매일 보내오는 신문 스크랩을 기다려야 했다.

5월 초, 나는 라티프 변호사에게 전화해서 스탠이 내가 부탁한 대로 미국 법무부와 연락을 했는지 알아보았다. 그녀는 스탠이 이전에 검찰에서 일할 때 알던 사람에게 간단하게 구두로 물어봤고, 그에 따르면 미국 법무부와 파트릭 크롱과의 사이에는 어떠한 거래도 없었다는 소식을 전해 주었다. 당연히 내 변호사들은 이 비공식적인 대화에서 어떠한 증거도 확보할 수 없었다. 스탠 변호사는 계속 나를 바보 취급하고 있다. 그러나 로렌스 호스킨스가 2013년 7월 기소된 이후 지금까지 벌써 10개월, 회사에 대한 조사는 어느 단계에서 갑자기 중단되었고, 더는 크롱에 대한 조사가 진행되지 않고 있는 것이 분명했다. 이것은 분명한 사실이지만, 그들은 내가 또 억지를 부린다고 할 게 뻔했다. 나는 재차 라티프 변호사에게 검사에게 이에 대한 명확한 항의 서한을 보내고, 검찰이 그들과 크롱이 어떤 형태의 거래도 없었다는 것을 서면으로 회신하도록 할 것을 요청했다. 그들이 나를 속이니 나도 증거물을 남겨야 했다.

변호사가 말했다. "솔직히 말하자면, 이런 방법을 쓰지 말라고 말리고 싶어요. 내가 아는 바로는 검사들은 지금 이미 당신의 보석 신청을 잘 준비하고 있어요. 그들은 막 로렌스 호스킨스의 석방에 동의했어요."

"그 사람한테는 잘된 일이네요. 그런데 미국 법무부가 여전히 나와 로렌스 호스킨스를 구분하다니 놀랍네요."

"그 사람은 영국 사람이에요. 영국은 자국민을 인도받을 수 있어요. 그래서 그의 변호사가 판사를 설득했지요."

더 중요한 것은 로렌스 호스킨스는 클리포드 챈스(Clifford Chance) 로펌에서 변호를 맡고 있었다. 세계에서 가장 큰 로펌으로, 비즈니스 관련 법 각 분야에 최고의 전문가를 고용하고 있었다. 미국 해외부패방지법 전문가도 있었다. 그러나 스탠은 거의 아무것도 모른다. 라티프에게 물었다.

"호스킨스의 보석금은 얼마입니까?"

"150만 달러입니다. 그가 영국에 가지고 있는 부동산이 많은 부분을 차지하고요. 그는 텍사스주에 있는 아들과 같이 거주할 수 있어요. 그렇지만 미국 땅을 벗어나려면 반드시 판사의 승인을 받아야 해요."

"150만 달러라고요? 너무 많은 것 아닌가요?"

"이게 바로 자유의 대가지요. 잘 알아둬야 할 사실은, 당신도 이렇게 많은 액수를 보석금으로 내야 석방될 수 있다는 거예요."

"뭐라고요? 150만 달러? 왜 이렇게 많이 늘었지요? 처음에 40만 달러와 린다의 집이었잖아요."

"그래요. 그런데 그들은 당신의 보석금 액수를 로렌스 호스킨스와 같게 하려고 합니다."

"너무나 황당하네요. 호스킨스는 그 거액을 낼 방법이 있지만, 나는 안 돼요."

"저도 잘 압니다. 그러나 그들이 그렇게 요구하고 있습니다. 당신은 미국에서 다시 당신을 위해 집을 저당 잡혀 줄 사람을 찾아야 해요. 린다 같은 친구를요. 이것도 알아야 합니다. 당신을 위해 담보를 내놓은 두 친구는 '공동 이해관계의 사람'이 되고, 또 '연대 책임자'가 되는 겁니다. 만약 당신이 보석 후에 프랑스로 도주하면, 그들의 집은 자동으로 몰수됩니다."

미국 검찰은 무한정의 대가를 원한다. 계속해서 보석금의 액수를 높이고 있다. 이런 방법이 정말 부끄러운 줄도 모르는 것 같다. 분명히 그들은 갖은 방법을 다해 내가 구치소를 못 나가게 만들고 있다. 나는 영원히 그들의 요구에 맞출 수 없어서 와이어트 구치소에서 평생 처박혀 있어야 하리라는 생각에 모든 희망이 사라졌다.

생각지도 못했다. 내 친구와 가족들이 모두 동원되어 석방될 방법을 찾아냈다. 아버지는 마이클(Michael)이라는 친구와 그의 부인을 설득해서 린다처럼 집을 저당 잡혀 주기로 했다고 한다. 너무나 감사했다. 클라라도 정기적금과 퇴직연금을 중도해지하고, 집 정원의 토지를 팔았다. 마침내 필요한 금액과 비슷한 액수의 돈이 모였다. 우리는 최대한의 노력을 다했다.

이걸로 다 된 것일까? 의심이 들었다. 내가 석방될 수 있는 관건은 알스톰, GE와 프랑스 정부 간의 게임 결과에 달린 건 아닐까. 파리에서 인수합병 안건이 아직 결정이 안 내려졌다. 지금 몽트부르는 이 게임에서 우세를 차지하고 있는 듯했다.

2014년 5월 15일, 몽트부르는 GE의 인수합병을 제지하기 위한 법안을 통과시키는 데 성공했다. 이 법안은 비공개 M&A를 위협하는 '무기'였다. 법안 통과 이후에 에너지, 수리사업, 운수, 통신 혹은 의료 영역의 프랑스 기업을 장악하려면 외국 기업은 반드시 프랑스 정부의 동의를 받아야 매각을 진행할 수 있게 되었다. 몽트부르는 자랑스럽게 말했다. "자유방임주의는 이제 끝났습니다. 프랑스는 원치 않는 형태의 착취로부터 자신을 지켜 내야 합니다."

경제적 애국주의에 프랑스인들은 찬사를 보냈다. 프랑스 여론조사기관 BVA가 조사한 통계에 의하면, 70퍼센트의 참여자가 몽트부르 장관의 방침에 찬성했다. 그가 반전에 성공해서 파트릭 크롱과 미국의 힘을 무너뜨릴 수 있을까?

정치적 풍파 속에서도 한쪽은 침묵을 지키고 있는 것이 이상했다. 그건 바로 사르코지와 그가 주도하는 대중운동연합(UMP)이었다. 2003년 알스톰의 구세주 같은 존재인 그가 어떻게 정치적 색채가 농후한 사건에 침묵하고, 현 좌파 대통령의 직무유기를 용기 있게 지적하지 않는 것일까? 그는 앞에 큰 길이 열려 있음에도 한마디도 하지 않고, 성명도 발표하지 않았다. 그는 자기 당파 내부의 분열을 원하지 않았던 것일까? 혹은 발레리 페크레스(Valérie Pécresse)와의 인연 때문일까? 2010년 이 여성의 남편이 낙하산으로 알스톰의 재생에너지사업 책임자로 임명되었다. 그는 곧 합병되는 GE-알스톰의 동일 사업 부문을 맡게 될 것이고, 심지어 GE의 재생에너지사업도 맡게 되어 이멜트에게 직접 보고하게 될 것이다. 아니면 그는 GE의 프랑스법인 회장의 남편 에르베 가이마르(Hervé Gaymard)를 화나게 하고 싶지 않은 것일까? 아니면 또 다른 숨겨진 내막이 있는 것일까? 침묵을 지켜서 그를 도와준 친구 파트릭 크롱 회장이 법적 곤경을 벗어날 수 있기를 바랐던 것일까? 결국, 그는 이 사건에 관해 어떤 태도도 보이지 않았다. 정말 이해할 수 없는 행동이었다.

 이번 GE의 알스톰 인수합병을 제지하는 과정에서 프랑스 언론들은 이에 대한 보도를 거의 하지 않았다. 어쩌다 몽트부르와 파트릭 크롱의 첨예한 대립에 주목했다 하더라도 교묘하게 민감한 부분을 피해 가는 행태를 보였는데, 그나마 다행히 일부 매체에서 이 사건을 고발하는 기사들을 내보내 주었다. 2014년 5월 27일 뉴스 사이트 메디아파르(Médiapart)는 마르틴 오랑주(Martine Orange)와 파브리스 아르피(Fabrice Arfi)의 참신한 탐사기사를 실었다. '알스톰 매각, 가려진 부패'[2] 라는 제목의 기사에서 두 기자는 "미국 법무부의 조사와 알스톰의 성급하고 투명하지 못한 해체 과정은 무관하지 않다"라고 지적했다. 그들은 나처럼 이상하게도 우연이 겹치는 날짜에 주목했다. 그중 2014년 4월 23일에 가장 주목했다. 그날 로렌스 호스킨스는 카리브해의 미국령 버진 제도에서 체포되었는데, 같은 시기에 파트릭 크롱과 이멜트는 협상에 열을 올리고 있었다. 오랑주와 아르피는 "이날 호스킨스를 체포한 것은 결코 우연히 발생한 단순한 사건이 아니며, GE가 계약하기 전에 알스톰 본부에 압력을 가할 치명적 무기라고 봐야 한다"고 말했다.

 드디어 진상이 드러났다. 이 한 편의 기사가 커다란 후폭풍을 가져올 거라 기대했다. 그러나 내 기대가 틀렸다. 다른 관련 기사도 바위가 바다에 잠기듯 아무런 반향이 없었다. 주간지 〈카나르 앙셰네(Le Canard enchaîné)〉가 2014년 5월호에 날카롭게 비판하는 기사를 실었다. GE

---

2 기사 작성자 파브리스 아르피가 클라라에게 연락했었는데, 클라라는 내 상황이 더 심각해질 것을 우려해 회신하지 않았다.

가 알스톰을 인수합병하는 과정에 또 다른 이해충돌이 있었다. GE가 비밀리에 협상하는 과정에, 알스톰에 법률자문 서비스를 제공한 로펌의 대표가 GE 회장 제프 이멜트의 친형제 스티브 이멜트(Steve Immelt)라는 것이다. 어떻게 이보다 더 완벽한 서비스가 있을 수 있을까. 프랑스 주간지 〈프웽(Point)〉은 2014년 5월 15일 자 보도에 눈여겨볼 만한 문제를 제기했다. "파트릭 크롱은 눈앞의 사법적 곤경에서 벗어나기 위해, 이미 알스톰을 미국에 갖다 바칠 준비를 한 게 아닐까?" 이에 대해 평론계는 여전히 평정을 유지하고 아무런 반응을 보이지 않았다.

32

상처뿐인 영광

한 달 후인 2014년 6월 초, 상황은 이미 물 건너간 뒤였다. 몽트부르 장관은 패배를 인정해야 했다. 그러나 카메라 플래시 앞에서 그는 여전히 승리의 미소를 보이고 알스톰의 구원자임을 자처하면서 자신이 최대한 많은 것을 얻어냈다고 말했다. 그러나 나는 그런 말에 속아 넘어갈 정도로 바보가 아니다. 우리는 명백히 졌다. 최종 결정권자는 경제산업부 장관이 아니라 올랑드 대통령이었다. 프랑스 대통령은 결국 미국에 유리한 방향으로 결론을 내렸다.

GE는 협상의 전 과정에서 전력을 다했다는 사실을 나는 인정하지 않을 수 없다. 그들은 대단한 기량을 보여주었다. 제프 이멜트는 이번 M&A 건이 그의 비즈니스 경력에서 가장 중요한 프로젝트라는 걸 너무 잘 알고 있었다. 그래서 그는 주저 없이 파리에 진지를 구축했다. 산업계나 금융계는 물론 정치계와 언론의 힘을 등에 업는 것이 아주 중요하다는 것을 그는 일찌감치 인식하고 있었다. 그래서 막강한 홍보팀을 선택했다. 당시 프랑스 총리 마뉘엘 발스와 절친한 사이인 하바스(Havas) 그룹의 이인자 스테판 푸크(Stéphane Fouks)가 투입되었다.

GE의 알스톰 인수를 돕기 위해 하바스 그룹은 상당한 자원을 투입했다. 프랑스 경제인협회(MEDEF)의 전 부회장 앙통 몰리나(Anton Molina), 컨설팅 회사인 퍼블리시스 컨설턴츠(Publicis Consultants)의 전 책임자 스테파니 엘바즈(Stéphanie Elbaz), 전 노동부 장관 그자비에 베르트랑(Xavier Bertrand) 장관실의 간부였던 미셸 베탕(Michel Bettan) 등 3명의 고위 자문단을 투입한 것이다. 파트릭 크롱도 상당한 전문가 두 명을 곁에 두었다. 한 사람은 사르코지의 소통 전문가였던 프랑크 루브리에(Franck Louvrier), 다른 한 사람은 퍼블리시스 그룹의 모리스 레비(Maurice Lévy)로, GE 프랑스법인 회장 클라라 가이마르와 아주 가까운 사이였다. 이 홍보 '드림 팀'은 알스톰 매각을 방해하는 장애물들을 하나씩 하나씩 제거해 나가게 된다. 극복해야 할 첫 번째 장애물은 일반 대중에게 이 M&A의 필요성을 설득시키는 것이었다.

이멜트와 파트릭 크롱이 뭐라고 말하든 간에, 2014년의 알스톰은 '절름발이 오리'가 아니었다. 구조적인 결함이 있기는 했지만, 그것을 훨씬 뛰어넘는 기술적 강점이 있었으며, 위기는 근본적으로 재무적인 문제였다. 그러니 알스톰이 70퍼센트의 지분을 매각해야 할 필요성을 프랑스 국민에게 납득시키기가 쉽지 않았다. 그래서 두 회사의 CEO들은 TV에 나와 이번 M&A의 장점을 설명해야 했다. 이멜트 회장은 공영방송 프랑스2(France 2)의 저녁 8시 뉴스에, 파트릭 크롱 회장은 프랑스 최대 민영 TV 채널인 TF1의 뉴스 프로그램에 각각 초대손님으로 출연했다. 나의 전 상사 파트릭 크롱은 발언할 때마다 한 가지 논점을 강조했다. 알스톰은, 특히 GE와 지멘스라는 두 거대 기업을 고려할 때, 위기를 이겨낼 수 있는 규모를 갖추기 어렵다는 것이었다. 그러나 숫자를 자세히 살펴보면, 진상은 아주 다르다. 알스톰은 에너지사업의 자산가치가 약 150억 유로로, 이 분야에서 세계 3위다. 규모의 문제가 심각하다고 할 수 없는 것이다. 두 기업의 매출을 비교한다면, 알스톰은 분명히 GE의 8분의 1에 불과하다. 그러나 에너지사업 부문을 매각하고 나면, 상황은 더 악화할 게 뻔하다. 주요 사업으로 철로 교통만 남으면 알스톰의 매출은 GE의 30분의 1밖에 안 된다. 알스톰이 약해서 M&A를 한다고 하는데, 매각 후에는 오히려 회사가 훨씬 더 약화된다니, 너무나 터무니없는 이야기 아닌가.

더구나 '알스톰은 반드시 에너지, 송배전, 철로 교통 등 3대 사업을 영위함으로써 시장의 주기적인 변동에 대처해야 한다'고 10년 동안 강조해 왔던 크롱이 이제 정반대의 주장을 펼치고 있다. 그의 말에 따르면, 철로 교통사업에만 주력하는 방향으로 나가야 회사의 앞날이 밝아질 수 있다는 것이다. 전문가들은 인수합병 후 알스톰의 사업 물량은 대거 감소하여 라이벌 기업들의 의도대로 되리라는 걸 모두 알고 있었다. 아니나 다를까, 3년 후 액운이 몰려왔다.[1] 홍보요원들이 활약 덕분에 파트릭 크롱의 주장은 제대로 퍼져 나갔다. 언론매체에서 기사로, 인터뷰로 광범위하게 다루어진 끝에 '팩트'가 되어 버렸다.

GE가 정부의 승인을 받아내기 위해 해결해야 할 두 번째 장애물은 고용 문제였다. 올랑드 대통령으로서는 가장 중요한 문제였다. 그가 대

---

1 에필로그 참조

통령으로 취임한 이후 사상 최악의 실업률 증가에 직면하고 있었기 때문이다. 대통령으로서 사회 혼란을 초래할 수도 있는 거래를 승인할 수는 없는 문제였다. 이멜트는 프랑스에서 일자리 1,000개를 창출하겠다고 공개적으로 약속했다. 이는 이멜트가 지키지 않을 약속이었지만, 믿고 싶은 사람에게는 괜찮은 약속이었다.

끝으로 프랑스 정부를 움직이기 위해 GE는 홍보조직의 도움으로 세 번째이자 마지막이면서 가장 미묘한 장애물을 통과했다. 손톱 밑의 가시 같은 문제를 해결했다. 몽트부르의 입을 틀어막아 버린 것이다.

2014년 5월 중순, 몽트부르 경제산업부 장관은 줄곧 독일이 개입해서 이 문제를 해결해야 한다고 주장했다. 지멘스는 개선된 조건을 내놓았다. 독일은 에너지 분야의 또 다른 거대 기업인 일본의 미쓰비시 그룹과 접촉했다. 이들은 새로운 방안을 내놓았다. 지멘스와 미쓰비시는 알스톰을 인수하는 것이 아니라 산업동맹을 맺자고 제안했다. 미쓰비시는 수력발전, 전력망, 원자력 사업 분야에서 알스톰 60퍼센트, 미쓰비시 40퍼센트의 지분구조로 3개의 합자회사를 설립하는 데 동의했다. 지분의 60퍼센트를 프랑스가 소유하고 일본은 40퍼센트만 차지하는 것이기 때문에 알스톰이 여전히 대주주로 남는 것이었다. 지멘스는 알스톰의 가스 사업을 인수하고 대신 철도 신호시스템 사업을 알스톰에 매각하는 방안을 제안했다. 몽트부르는 이 방안을 강력히 지지했다. 그가 보기에는 일석이조였다. 프랑스의 체면이 깎이지 않을 뿐만 아니라 경제적인 관점에서도 프랑스에게 유리한 방식이었다.

GE 인수팀은 이 경쟁을 계속하기 위해서는 최대한 빨리 새로운 전략을 세워야 했다. 그들은 곧 지멘스와 미쓰비시로부터 영감을 받은 새로운 제안을 협상 테이블에 올렸다. GE는 '매각' 또는 '인수'라는 표현을 일체 배제하고, 알스톰에 원자로, 재생에너지와 그리드(원자력, 재생에너지, 전력망 사업 등) 3가지 사업에서 '합자회사'를 세우자고 제안했다. 지분은 50:50으로 똑같이 나누자고 제안했다.

홍보팀은 발 빠르게 홍보영상을 제작해 이 '연합'의 필요성을 알렸다. 이미 함께 일하고 있는 알스톰과 GE의 직원들이 벨포르 공장의 구내식당에서 함께 식사하는 장면을 감동적인 영상으로 연출했다. 이 홍보영상은 프랑스의 모든 TV에서 황금시간대에 방영되었다. 이와 동시에 GE의 로비스트들은 장관들을 부지런히 접촉하고 언론사 편집장 사무실을 분주히 오가면서 지멘스와 미쓰비시의 제안에 대한 지지 철회 작업을 진행했다. 그들의 방안이 너무 복잡하고, 실행 가능성이 작으며, 사업 파트너도 너무 많다는 점을 설득시키려고 노력했다. 몇 주에 걸친 홍보 공세는 마침내 성과를 나타냈다. 협상 대표인 데이비드 아제마가 미국에 우호적인 태도로 변한 것이다. 이제 마지막 결전은 엘리제궁에서 치러지게 되었다.

2014년 6월 초, 에마뉘엘 마크롱, 마뉘엘 발스, 아르노 몽트부르가 대통령과 만났다. 경제산업부 장관 몽트부르는 지멘스와 미쓰비시의 제안에 적극 찬성했으며, 막 통과된 적대적 인수합병 방지 법안을 동원해 GE의 인수합병 시도를 대통령이 저지해 달라고 요청했다. 마크롱은 "지멘스와 합작하게 되면 문제가 더 많아지고 사회에 끼칠 악영향도 더 많아집니다. 알스톰의 경영진도 크게 반대하고 있습니다."라고 말했다. 당시 경제수석비서관이었던 마크롱은 결정적인 한마디를 날렸다.

"사기업의 계약에 관여하는 나라는 없습니다. 베네수엘라를 제외하고는요."

2008년 서브프라임 모기지론으로 인한 금융위기 이후 미국이 GE를 구제했던 것과는 대조적으로, 자유무역주의의 프랑스 사회당 정부는 전략적으로 중요한 프랑스의 주요 기업을 미국에 통째로 넘겨주려 하고 있었다. 이미 늦었다. 알스톰은 미국에 넘어가게 될 것이다. 이후 협상이 진행되는 몇 주 동안 마크롱은 줄곧 몽트부르와 반대되는 입장을 보였다.

이런 마크롱의 태도에 몽트부르는 어떻게 반응할까? 과연 그가 순순히 참고 있을까? 발스 총리는 사회당 내 좌파 인사들의 지지를 받는 경제산업부 장관을 계속 내각에 남아 있게 하기 위해서는 뭔가 양보를 해야 한다는 것을 알고 있었다. 발스는 정부가 알스톰의 지분을 매입하자고 제의했다. 부이그 소유 지분 30퍼센트를 정부가 인수함으로써 알스톰 철도 부분의 미래를 보장해 주자는 제안이었다. 이로써 몽트부르는 체면은 살릴 수 있게 되었고, 판세 또한 아직은 해볼 만한 상황이 된 것이다. 그는 정부가 알스톰을 포기하지 않았고, 본인의 끈질긴 노력 덕분에 GE로부터 큰 양보를 얻어냈다고 주장할 수 있었으며, 며칠 후에는 "국가의 지분 확보로 알스톰은 GE와 협력을 지속할 수 있게 되었다."라고 발표할 수 있게 되었다.

하지만 몽트부르의 이런 노력은 허사가 되었고, 그도 결국에는 GE에 굴복하고 말았다. 그래도 그가 유일하게 프랑스의 기간산업을 지키려 애쓴 사람이라는 사실은 인정해야 한다.

그에게는 승리할 가능성이 조금이라도 있었던 것일까? 이 거대 미국 기업의 승리는 결코 우연이 아니었다. 미국 기업이 프랑스 국내에 막강한 권력을 가지고 있음을 증명한 사건이었다. 나는 비즈니스를 하면서 미국이 프랑스의 일부 행정부, 경제계, 정치권에 가지고 있는 지대한 영향력을 생생히 목격했다. 사회당 인사들을 포함한 프랑스의 엘리트 계층들이 친독일주의자들보다 훨씬 더 대서양주의* 성향을 보인다. 미국은 점점 더 세계인의 마음을 사로잡고 있다. 미국은 상대방이 그들의 매력에 의존하게 함으로써 영향력을 발휘하는 부드러운 힘(soft power)을 이용하는 부드러운 외교(soft diplomacy) 면에서 세계 제일이다. 예를 들어 보자. 프랑스 주재 미국 대사관은 1945년부터 매년 잠재력이 엿보이는 미래 엘리트들을 '청년 리더'라는 그럴싸한 이름으로 선발해서 몇 주 동안 워싱턴을 방문하도록 하는 프로그램을 운영해 왔다. 이런 '교육 과정'에 들어가는 이들은 젊은 정치 엘리트이거나 프랑스 명문대 학생들이었다. 프랑수아 올랑드, 니콜라스 사르코지, 알랭 쥐페(Alain Juppé), 마리솔 투렌(Marisol Touraine), 피에르 모스코비치(Pierre Moscovici)와 에마뉘엘 마크롱 등이 모두 '청년 리더'의 신분으로 미국에 다녀왔다.

미국의 영향력은 여기에 그치지 않는다. 오늘날 파리의 로펌, 회계사무소와 상업은행은 대부분 미국 자본 기업이다. 알스톰과 GE의 인수합병 건은 그들 입장에서 보자면 아주 반가운 소식이다. 그들은 이 인수합병으로 수억 달러에 이르는 이윤을 남길 수 있다.[2] 이 기업들은 효율적인 업무 추진을 위해 장관 사무실을 로비의 표적으로 삼곤 한다. 여기에

---

* 역주: 미국과 서유럽이 정치·경제·군사 분야에서 협력하여 국제사회에서 민주주의, 개인의 자유, 법치와 같은 서구의 전통을 지키고 확산시킨다는 정치적 입장이나 태도.

2 제49장 참조

선택을 받은 행운아에게는 10배가 넘는 연봉을 챙길 기회가 된다. 이런 이익충돌 유혹은 사방에 잠복해 있다. 알스톰 사건에서 프랑스 협상 대표를 역임한 데이비드 아제마가 정치를 그만두고 대형 미국 상업은행으로 자리를 옮겼다는 사실이 놀랍지 않은가? 그가 채용된 게 2014년 7월이었으니, 올랑드가 알스톰 안건에 의사봉을 두드린 며칠 후였다. 국가개입행위 업무를 맡았던 국가투자청(APE)의 전 책임자가 기다렸다는 듯이 뱅크 오브 아메리카(협상 전 과정에서 알스톰에 조언을 제공했던 바로 그 미국계 은행)의 고위직 제안을 받아들인 것이다. 이에 대해서 국가 공공사업부(ministre de la Fonction publique)의 윤리위원회도 심각한 문제로 받아들였고, 아제마에게 신중하게 재고할 것을 권했다. 이 고위 관료는 결국 다른 금융기관(런던의 메릴린치)으로 갔다(하지만 사실 메릴린치증권은 이미 2008년에 뱅크 오브 아메리카와 합병했다). 〈르 몽드〉가 인터뷰에서 왜 떠나느냐고 묻자 그는 이렇게 대답했다. "왜 프랑스를 떠나느냐고요? 돈 벌려고요."

2014년, 알스톰 매각에 마지막 장애가 등장했다. 지멘스 그룹이 결정을 주저하고 있다는 점이었다. 2014년 5월 20일, 이 독일 대기업은 확정된 인수합병 방안을 제출해야 했다. 그러나 지멘스는 몇 가지 새로운 사실에 관해 확인해 달라고 요청했다. 지멘스는 미국 법무부에 알스톰과 관련된 조사 상황을 공개해 달라고 요구했다. 독일 회사 측이 걱정하는 것은 10억 달러가 넘는 벌금이 인수합병하는 프랑스 회사 장부에 떨어질 거라는 점이었다. 지멘스는 과거 이와 비슷한 소송으로 고통받은 적이 있었다. 2006년 지멘스는 뇌물공여 혐의로 미국의 조사를 받은 적이 있다. 아르헨티나, 베네수엘라, 베트남, 심지어 이라크에서 뇌물공여로 기소가 되었는데, 그 뇌물공여 수법은 알스톰과 똑같은 방법이었다. 빠른 사건 종료를 위해 2008년 지멘스는 미국 법무부와 미국 증권거래위원회에 범죄 사실을 인정했다. 동시에 8억 달러라는 기록적인 벌금을 냈다. 당시 지멘스의 회장이었던 하인리히 폰 피에러(Heinrich von Pierer)도 이 일로 회장직에서 물러났다. 피러는 지멘스에 500만 유로를 지급하는 조건으로 그의 재임 기간 중의 직무유기에 대한 소추를 면할 수 있었다. 2011년에는 미국 법무부가 8명의 지멘스 전 임원을 새로 기소하고 그들에게 국제 체포영장을 발부했다. 10년이 지났지만, 지멘스는 계속, 이 스캔들에서 떨쳐낼 수 없는 불편한 짐을 지고 있었다. 이 사건은 독일에서도 심각한 이슈가 되어 지멘스는 이로 인해 15억 유로의 손실을 보았다. 이런 경험이 있는 상황에서 지멘스가 알스톰 때문에 재차 똑같은 악몽에 시달리고 싶어 하지 않으리라는 것은 충분히 이해가 된다.

한편, GE는 미국 법무부에 대해 두려울 게 전혀 없는 듯했다. 심지어 알스톰의 구원자 역할을 자청했다. GE와 알스톰은 협상 과정에서 인수합병이 완료된 후에는 알스톰과 관련된 모든 사법적 문제를 책임진다는 조항을 명확히 명문으로 규정했다. 바꾸어 말하자면, GE는 알스톰을 대신해서 미국 법무부에 벌금을 낼 준비가 돼 있었다. 이런 협상이 어떻게 이루어질 수 있었는지, 나에겐 매우 놀라웠다. 만약에 기업이 그 직원을 위해 벌금을 내 줄 수 없다면, 같은 논리로 한 기업이 다른 기업을 위해 벌금을 내 줄 수 없는 것이다. 그러나 2014년 6월 합의안이 발표된 후 미국 법무부는 평소와 달리 이 조항에 아무런 반대 의견을 내놓지 않았다.

GE가 알스톰을 대신해서 벌금을 낼 수 있다는 것이 지멘스가 받아들일 수 없었던 가장 핵심이 되는 점이었다. 2014년 6월 초에는 아무도 벌금 액수가 얼마가 될지도 모르고 있었다. 알스톰의 유죄인정 변호는 2014년 12월 22일 진행되었다. 이는 6개월을 기다렸다는 말이다. 어떤 기업이 전체 금액이 10억 달러가 넘을지도 모르는 백지수표에 사인하겠는가? 세계 어느 기업의 책임자도 이사회와 주주들의 비준을 받아 이런 제안을 할 수는 없는 것이다. 당연한 일이다. 그런데 경제 매체나 우리의 정치 엘리트 가운데 누구도 나서서 이 불합리한 상황을 폭로하지 않았다. 모두가 GE와 알스톰의 홍보팀에 손발이 묶여 있었다. 이 문제에서 중요한 점은, 알스톰의 예측 불가한 벌금이 GE가 인수하는 금액의 10퍼센트를 넘을 수도 있다는 것이다. GE는 어떻게 벌금을 내겠다고 승낙을 한 것일까? 실제로 GE는 지멘스가 모르는 많은 정보를 갖고 있었다. GE는 이미 막후에서 알스톰과 미국 법무부의 담판에 관여하기 시작한 지 수개월이 되었다. 부패 척결 조사부서 책임자 캐티 추(Katty Choo)가 이 담판을 책임지고 있었다. 그녀는 이전에 경제범죄를 전담하는 연방검사였다. 이 과정에서 모든 것은 검사들(전 현직 미국 법무부 검사들) 간의 한바탕 게임 같은 것이었다.

2014년 6월 초, 나는 파리에서 6,000킬로미터 떨어진 와이어트 구치소에서 알스톰 매각 협상의 시끌벅적한 연극의 마지막 몇 막을 보고 있었다. 화가 났지만, 아무것도 할 수 없었다. 나와 프랑스 모두 기만당했다. 이때 내가 침묵을 깨고, 내 가족들이 내 얘기를 언론에 제보해서 모든 프랑스 국민이 진상을 알게 하고, 프랑스 정부는 자신들이 무슨 짓을 저질렀는지 알게 해야 했을까? 아마도 그랬어야 했을지도 모르겠다.

나는 오랫동안 고민했다. 클라라한테 사건을 취재하던 기자들을 찾아가거나 몽트부르의 특사에게 회신하라고 할 수도 있었다. 그런데 그렇게 하는 게 소용이 있었을까? 나 한 사람이 어떻게 미국 법무부, 하바스 그룹, 퍼블리시스 그룹, 알스톰, 파트릭 크롱, 올랑드와 아제마 등의 세력과 싸울 수 있을까? 이 싸움은 시작하기도 전에 질 게 뻔하다. 그리고 나와 아내 그리고 4명의 아이, 부모님과 여동생 모두의 입장에서 가장 중요한 문제는 내가 이 구치소를 벗어날 수 있느냐는 것이다. 나의 침묵은 이기적일 수도 있다. 그러나 나는 이미 14개월 가까이 갇혀 있었다. 그래서 나는 차라리 침묵을 지키기로 했다.

2017년 9월, 독일 지멘스는 알스톰의 철도사업 인수 협상을 시작했으나, 2018년 가을까지도 결론이 나지 않았다.

33

자유를 향하여

　파리에서 진행되었던 협상은 이미 끝났다. GE의 승리였다. 일주일 내에 합의서에 서명하는 절차만 남아 있었다. 이와 동시에 노빅 검사는 스탠 변호사에게 나의 가석방 신청서를 제출해도 된다고 통보했다. 2014년 6월 11일, 구치소에서의 마지막 날이 시작되었다. 감옥살이 424일째 날이었다. 내일이면 나는 자유의 몸이 된다.

　와이어트 구치소에서의 마지막 시간들은 평상시와 다름없었다. 6시 50분에 일어나서 아침을 먹은 다음 알렉스와 함께 구내식당 한쪽 구석에 수건을 깔고 한 시간 동안 운동을 했다. 그리고 나서는 몇십 제곱미터밖에 안 되는 마당에서 한 시간 정도 속보로 걸었다. 이곳은 감옥 안의 감옥 같은 곳이었다. 완전히 봉쇄되어 있고 위도 천장으로 막혀 있었다. 지금까지 침침한 네온 전등 아래서 250일을 생활했다. 나는 결코 이런 처벌을 받을 만큼 나쁜 짓을 한 적이 없다. 다만 운이 나빴을 뿐이다. 나는 다른 죄수보다 더 좋지도, 더 나쁘지도 않은 대우를 받았다. 다른 죄수들처럼 형편없는 대우를 받은 것이다. 어떤 범죄를 저질렀든 깨끗한 공기와 햇빛을 누릴 권리조차 박탈해서는 안 된다. 사람이 짐승보다 못한 수준으로 취급받아선 안 된다. 이런 수감생활은 죄수를 미치게 하고 흉악하게 만든다.

어떤 때는 부족한 예산을 핑계로 운동장 산책도 금지했다. 가장 기본적인 인권 희생의 대가로 이익을 추구하는 감옥의 자본주의는 추악하고 비열했다. 이런 처우는 단지 수익 극대화를 위해 감옥 시설을 최대한 활용하여 더 많은 죄수를 수용하는 데 그치지 않는다. 최대한 짧은 시간 안에 유죄를 인정하도록 압박함으로써 재소자를 무너뜨리려는 목적도 있다. 그렇게 함으로써 미국 법무부는 재판 비용을 절감할 수 있을 뿐만 아니라 98.5퍼센트라는 말도 안되는 유죄 판결률을 유지할 수 있었다.

이날 아침 석방되기 몇 시간 전, 나는 속보로 걸으면서 와이어트 구치소와 미국의 사법 시스템에 대한 분노와 증오를 쏟아 냈다. 탈진한 기분이었다. 구치소 동료인 알바니아인 테카(Téka)가 나흘 동안 병원에 입원했다가 막 감방으로 돌아왔다. 외과 의사는 그의 인후에서 7센티미터 정도의 커다란 물혹을 제거해 냈다. 이 놀라운 크기의 물혹은 일찌감치 제거했어야 했다. 그러나 3개월이란 긴 시간 고통을 견딘 후에야 구치소 측의 허락을 받아 치료받을 수 있었다. 내가 보기에도 그의 병세는 날로 심각해졌다. 물혹은 계속 커져서 식도를 막기까지 했다. 결국, 그는 질식 위험 때문에 고형식 식사를 할 수 없게 되었다. 2월부터는 유동식만 먹어야 했다. 정상적으로 호흡조차 할 수 없었고, 밤에 잠을 잘 수도 없었다.

한 무더기의 신청 서류를 꽉꽉 채워 작성한 후에야 겨우 허락을 받아 구치소 밖에서 진료를 받게 되었다. 지금 그의 목에는 아주 커다란 상처가 남아 있다. 마치 괴물 같았다. 그는 며칠 동안은 머리를 움직일 수도 없었지만, 그래도 수술이 잘 되었으니 다행이다. 의사는 그의 기도 부위에서 '검은 푸딩' 같은 더러운 살덩어리를 적출했다고 설명했다. 의사는 병세가 이렇게 악화한 후에야 테카가 병원에 올 수 있었다는 사실에 분개했다. 와이어트 구치소 관리자들의 위험하고 악랄하기까지 한 인명경시 태도에 나도 분노했다. 이곳에서 사람의 생명의 가치는 바깥세상과는 달랐다. 짐을 싸다 보니 구치소 동료들이 생각났다. 65세의 인도계 죄수 인디아(India)는 테카와 같은 행운조차 없어서 치료 지연으로 한 달 전에 사망했다. 키드(Kid)는 마약 사건으로 기소되었는데, 검사가 첫 협상에서 15년을 구형한다는 말에 심리적 압박을 견디지 못하고 목을 매 자살했다. 겨우 24세에 초범이었다. 7개월 동안 나와 같은 감방에 있던 마크(Mark)는 지난 12월 선고 공판 전에 이미 와이어트 구치소에서 5년을 보냈다. 본래 그는 가족들과 함께 크리스마스를 보낼 계획이었다. 그런데 공판이 시작되기 2주 전에 검사가 갑자기 그의 사기죄가 처음 평가된 것보다 훨씬 중대해서 25년 징역형이 선고될 거라고 했다. 밥(Bob)은 결혼한 지 40년 된 아내가 두 달 전에 사망했다. 구치소 관리자들은 그가 보스턴에서 치러지는 아내의 장례식에 참석하도록 호송해 주려고 하지 않고, 대신 영구차가 와이어트 구치소 운동장에 잠시 멈춰 아내를 애도할 시간을 주겠다고 했다. 그는 물론 그 제안을 거절했다.

그래도 난 살아서 이 와이어트 구치소를 걸어 나간다는 게 행운이었다. 예전의 '정상적인' 생활로 곧 돌아갈 수 있기를 바랐다.

구치소에서 일 년 동안 줄곧 같이 생활하면서 가장 진실한 친구였던 피터, 알렉스와 잭에게 작별 인사를 했다. 우리는 이 구치소에서 아주 소수의 '화이트칼라 죄수'였다. 전체 700명의 죄수 가운데 10명도 채 안 되는.

피터는 자기도 석방될 거라고 조심스레 말했다. 그는 와이어트 구치소에 3년여를 갇혀 있었다. 그는 마피아를 대신해 뉴욕에서 라스베이거스로 현금을 옮기던 '운송책'이었다.

잭도 곧 보석으로 석방될 수 있을 것이다. 원래 그는 미국 뉴스의 헤드라인을 채운 인물로, 기자들은 그에게 '작은 매도프*(Madoff)'라는 별명을 붙이기도 했다. 이 62세의 금융업 종사자는 다단계 금융사기로 미국 투자자들을 속였다. 미국 법무부와 협상해서 최종 7년 6개월 형만 받았다.

그러나 그의 아래 선인 알렉스의 상황은 이와 정반대였다. 알렉스는 유죄인정을 거부했으며, 사법 체제에 항거해서 마지막 선고 공판까지 끌고 갔다. 아마도 이건 잭보다 더 무거운 판결이 내려질 수도 있는, 치명적인 실수였을 것이다. 내가 보기에 이런 판결은 형법 시스템이 마치 '러시안룰렛 게임' 같다는 사실을 뒷받침해 주는 증거였다. 알렉스는 초조하게 선고 공판을 기다릴 수밖에 없었다. 수감 기간 동안 나는 그와 제일 가깝게 지냈다. 미국에 정착하기 전에 그는 마르세유에서 경제학을 공부해서 프랑스어가 아주 유창했다. 나이는 50대였고, 성격이 밝고 아주 성실한 사람이었으며, 감방에서도 아주 낙관적이었다. 내가 와이

---

* 역주: 매도프는 나스닥협회장까지 지낸 미국 역사상 최대의 금융 사기꾼

어트 구치소에서 14개월을 지내는 동안 알렉스는 내게 용기를 주었다. 그는 내 평생의 친구로 남을 것이다.

34

자유

와이어트 구치소는 마지막 순간까지도 만만치 않았다. 그날 새벽 4시, 교도관이 나를 깨웠다. 그때 석방이 되리라는 걸 감지했다. 나를 태운 호송차는 코네티컷주의 주도인 하트퍼드의 법정으로 향했다. 도착 후 나는 법정의 죄수 대기실 독방에 갇혔다. 이후 아무런 움직임이 없었다. 거의 8시간을 기다렸다. 이미 모든 절차를 다 밟고 왔으니 보석에 아무런 문제가 없을 거야. 마지막 순간에 무슨 문제가 생겼나? 와이어트 구치소에서 들은 이야기가 하도 많아서 이 순간에도 확신이 들지 않았다.

초조하게 결과를 기다리고 있는 사람은 나뿐만이 아니었다. 75세 고령의 환자인 아버지가 아침부터 법정에 나의 친구 린다와 함께 내가 갇혀 있는 대기실에서 몇 미터 거리의 복도에서 힘들게 기다리고 계셨다. 우리는 거의 대화를 할 수 있을 정도로 가까이에 있었다.

오후 4시가 거의 다 되어서야 좋은 징조가 보였다. 교도관이 와이어트 구치소에 수감될 때 맡겨 두었던 옷을 가져다주었다. 그 옷은 이미 내게 너무 헐렁해져서 입으니 우스꽝스러웠다. 마침내 문이 열리고, 복도 끝에서 아버지와 린다가 기다리다가 벌떡 일어나 팔을 벌려 나를 안았다.

자유다! 나는 자유다!

우리는 서로를 힘껏 안았다. 행복해서 미칠 것만 같았다. 아버지는 괜찮아 보였다. 나의 반대에도 불구하고 몇 달 전에 끝내 와이어트 구치소에 찾아왔을 때와 비교하면, 훨씬 건강해 보였다. 그때는 너무 쇠약하고, 허리 통증으로 몸은 구부정하게 굽고 호흡도 가빠서 지팡이에 의지해야만 걸음을 옮길 수 있었다. 그런 모습이 너무 마음 아팠다. 그렇게나 몸이 안 좋으신데도 대서양을 건너와서 창살 너머 아들을 볼 수 있는 건 고작 두 시간뿐이었다. 오늘 죄수 대기실 앞에서 나를 맞아 준 사람도 바로 아버지다. 클라라는 싱가포르에 남아서 할 일이 많았다. 아이들 학년이 끝난 뒤 전학을 하고, 온 식구가 프랑스로 돌아갈 수속을 밟는 등 모든 일을 아내가 해야 했다. 그러나 곧 레아, 피에르, 가브리엘라와 라파엘라 네 아이와 함께할 것이다. 한 달 후면 온 가족이 여기에 모여 함께 몇 주 동안 휴가를 보내게 될 것이다.

석방된 처음 몇 시간은 흥분이 가라앉지 않았다. 속박에서 완전히 벗어난 것이 아니라는 사실도 잘 알고 있었다. 겨우 두 달 동안의 자유가 있을 뿐이었다. 반드시 미국 영내에 있어야 하고, 코네티컷주에 있는 친구 톰의 집에 거주해야 하며, 미국의 3개 주(매사추세츠, 뉴욕, 플로리다)만 갈 수 있었다. 한 달 후면 아이들과 클라라와 함께 플로리다에서 휴가를 보낼 것이다. 톰이 양육권 문제 때문에 정기적으로 자기 아이들을 데려와 지내야 해서 나와 아버지는 야영 침대 몇 개를 빌려 거실에서 지냈다.

　이미 석방 후 처음 몇 시간에 대한 기억이 이제 모두 흐릿하다. 단지 몇 가지 강한 느낌만 머릿속에 남아 있다. 14개월 만에 처음으로 온수로 샤워를 했다. 그 상쾌함은 이루 표현할 수 없었다. 초록 풀잎의 향기로움, 나무의 청량한 내음과 산들산들 불어오는 바람……. 아이들이 일어나자마자 클라라가 화상 전화를 걸어 왔다. 아이들은 많이 변해 있었다. 등교해야 해서 많은 얘기를 나눌 수는 없었지만, 아이들의 얼굴을 보고 목소리를 들으니 큰 위로가 되었다. 나는 톰의 집 정원에 누워서 광활하게 펼쳐진 하늘을 한참 동안 바라보고 있었다. 그제야 내가 구치소 감방에 너무 오랫동안 갇혀 있어서 시야가 매우 좁아졌다는 사실을 알게 되었다. 며칠이 지나서야 먼 곳을 응시할 수 있게 되었고 지평선을 분별해 낼 수 있게 되었다. 1년여 동안 매일 똑같은 환경에서 지내면서 시각, 촉각, 미각, 청각 등 나의 감각이 많이 퇴화했기 때문이다.

　처음 며칠 동안은 오랜 시간 숲길을 산책했다. 만약 아버지의 건강이 더 좋았더라면 함께 걸었을 것이다. 부모님께서는 내가 어렸을 때 이혼하셨다. 나는 어머니와 함께 지낸 시간이 훨씬 길다. 2014년 6월에서야 비로소 아버지를 알게 되었다. 아버지는 그동안의 생활, 설립한 회사와 러시아에서 우연히 접하게 된 비즈니스 기회 등을 얘기해 주셨다. 아버지께 손자와 손녀에게 짧은 영상을 보내 보자고 용기도 드렸다. 나머지 시간은 거의 인터넷을 하면서 보냈다. 구치소 안에서는 인터넷은 일절 금지였다. 될 수 있는 대로 많은 정보를 검색하고 GE와 알스톰에 관한 뉴스를 읽었다. 내가 직접 조사하기로 했다.

　2014년 7월 중순, 클라라와 아이들이 드디어 내 곁으로 왔다. 떨리는 마음으로 뉴욕 케네디 공항에 마중 나갔다. 아이들은 기뻐하면서도 20kg이나 살이 빠진 나를 보고 놀란 감정을 숨기지 못했다. 3주간의 자유로도 지울 수 없는 칙칙한 얼굴만 아니었다면 엄청 더 젊게 보였을 수도 있었을 텐데. 하지만 솔직히 나에겐 더러운, 진짜 죄수의 얼굴이 남아 있었다.

피에르는 레아보다 머리 하나는 더 컸다. 라파엘라와 가브리엘라는 나를 보고 아주 기뻐했다. 아이들은 내 손을 놓으려 하지 않았다. 내가 손을 놓으려 하면 소리를 지르며 싫어했다. 저녁이 되면 보석 조건을 지키기 위해 아이들과 헤어져 톰의 집으로 돌아가야 했다. 가족들은 린다 집에서 지냈다. 3주 동안 플로리다에 머물 수 있다는 판사의 허가를 받아 며칠 후에 가족과 플로리다에 갈 수 있었다. 우리는 비로소 진정한 행복의 시간을 시작할 수 있게 되었다. 우리는 해변에 있는 레지던스에 묵었다. 수영 금메달 선수가 꿈인 레아는 매일 아침 수영코치의 지도하에 5킬로미터를 수영했다. 가브리엘라와 라파엘라는 깔깔대며 모래를 갖고 놀고, 피에르는 마이애미의 유명 관광 상품인 수륙양용 보트를 타자고 했다. 보트는 모래 위에서 잠시 달리다가 이내 전속력으로 바다 위로 미끄러져 나갔다. 모래사장, 태양, 파도. 우리는 예전처럼 휴가를 즐겼다. 그러나 나에게는 이 모든 것들이 예전과는 매우 다르게 느껴졌다.

3주 후, 클라라는 아이들을 데리고 프랑스로 돌아갔다. 나는 프랑스로 돌아가 아이들과 함께 지낼 수 있도록 권리 투쟁을 시작했다. 좋은 소식이 왔다. 폼포니가 유죄인정을 거부한 지 1년 만인 7월 18일 유죄인정서에 사인했다는 소식이었다. 바로 내가 와이어트 구치소를 나온 지 한 달여가 지난 후였다. 이는 내가 와이어트 구치소에서는 나왔으나 프랑스로 돌아가지 못하고 미국에 계속 억류되어 있는 것과 그가 기소된 정황과는 전혀 관련이 없다는 것을 분명히 입증하는 것이었다. 무엇이 협상에 달려있는지? GE와 알스톰의 협상에 달려 있다는 사실을 증명하는 것이었다. 그의 변호사가 식은 죽 먹기 식으로 일을 처리할 수 있었던 것은(스탠보다 훨씬 훌륭하다), 내 상황과는 많이 달랐기 때문이다. 그는 한 가지 범죄 사실만 인정하면 되는 것이었다. 그를 위해 정말 잘된 일이었다. 이제 그의 소송 결과를 기다리지 않아도 되었으니 미국 법무부가 좀 더 융통성을 발휘해서 나를 프랑스로 보내 줄 수 있지 않을까 하는 희망을 갖게 되었다.

마음을 놓고 가족과 즐거운 시간을 만끽하고 있을 때, 희망이 무너졌다. 스탠이 전하기를, 검사들은 지금 로렌스 호스킨스 방식처럼 나를 처리하는 것에 반대하고 있다는 것이었다. 폼포니 사건을 처리하는 방식대로 내 사건을 처리하겠다는 것이었다. 내 운명은 로렌스 호스킨스가 앞으로 유죄를 인정할지 안 할지, 혹은 공판 여부에 따라 결정된다는 말이다. 미국 법무부는 이런 식으로 10명을 더 체포할 수 있고, 이런 일이 끝없이 반복될 수 있다. 기소되어 있지만 '판결'은 안 나는 이런 시간이 몇 개월이 걸릴지 아니면 몇 년이 걸릴지도 모를 일이고, 더 큰 문제는 나와 내 친구들의 모든 재산이 계속 동결되는 것이다. 이런 상황이 되면 우리는 어떻게 생활할 수 있을까? 언제 어떻게 될지 모르는 불안한 상황에서 어떻게 정상적 생활이 가능할까? 내가 취업을 하려고 해도 나를 채용할 사람에게 어떻게 설명할 수 있을까? 내일이라도 당장 다시 감옥으로 갈 수 있는 사람을 누가 고용하려고 할까? 그러나 나는 반드시 다시 일을 찾아야만 했다. 나는 겨우 46세였다.

게다가 로렌스 호스킨스가 미국 법무부로 하여금 열심히 뛰게 할지도 모를 일이다. 그는 알스톰에서 겨우 3년 일했다. 2004년 8월 31일, 즉 따라한 프로젝트가 체결된 직후 그는 회사를 떠났다. 그는 국제관계 부문의 아시아 법인 부회장 재임 시에 미국 영토에 발을 들여놓은 적이 없었다. 해당 사실에 근거하여 그의 변호사는 일련의 법적 문제를 제기했다. 미국 법원이 무슨 근거로 영국 국민이 인도네시아에서 저지른 부패행위를 판결할 권한을 가지는가? 더욱이 그는 이미 회사에서 이직한 지 여러 해가 지났고, 프랑스에서는 겨우 3년 근무했으며, 미국에는 입국한 기록도 없는데 말이다. 그를 기소한 내용은 시효가 지난 것 아닌가?

나도 그의 이런 대처 방법에 반대하지 않는다. 오히려 찬성한다. 만약에 나도 와이어트 구치소에 갇혀 있지 않고, 자유로운 상황에서 변호할 수 있었다면, 이런 방법을 썼을 것이다. 문제는 그의 일로 내가 다시 교착상태에 빠지게 되었다는 것이다. 이전처럼 내 변호사에게 악담을 퍼부어 댔다. 화가 머리끝까지 나서 욕을 해 댔다. 스탠은 내 악담에도 반격하지는 않았다. 그리고 더 기분 나쁜 말을 했다.

"우리의 건의를 받아들이지 않고 지금 즉시 재판이 진행되기를 원한다면 노빅 검사는 당신에게 10년을 구형할 수도 있습니다."

항상 똑같은 말로 협박하고 있다. 나는 이렇게 손과 발이 묶여 있는데 파트릭 크롱은 사법권 밖에서 유유자적하고 있고, 그가 자신의 안위를 위해 미국 정부와 어떤 협상을 하고 있는지도 모르는 이런 상황에 몹시 화가 났다. 스탠은 이들의 협의는 나와는 무관하다고 갖은 방법으로 나를 설득시키고 있다. 나는 모든 상황이 의심스럽고 불안한 나머지 이메일을 썼고, 변호사는 내 이메일을 8월 18일 검사에게 발송했다. 나는 정확한 상황을 파악하고 싶었다.

미국 법무부는 아무런 대답이 없었다. 그러나 나의 요구는 완전히 합법적이었다. 미국인들은 이것을 '증거개시절차(discovery)'라고 한다. 피고인이 자신의 변호를 위한 증거를 수집할 수 있는 절차를 가리키는 말이다. 나는 스탠에게 미국 법무부의 이런 반응, 정확하게 말하면 그들의 무반응이 이상하다고 말했다.

변호사가 대답했다. "이 제도는 존재합니다. 그러나 영원히 증거 열람을 할 수 없을 겁니다. 미국 법무부가 당신에게 협의서를 반드시 보여줘야 할 의무는 없습니다. 더구나 비밀 협상이라면, 법무부도 당신에게 협의서를 보여줄 수 있는 권한이 없을 뿐만 아니라 협의서의 존재 여부를 확인해 줄 수 있는 권한도 없습니다."

"좋아요. 그런 게 존재하지 않는다면, 미국 법무부가 내게 부인을 하면 되는 거네요. 법무부에 그럴 권한은 있겠죠?"

"미국 법무부는 당신에게 답변하지 않았고 답변할 수도 없습니다. 문서로 거짓말을 남길 수는 없으니까요. 그러니 당신의 바람대로 결론을 내면 됩니다."

논쟁은 아무런 소득 없이 끝났다. 이미 8월 말이다. 클라라와 아이들은 프랑스로 돌아가야 한다. 헤어지기 싫다. 언제 다시 만날 수 있게 될지도 모른다.

35

다시 프랑스로

일도 가족도 없이, 고립된 상태로, 기한도 없이 미국에 갇혀 지낸다는 사실을 받아들이기 싫었다. 아니, 받아들일 수 없었다. 로렌스 호스킨스 사건이 어떻게 진행되든 나는 집으로 돌아가고 싶었다. 이제는 변호사들의 이야기를 더 듣고 싶지 않았다. 나는 변호사들에게 속히 나의 가석방 기간을 연장해 달라고 요청했다.

나의 고집이 효과가 있었다. 미국 검찰이 유연한 태도를 보인 것이다. 어떤 협상이나 다 그렇지만, 이번 협상에서도 결국 중요한 것은 돈이었다. 검찰은 내가 보석금을 더 내는 조건으로 프랑스로 돌아갈 수 있도록 허가해 주었다. 이미 내 보석을 위해 개인 소유의 부동산을 흔쾌히 담보로 제공해 주었던 아버지 친구 마이클이 이번에도 20만 달러의 보석금을 내주셨다. 파리로 돌아간 후에는, 판사의 허락 없이는 유럽 밖으로 한 발자국도 나갈 수 없고, 매주 미국의 보호 관찰관에게 이메일을 한 통씩 보내야 한다는 것이 보석 조건이었다. 물론, 나는 이 모든 조건을 받아들였다. 아니, 내겐 선택의 여지가 없었다.

9월 16일을 전후로 해서 출발하기로 했는데, 돌아가기 전에 지켜야할 약속이 있었다. 감방 동기였던 알렉스의 재판이 월초에 보스턴에서 열리기로 되어 있었다. 그는 마땅히 아는 사람도 없는 터라 나를 보면 기뻐할 것 같았다. 과연, 재판에 방청하러 온 사람은 주미 그리스 영사와 아테네에서 온 그의 사촌 형 그리고 나 3명뿐이었다. 그는 손에 수갑을 차고 입장하면서 나를 보고 환하게 웃어 주었다. 재판은 순조롭게 진행되지 못하고 고작 30분 만에 끝났다. 내 친구에게 무시당했다고 느낀 검사는 화가 많이 나 있었다. 알렉스는 기도하듯이 사전에 준비한 유죄인정서를 읽어 내려갔고, 온 세상의 용서를 구했다. 그러나 판결은 이미 정해져 있었다. 징역 102개월, 그러니까 8년 하고도 6개월. 그와 함께 기소된 조직의 보스 잭보다도 1년 더 많은 형량이었다. 알렉스는 크게 낙담했다. 재소 기간 동안 수형 성적이 양호할 경우 1년에 54일씩 감형될 수 있다 해도 2019년이 되어야 석방될 수 있다. 그는 내게 마지막 눈짓과 손짓을 하고는 퇴장했다. 나는 1주일 후면 프랑스로 돌아가게 되었는데, 알렉스는 여전히 감옥에 남아 있게 된 것이다.

프랑스로 출발하기 전, 미국 정부는 또 한 번 내게 놀라움을 선사했다. 내가 재판을 받기 위해 미국으로 돌아올 때, 나에게 어떤 종류의 비자를 발급해 주느냐의 문제를 가지고 미국 법무부와 국토안전부 간에 의견이 다르다는 것이었다. 이런 일이 나와 무슨 상관이 있다는 것인지?

"이게 그리 간단한 문제가 아닙니다. 그들은 당신이 '리스크를 떠안기'를 바랍니다." 스탠이 설명했다.

"무슨 리스크를 이야기하는 거죠?"

"당신을 미국으로 돌아오게 만들 합법적인 방법을 찾지 못할 경우의 리스크를 말하는 겁니다. 행정적 해결책을 찾지 못할 경우 그들은 보석 금을 압류할 테고, 그러면 당신은 미국 법무부의 관점에서는 도주범이 되는 겁니다."

"미쳤구만! 그럼 어떻게 해야 하는 거죠?"

"9월 16일 예정대로 출발하고 싶다면 모든 것을 스스로 책임진다는 동의서에 서명해야 합니다. 만약 그들이 다른 해결책을 찾지 못하면 모 든 책임은 그들에게 있는 게 아니고 당신에게 있게 된다는 거죠."

내 처지는 점점 부조리하고 암울해져 가고 있었다. 린다와 마이클이 대신 내준 보석금이 몰수될 수도 있으므로 결정을 하기 전에 반드시 그 들의 동의를 받아야 했다. 하지만 두 사람은 내 설명을 듣고도 별로 놀 라지 않았다. 보스턴 영사관의 부영사 제롬 앙리에게도 의견을 물어보 았는데 그는 상당히 놀라워했다. 하지만 모두 그래도 내가 프랑스로 돌 아가는 것이 좋겠다며 격려를 아끼지 않았다. 앙리는 "대사관에서도 이 일에 관심을 두도록 하겠습니다."라고 약속해 주었다.

모든 것이 정리되고 드디어 프랑스로 돌아가게 되었다. 하지만 비행 기 탑승 전에 다시 검사받을 것을 생각만 해도 긴장이 되었다. 마지막 관문에서 또다시 체포될지도 모른다는 불안감 때문이었다. 비행기가 이 륙하고 나서야 불안한 마음이 겨우 안정되었다.

2014년 9월 17일, 파리에 도착했다. 체포된 지 493일 만이었다. 아 버지가 공항에 마중 나오셨고, 그리운 마음에 한달음에 집에 도착했다. 마침 두 딸의 하교 시간에 맞출 수 있었다. 학교 정문에서 나를 본 딸들 은 자신들의 눈을 의심하는 눈치였다. 얼마나 오랫동안 상상해 왔던 장면인가! 나는 시간이 얼마간 지나고 나서야 가까스로 정상적인 생활 리듬에 적응할 수 있었다. 예전의 리듬을 찾았다고 하는 것이 맞겠다. 하지만 이제는 이전과 같은 그런 자연스럽고, 단순하고, 편안한 생활이 될 수 없었다. 새로운 계획을 세우고, 가정생활의 여러 습관에도 다시 적응하고, 다시 아빠와 남편의 역할을 해야 했다. 이런 일들은 내가 상상했던 것보다 훨씬 어려웠다. 수감생활은 내게 지울 수 없는 상처를 남겨주었다. 나는 이렇게 실업자 아빠이자 남편이 되었다.

2014년 10월 2일, 생전 처음으로 취업센터에 등록했다.

36

마티유 아롱과의 만남

며칠 전, 마티유 아롱(Matthieu Aron) 기자가 문자 메시지를 보내왔다. 내가 겪은 일과 GE의 알스톰 인수 건을 확인해 보고 싶다는 취지였다. 당시에는 경계심이 심했던 터라 그와 만나는 것을 결정하기 전에 여동생 줄리엣을 비롯한 주변 사람들에게 그에 대해서 이것저것 알아보았다. 줄리엣은 마티유 아롱이 방송에 출연한 것을 자주 봤고, 그의 책도 읽었는데 '진지한' 사람인 것 같다고 했지만, 나는 여전히 걱정이 많았다. 아직 보석 기간이고, 재판도 남아 있어 언제라도 다시 체포되어 감옥으로 갈 수 있는 상황이었기 때문이다. 내가 매스컴에 사건에 대해서 발설한 것을 미국 검찰이 알게 되면 혹독한 대가를 치르게 될 것이 불 보듯 뻔했다. 3주 전 미국에서의 수감생활을 마감하고 집으로 돌아왔을 때 당연히 상황에 감사하고 편안함을 느끼는 것이 정상이었겠지만, 왠지 불편한 마음이 가라앉지 않고 늘 조마조마하여 살얼음판을 걷는 것 같았다. 나는 와이어트 구치소에 수감되었을 때 지인들과 소통할 목적

으로 일종의 암호체계를 만들기도 했는데, 같은 책 한 권을 골라서 50
여 개의 이름에 특정 번호와 자모음을 부여했다. 나는 이 암호체계가 있
으면 외부와 비밀 정보를 교환할 수 있을 것으로 생각했지만, 지나치게
복잡했던 관계로 실제로는 한 번도 사용하지 못했다.

기자를 만나는 게 내게 무슨 득이 될까? 혹시 이것도 다른 함정은 아
닐까? 여전히 긴장을 놓을 수가 없었다. 이전에도 나와 클라라에게 만
나자고 연락을 취했던 사람들이 있었으나 모두 거절했었다. 어쩌면 나
중에 후회하게 될지도 모르지만 결국은 2014년 10월 9일 이 기자를 만
나기로 했다.

만날 장소는 내가 정했다. 베르사유 올드 타운의 중앙에 있는 시장에
서 만나기로 했다. 내가 잘 아는 장소라 기자가 몰래 사진기자를 데려왔
는지 쉽게 확인할 수 있을 것으로 생각했다.

다행히 그는 분명히 혼자 나타났다. 나는 그래도 여전히 의심을 풀지
않고 차를 운전해서 그에게 접근해서는 차에서 내리지 않고 서둘러 그
를 태운 후 심지어 인사 나눌 겨를도 없이 차를 몰았다. 시내를 몇 바퀴
돌면서 미행이 없음을 확인한 후에야 비로소 전속력으로 베르사유궁으
로 차를 몰았다. 베르사유 궁전의 광활한 정원을 걸으면서 그와 대화를
나눌 계획이었다. 이곳에서는 감시하려는 사람이 접근할 경우 쉽게 알
아챌 수 있을 것으로 판단했기 때문이다.

나중에 깨달은 바지만, 마티유 아롱 기자와의 만남은 다소 파격적인
상황에서 이루어진 것이었다. 당시 그는 프랑스 공영방송인 라디오 프
랑스(Radio France)의 종합채널인 프랑스 앵테르(France Inter) 소속

기자였다. 그는 이런 이상한 첫 만남에 불쾌하기보다는 오히려 재미있다고 생각하는 것 같았다. 우리는 베르사유 정원을 오후 내내 함께 걸었다.

나는 와이어트 구치소에서 출소한 이후 거의 매일 몇 시간씩 산책하는 버릇이 생겼다. 그래야 마음이 안정되었고, 그나마 운동을 좀 했다는 기분도 느낄 수 있었다. 우리는 걸으면서 대화를 주고받았다. 처음에는 간단한 문답 정도였으나 시간이 지나면서 끊임없이 대화가 이어졌다. 마음속에 있는 것들을 털어놓으니 마음이 좀 편해지는 느낌이었다. 그는 몇 가지 질문에 신뢰감이 생겨서 모든 것을 털어놓았다. 구치소, 쇠사슬, 굴욕감, 우울, 공포, 가족들의 불안, 조폭, 비명, 알스톰 등등.

기업들이 어떻게 뇌물을 이용해서 국제 경쟁 시장을 선점하는지, 기업의 경영진이 어떤 방법을 동원해서 이런 불법 행위들을 감추고 있는지, 나는 어떻게 배신을 당했는지, 두서없이 이것저것 생각나는 대로 모두 말해 주었다. 그중에서도 가장 중요한 문제는 미국이 우리를 함정에 빠트렸고, 파트릭 크롱을 조종했으며, 파트릭 크롱은 장기 징역형을 살기보다는 알스톰을 매각하는 쪽을 선택했다는 사실이었다.

마티유 아롱은 내가 겪은 일에 대해서도 어느 정도 알고 있었으며, 알스톰이 GE에 강제 매각되는 것에 대해서는 충분히 알고 있었다. 그러나 매스컴은 이 문제에 대해 놀라울 정도로 신중한 태도를 취하고 있었다.

나를 다룬 기사는 짧은 기사 딱 한 건뿐이었다. 2014년 7월, '알스톰의 불운한 임원'이라는 제목의 기사에서 〈주르날 뒤 디망슈(Le Journal du Dimanche)〉의 브뤼나 바시니(Bruna Basini) 기자는 '피에루치는 어떻게 함정에 빠졌는가'를 다루었다. 그러나 이 기사는 나의 가족과 친구들을 제외하고는 대중의 관심을 받지 못했다.

마티유는 알스톰의 고위 임원이 직원을 통해 그와 만나기를 원한다는 전갈을 해 왔고, 회사 매각의 배경에는 법적인 문제가 있었음을 알려 주었다고 나에게 귀띔해 주었다. 그 고위 임원에 따르면, 파트릭 크롱은 확실히 협박 때문에 회사를 미국인들에게 팔 수밖에 없었던 모양이었고, 알스톰의 모든 고위층도 모두 그렇게 믿고 있다고 했다. 마티유는 이 일 때문에 몇몇 정계 인사들과도 교류할 기회가 있었는데, 모두 파트릭 크롱이 프랑스 최고의 회사를 비밀리에 팔아 버린 것에 대해서 극도로 분노하고 있었다고 전해 주었다. 그런데 왜 아무도 나서서 경고하지 않았던 것일까? 그에 따르면 원인은 의외로 간단하고 허탈했다. 취재에 응한 사람 중 누구도 녹음을 원하지 않았고, 심지어 아무도 자기가 한 말이라고 밝히는 데 동의하지 않았다는 것이다.

나는 유감스럽지만 내가 같은 입장이었어도 마찬가지였을 거라고 말했다. 현재의 나의 상황에서 이런 일에 나서는 것은 위험천만한 일임이 틀림없었다. 심지어 나는 그에게 우리의 대화 내용을 마음속에만 담아 두고 외부에 공개하지 말아 달라고 요청하기도 했다. 그는 그러겠다고 약속했다. 그렇게 해서 우리의 협업이 시작되었다. 우리는 그 후에도 몇 차례 더 만났고, 각자 자신의 위치에서 미국이 알스톰에 대해 벌이고 있는 경제전쟁의 진실을 밝혀 줄 증거와 단서를 찾기 위해 노력했다. 꽤 오랜 시간이 흘렀다. 우리는 인내심을, 강한 인내심을 발휘할 수밖에 없었다.

2014년 10월 초 어느 날, 나와 마티유는 여느 때와 마찬가지로 산책을 하며 대화를 나눈 끝에 각자 일을 분담해서 진행하기로 했다. 마티유는 가능한 한 모든 증인과 증언을 수집하고, 나는 관련된 비밀 정보와 문건을 찾는 데 주력하기로 했다. 이렇게 이 사건을 조사하는 일이 우리의 공동 사업이 된 것이다.

우리가 만나고 3주 후, 나는 미국으로 돌아갈 준비를 하고 있었다. 프랑스로 돌아와서 체류하도록 허가받은 시간이 8주뿐이었으므로 이미 기한이 다 되었다. 미국으로 떠나기 9일 전 스탠으로부터 메시지를 받았다. "프랑스에서 2015년 1월 26일까지 더 머물 수 있게 되었습니다." 로렌스 호스킨스 사건 재판이 지연되고 있었기 때문이었다. 나는 그 덕분에 다시 3개월 더 숨 쉴 수 있는 시간을 벌게 되었다.

37

폭로냐 침묵이냐

"이전의 직위나 연봉에 부합하는 수준의 일을 찾아드리기는 어려울 것 같습니다. 직접 찾아보셔야 할 것 같군요." 취업센터의 직원은 열성적이었지만 아주 현실적이기도 했다. 더구나 내가 막 출소했고 잘못하면 다시 돌아가서 아주 오랫동안 복역해야 할지도 모른다는 사실을 아직 알려 주지도 않았는데 저렇게 말하는 걸 보니 더는 시간 낭비할 필요도 없었다. 이렇게 46세의 나는 실업자가 되었다. 아직 보석 기간 중이라 어떤 회사에도 이력서를 제출할 수 없었다. 인터넷에서 내 이름만 검색해 보면 바로 나의 복역 이력을 알 수 있을 테니 과거를 숨길 수도 없고, 저축은 이미 보석금으로 다 써 버렸기에 일을 안 하고 살 수도 없는 상황이었다. 게다가 아직 어린아이들이 넷이나 있으니……. 다행히 9월에 클라라가 싱가포르에서 돌아오자마자 일자리를 얻게 되어 겨우 한숨을 돌릴 수 있었다.

나는 앉아서 죽음을 기다리기보다는 그동안의 경험을 이용해서 뭔가 이익이 되는 일을 해 보기로 했다. 악몽 같은 일이 되기는 할 테지만 말이다. 나는 몇 개월 동안 미국의 '해외부패방지법' 관련 사례들을 반복해서 읽으며 자세히 분석했다. 보석 동안 내가 저장한 데이터베이스의 문건이 만 건이 넘었다. 동시에 프랑스, 영국, 독일, 스위스, 스페인 그리고 이탈리아의 부패방지법들도 살펴보았다. 이를 통해서 프랑스의 기업윤리규정 준수와 관련한 컨설팅 시장은 미국 기업들이 거의 독점하고 있다는 사실을 알게 되었다. 회계법인이든 대형 로펌이든 혹은 투자 회사든 거의 대부분이 미국계였다. 그도 그럴 것이 기업윤리규정 준수 관리 시스템은 미국에서 시작되었고, 미국은 그것을 글로벌 비즈니스로 발전시켰기 때문이다.

문제는 이것이 국가의 안전과 경제 주권 문제와 연관이 있다는 데 있다. 미국 법무부에 의해 기소된 기업 명단만 보면 쉽게 알 수 있다. 통신 회사인 알카텔, 석유화학 회사인 토탈과 테크닙, 에너지 회사인 알스톰까지. 하지만 이것은 시작에 불과했다. 2014년 9월, '해외부패방지법 블로그(fcpablog.com)'라는 미국의 인터넷 사이트가 위험에 처한 프랑스 기업 리스트를 게재했는데, 여기에는 에어버스(Airbus), 사노피(Sanofi), 비방디(Vivendi), 소시에테 제네랄 은행 등이 포함되어 있었다. CAC 40*에 포함된 많은 기업들이 FBI의 수사 위협을 받고 있었다 (그런 사실조차 모르고 있는 기업들도 있었다).

이런 상황임에도 2014년까지 프랑스의 주요 로펌 가운데 단 한 곳도

---

* 역주: 파리 증권거래소에서 가장 활발하게 거래되는 40개 우량 종목을 대상으로 하는 프랑스의 대표적 주가지수

해외부패방지 관련 담당 부서를 갖추고 있지 못했다. 기껏해야 기업윤리연합회(Cercle éthique des affaires)와 상업규정준수연합회(Cercle de la compliance)가 기업들에게 도움 되는 정보를 주기 위해 노력하는 정도였다.

그래서 나는 아주 작은 규모로라도 비즈니스 컨설팅을 해 줄 수 있는 회사를 세우기로 했다. 두 가지 목적이 있었다. 첫 번째는 기업 관리자들의 문제 의식을 높여 주고, 두 번째는 윤리규정 준수 과정 개선, 리스크 파악, 유통업자·중개인·공급업체·고객 등 이해관계자들의 청렴도 검증 등을 포함한 여러 가지 서비스를 제공하는 것이었다. 최고의 효율을 위해 나는 몇 개월 동안 나만의 시스템을 만드는 데 주력했다. 2014년 말 정식으로 업무를 시작하면서 몇 가지 원칙을 세웠다. 공개적으로 업무를 진행하지 말 것, 기자들과 터놓고 이야기하지 말 것, 광고하지 말 것(웹사이트를 개설하거나 마케팅을 하지 말 것). 이런 조건하에서는 고객을 유치하기가 쉽지 않았지만, 그것은 내가 감내해야 할 부분이었다.

사실 내가 이 일을 시작한 또다른 목적은 정치 지도자들에게 프랑스의 부패방지법 개정의 필요성을 인식시키는 데 있었다. 프랑스 기업들이 이렇게 미국 자본에 협박당하고 약탈당하면서도 속수무책으로 무너지는 것을 지켜만 보고 있을 수는 없었다. 유럽의 다른 국가들은 우리보다 먼저 이 문제의 필요성을 인식하고 움직이고 있었다. 영국은 BAE시스템스(BAE Systems) 사건 후 2010년에 부패방지법안인 영국 뇌물방지법(UK Bribery Act)을 통과시켰다. 그러니 알스톰 사건을 겪은 프랑스가 다른 나라를 따라 하지 않을 이유가 있겠는가. 나는 이 문제와 관련하여 훌륭한 지원을 받을 수 있었다. 우선 프랑스 변호사협회 회장을 역임한 폴 알베르 이와인스(Paul-Albert Iweins)의 도움이 컸다. 나의 변호사인 마르쿠스 아쇼프처럼 그도 테일러베싱 로펌의 파트너였다. 폴 알베르는 향후 2년 동안 프랑스 법률 개정을 적극적으로 추진한 대표적인 사람으로, 2016년 12월 기존의 부패방지법을 개선한 사팽 2법 (la loi Sapin 2)을 이끌어 냈다. 그 후 나의 가장 충실한 친구 가운데 하나인 디디에 제냉(Didier Genin)은 나를 군사정보 전문가에서 경제정보 전문가로 변신한 에릭 데네세(Éric Denécé)에게 소개해 주었다.

2014년 12월, 프랑스 정보연구센터(CF2R, Centre français de recherche sur le renseignement) 소장 에릭 데네세와 레슬리 바렌 기자는 공동으로 70페이지에 달하는 엄청난 보고서를 발표했다. '알스톰 사건: 미국의 공갈과 프랑스의 수수방관'이라는 제목의 보고서는 파트릭 크롱의 허위성과 프랑스 정부의 무능을 고발하고, 특히 프랑스의 주권이 당면한 위험에 대해서 경종을 울려 주었다. "GE는 알스톰의 에너지 부문을 인수함으로써 향후 이 업계의 공급망을 독점하게 될 것이며, 우리 해군도 GE의 물품 공급에 의존할 수밖에 없게 되었다. 그 밖에도 그 동안 뛰어난 '위성 추적 시스템'의 연구개발을 통해 우리 군, 특히 군사 정보 부문에 지대한 공헌을 했고, 우방과 적국의 위성에 대한 지속적인 감시를 가능하게 함으로써 우리의 핵 억제력을 극대화할 수 있게 해 주었던 알스톰의 자회사도 매각해 버렸다."[1]

---

1 에릭 데네세의 2014년 7월 19일 뤼마니테(L'Humanité) 인터뷰 중에서

2014년 9월 내가 프랑스에 돌아온 후, 경제산업부 경제정보국은 한 번도 나를 찾지 않았다. 이 사건과 관련해서 나에게 많은 조언을 해 주었던 에릭 데네세도 이를 이상하게 여겨 나의 동의를 거쳐 사건 담당자를 찾아냈는데, 이 담당자는 내가 아직 미국에 있는 줄로 알았다고 했다. 프랑스의 정보 시스템은 다른 나라에 비해 대응 능력이 떨어질 뿐만 아니라 관련 기술 또한 한참이나 뒤떨어져 있었다. 어쨌든 경제산업부는 그 뒤 곧바로 나를 소환해 사건의 경위를 설명하도록 했다. 경제산업부 경제정보국의 책임자가 나를 맞아 주었는데, 현장에는 프랑스 군 장성, 유관 분야의 연구소 책임자 클로드 로셰(Claude Rochet) 그리고 법률 전문가가 자리를 같이했다. 그들도 진작부터 미국 법무부의 알스톰 와해 공작 시도를 인지하고 예의주시하고 있었으나 결정적인 증거를 찾지 못하고 있어 내가 중요한 정보를 제공해 주기를 원했다. 그 후 몇 주 동안 그들과 세 번을 더 만났다. 이렇게 정리된 내용은 예비 경보 차원에서 상부에 보고했다고 한다. 나는 이런 보고가 효과가 있을 거라고 보지는 않았지만, 적어도 더는 혼자가 아니라는 사실은 큰 위로가 되었다. 특히 기뻤던 것은 고위 공무원 중에 내가 이번 사건의 희생양이라는 것을 아는 사람이 생겼다는 점이었다. 이로써 내가 미친 것도, 음모론자도 아니라는 것이 증명되었으니 말이다. 이 기간에 입소문이 나면서 이 사건의 진상을 알고 싶어 하는 사람들을 만나게 되었는데, 그중에 대기업 소액주주들의 권익을 보호하는 소액주주 보호 웹사이트(minoritaires. com)의 편집장 마리 잔 파스케트(Marie-Jeanne Pasquette)는 알스톰에 대해서 매우 심층적으로 조사했다.

그 이후 정보 계통의 전문가들이나 경제 분석가들은 이 매각 건의 내막을 정확하게 파악하고 있다는 사실을 알 수 있었다. 그러나 프랑스 정부는 신경 쓰지 않겠다는 태도였다. 2014년 11월 4일 알스톰 이사회는 GE와의 협의서 서명 안건을 만장일치로 통과시켰다.

바로 다음 날, 몽트부르의 후임으로 막 경제산업부 장관에 취임한 에마뉘엘 마크롱(현 프랑스 대통령)은 알스톰 매각을 승인했다. 그는 프랑스에서 발생한 외국의 투자 행위를 제재할 수 있는 국가의 거부권 행사를 포기한 것이다. 이 거부권은 그의 전임 장관이 어렵사리 쟁취한 권한이었다. 그런데 마크롱은 그 후 세계적인 거부 리카이싱 소유의 거대 통신회사인 홍콩의 PCCW(Pacific Century Cyber Works Limited)가 프랑스 유명 온라인 동영상 공유 회사 데일리모션(Dailymotion)을 인수하는 것에 대해서는 거부권을 행사해서 무력화시켰다. 유럽에서 해결책을 찾는 것이 옳다는 이유 때문이었다.

알스톰 에너지 부문의 매각을 추진하는 측으로서는 2014년 12월 19일 열리는 알스톰 전체 주주총회에서 매각 의향 안건을 통과시키는 것이 최대 관건이었다. 2014년 12월 19일 아침, 파리 포르트 마이요(Porte Maillot) 근처의 메리디앙 에투알(Méridien Étoile) 호텔에서 주주총회가 열리기 몇 시간 전, 프랑스 공영방송 라디오 앵테르에서는 황금시간대에 '알스톰 매각의 내막'이라는 제목의 탐사 프로그램을 방송했다. 이 방송에서 마티유 아롱은 드디어 알스톰의 고위 임원을 설득하여 익명으로나마 인터뷰를 진행했다. 이 임원의 진술은 가히 충격적이었다.

"알스톰 최고 경영진은 모두 미국이 알스톰에 대해서 진행한 사법적 압박이 에너지 부문의 매각에 결정적인 역할을 했다는 것을 잘 알고 있습니다. 이 소송들을 잘 들여다보면 소송 당사자들은 희극의 광대들에 불과하다는 것을 쉽게 알 수 있습니다."

방송에서는 프랑스 국민의회(Assemblée Nationale) 경제위원회 부위원장 겸 대중운동연합 소속 의원 다니엘 파스켈(Daniel Fasquelle)의 발언도 소개했다. "알스톰 매각 건은 믿기 어려운 사기입니다. 우리는 프랑스 국민들을 속여 왔습니다. 어찌 되었든 알스톰은 이제는 구제할 방법이 없습니다. 그렇더라도 알스톰이 미국에서 무슨 문제가 있었는지, 현재 소송은 어떻게 진행되고 있는지 주의 깊게 살펴봐야 합니다. 어쩌면 GE에 합병되는 것이 알스톰이 미국의 사법 함정에서 벗어날 수 있는 편리한 방법이었을지도 모르겠습니다."

파스켈 의원은 이 사건의 숨겨진 이해관계를 정확히 꿰뚫고 있는 몇 안 되는 국회의원 중의 한 명이었다. 2014년 12월 19일, 나는 라디오에서 이 방송을 들은 이날을 정확히 기억하고 있다. 아침 7시경, 운전해서 알스톰 주주총회장으로 가는 길이었다.

38
분노의 주주총회

합리적인 행동이 아닌 줄은 알지만, 그들이 온갖 방법을 동원해서 내가 참석하지 못하게 막으려고 하니 오히려 무슨 일이 있어도 꼭 주주총회에 참석하고 싶었다.

나는 세간의 이목을 피하기 위해 최대한 노력했다. 일부러 마지막 순간까지 기다렸다가 3일 전에 마감을 불과 몇 시간 앞두고 참석 신청을 했다. 그러나 나의 노력은 헛수고였다. 그들은 내 이름을 바로 찾아냈다.

주주총회가 열리기 전날 저녁, 정확히 8시 50분에 나는 리즈 라티프 변호사로부터 한 통의 이메일을 받았다.

"안녕하세요 프레데릭 씨, 내일 알스톰 주주들이 GE와의 합병 건으로 회의를 한다고 들었습니다. 만약 내일 참석하신다면 절대 공개적으로 발언하지 마실 것을 권합니다. 당신의 발언은 미국 법무부에 의해 당신에게 불리한 증거로 사용될 수 있다는 것을 잊지 마시기 바랍니다."

나는 깜짝 놀랐다. 도대체 누가 내 변호사에게 알려 준 거지? 나는 라티프에게 회신하면서 놀랐다고 말했다.

"충고 고마워요. 그런데 누가 나에게 경고하라고 시키던가요? 검사가 그랬나요?"

바로 회신이 왔다.

"제가 드리는 조언입니다!"

믿기 어려운 말이었다. 스탠도 라티프도 지난 18개월 동안 단 한 번도 나를 위해 주도적으로 변호해 준 적이 없었고, 지난 몇 주간은 아무 연락도 없었다. 그런데 갑자기 주도적으로 나에게 연락하다니! 누가 알려 주지 않았다면 내가 주주총회에 참석하리라는 것을 어떻게 알았을까?

"라티프, 사실 상당히 놀랐어요. 이번 주주총회 소식은 미국 신문의 1면에 나오지도 않았을 텐데, 누가 알려 준 거죠? 알스톰을 변호하고 있는 패튼 보그스 로펌인가요? 아니면 미국 법무부?"

나는 잔뜩 비꼬는 투로 이렇게 이메일을 마무리했다.

"염려하지 말아요. GE의 알스톰 인수에 위해를 끼치는 어떤 짓도 하지 않을 테니까요."

라티프는 다시 회신하지 않았고, 이메일 대화는 이렇게 끝났다. 시간은 새벽 2시 48분, 주주총회까지는 이제 8시간도 남지 않았다.

나는 일부러 주주총회장에 일찍 갔다. 변호사의 경고가 나를 위축시키지는 못했다. 오히려 그 반대였다. 어쨌든 나는 발언을 할 생각은 전혀 없었다. 섣부른 발언으로 뒤탈이 생길 수 있다는 것도 생각하지 못할 정도로 바보는 아니었다. 파트릭 크롱과 카의 눈을 똑바로 쳐다보며 조용히 그들에게 항의하고 싶었다. 이제는 더 이상 조심할 필요도 없었으므로 나는 두 번째 줄에 자리를 잡기로 마음먹었다. 첫 번째 줄은 회사의 경영진이 앉는 자리라 파트릭 크롱과는 눈이 마주치지 않을 수 없는 자리였다.

주위를 돌아보니 대주주인 부이그와 아문디(Amundi)에서 파견한 대리인이 보였고, 대형 투자기금의 임원들도 보였다. 특히 소액주주인 개인투자자들이 많이 보였는데, 주로 나이가 지긋한 이분들은 주주총회의 단골손님들이었다. 주총이 막 시작되었을 때 주머니 안의 핸드폰이 부르르 떨렸다. 스탠이 메시지를 보냈다. "위험을 자초하는 일은 절대 하지 마세요!" 이때가 파리 시각으로 10시 32분, 뉴욕 시각은 새벽 4시 32분, 스탠은 그 밤에도 여전히 열심히 경계 중이었다. 그도 심한 스트레스를 받는 게 틀림없었다. 나는 바로 회신하지 않고 파트릭 크롱의 발언에 집중하고 있었다.

연단의 파트릭 크롱은 짙은 남색 양복에 흰색과 연보라가 어우러진 넥타이를 매고 푹신한 흰색 가죽 의자에 앉아 있었다. 그 옆에는 이사회 사무국장 카린 셍트르(Kareen Ceintre)와 그룹의 법무팀장 겸 경영 고문 키이스 카가 앉아 있었다. 카는 금방 나를 발견했고, 주총이 끝날 때까지 한시도 내게서 눈을 떼지 않았다. 아마도 내가 깽판을 치지는 않을까 걱정이 되었던 모양이다. 방금 스탠이 내게 보낸 메시지가 그와 연관이 있는 것이 분명했다.

오늘 파트릭 크롱은 GE에 알스톰의 에너지 부문을 매각하는 안건과 관련된 모든 상세한 내용을 공개적으로 보고하지 않을 수 없었다. 물론 이 안건은 이미 이사회에서 승인을 받았고, 대주주들의 도움으로 표결도 진작에 순조롭게 통과되었고, 게다가 크롱의 발표를 듣기 전에 온라인에서 의사 표시를 한 사람도 많았지만 말이다.

이번에는 파트릭 크롱이 언론 인터뷰 때처럼 대략적인 수치와 원칙적인 입장 표명만으로는 넘어갈 수 없었다. 주총 참가자들에게 제공된 보고 자료는 매우 구체적이었다. 파트릭 크롱 회장의 보고를 들은 소액주주들과 근로자 대표들은 놀라움을 감추지 못했다. 알스톰이 되었든 GE가 되었든, 두 회사의 상황은 오늘까지 보도된 것과는 완전히 다른 상황이었다. 명백히 프랑스가 금고 열쇠를 미국에 통째로 갖다 바친 꼴이었다. 우리 정치인들이 떠들던 허울 좋은 '동맹'은 한낱 허황된 거짓이었고, 여론을 속이기 위한 속임수였다. 최종적으로 서명한 협의서는 50:50의 파트너 관계가 아니었다. 먼저 합병한 두 회사(전력망 부문과 수력발전 부문)의 경우 알스톰의 지분은 49퍼센트로 경영권은 GE가 가지게 되었고, 당연히 CFO 임명권도 GE에 있었다.

세 번째 합병 안건인 원자력 부문은 더 복잡했다. 프랑스 정부는 국가의 전략적 이해관계가 달려 있는 사안에 대해서는 거부권을 행사할 수 있기를 원했다. 그러나 과반(80퍼센트)의 지분이 있는 GE가 결정권을 가지고 있으므로 거부권도 기본적으로 별 의미가 없다고 보아야 한다. 결국 GE는 이들 세 회사의 인사, 경영, 재무 등 모든 권한을 소유하게 된 것이다. 또한, 2018년 9월부터 2019년 9월 사이에 알스톰은 이들 합자회사의 지분을 보장된 가격에 되팔 수 있다는 조건도 규정되어 있었다.[1] 알스톰이 에너지 업계에서 퇴출당하는 것은 사전에 프로그래밍

---

1 알스톰은 2018년 10월 합자회사의 지분을 매각했다.

된 것 같았다. 이것이 프랑스의 통치자들이 그토록 칭송하던 '동맹'의 진상이었다.

파트릭 크롱은 알스톰이 미국 법무부와 마지막 협의를 진행 중이며, 회사가 범죄 사실을 인정하고 벌금을 내기로 했다고 발표했다. 미국 법무부가 확정한 벌금액은 약 7억 유로였다. 그런데 최종 합의는 또다시 예상을 벗어났다. 미국 법무부는 GE가 거액의 비용을 대신 내는 것을 허용하지 않았다. 따라서 이 비용은 알스톰이 내야 했다. 놀랍지 않았다. 나는 처음부터 협의서의 이 부분이 합법적이지 않다고 생각했기 때문이다. 매우 의외였던 것은 바로 미국 정부가 자신들의 뜻을 미리 밝히지 않았다는 사실이다. 미국 정부는 침묵함으로써 결국 지멘스를 배제하려는 알스톰과 GE의 술책을 지원한 공범이 된 것이다.

그게 전부가 아니었다. 이제 7억 유로의 벌금을 알스톰이 내야 하는 상황이니 프랑스가 손실을 피하려면 알스톰은 6월에 합의한 123억 5,000만 유로 외에 7억 유로를 더 받는 것이 합리적이었다. 그런데 파트릭 크롱은 의외로 금액에는 변함이 없다고 밝혔다. 그는 이 거래의 합리성을 주장하기 위해 다섯 살짜리 어린아이도 인정하기 어려운 이유를 내밀었다. GE가 약 3억 유로의 가격으로 알스톰의 일부 자산을 구입할 예정이라는 것이었다. 파트릭 크롱은 나머지 4억 유로는 무시해도 괜찮은 금액이라고 생각했다. "이런 대규모 거래에서 전체 금액의 3퍼센트 이내의 변동 폭은 정상적인 것입니다." 크롱의 이 발언에 회의장 여기 저기서 소란이 일어났다.

"당신 사리 판단이 안 되는군요. 이건 완전히 사기잖아요." 소액주주 보호 사이트(minoritaires.com) 운영자 마리 잔 파스케트는 이렇게 질 책했다.

몇 분 후에 소액주주들은 알스톰이 실제로는 14억 유로의 손실을 보았다는 사실을 알아챘다. 7억 유로의 벌금과 GE가 실제로 낼 리가 없는 7억 유로. 점입가경으로 이사회는 협상을 성공적으로 마무리한 대가로 파트릭 크롱에게 400만 유로의 이례적인 보너스를 지급하자고 제안했다. 미국인들이 들으면 그야말로 포복절도할 일이 아닐 수 없었다.

나는 정말 참기가 어려웠다. 벌떡 일어나서 소리를 지르고 울분을 터뜨리고 싶었다. 프랑스의 대표기업을 팔아넘긴 대가로 400만 유로의 보너스를 준다? 십여 년의 재임 기간 동안 회사에 온갖 부패가 범람하는 것을 내버려 둔 대가로 400만 유로를? 프랑스 말고 다른 나라에서도 이런 도리에 어긋난 일이 과연 일어날 수 있을까? 프랑스에서는 이사회 구성원들이 서로 얽히고설킨 관계라 아무도 입을 열지 못했다. 독일은 정반대였다. 2008년, 상징적 존재였던 지멘스 회장은 불명예 퇴진당했을 뿐만 아니라 미국 법무부에 8억 달러의 벌금을 내야 하는 상황이 되자 지멘스는 그를 고소했다. 하지만 프랑스에서는 파트릭 크롱에게 보너스를 주고, 사람들은 이에 대해 별다른 반응도 보이지 않았다. 매스컴도, 프랑스 경제산업부와 정부 당국도, 다수의 투자기금도, 알스톰의 대주주인 부이그도, 프랑스 금융시장관리국(AMF)도 모두 무관심으로 일관했다. 그나마 목소리를 낸 것은 소액주주 몇 명뿐이었다.

가장 먼저 파트릭 크롱에게 공격을 시작한 사람은 불리동(Bulidon)이라는 사람이었다. 그는 십여 년 동안 줄곧 주주총회의 단골손님이었다. 그는 직설적으로 말했다.

"나는 가만있지 않겠습니다. 나는 이 안건에 반대표를 던질 것입니다. 이 거래는 우리 사업의 2/3를 매각하는 것이니까요."

불리동의 말투는 점점 더 매서워졌다.

"그동안 줄곧 알스톰을 분할 매각하는 일은 절대 없을 것이라고 했던 분이, 오늘 우리한테 분할 매각에 동의해 달라고요?"

그가 치명타를 날렸다.

"회사를 이렇게 '끝내주게' 경영해 준 것이 고마워서 이사회가 당신에게 400만 유로의 보너스를 지급하기로 했다죠? 파트릭 크롱 씨, 만약 당신에게 아직도 양심이라는 게 남아 있다면 당장 보너스를 포기하고 사직서를 제출하세요!"

파트릭 크롱은 대답 대신에 웃는 듯 마는 듯 모호한 표정을 지었다. 십여 년 동안 알스톰 그룹의 최고경영자로 재직하면서 그는 더 심한 일도 많이 겪어 왔다. 하지만 그도 불리동의 발언이 충동적이긴 했지만, 결코 틀린 말이 아니라는 것을 의식하고 있었다.

"합자회사라는 것이 원래 그렇습니다. 여러분께 드린 문건에도 분명하게 쓰여 있습니다만, 네, 맞습니다. GE가 회사 경영권을 소유하게 됩니다. 하지만 이것은 어쩔 수 없는 것이고, '정상적'인 것입니다."

파트릭 크롱은 자기가 매각한 물건은 구매자가 마음대로 하는 것이 '정상적'임을 명확히 인식하고 있었다. 극히 자연스러운 이야기다. 그렇다면 왜 오늘 주주총회 전까지 사건의 실상을 알리지 않았던 것일까?

투자 전문가 르네 페르놀레(René Pernollet)가 마이크를 들었다. "오늘 아침 라디오 방송에서 들었습니다만, 미국의 사법 소송이 당신이 회사를 매각하는 데 결정적인 역할을 했다고 하는데, 이게 사실인가요 파트릭 크롱 씨?"

"좋습니다, 어떻게 하든 저는 욕을 먹게 되어 있습니다. 제가 GE와 이 거래를 성사시킨 이유는 그렇게 하지 않으면 엄청난 위험이 닥칠 수 있기 때문입니다." 그리고는 가식적인 선량한 표정을 지어 보이며 "이 것은 아주 훌륭한 거래입니다. 괜히 있지도 않은 이유 찾아내느라 고생하지 마시기 바랍니다. 그런 건 마조히즘입니다!"

크롱은 누구 이야기를 하는 건가? 지극히 자연스러운 문제를 제기한 투자자? 아니면 단연 높은 수익을 내는 에너지사업을 매각해서 회사를 엉망으로 만들어 놓고는 그것이 오히려 잘한 일이라고 우리를 설득시키려는 자기 자신에 대해 이야기하는 것인가? 내게서 불과 몇 미터 거리에 앉아 있던 알스톰 직원용 투자 기금의 대표 클로드 망다르(Claude Mandard)가 차분하고 조리 있게 파트릭 크롱의 말에 반박했다.

"이것은 우리 산업의 엄청난 손실입니다. 게다가 당신은 비밀리에 협상을 진행했습니다. 만약 언론에서 보도하지 않았다면 우리는 이미 '기정사실'로 받아들일 수밖에 없었던 거잖아요."

이 말에 파트릭 크롱은 자제력을 잃고 버럭 화를 냈다.

"바로 언론에서 정보를 유출했기 때문에 일이 엉망진창이 된 겁니다. 우리가 여러분들을 모두 속이고 희대의 사기극이라도 저질렀다는 말입니까?"

하지만 그의 대답은 결코 소액주주들의 노여움을 가라앉히지 못했다. 점점 더 날카로운 문제 제기가 계속 이어지자 파트릭 크롱은 계산기를 꺼냈다.

"알스톰 매각으로 123억 5,000만 유로의 수입이 생기게 되고, 여기에 현금, 합자회사 투자액, 지분 회수 비용, 미국에 내야 할 벌금을 제하고……."

그가 말을 마치기도 전에 누군가 화를 내며 말을 가로막았다.

"쓸데없는 뺄셈 그만하고 도대체 알스톰 계좌 잔고가 얼마나 남아 있는지 얘기해 보세요!"

나도 그것이 궁금했다. 놀랍게도 거의 영(0)에 가까운 빈털터리였다! 세계 굴지의 사업을 포기하고 기껏 얻는 것이 정말 보잘것없는 이윤이라니. 이해를 돕기 위해 좀 더 구체적으로 분석해 보면, 매각 대금 총계가 123억 5,000만 유로, 이에 대한 세금 19억 유로, 합자회사 출자 24억 유로, 자본 수익에 대한 주주 배당 32억 유로, 여기에 외채 30억 유로와 GE 철도 신호설비 부문 인수 대금 7억 유로, 끝으로 미국 법무부에 내는 벌금 7억 유로. 결국, 회사의 채무는 청산되었으나 잔고는 거의 0이었다.[2]

이 매각은 의심할 여지 없이 근래에 산업계에서 일어난 가장 황당한 사건 중의 하나였다. 유일무이하고 극도로 추악한 사건! 파트릭 크롱이 아무리 터무니없는 말이니, 음모론이니 하고 부정해도 미국이 제소한 소송이 알스톰 해체의 근본적 원인이었다는 것은 바뀌지 않는 사실이다. 그는 주총 내내 이 사건에 대해 질문을 받아야 했고, 심지어 누군가는 내가 미국에서 장기간 감금되어 있던 구체적 정황에 대해서 질문하기도 했다. 하지만 파트릭 크롱은 매우 신중했다. "미국의 기록이 아직 공개되지 않은 관계로 이에 대해서는 어떤 말도 할 수 없습니다. 절

---

2 파트릭 크롱은 2015년 6월 주주총회에서 이런 계산을 진행했다.

대 말씀 드릴 수 없습니다." 이때, 이사회 구성원인 장 마르탱 폴즈(Jean Martin Folz)가 끼어들었다. 그는 파트릭 크롱의 절친한 친구로, 둘은 페시네 그룹에서 함께 일할 때부터 아는 사이였다. 마르탱 폴즈는 2011년부터 알스톰의 기업윤리팀장을 맡아 왔다. 그는 불만스러운 표정으로 확인되지 않은 지적들을 비난했다.

"미국 법무부가 조사한 사항들은 아주 오래전에 발생한 일들로 현임 이사회와는 아무런 관련이 없습니다. 파트릭 크롱 회장님은 알스톰 회장으로 취임하면서부터 최선의 노력을 다함으로써 회사를 최상의 상태로 이끌었습니다. 지난 10년 동안 회장님은 모든 노력을 다 바쳐 회사를 발전시켜 왔습니다."

알스톰 윤리위원장의 이 발언은 3일 후 철저히 거짓임이 밝혀지게 된다.

39

법무부 검사 기자회견

무슨 일이 있어도 이 기자회견은 놓칠 수 없었다. 나는 녹화방송을 봤지만 기자회견 장면은 놀라웠다. 2014년 12월 22일, 그러니까 알스톰 임시주주총회가 열리고 72시간 후, 미국 법무부는 대규모 기자회견을 열었다. 수십 명의 기자가 참석하고, 미국의 여러 TV 방송사들도 현장 생중계했으며, 기자회견 영상은 SNS를 통해서도 세계 각지로 전파되었다. 카메라 한 대가 기자회견장으로 들어오는 제임스 콜(James Cole) 미국 법무부 차관을 비추고 있었고, 그 옆에는 법무부 형사국 국장 레슬리 콜드웰(Leslie Caldwell)이 배석했다. 콜드웰은 경험이 풍부한 전문가로 600명의 검사를 지휘하고 있었다. 두 사람의 엄중하고 단호한 표정에서 역사적 사건의 중심에 서 있는 비장함이 느껴졌다. 의자에 앉은 두 사람 뒤로는 무소불위의 아메리카를 상징하는 초대형 성조기가 걸려 있었다.

제임스 콜이 먼저 발언했다.

"10여 년에 걸친 국제적 뇌물공여 사건을 마무리하는 역사적인 결정에 대해서 말씀드리겠습니다. 프랑스 다국적 기업 알스톰은 조직적으로 뇌물을 공여하고 그 사실을 은폐해 왔습니다."

콜은 계속 말을 이어갔다. 중요한 사건이라 긴장이 되는 듯 호흡이 다소 빨라졌다.

"이 회사는 오늘 2000년부터 2011년까지 공무원 매수, 분식회계 등의 방식으로 전 세계 각지의 공사 프로젝트들을 수주받아 왔음을 시인했습니다. 알스톰과 그 자회사는 인도네시아, 이집트, 사우디아라비아, 파나마 등지에서 뇌물을 제공하는 방법으로 계약을 따냈습니다. 알스톰의 뇌물 총액은 7,500만 달러에 달하며, 이를 통해 40억 달러에 달하는 프로젝트를 수주해서 3억 달러의 이윤을 챙겼습니다."

제임스 콜의 도덕 선생님 같은 발언이 이어졌다.

"이런 뻔뻔한 위법행위에 대해서는 반드시 법에 따른 제재가 가해져야 합니다. 법무부는 이미 알스톰을 형사입건하고 공소를 진행 중입니다. 알스톰은 회계 조작 혐의가 있으며 미국의 해외부패방지법을 위반했습니다."[1]

마지막으로, 모두가 오랫동안 기다렸던 결정 사항을 발표했다.

"알스톰은 이 일련의 소송을 조기에 종료하기 위해 기소된 내용에 대해서 유죄를 인정하는 데 동의했습니다. 알스톰은 범죄행위를 인정하고 7억 7,200만 달러의 벌금을 내기로 했습니다. 이것은 미국 유사 이래

---

1   미국 법무부는 회사가 범죄 사실을 인정하는 순간부터 정식으로 조사를 시작하므로 법무부의 기소 사실과 회사가 인정한 범죄 사실이 완전히 같다. 따라서 법무부는 100퍼센트 수사 성공률을 자랑할 수 있는 것이다.

단일 부패사건에 부과된 최대의 벌금 액수입니다."

이 미국 검사는 잠깐 사이에 파트릭 크롱과 이사회의 변명을 모두 흔적도 없이 날려 버렸다. 그들은 알스톰의 기업윤리팀장 마르탱 폴즈가 3일 전 임시주주총회에서 언급한 것처럼 '아주 오래전에 발생'한 사건에 주목하고 있는 것이 아니었다. 미국 법무부의 조사는 2000년에서 2011년 사이의 영업 활동에 집중되어 있었고, 파트릭 크롱은 2003년 초 알스톰 회장에 취임했으므로 당연히 이 사건들에서 벗어날 수 없었다. 주로 알스톰의 스위스 자회사인 알스톰 프롬이 중개인에게 돈을 건네는 역할을 맡았는데, 미국 FBI는 이와 관련된 모든 은행 이체 기록을 확보하여 공소장에 상세하게 열거했다. 증거는 차고 넘쳤다. 스위스 자회사 알스톰 프롬이든 알스톰 그룹이든 선택의 여지 없이 유죄를 인정하고 미국 법무부가 청구한 거액의 벌금을 고스란히 받아들이는 수밖에 없었다. 그룹의 다른 두 부문인 전력망 사업 부문과 발전설비 사업 부문은 그나마 사정이 좀 나아서 기소를 늦춰 주는 합의를 끌어냈다.

제임스 콜이 기자회견에서 여러 차례 언급한 핵심 사항은 "알스톰은 제대로 된 내부감사 제도를 수립하지 않았다."라는 것이었다. 이것은 파트릭 크롱이 줄곧 대외적으로 선전한 것과 완전히 상반된 내용이었다.

알스톰이라는 동전의 앞면은 완전무결한 전략으로 위장되어 있었으나, 뒷면은 온갖 추악한 사건과 불법적 제도로 얼룩져 있었다. 알스톰의 감사 시스템은 완전히 기만을 목적으로 설치한 것에 불과했다. 콜의 설명에 의하면 이 시스템은 관리 소홀이나 개인적 일탈 때문에 문제가 발생한 것이 아니라 처음부터 끝까지 치밀한 계획에 의해서 이용되었다는 것이다.

"이 시스템의 방대한 규모와 문제의 심각성은 놀라움을 금할 수 없을 정도입니다. 알스톰 내부의 부패는 10여 년간 지속해서 진행되었으며, 불법은 전 세계적으로 행해졌습니다."

콜 차관은 마지막으로 전 세계를 향해 경고를 날렸다.

"다시 한번 말씀드리겠습니다. 뇌물공여와 같은 불법은 이제 더는 전 세계 어디에서도 발붙일 수 없습니다. 우리는 이번 사건을 통해 전 세계의 기업들에게 분명한 메시지를 전달했다고 생각합니다."

그의 메시지는 아주 명확했다. 미국은 전 세계 부패와의 전쟁에서 미국이 맡은 세계 경찰의 임무를 더 강화하고 더 적극적으로 행사해야 한다는 것이었다. 콜은 그 외에도 스위스, 사우디아라비아, 이탈리아, 인도네시아, 영국, 키프로스, 대만 등의 행정기관들이 FBI에 제공한 적극적인 협조에 감사를 표했다. 한 나라도 빠트리지 않았다. 그러나 단 한 나라만 언급하지 않았다. 바로 프랑스였다. 프랑스는 2007년 11월 7일 '외국 공무원에 대한 뇌물 공여 및 수수'에 대한 조사를 진행한 적이 있었지만(〈월스트리트 저널〉 보도), 사건을 담당한 판사는 무슨 이유에서인지 이 사건에 대해 시종 소극적인 태도로 일관했다. 그 후에는 2013년에 검찰에서 다시 한번 뇌물범죄에 대한 조사를 진행했고 알스톰의 헝가리, 폴란드, 튀니지 자회사들이 연관된 것이 밝혀졌다. 그러나 이 조사 역시 그대로 수면 아래로 사라져 버렸다.

반면에 미국에서는 검사들이 이런 사건에 지대한 관심이 있었다. 미국 검사들은 토탈, 알카텔, 테크닙에 이어 또 다른 프랑스의 다국적 기업을 포획할 기회를 즉시 움켜쥔 것이다.

이 네 개의 프랑스 대기업으로부터 거두어들인 벌금으로 미국 법무부의 자금이 16억 달러 증가했다. 여기에 2014년 BNP 파리바(Paribas)에 이란 제재 위반으로 부과된 벌금 89억 달러, 크레디 아그리콜(Crédit Agricole)이 2015년에 납부한 벌금 7억 8,700만 달러, 소시에테 제네랄이 2018년에 납부한 벌금 10억 달러를 모두 합하면 총액이 120억 달러가 넘었다. 이 금액은 프랑스 법무부의 1년 예산보다도 많았다. 이 120억 달러를 가지고 무엇을 할 수 있을까? 마크롱이 2018년 9월에 제출한 '가난 구제 계획'의 예산이 80억 유로에 불과했다.

다시 워싱턴의 기자회견장으로 돌아가 보자. 정교하게 연출된 기자회견에서는 검사들의 발언이 이어졌다. 이번에는 청렴한 법무부 관리 레슬리 콜드웰이 단상에 올라가 검사들의 수사 내용의 세부 사항들을 설명했다. 사우디아라비아에서는 홍해 연안에 화력발전소 1기를 건설하는 쇼아이바(Shoaiba) 프로젝트가 진행되었다(이 프로젝트의 2단계 사업이 2004년에 시작되었으니 파트릭 크롱이 알스톰 회장에 취임한 후에 시작된 셈이다). 알스톰은 비밀리에 4,900만 달러를 들여 복잡한 중개인 네트워크를 구성하고 그들에게 '파리', '제네바', '런던', '조용한 사람', '오랜 친구' 등의 코드를 부여해 관리했다. 그들의 임무는 사우디아라비아 전력 회사의 책임자에게 후한 커미션을 제공하는 것이었으며, 이슬람 교육 원조 기금에도 기부금을 쾌척했다. 2003년~2011년, 알스톰은 이집트에서 이집트 전력지주회사(Egyptian Electricity Holding Company, EEHC)에 뇌물을 제공하고 시장을 점유했고, 이집트전력지주회사와 미국의 설비 회사 벡텔의 합자회사 사장 아셈 엘가와리(Asem Elgawhary)를 매수했다(그는 이 일로 어떠한 양심의 가책도 느끼지 않았다). 파나마에서는 알스톰이 고용한 중개인이 파나마 전력 회사의 이사회 구성원을 매수해서 설비를 판매했다. 알스톰은 2001~2008년 타이베이의 지하철 프로젝트 수주를 위해 관계자들에게 뇌물을 제공했다고 인정했다.

레슬리 콜드웰은 기자회견에서 알스톰에 부과한 사상 최대의 벌금 액수가 정당하다는 것을 증명하고자 했다.

"알스톰은 범죄행위로 인해 유례없는 엄중한 대가를 치렀습니다. 이 회사는 위법행위를 스스로 알리지 않았을 뿐만 아니라 처음 몇 년간 진행된 조사에서 성실하게 협조하지 않았습니다."

콜드웰은 마지막으로 내가 영원히 잊을 수 없는 한마디를 했다.

"알스톰은 우리가 회사의 임원들을 기소하기 시작하자 비로소 조사에 협조하기 시작했습니다."

명백한 자백이었다. 나를 체포한 것은 알스톰을 압박하기 위한 수단이었다는 것을 미국 법무부 책임자가 공개적으로 시인한 것이다. 나는 미친 것도 아니고, 피해망상증에 시달린 것도 아니었다. 나는 알스톰 고위층을 협박해서 미국 FBI 수사에 협조하도록 만들기 위해 이용된 초라한 '허수아비'에 불과했다. 이런 '정의'는 실로 대서특필할 가치가 있다. 거래를 원만히 성사시키기 위해 사람을 체스판 위의 말 취급을 했다니! 하지만 무엇보다 황당한 것은 알스톰의 태도였다. 알스톰 경영진의 말과는 달리 레슬리 콜드웰의 말처럼 회사의 고위층은 '성실하게 협조하기를 거부'했다.

그렇다면 그들은 왜 2013년 4월 미국으로 가기 전에 내게 일어날 수 있는 위험을 경고해 주지 않았을까? 키이스 카는 왜 나를 호랑이 굴로 들여보냈을까? 나는 아직도 미국으로 떠나기 며칠 전에 그들이 내게 한 말을 생생히 기억하고 있다.

"모든 게 다 잘되고 있으니 전혀 걱정할 필요 없어요."

그날 밤 싱가포르에서의 그의 태도를 어떻게 해석해야 할까? 나를 고의로 희생시켜서 미국 법무부에 제물로 바친 것일까? 그게 아니라면 어리석게도 자기가 미국인들을 잘 속여 넘겼다고 생각할 정도로 무능했던 것일까? 나는 줄곧 이 문제에 대해 고민해 봤는데, 처음에는 후자가 맞는 듯해서 그들이 다소 어리숙했던 것이지 사악했던 것은 아니라는 생각이었지만, 점점 내가 틀렸을 수도 있다는 생각을 지울 수 없었다.

레슬리 콜드웰의 말을 들으며 나도 자문해 보았다. 만약 알스톰이 미국 법무부의 조사에 다른 식으로 대응했다면 결과는 어떻게 되었을까? 만약 회사 고위층이 2010년에 잘못을 시인했다면 이 안건에 대한 판결은 어떻게 되었을까? 역사는 물론 다시 쓸 수 없지만, 적어도 다음과 같은 세 가지의 합리적 추론이 가능했을 것으로 보인다. 첫 번째, 벌금이 적게 부과되었을 것이다. 이 부분은 의심의 여지가 별로 없는 듯하다. 두 번째, 알스톰은 지금처럼 반 토막이 나지는 않았을 것이다. 세 번째, 미국 법무부가 나에 대해서 수사를 진행하지는 않았을 것이다. 돌아보면, 미국은 마루베니상사, 토탈, 테크닙, 영국항공 그리고 알스톰과 유사한 다른 사건의 조사 과정에서 누구도 구속하지 않았다.

알스톰의 대응 방식이 달랐다면, 사건은 현재와는 완전히 다른 방향으로 발전할 수도 있었을 것이다.

마티유 아롱 기자는 이때 이미 조사를 시작했는데, 그가 어떤 것을 찾아냈는지 그 당시 나는 아는 바가 없었다. 그는 알스톰의 전임 법무팀장인 프레드 아인빈더(Fred Einbinder)의 신임을 얻는 데 성공했다. 아인빈더는 프랑스에서 30여 년 동안 일한 미국 변호사로, 처음에는 빈치 그룹(Vinci SA) 법무팀에서 일하다가 나중에는 알스톰의 법무팀장을 맡아서 2010년까지 근무하다가 해고되었다. 그의 후임자가 키이스 카였다.

아인빈더에 의하면 알스톰의 진정한 문제의 시작은 21세기 초로 거슬러 올라간다. 알스톰의 불법 시스템은 스위스에서부터 통제를 벗어나기 시작했다. 2004년 KPMG가 스위스 은행위원회(Swiss Banking Commission)의 위탁을 받아 소규모 민영 은행인 템퍼스 프리밧 방크 AG(Tempus Privatbank AG)에 대해 회계감사를 했다. 이 은행의 오너 오스카 홀렌웨거(Oscar Holenweger)가 남아메리카 마약 카르텔의 검은돈 세탁을 도운 혐의로 구속되었고, 그의 비서 집을 압수수색하는 과정에서 홀렌웨거가 알스톰을 위해 리히텐슈타인, 싱가포르, 바레인, 태국 등으로 송금한 사실이 발견되었다. 이 거래 내용은 컴퓨터상에 흔적을 남기지 않기 위해 모두 수기로 기록되어 있었다.

스위스는 몇 년간의 조사를 통해 알스톰의 스위스 자회사를 주목하기 시작했고, 이들과 밀접한 관계가 있는 프랑스, 영국, 미국에도 정보를 전달했다. 파리에서는 2007년 시작된 조사가 진전 없이 줄곧 중단된 상태였으나, 다른 나라에서는 사정이 달랐다. 먼저, 스위스는 연방정부와 사법 경찰 부문에서 파견한 50여 명의 경찰이 바덴, 취리히와 스위스 중부지역에 대해 대규모 수색을 했다. 스위스는 심지어 증인 소환장을 발부하고, 알스톰의 증언을 수집할 수 있는 전용 전화선을 설치하기도 했다. 영국의 반부패 기구인 중대범죄수사청(SFO, Serious Fraud Office)의 수사관들이 2010년 3월 24일 비상 출동했다. 영국해협 연안에서 진행된 이 작전의 코드명은 '루테늄'이었다. 루테늄은 백금족 원소로 경도가 매우 높으나 상온에서는 쉽게 부서지는 특성이 있다. 영국 경찰은 알스톰을 '분쇄'하기 위해 강력한 역량을 동원했다. 영국 경찰은 150명의 수사 인원을 동원해서 알스톰 그룹의 영국 자회사 고위층 세 명 ― 사장, 재무팀장, 법무팀장(법무팀장은 구속된 다음 날 심장마비로 사망했다)의 주거지를 압수수색했다. 이와 같은 시기에 미국의 법무부 수사관들도 조사를 시작했다.

2000년대 후반, 미국, 스위스, 영국 정부는 공동 조사를 진행하기로 했다. 스위스는 라트비아, 튀니지, 말레이시아의 계약 건들의 조사를 책임지기로 했고, 영국은 인도, 폴란드, 리투아니아의 계약 건들을 집중적으로 조사하기로 했다. 미국은 역외 사법관할권을 이용해 전 세계 어디에서든 원하는 조사를 진행할 수 있는 능력이 있는 점을 고려해서 '세계 기타 지역'의 조사를 맡기로 했다. 한편, 이탈리아도 브라질과 마찬가지로 알스톰에 대한 수사를 했다. 결국은 세계은행도 알스톰이 잠비아에서 부패행위를 저질렀음을 의심하기 시작했다. 알스톰의 전임 법무팀장 아인빈더는 당시 파리 근교의 르발루아 페레 알스톰 그룹 본사의 긴장된 분위기를 전했다.

"그 당시 우리는 그야말로 사면초가에 빠진 느낌이었어요."

이 노련한 변호사는 거듭해서 새로운 사실들을 찾아냈다.

"내 직위 덕분에 스위스의 사법 당국을 통해 모든 계약서를 살펴볼 수 있었는데, 매일 6~8시간을 투자해서 모든 계약서를 살펴봤습니다. 100~150개의 계약서를 모두 분석했죠. 모든 계약이 금액이 많든 적든 간에 뇌물공여를 통해서 성사되었습니다."

그는 이 위기상황에 대응하기 위해 법률고문과 변호사로 구성된 TF를 구성했다. TF의 규모가 컸던 관계로 효율적인 관리를 위해 조직도를 작성했는데, 2010년 11월 26일 작성된 이 조직도에는 영국, 스위스, 브라질, 미국, 프랑스, 폴란드, 이탈리아 변호사들의 이름이 망라되어 있었다. 총 39명이나 되는 인원이 알스톰 뇌물 사건 해결을 위해 동분서주했지만, 당시 대부분의 고위 임원들은 이러한 사실을 까마득히 모르고 있었다.

아인빈더가 말을 이었다.

"프랑스의 상황은 복잡하고 골치 아팠어요. 회사에 몇 명의 고문 변호사들이 있었는데 그중에서 특히 올리비에 메츠네르(Olivier Metzner, 변호사협회의 거물. 작고)가 문제였어요. 대책회의가 주로 그의 회사에서 열렸는데, 문제는 그가 파트릭 크롱의 비공식 변호사인 관계로 이익충돌의 위험성이 매우 높았던 것이었죠."

하지만 아인빈더의 걱정은 여기에 그치지 않았다. 악몽 같은 일이 그를 곤혹스럽게 했다. 바로 미국의 수사였다. 그는 직장 미국에서 법규 준수와 관련한 전문적인 교육을 받은 바 있어 미국 법무부의 능력을 잘 알고 있었다. "그들이 2010년 1분기에 우리에게 연락을 했어요. 우리가 그들의 목표가 되었다는 사실을 알려 주었습니다. 미국 법무부는 그들이 조사하고 있다는 사실을 알려 주고 협조할 것을 요구한 겁니다."

이것이 미국의 전형적인 업무 스타일이다. 그들은 먼저 기업들에게 해결 방안을 제시한다. 아인빈더의 설명이다. "순순히 전면적으로 협조하고, 항변을 포기하며, 내부 조사를 실시하고, 유죄를 인정하고, 자사 직원에 대한 징계를 진행하거나, 아니면 그들과의 거래를 거절해야 합니다. 하지만 만약 거절할 경우 미국 FBI가 들이닥치게 됩니다."

미국의 이러한 사법제도는 프랑스와는 완전히 반대다. 프랑스에서는 고객에게 유죄를 인정하라고 하는 변호사는 없다. 오히려 당사자에게 사실을 숨기게 하는 경향이 있다. 하지만 아인빈더는 영미법 계열의 교육을 받은 관계로 2010년 초 파트릭 크롱과 여러 차례 면담을 통해 미국 법무부의 규정을 받아들이라고 권고했다.

결국, 2010년 4월 파트릭 크롱과 아인빈더는 미국으로 가서 뇌물 사건 전문 로펌인 윈스턴 스트론(Winston Strawn)을 방문했다. 미팅은 순조롭게 진행되었고, 파트릭 크롱은 이 사건을 시카고에 본사를 두고 있는 이 로펌에 위임하는 데 동의했다. 이 로펌의 변호사들은 기존에 하던 방식대로 알스톰 내부에 대한 조사를 진행했다. 당시 파트릭 크롱은 자신이 동의한 것이 대기업에서 일반적으로 진행하는 회계감사 정도인 것으로 생각했다. 그러나 몇 개월 후, 이 미국 변호사들이 그룹 내부의 깊숙한 부분까지 조사하고 있는 것을 알게 되었다. 특히 변호사들이 그룹 고위층들을 압박해서 위법 사실을 진술하도록 했다는 것을 알았을 때는 불같이 화를 냈다.

2010년 12월 10일, 윈스턴 스트론 로펌은 아인빈더와 파트릭 크롱에게 서신을 보냈다. 서신의 내용은 한 가지 제안이 전부였다. "조속히 미국 법무부의 조사에 협조하시기 바랍니다." 변호사들은 조사 과정에서 알스톰이 사우디아라비아에서 뇌물을 제공한 사실을 확인했고, 의심의 여지 없이 미국 FBI도 분명히 이 사건을 발견했을 것이라고 확신했다. 그 뒤 파트릭 크롱은 무모한 결정을 감행했다. 먼저 이 로펌에 대한 사건 위임을 철회했다. 그가 보기에는 이 로펌의 변호사들이 지나친 호기

심으로 겁 없이 나댄다고 느껴졌던 모양이었다. 그러고는 아인빈더를 법무팀장에서 해임하고 임기 1년의 고문으로 임명했다. 아인빈더는 이 기간에 이 골치 아픈 사건들에서 벗어나 편안한 은퇴 생활을 즐길 수 있었다. 차기 법무팀장에는 키이스 카가 임명되었다.

이후에 알스톰 내부에서 이 일을 어떻게 처리했는지 알 수가 없다. 키이스 카는 아주 신중한 사람이라 외부로 알려진 것이 전혀 없다.[2]

알스톰은 이 폭풍을 회피하려고 했던 것 같다. 당시 유럽에서 제기된 소송들은 심각한 결과를 초래하지는 않았다. 영국에서는 7명의 전·현직 직원이 조사를 받았는데, 2018년 여름까지 판결이 선고되지 않았다. 스위스에서는 2011년 250만 스위스 프랑의 벌금과 3,400만 스위스 프랑의 배상금을 부과했으나 이 정도의 처벌은 무겁다고 할 수는 없었다. 2012년 세계은행은 알스톰의 스위스 자회사를 포함한 2개의 자회사를 3년 기한의 블랙리스트에 올리고 950만 달러의 벌금을 물렸다. 전세계 최대의 투자기금인 노르웨이 국영연금기금(Norway Government Pension Fund)은 '부패 문제가 광범위하게 존재한다'라는 이유를 들어 2011년 알스톰에 대한 투자를 철회했다. 물론 이러한 제재들이 회사의 명예를 실추시킨 것은 분명하지만 회사의 생존을 위협하는 수준이 되지는 않았다.

파트릭 크롱은 미국의 처벌을 모면할 수 있을 것으로 생각했을까? 그의 엄청난 판단 착오 때문에 나는 물론이고 알스톰 직원들과 프랑스 국민들이 비싼 대가를 치렀다.

---

2 저자는 키이스 카와의 인터뷰를 시도했으나 그는 인터뷰를 거절했다.

우리는 우리나라 굴지의 다국적 기업이 전략적으로 중요한 분야에서 퇴장하는 것을 속수무책으로 바라볼 수밖에 없었다.

40

알스톰의 유죄인정

미국의 사법제도는 매우 불공정하기는 하지만, 적어도 한 가지 장점은 있다. 비교적 투명하다는 것이다. 소송 절차와 관련된 많은 문건을 법무부 홈페이지에서 직접 찾아볼 수 있는 덕분에 나도 미국 해외부패방지법의 판례들을 대량으로 수집할 수 있었다. 알스톰의 유죄인정 합의서도 완전히 자유롭게 열람할 수 있었다. 이 합의서에는 많은 정보가 들어 있었으나 프랑스 기자들은 이 문건에 거의 관심을 갖지 않았다. 이 합의서는 2014년 12월 22일 자로 서명이 되어 있었다(가장 중요한 몇 개의 조항들은 2014년 12월 19일 체결되었는데, 그날 알스톰의 임시주주총회에서 GE에 매각하는 안건이 통과되었다는 사실에 주목해야 한다). 왜 더 일찍 체결되지 못했을까? 합의서가 체결되기 6개월 전, 즉 2014년 6월에는 담판이 이미 완료되었거나 적어도 거의 완료되는 시점이었고, GE는 대략적인 벌금 액수를 알 수 있어 알스톰 인수 금액을 정하는 데 어려움이 없었을 것이다. 그런데 미국 법무부는 왜 6개월이나 지난 후에야 결론을 내렸을까?

내가 보기에는 다음과 같은 한 가지의 합리적인 해석이 가능하다. 그들은 파트릭 크롱이 회장의 지위를 계속 유지함으로써 매각 안건이 주총에서 순조롭게 통과되기를 바랐던 것이다. 사실 주주총회가 열리기 몇 주 전, 심지어 몇 달 전에 유죄인정 합의서가 공개되었다면 큰 소란이 일어났을 것이 뻔하고 파트릭 크롱에 대한 사퇴 요구가 빗발쳤을 것이다. 미국 입장에서 보면 파트릭 크롱이 이번 거래에서 결정적인 역할을 한 것이다. 다시 알스톰의 합의서로 돌아가서 구체적인 내용을 살펴보면, 미국 검찰의 기소는 5개국에 연관된 사건들에 국한되어 있다. 그런데 미국 법무부는 이미 알스톰이 지난 10여 년 동안 전 세계적으로 체결한 계약 정보를 확보했고, 이 정보들이 모두 이 사건의 기소에 적용되었다면 분명히 훨씬 더 강력한 파괴력이 있었을 것이다. 나는 여기서 GE의 영향력을 다시 한번 실감할 수 있었다. GE는 알스톰의 모든 문제 고객들의 치부가 드러나는 것을 원하지 않았다. 어찌 되었든 인수가 완료되면 이들 회사는 GE의 고객이 될 것이었기 때문이다.

나는 7,500만 달러의 뇌물 액수 중에서 절대다수가 2003년 파트릭 크롱이 알스톰 회장에 취임한 후에 지급되었다는 사실에 주목했다. 시사 주간지 〈르 누벨 옵세르바퇴르(Le Novel Observateur)〉의 카롤린 미셸(Caroline Michel) 기자가 강조한 것처럼, 마지막 몇 건의 뇌물은 심지어 2011년에 지급되었다. 만약 파트릭 크롱이 기소되었다면 어떤 결과가 나왔을까? 검찰이 내 수형 기간(15~19년)을 계산하는 데 사용한 연방 양형지침을 살펴보았다. 나 같은 경우는 인도네시아 한 건에만 연루되었지만, 모든 사건을 다 적용하면 도대체 파트릭 크롱은 몇 년 형이 선고될지 상상이 안 되었다. 그도 나처럼 유죄인정 합의서에 서명하겠지만, 그렇더라도 최소 10년 이상의 판결을 면하기 어려웠을 것이다.

하지만 미국 법무부는 파트릭 크롱을 놓아주었다. 구속된 4명 중 3명(데이비드 로스차일드, 폼포니, 나)은 따라한 프로젝트 한 건에만 관여했고 관련된 뇌물 금액도 60만 달러에 불과했으나, 알스톰의 전체 뇌물 액수는 7,500만 달러가 넘었다. 네 번째 구속된 로렌스 호스킨스는 인도네시아의 다른 프로젝트 때문에 기소되었다. 하지만 검찰은 나머지 7,300만 달러 뇌물에 대해서는 누구도 추궁하지 않았다. 결국, 미국의 목표는 사건의 '원흉'을 처벌하는 것이 아니라 알스톰의 경영진과 타협하는 데 있었던 것이 분명했다. 적어도 파트릭 크롱 덕분에 그룹 고위임원들의 '대량 구속'은 면할 수 있었고, 그 고위 임원들은 그에게 큰 신세를 진 셈이 되었다. 심지어 어떤 사람들은 GE와의 계약이 성사된 대가로 지급된 수백만 유로의 격려금을 나눠 갖기도 했다. 그들에게 이 건은 정말 좋은 기회였던 것이다.

한편 유죄인정 합의서를 살펴보는 과정에서 알스톰 경영진의 또 다른 거짓말이 백일하에 드러났다. 파트릭 크롱은 그가 훌륭한 시스템을 수립하고 잘 관리하고 있었다는 점을 부각하기 위해 미국이 그룹에 감독관을 보내지 않았다는 것을 자랑삼아 얘기했는데, 진실은 그의 말과는 달랐다. 유죄인정 합의서에는 보통 유죄를 인정한 회사는 반드시 임기 3년의 감독관 파견 근무를 받아들여야 한다는 규정이 있다. 외부 감시인인 감독관은 통상적으로 미국 변호사들이 맡으며, 해당 회사의 부패방지 약속이 제대로 이행되고 있는지를 확인하는 역할을 한다. 하지만 사실상 알스톰은 이런 조치가 근본적으로 필요하지 않았다. 2014년

12월부터 잠비아 뇌물 사건에 대한 조치의 일환으로 알스톰 그룹은 이미 세계은행의 감독하에 놓여 있었기 때문이다.

　마지막으로, 이번 사건과 관련해서 알스톰 회계 감사원의 역할과 책임에 대해서 곰곰이 되짚어 보았다. 그들은 왜 7,500만 달러의 뇌물을 무시했을까? 왜 알스톰 회계 장부상에 그룹이 내야 할 벌금 액수를 기재해야 한다는 점을 지적하지 않았을까? 벌금 액수가 몇억 달러에 달할 것으로 예상되고 알스톰 계좌에 몇천만 유로밖에 없다면, 그런 회계 장부가 어떻게 회계 감사를 통과할 수 있었던 것일까? 하지만 이런 일들에도 프랑스 금융시장관리국(AMF)은 움직이지 않았다. AMF는 7억 7,200만 달러의 손실 위험성을 은폐하는 행위에 대해서 내가 아는 한 어떤 조사도 진행하지 않았다. 마지막으로, 파트릭 크롱이 프랑스에서도 기소조차 되지 않았다는 사실에 나는 주목한다. 그는 유죄인정 합의서에 서명하고 전 세계적으로 규모가 가장 큰 부패범죄 사실을 시인했다. 프랑스 국가금융검찰(Le Parquet National Financier)은 다른 사건에 대해서는 신속한 조사를 진행했었다(예를 들어 2018년 초의 볼로레그룹 사건. 이 사건과 관련된 금액은 알스톰 사건과 비교하면 턱없이 적은 금액이었다).

41

파트릭 크롱 청문회

이 소식은 제대로 된 파장도 일으키지 못하고 마치 돌이 바다에 가라앉듯 조용히 자취를 감추었다. 2014년 12월 말 미국 검찰이 밝힌 내용이 프랑스 언론에서 폭발적인 반향을 불러일으키리라고 생각했으나 그것은 나의 큰 착각이었다. 몇 편의 기사들이 이 문제를 다루긴 했지만, 알스톰이 미국 회사 덕분에 부채를 해결했다는 식으로 합병 결과를 평가하는 정도였다. 결국 이 문제는 이렇게 잊혀지게 되는 것인가?

결국 나는 입 다물고 조용히 있는 것이 상책이었다. 만약 내 얘기가 알려지게 되면 쓸데없는 위험에 처하게 될 것이 분명했다. 더구나 미국의 재판이 아직 종결되지 않은 상황에서는. 나는 막다른 골목에 갇혀 있는 것처럼 어떤 예측을 할 수도 없고, 계획을 세울 수도 없었다. 어떤 때는 내가 영원히 중간지대에서 살게 될 것 같은 느낌이 들었다. 마치 영원히 오지 않을 비행기를 기다리는 것처럼.

당분간 조심하면서 납작 엎드려 있는 것이 최선이라고 결론을 내렸다. 2015년 초, 나는 '채텀 하우스 규칙'(참석자의 이름을 엄격히 비밀로 하는 규칙)을 준수하는 만찬 모임에 여러 차례 참가했다. 한 번은 프랑스 정보연구소장 에릭 데네세가 주최한 만찬에 주빈으로 참가했다. 두 명의 국회의원, 몇 명의 정부 고위 관료, 프랑스 BNP 파리바의 고위 임원, 정보 업무에 종사하는 전직 경찰, 여러 다국적 기업에서 고위 임원을 역임한 산업계의 유력 인사, 그리고 두 명의 탐사보도 기자 등을 포함해서 20여 명이 참가했다. 그 외에도 CAC 40에 상장된 대기업의 고위 임원들도 몇 명 보였다. 나는 그들이 내 말을 듣고 경각심을 갖기를 바라는 마음에서 내가 겪은 일들을 정말 열심히 설명해 주었다.

다행히 상황을 제대로 파악한 의식 있는 정치인들도 있었다. 그들은 교활한 사기 거래의 실체를 알아채고 강도 높게 비판했지만, 그 수가 많지 않았다. 40여 명의 우익 성향 국회의원들은 2014년 6월과 12월 두 차례의 공동성명을 통해 국민의회에 알스톰 매각 문제를 조사할 수 있는 위원회를 구성할 것을 요구했다. 이를 지지하는 의원들로는 앙리 가이노(Henri Guaino), 자크 미야르(Jacques Myard), 필립 후이용(Philippe Houillon) 등이 있었다. 이 문제에 가장 적극적인 인물은 단연 다니엘 파스켈이었다. 그는 파드칼레(Pas-de-Calais)주 출신의 인민운동연맹(UMP, Union pour un Mouvement Populaire) 소속 의원으로, 이 당의 재무 책임자이며 법학 교수이자 제롬 카위자크(Jerome Cahuzac) 사건 조사위원회의 위원이었다. 하지만 그들의 요구는 계란으로 바위치기였다. 정부는 반대 입장을 분명히 했고, 사회당은 중립 의견을 표방했으며, 인민운동연맹은 기권을 선택했다.

하지만 비분강개한 이 40여 명 의원들의 요구는 부분적으로 받아들여겼다.

프랑스 경제업무위원회(La Commission des affaires economiques, 갖고 있는 권한은 의회 위원회에 비해 제한적이다)가 알스톰 사건 청문회를 열기로 결정한 것이다. 1차 청문회는 2015년 3월 10일 열렸다.

사실 나는 피상적인 질의와 일방적인 주장이 난무하는 중구난방의 토론에 전혀 기대하는 것이 없었다. 정치인들이 주요 경제 문제에 잘 대처하리라고 믿은 적이 없었다. 그러나 이번에는 내가 틀렸다. 비록 정치적인 계산에서 완전히 자유롭지는 못했지만, 청문회는 흥미진진했다.

먼저 인민운동연맹의 다니엘 파스켈이 이곳이 자기 구역임을 선포했다.

"우리의 조사 요구가 받아들여지지 않았음을 안타깝게 생각합니다. 이런 경우에 조사받는 사람은 반드시 선서를 해야 하지만, 우리 위원회에서는 그렇게 할 수가 없으니 유감입니다."

뒤이어 위원장인 사회당의 프랑수아 브로트(François Brottes)가 반론을 제기했다.

"모든 당은 조사위원회 구성을 요구할 수 있습니다. 만약 인민운동연맹에서 원하신다면 당연히 이 권리를 행사할 수 있습니다."

다니엘 파스켈이 대답했다.

"네. 물론 그렇긴 합니다만, 위원장님께서 직접 나서서 이 청문회를 개최할 수 있도록 해 주셔서 다양한 의견을 청취할 수 있는 기회를 제공해 주신 데 대해 경의를 표합니다."

파스켈은 위원장에게 입에 발린 칭찬을 해 주고는 파트릭 크롱에게 날카로운 질문을 이어갔다. 알스톰의 전임 회장은 그의 충성스러운 측근 푸 기옴을 대동하고 의원들 앞에 등장했다. 기옴은 2013년 여름 GE 와의 연락을 담당했었다.

"파트릭 크롱 씨, 왜 그렇게 매각을 서둘렀습니까? 당시 알스톰의 상황을 살펴보면 2년 반의 작업 물량에 해당하는 총 510억 유로의 수주 계약이 있었고, 연간 매출액이 200억 유로에 달하며, 에너지 부문의 이익률이 7퍼센트로 순이익이 5억 5,600만 유로에 달했습니다. 이런 상황에서 매각을 그렇게 서두른 것은 이해가 되질 않습니다."

다니엘 파스켈은 파트릭 크롱에게 부패와 관련된 일련의 소송에 대한 설명을 요구했다.

"미국 법무부가 알스톰에 가한 압력에 대해서 어떻게 생각하십니까? GE는 이전에도 미국 법무부의 조사를 받는 회사를 인수한 적이 있습니다. 소송에 지쳐 있는 회사를 인수하는 것이 이 미국 대기업의 상용 수법 아닌가요? 이 점은 아주 중요합니다. 왜냐하면 알스톰과 관련이 있을 뿐만 아니라, 프랑스의 다른 회사들과도 관련이 있기 때문입니다."

의문을 가진 것은 다니엘 파스켈뿐이 아니었다. 좌파, 특히 공산당에서도 몇몇 의원들이 같은 생각을 가지고 있었다.

앙드레 샤센(André Chassaigne)은 몹시 분노했다.

"파트릭 크롱 씨, 이것은 프랑스 산업계 최고의 회사를 철저히 해체하려는 아주 심각한 사건입니다. 이 거래는 미국이 프랑스에 대한 경제 통치 전략을 감행한 사례입니다. 국가의 주권이 위협받는 극히 엄중한 사건입니다."

파트릭 크롱은 주주총회 때처럼 질책성 질문들에 주눅 들지 않았다. 그가 입을 열었다.

"이 자리에서 선서를 할 수 없어서 유감입니다. 하지만 그렇다고 해도 변함없이 성실하고 투명하게 대답하도록 하겠습니다."

이어서 길게 자기변호를 전개했다.

"저는 알스톰과 GE의 합작은 알스톰에도, 일자리 창출에도, 프랑스에도 도움이 된다고 생각합니다. 여러분은 제 말에 동의하지 않으시겠지만, 제가 회사를 매각하기로 결정한 이유는 분명합니다. 파스켈 의원님, 이번 거래는 결코 급하게 진행된 것이 아닙니다. 정반대입니다. 미래를 예측하고 준비하는 것이 저의 업무이므로 저는 오랫동안 알스톰이 위험에서 벗어날 수 있는 구조적 해결 방안을 찾아 왔습니다. 제가 왜 프랑스가 주도권을 쥐는 방안을 고려하지 않았다고 생각하십니까? 하지만 그런 방법을 찾을 수가 없었습니다. 그래서 제가 GE에 주동적으로 연락을 취했습니다. 심사숙고 후에 내린 결정입니다. 제가 처음부터 소식을 공개하지 않은 이유는, 이 업계에서는 재무적 상황에 대한 약간의 의혹만 있어도 고객들이 불안해하기 때문입니다."

이어서 그는 미국의 사법 절차와 회사 매각 사이에는 인과관계가 없다는 점을 다시 한번 확인하고, 심지어 그것은 음모론이라고 주장했다.

"미국 법무부가 이번 매각에 영향을 미쳤다고 하는 말들은 모두 음모론입니다. 미국 법무부가 알스톰의 부패행위에 대해서 조사를 진행했다고 해도 그것은 우리와 GE가 거래를 위한 담판을 시작하기 전입니다. 뭔가 비밀리에 결탁이 있었다고 합니다만, 그것은 모두 사실이 아니라 모함에 불과합니다."

그의 주장은 설득력이 별로 없어 보인다. 터놓고 말하자면, 황당한 이야기다. 미국 법무부의 조사는 당연히 GE와 접촉하기 전에 시작되었다(2010년에 시작). 바로 법무부의 무서운 칼날이 알스톰과 파트릭 크롱의 머리를 노리고 있었기 때문에 그가 GE를 찾은 것이다. 의원들도 모두 그의 형편없는 변명을 믿지 않는 눈치였다.

칼바도스 출신의 사회당 의원 리오넬 조스팽(Lionel Jospin)의 전임 보좌관 클로틸드 발터(Clotilde Valter)가 말했다.

"이런 음모론을 던진 것은 부패 문제를 이것으로 지워버리려는 의도인가요? 꿈이 야무지군요! 먼저 프랑스가 이런 절차적인 문제에서 뒤처져 있는 원인을 반드시 분석해 보아야 합니다. 파트릭 크롱 씨는 알스톰에 부패 문제가 반복해서 나타나고 이렇게 쉽게 공격을 당하는 이유가 뭐라고 생각합니까?"

크롱은 단호하게 대답했다.

"다시 한번 말씀드리겠습니다, 미국 법무부의 사건 조사와 알스톰의 매각 결정은 전혀 관계가 없습니다."

그는 성질을 내듯이 GE가 120억 3,500만 유로를 지불했기 때문에 알스톰의 철도 부문은 모든 채무를 청산할 수 있었다고 말했다. 그는 국회의원들 앞에서 애국자 흉내를 냈다.

"나는 프랑스 인재 선발 시스템의 산물입니다. 저희 부모는 모두 이민자였습니다. 알스톰에 취임한 후 저는 프랑스에서 1만 5,000개의 일자리를 만들었고, 이에 대해 자부심을 느낍니다. 우리 모두는 프랑스의 일자리 창출을 위해 노력해야 합니다. 저는 미력하나마 프랑스에 공헌을 했다고 생각합니다."

그리고는 자화자찬으로 말을 마쳤다.

"다시 한번 말씀드립니다. 저는 이 거래를 자랑스럽게 생각합니이에 대해서 전 세계 기자들에게 문의해도 되고, 어디서든 조사를 진행해도 됩니다. 이 거래를 결정하게 된 요소는 모두 공공의 이익을 위한 고려에서 출발한 것입니다. 다른 모든 말들은 나에 대한 비방이고 모욕이며, 모두 사실이 아닙니다. 이것이 제가 여러분에게 드리고 싶은 말입니다. 선서를 하지는 않았지만, 저는 여러분의 눈을 똑바로 쳐다보면서 이 말씀을 드립니다."

파트릭 크롱은 회의장을 떠났다.

그가 눈빛만으로 의원들을 설득할 수 있었는지는 알 수 없다. 그러나 그의 발언이 끝난 후 1시간 동안 수많은 탄식 소리가 끊이지 않고 들려왔다. 당시 프랑스 경제산업부 장관이었던 마크롱은 위원회의 질문에 파트릭 크롱은 반역죄를 범했다고 지적했다.

"정부에서도 알스톰의 미래에 대해서 전략적으로 분석했고, 알스톰의 경영진과 주주들에게 협조 의사를 밝힌 바 있습니다만, 알스톰은 정부의 의사에 반해서 자의적으로 국익에 도움이 되지 않는 선택을 했습니다. 다시 한번 말씀 드립니다, 저희 앞에 놓여 있는 것들은 모두 사실입니다."

마크롱은 또한 파트릭 크롱의 불성실함으로 인해 되돌릴 수 없는 결과가 벌어졌다고 지적했다. 그때는 이미 시간이 부족해서 GE가 제시한 가격을 거절하지 못했다는 것이다. 몽트부르가 제안한 것처럼 지멘스 등과 같은 유럽 대기업들과의 협업을 모색할 수 있는 시간도 없었다는 것이다. 마크롱은 재차 강조했다. "만약 당시에 계속 지연되었을 경우 큰 재난으로 발전했을 것입니다."

후안무치한 파트릭 크롱이 프랑스 정부를 재빨리 설득한 후로는 다시 되돌릴 수 없었다. 이것은 사실일 수도 있었겠지만, 이런 식의 변명은 너무 희극적이지 않은가? 한 회사 회장의 기회주의적 수법 때문에 프랑스 정부가 속수무책이 되었다? 아무리 봐준다 해도 나라의 장래가 실로 걱정되지 않을 수 없었다. 마크롱의 다음 청문회는 더욱 서글펐다. 파스켈 의원이 알스톰의 뇌물공여 사건에 대해서 질문했는데, 이에 대한 마크롱의 대답은 의외였다. 기본적인 사항에 대한 언급 정도에 그칠 것으로 예상했으나 특종감의 내용을 폭로했다.

"미국 법무부의 조사 과정에서 나는 파트릭 크롱 씨에게 이 문제를 제기했습니다. 사실 개인적으로는 미국의 조사는 파트릭 크롱 씨의 매각 결정과 관계가 있다고 생각합니다만, 증거가 없습니다. 파트릭 크롱 씨는 내게 미국의 사법 절차는 그에게 어떤 영향도 없었다고 했습니다. 파스켈 의원님, 의원님께서 생각하시는 것과 제 생각이 다르다고 말할 수는 없습니다. 다만, 이 논리를 증명할 수 있는 증거를 가지고 있지 못합니다."

그의 발언에 나는 아연실색했다. 마크롱도 미국의 법적 소송이 알스톰이 매각을 결정한 주요 원인이라고 내심 '확신'하고 있었다는 것이다. 다만 이 부분을 증명할 방법이 없다는 것인데, 프랑스의 경제산업부 장관이 증거를 찾지 못한다면 누가 찾을 수 있다는 말인가? 어쨌든 2014년 말, 나는 여러 차례 그를 찾아갔고, 경제정보를 책임지고 있는 팀에도 몇 차례 간략한 보고를 했다. 부처 간 조직인 경제정보팀의 팀장 클로드 레벨은 직접 대통령에게 보고할 권한도 가지고 있었는데, 그도 이 사건을 인지하고 경보를 발령하고자 했으나 뜻을 이루지 못했다. 만약 프랑스 정부가 이번 매각의 내막을 알고 있었다면, 왜 이를 제지하지 않았을까? 적어도 시간을 지연시켜 거래의 진상이 백일하에 드러나게 하도록 할 수 있지 않았을까? 마크롱은 왜 몽트부르의 제안을 철저히 배제했을까? 몽트부르는 유일하게 이 프랑스 산업계의 마치 자살과 같은 거래에 반대한 사람이었다. 마티유 아롱은 이에 대한 답을 찾기 위해 백방으로 노력했지만, 마크롱 사무실의 직원은 대답을 거부했고, 현직 재무장관 미셸 사팽(Michel Sapin)도 조심하며 묵묵부답이었다. 몽트부르만이 부끄러운 그 당시를 떠올렸다. 그의 설명은 간단했다. 아니 지나치게 간단했다.

"미국을 두려워한 거죠. 미국이 너무 강하다고 생각한 겁니다." 그가 2016년 6월 마티유 아롱과의 인터뷰에서 한 말이다.

이번에는 노동자단체에서 경제사무위원회에 이번 매각 건에 대한 입장을 밝힐 차례였다. 노동자단체는 이 청문회 전까지는 신중한 태도를 취했다. 파트릭 크롱은 그래서 노동자단체가 자기편이라고 생각했던 것 같다. 하지만 2015년 3월 10일, 알스톰 사건의 또 다른 '우화'가 깨졌다.

프랑스 노동자민주동맹(CFDT)의 부조정관 로랑 데조르주(Laurent Desgeorge)는 이렇게 비난하며 매각 후의 사회적 영향을 우려했다.

"저는 이 프로젝트가 합작이라고 할 수는 없다고 생각합니다. 그냥 팔린 거죠. GE는 아마도 1,000개의 새로운 일자리를 만들기 위해 노력하겠지만, 향후 6년간의 감원을 보충하기에는 턱없이 모자랄 것입니다."

프랑스 노동총동맹(CGT) 대표 크리스티앙 가르니에(Christian Garnier)의 의견도 그와 비슷했다.

"알스톰 에너지 부문을 GE에 매각한 거래는 정확히 말하면 바겐세

일입니다. 거기에 무슨 사업적 전략이라는 것이 있습니까? 정치적인 금융 거래일 뿐입니다. 입에서 나오는 대로 하는 말이 아니라는 것을 알아주시기 바랍니다."

마지막으로 알스톰 그룹 발랑시엔(Valenciennes) 교통부문의 직원이자 노조 대표인 뱅상 조지악(Vincent Jozwiak)의 발언이 있었다. "미국의 소송이 알스톰의 어떤 경영진들이 회사를 매각하는 데 결정적인 작용을 했다는 것은 분명한 사실입니다. 잘 조직된 어떤 비밀 그룹이 우리의 에너지사업을 GE에 팔아넘기기로 결정한 겁니다."

눈사태 같은 비판들이 쏟아지자 의원들은 파트릭 크롱에 대한 청문회를 다시 열기로 결정했다. 위원회로서는 좀처럼 보기 드문 결정이었다. 그러나 2015년 4월 1일에 진행된 청문회는 별로 새로울 것도 없는 맥 빠진 청문회가 되었다. 다만, 알스톰 이사회에서 파트릭 크롱에게 지급한 격려금이 주요 쟁점이 되었다. 이번에도 파스켈이 먼저 포문을 열었다.

"이전의 청문회에서도 제기된 바가 있었습니다만, 이사회가 GE와의 거래를 달성한 공로로 파트릭 크롱 씨에게 격려금 지급을 제안했고, 실제로 400만 유로의 격려금을 지급하기로 결정했다고 합니다. 저는 이사회의 이 결정에 찬성할 수 없습니다. 마크롱 경제산업부 장관도 이 격려금이 '대기업이 갖추어야 할 윤리 원칙을 위배하는 것으로, 응당 다른 조치가 있어야 한다'고 하시더군요. 파트릭 크롱 씨도 다른 경제계 지도자들처럼, 장관께서 불합리하다고 지적한 이 격려금을 거절하실 의향이 있으신가요?"

파트릭 크롱의 믿을 수 없을 정도로 후안무치한 대답을 잊을 수가 없다.

"저는 이 400만 유로의 격려금을 거절할 생각이 없습니다. 만약 제가 거절한다면 프랑스 납세자들에게는 나쁜 소식이 될 것입니다. 이 돈 중의 상당 부분은 세금으로 납세자들에게 돌아가게 될 테니까요. 납세자들의 공동 이익을 대표하는 분으로서 의원님께서도 당연히 기쁘게 생각하실 거라고 생각합니다."

2015년 말에 알스톰을 떠난 파트릭 크롱의 수입은 사실 400만 유로에 그치지 않았다. 그가 회사에서 근무한 마지막 1년간(2015~2016 회계연도) 이사회는 226만 유로의 급여(고정급과 성과급 포함)를 지급했다. 이것만 해도 이미 상당한 액수였는데, 여기에 격려금(445만 유로)과 퇴직금(알스톰은 이미 AXA 보험에 540만 유로를 납부해서 파트릭 크롱에게 매년 28만 5,000유로의 연금을 지급할 수 있도록 했다)이 추가되었다. 파트릭 크롱은 퇴직하면서 이렇게 1,200만 유로가 넘는 금액을 받았다.[1] 이것은 정말 파렴치함의 극치였다. 파트릭 크롱이 취했던 전략(2년여간 줄곧 미국 법무부의 담판 거절)을 고려하면 그는 알스톰이 해체에 이르게 한 원흉인 셈이다. 게다가 나를 포함한 몇 명의 고위 임원들을 위험에 방치하는 잘못을 저질렀다.

파트릭 크롱에 비하면 다른 회사의 경영진들은 훨씬 더 자기 직원들을 잘 보호했다. 따라한 프로젝트의 일본 파트너였던 마루베니상사도 미국에 의해 기소되었고 유죄인정 합의서에 서명했으나(마루베니상사

---

1   2016년 7월, 알스톰 주주총회에서 파트릭 크롱의 급여에 대해서 이의를 제기했다. 60퍼센트를 넘는 주주들이 반대 의견을 표시했고, 이사회는 파트릭 크롱의 급여 문제를 다시 검토하겠다고 선언했다. 하지만 2016년 11월, 이사회는 격려금 결정이 유효하다고 선언했다.

는 8,800만 달러의 벌금 부과), 교도소 수감은 물론이고 체포당한 직원도 없었다. 마루베니상사와 알스톰은 당초 50:50의 비율로 공동경영 회사를 설립하고 2명의 중개인 역시 공동으로 출자해서 고용했기 때문에 두 회사의 공소 내용은 완전히 동일했다. 그런데 일본은 곧바로 유죄를 인정하고 유죄인정 합의서에 서명하는 것을 선택했다. 그들의 전략은 이랬다. "아, 제대로 걸렸네. 오케이, 잘못을 인정하고 순순히 벌금을 물도록 하지. 하지만 당신들이 들어와서 우리의 전 세계 각지의 모든 사업들을 조사하고 그 사업들에도 죄명을 씌우도록 문을 열어 주지는 않을 거야." 그들은 이러한 전략을 통해서 재무와 인력의 손실을 최소화했다. 파트릭 크롱의 위험한 전략은 완전히 반대였다.

하지만 여기서 또 주목해 볼 것이 있다. 미국 법무부가 마루베니상사에 취한 관대한 처리 방식은 일반적이지 않았다. 의도적으로 깊이 조사하지 않으려고 했던 것처럼 보였다. 사실 부패가 만연한 아프리카와 아시아 등지에서 활동하는 많은 미국 회사들에게 마루베니상사는 중요한 전략적 협력 파트너였고, 이 회사는 자주 GE와 협력해서 발전과 의료설비 시장에서 다른 상대와 경쟁을 벌이곤 했다.

42

알스톰 매각의 마지막 장애물

2015년 봄, 파트릭 크롱은 의원들에게 추궁을 당하기는 했으나 미국 법무부로부터는 일종의 우대를 받아냈다. 그가 알스톰의 7억 7,200만 달러 벌금의 유예 기간을 얻어낸 것은 수상한 면이 있다.

미국 법무부의 엄격한 규정에 따르면 유죄인정 합의서 서명 후 10일 이내에 벌금을 완납하도록 엄격히 규정하고 있으므로 알스톰은 2014년 12월 말까지 벌금을 납부해야 했으나, 재닛 본드 아터튼(Janet Bond Arterton) 판사는 6개월의 유예 기간을 추가로 부여했다. 이에 대해서는 미국 언론에서도 놀라움을 표시했다. 〈월스트리트 저널〉은 2015년 2월 1일 "프랑스 회사가 다른 회사들보다 월등히 특별한 대우를 받았다"고 강조했다. 이 사건의 담당 판사인 아터튼은 인터뷰에서 "매우 여유로운 시간표를 정해 주었다."고 인정했다. 3일 후인 2015년 2월 4일, 〈월스트리트 저널〉은 "알스톰의 유죄인정 합의 공판 기록에 따르면 알스톰이 미국 법무부와 진행하는 담판에 GE의 법무팀이 긴밀하게 협조한 것으로 보인다"고 보도했다.

알스톰의 변호사 로버트 러스킨(Robert Luskin)은 이 신문의 칼럼에서 "준비 작업과 담판 작업의 매 단계마다 GE의 법무팀이 미국 법무부와 관련된 모든 문건을 검토해 준 것은 사실이다."라고 고백했다.

이 진술은 매우 충격적이었다. 이 미국 회사는 알스톰의 주주가 되기 전에 이미 과거 10년간 알스톰과 중개인들 간에 체결된 모든 계약서들을 들여다보았다는 것이다. 사실 이처럼 극히 민감한 정보들은 인수 계약이 완료된 이후에나 획득할 수 있는 것이 보통이다. 이 사건의 경우 알스톰은 인수 계약이 완료되기도 전에 경쟁 상대인 GE에 회사의 일반적인 뇌물공여 시스템 및 관련 직원의 이름 등 반박할 수 없는 증거들을 모두 제공했다. 물론 그 뒤에는 미국 법무부의 도움이 있었다.

알스톰의 변호사 로버트 러스킨의 진술에 당황한 미국 법무부는 해명하지 않을 수 없었다. 미국 법무부의 반부패 업무 책임자 레슬리 콜드웰은 "GE의 인수 거래는 정부의 결정에 결코 특별히 중대한 영향을 끼치지 않았습니다."라고 말했다.[1] '특별히 중대한 영향'이 아니더라도 그녀의 말은 미국 법무부와 이번 거래 사이에 모종의 관련이 있다는 증거였다. 무의식중에 드러난 이런 증거는 결코 무시할 수 없는 것이다. 아터튼 판사가 왜 그렇게 이상하게 관대했는지, 또 왜 알스톰에 유예 기간을 주었는지 비로소 이해가 되었다. 왜냐하면 이 거래에서 시간표상의 순서는 아주 중요한 관건이 되기 때문이다.

---

1 〈월스트리트 저널〉 2015년 2월 4일 보도

진상을 정확히 알고자 한다면 먼저 브뤼셀을 살펴봐야 한다. 알스톰 매각을 마무리 지으려면 EU 28개 회원국의 동의를 획득하는 마지막 장애물을 넘어야 했다.

2001년 브뤼셀은 GE와 하니웰(Honeywell)의 합병을 저지했다. 이번에는 같은 일이 일어나면 안 되고, 어떤 실수도 있어서는 안 되었다. 우선 '충성스러운' 파트릭 크롱은 반드시 임기 동안 회장 자리에 있어야 하고, 반드시 협박을 받는 상태에 있어야 했다. 다음으로 프랑스 정부도 반드시 처음부터 끝까지 참여해야 했다. GE의 이익을 위해 모두 끝까지 전투를 수행해야 했다. EU 집행위원회의 동의를 얻기 전에는 미국 해외부패방지법을 위반한 이 안건이 종료되어서는 안 되고, 법의 칼날이 시종 알스톰과 회장의 머리를 겨누고 있어야 했다. 그런 상황을 만드는 것이 바로 아터튼 판사의 역할이었다. 아터튼 판사는 미국 법무부의 비호하에 EU가 이번 인수안에 대해서 '초록불'을 켤 때까지 유죄인정 합의서의 비준 지연에 동의했다. 파트릭 크롱의 말과는 반대로 이 두 가지 일 사이의 관련성은 논쟁의 여지가 없는 사실이었다.

이번에 GE는 확실히 도움의 손길이 필요했다. EU 집행위원회의 허가를 얻으려면 갈 길이 아직 멀었다. 사실상 EU는 이 거래에 대해 경계심을 가지고 있었다. 2015년 2월 28일, EU 집행위원회가 좀 더 심도 있는 조사에 착수했다. 브뤼셀의 전문가들은 이 거래가 유럽의 에너지 시장, 특히 가스 터빈 관련 시장에 영향을 끼칠 수 있는 점을 우려했다. 알스톰 인수 전, GE는 이미 이 분야 설비의 세계 최대 제조업체였고, 알스톰의 전 세계 시장 점유율은 세 번째였다. 알스톰이 매각되는 날에 GE는 유럽에서 거의 독점적인 지위를 갖게 되고, 유일한 경쟁업체는 지멘스 하나만 남게 되는 것이었다.

집행위원회는 경고 메시지를 보냈다. "기술 독점은 기술 혁신에 도움이 되지 않으며, 관련 기술의 시장가격 상승이 나타날 것입니다. 그리고 이 기술은 기후변화 대응에 있어서도 필수불가결한 요소입니다." 제프리 이멜트 GE 회장은 EU 설득을 위해 전략적 양보를 택했다. 그는 몇 개의 발전소 유지관리 계약을 포함한 일부 사업을 훨씬 규모가 작은 경쟁 상대인 이탈리아의 안살도(Ansaldo)에 양도하는 데 동의했다. 이로써 GE의 시장 점유율이 다소 낮아질 것이고, 제프 이멜트는 이를 통해 집행위원회의 동의를 기대했다. 그러나 담판은 여전히 진전이 없었다. 2015년 5월 5일, 제프 이멜트가 직접 EU 집행위원회를 방문해 허가 절차의 조속한 추진을 위해 노력했다. 2015년 5월 12일, 집행위원회는 GE의 자료 제출이 미흡했다고 판단하고 최종 결정 일자를 같은 해 8월 21일로 연기했다. 한편, 지멘스도 포기하지 않고 이번 거래가 가져올 '지나친 독점'의 위험성을 열심히 홍보했다.

이런 대치 국면을 깨뜨린 것은 프랑스였다. 2015년 5월 28일, 마크롱은 GE의 벨포르 공장을 방문했다. 이 방문은 프랑스가 공개적으로 미국의 알스톰 인수를 지지한다는 유력한 신호로 받아들여졌다. 프랑스 정부는 자랑스럽지 않은 이 사건이 하루 빨리 마무리되기를 원했다. 이 계약이 성사되지 않으면 미국 법무부는 알스톰을 다시 기소할 것이다. 만약 미국이 프랑스 최대 기업을 기소한다면 프랑스는 엄청난 어려움에 처하게 될 것이다. 프랑스 정부는 EU가 프랑스 최대 기업을 GE에 매각하는 데 동의하도록 독촉했다. 이 얼마나 기가 막힌 반전인가? 이 대결에서 프랑스는 철저한 패자였다.

2015년 9월 8일, GE는 학수고대하던 인수 허가를 받아냈다. 알스톰도 이 담판에 기여했다. 파트릭 크롱은 GE가 일부 자산을 이탈리아의 안살도에 양도하는 것에 대한 보상으로 알스톰의 인수가격을 다시 3억유로로 인하해 주었다. 이렇게 알스톰 계좌의 자금이 또 줄어들었다. 최후의 양보를 해 주었으니, 이제 더 이상 이 거래를 제지할 수 있는 것은 없었다. 2015년 11월 2일, 이 거래는 드디어 최종적으로 마무리되었다. 제프 이멜트는 프랑스 경제지 〈레 제코(Les Échos)〉의 기사에서 이번의 '전략적' 인수에 대해 축하의 뜻을 표하며 이번 인수 건이 '한 세대에 한 번 있을까 말까 한 행운'이라고 표현했다. 국가의 보물을 잃어버리고 빈손이 된 프랑스는 눈물만 흘릴 뿐이었다.

2015년 11월 13일, 아터튼 판사는 드디어 미국 법무부와 알스톰이 11개월 전에 이미 합의한 유죄인정 합의서를 승인했다. 미국 해외부패방지법 역사에 기록될 만한 독특한 판례가 아닐 수 없다. 파트릭 크롱은 생명줄을 보전하게 되었고, 드디어 한시름 놓을 수 있었다. 물론 뒤에서 이 모든 것을 조종한 것은 GE였다.

이 거래의 첫 번째 가시적 효과가 바로 나타났다. GE 경영진은 노조에 대규모 구조조정 계획을 통보했다. 알스톰 에너지 부문의 전 세계 6만 5,000개 일자리 중 1만 개의 일자리가 사라지게 되었다. 유럽이 심한 타격을 받아 6,500명이 해고되었다. 그중에서도 독일 지사의 충격이 가장 커서 1,700개의 일자리가 없어졌고, 그다음은 스위스에서 1,200개가 없어졌다. 마지막으로 프랑스에서는 800개의 일자리가 위협받았다. 2016년 4월, 2~3천 명의 알스톰 유럽 직원들이 파리에서 항의 집회를 열어 그들의 분노를 표출했다. 집회에는 영어, 독일어, 이탈리아어, 스페인어로 되어 있는 표어와 플래카드들이 보였다. 알스톰이 고용했던 직원들은 회사가 배신했다고 비판했다. 한 직원은 "감원 계획을 들었을 때 머리를 세게 한 대 맞은 것 같았습니다. 이렇게 대규모의 구조조정을 실시할 줄은 몰랐어요. 그들은 우리에게 거짓말을 했습니다." 프랑스의 상황은 그나마 상대적으로 양호한 편이었다. 제프 이멜트는 프랑스 지사의 감원에 대해서는 보상을 해 주겠다고 선언했다. 그는 파리에 디지털 연구 센터를 설립해서 "대학생들을 상대로 한 인사, 금융 전문가 양성 프로그램을 실시해서 250개의 일자리를 창출하겠다"고 약속했다. 벨포르 공장도 다중언어가 가능한 직원들을 고용하는 공유 서비스 센터를 건립하기로 했다. 새로운 일자리에 대한 계획은 있었으나 전체 계획은 상당히 모호했다.

GE는 2018년 봄이 되자 1,000개의 제대로 된 일자리를 만드는 것이 어렵고, 이로 인해 프랑스 정부와의 약속을 지키지 못하게 되었음을 인정할 수밖에 없었다. 나는 별로 놀라지 않았다. 알스톰과 GE의 '밀월'이 끝난 후에는 필연적으로 거대한 사회적 손실이 발생하게 되어 있었다. IT 관련, 회계, 출납 같은 보조적인 일자리의 삭감이 전형적인 특징이었다.

두 회사의 밀월은 길지 않았다. 2016년 5월 13일, 알스톰 철도사업 부문(알스톰이 매각된 후 남은 부문)은 미국에서 GE를 제소했다. 프랑스인들은 우롱당하는 기분이었다. 사실 알스톰 매각 협상 과정에서 미국 측은 보상 차원에서 GE의 철도신호 사업을 양도하는 데 동의했다. 하지만 얼마 지나지 않아 GE는 말을 뒤집었다. 미국 측은 기존의 인수 가격에 동의하지 않았다. 또한 계약서의 약정은 프랑스의 로펌에서 쟁의를 해결하고 이를 통해 최종 가격을 확정해야 했으나, GE는 다른 중재기구인 국제상업회의소에 중재를 요청했다. 알스톰 철도부문의 이 쟁의는 강제적으로 미국 법원으로 이송되었고, 그곳에서 권리 회복을 청구했다. 이것이 두 회사의 합병 후 처음으로 발생한 충돌이었다.

GE는 프랑스에서 또 다른 중요한 사업 파트너인 프랑스 전력공사와도 충돌했다. 두 회사 간의 협력이 순조롭지 않다는 것은 소문이 아니었다. 더구나 이 일은 프랑스 원자력 발전소의 유지관리와 관련된 일이었다. GE는 알스톰 인수 후 정상적으로 작동 중인 58기의 핵 반응로의 터빈 업무를 접수했다. 그러나 이미 전 세계 최대의 에너지 설비 생산 회사가 된 GE는 이 계약의 세부 조항을 수정하기를 원했는데, 특히 사고 발생 시 GE의 배상 책임을 낮추고, 예비용 부품의 가격을 올리기를 희망했다. GE는 2016년 2월 며칠 동안 서비스를 중단하며 프랑스 전력공사에 압력을 가했다. 프랑스 전력공사 장 베르나르 레비(Jean-Bernard Levy) 회장은 제프 이멜트 GE 회장에게 강력한 유감을 표명하는 편지를 보냈다. "프랑스 전력공사는 강압에 의해 비상 계획을 넘어 긴급 조치까지 가동했습니다. 한때 사업 파트너였던 귀사의 태도는 받아들일 수 없습니다." GE는 이 편지를 받은 후에도 꿈쩍하지 않았다. GE의 전력부문 사장은 여전히 강경한 태도로 2016년 6월 15일 전에 요구한 조건을 받아들일 것을 프랑스 전력공사에 요구했다. 이에 분개한 프랑스 전력공사는 GE와의 모든 상업적 거래 중단을 통보함으로써 앞이 보이지 않는 대치 상태에 이르렀다. 양측의 이런 대치가 얼마나 오래 지속될 수 있을까? GE 뒤에는 미국 정부가 버티고 있었다. 미국은 실질적으로 프랑스의 모든 원자력 발전소를 장악함으로써 미래의 대량 살상무기를 확보하게 된 것이다. 이런 결과는 진작에 예상했어야 했다. 만약 장래에 중대한 국제정치 문제로 프랑스와 미국 간에 불화가 생길 경우 어떤 일이 생기게 될까? 2003년 프랑스가 이라크전 참전을 거절했을 때 유사한 상황이 발생했다. 전 프랑스 육군 참모총장(2002년~2006년 재임) 앙리 방테제아(Henri Bentégeat) 장군은 미국이 이 일로 프랑스 군대에 부품을 하나도 공급하지 않았다고 밝혔고, "만약 이런 상황이 계속된다면 우리의 항공모함 샤를 드골호는 운행할 수 없게 됩니다."라고 말했다.

2016년 중반이 될 때까지도 내 사건은 여전히 오리무중이었다. 미국에서의 선고일은 계속 연기되는 상황에서 나는 평정심을 유지하기 어려웠다. 한편 이 와중에도 알스톰과의 쟁의 소송을 노사조정위원회에서 처리해야 했다.

나는 '근무지 무단이탈'을 이유로 나를 해직 처리한 것에 대해서 이의를 제기했다. 그 외에도 고용주가 내게 지급해야 함에도 모르쇠로 일관하고 있는 9만 유로의 퇴직금 문제를 법원에 제소해서 처리하기로 결정했다.

43

노동재판소

내 귀를 의심하지 않을 수 없었다. 처음으로 나의 불행에 관심을 기울여 주는 판사를 만났다. 알스톰의 퇴직금 미지급 관련 사건을 담당한 베르사유 항소법원의 판사는 알스톰이 나를 대한 방식에 대해서 매우 분개했다. 판사는 모든 진술이 끝나고 판결하기 전에 중재를 원하는지 여부를 물었고, 나는 긍정적으로 대답했다. 이틀 후, 알스톰도 중재에 동의했다.

제1차 중재위원회가 열렸다. 회의장에는 중재원, 나의 변호사 마르쿠스 아쇼프, 알스톰 측 변호사, 나 그리고 브뤼셀에서 온 GE 측 변호사가 참석했다. 사실 GE는 이날 알스톰을 정식으로 접수했다.

회의가 시작되자 GE 변호사가 먼저 입을 열었다. "피에루치 씨의 처지에 대해서는 저희도 안타깝게 생각합니다. 우리는 법정 밖에서 합의를 통해 해결 방안을 찾을 수 있기를 희망합니다."

법정 밖에서 합의를 통해? 말은 참 쉽군. 그녀에게 내가 그동안 겪은 모든 고난을 다 이야기해 주어야 하나?

"아시다시피 저는 경비가 삼엄한 구치소에서 14개월을 복역했습니다. 프랑스 정부가 GE의 알스톰 에너지 부문 인수에 동의한 후에야 비로소 석방되었습니다."

그녀는 바로 반박했다. "만약 귀국 정부가 그렇게 많은 문제를 일으키지 않았더라면 당신은 진작 석방되었을 겁니다."

나는 경악했다. 이런 '솔직함'은 정말 예상하지 못했다. 이 한마디로 이 변호사는 네 사람(변호사 두 명을 포함해서) 앞에서 내가 체포된 것과 GE의 알스톰 인수 사이에는 분명히 관계가 있다는 것을 시인함 셈이 되었다. 간단히 말하면 내가 '경제적 인질'로 이용되었다는 사실을 시인한 것이다.

그녀는 적어도 솔직하기는 했다. 그러나 일단 돈 문제가 나오자 말투가 완전히 바뀌었다. 이 GE 변호사는 '회사는 내게 지불해야 할 것이 전혀 없다'고 분명하게 말했다. 또 GE는 이번 조정 중재 결과를 미국 검사에게 보고해야 한다고도 했다. 이런 얘기는 들어 본 적이 없었다. 이 건은 프랑스 피고용자와 프랑스 회사 간의 민사소송으로, 노동계약서는 프랑스 노동법의 보호를 받고 있고, 분쟁은 프랑스 법정에서 심리하는 것인데, 미국 법무부가 무슨 권리로 관여를 한다는 것인가? 하지만 이 변호사는 뭐가 잘못되었는지 모르는 듯했다.

"어떤 경우든, 미국 법무부의 동의가 없으면 우리 회사는 아무것도 할 수 없습니다."라고 그녀는 말했다.

그 후로 몇 번을 더 이 변호사를 만났는데, 만날 때마다 GE는 반드시 미국 법무부의 의견에 따라 움직여야 한다는 점을 강조했다. 세 번째 중재회의가 끝난 후, 그녀는 느닷없이 내가 주장한 9만 유로의 퇴직금에 대해서 그들은 3만 유로밖에 지불할 수 없다고 했다. 그리고 이것은 '동정' 때문이며 회사는 내게 1원도 줄 의무가 없다는 점을 강조했다. 나는 거절했다. 그녀의 자선 따위는 필요 없었으므로.

나의 판단이 옳았다. 1개월 후 나는 승소했다. 판사는 알스톰에 과실이 있다고 인정했다. 판사는 알스톰이 즉시 4만 5,000유로를 지급하도록 판결하고, 별도로 최종 판결 시에 동일한 액수를 다시 내게 지급하도록 하겠다고 알려 주었다.

이 소송이 시작되기 전, 내 변호사는 알스톰과 화해를 시도했었다. 우리는 몇 차례 회의를 열었는데, 첫 번째 회의는 2015년 봄에 열렸다. 알스톰 인사부 책임자가 변호사를 대동하고 직접 참석했고, 나도 폴 알베르 이와인스(Paul-Albert Iweins)와 마르쿠스 아쇼프 두 변호사의 도움을 받았다. 회담 시작 후, 나는 키이스 카가 내가 미국으로 가기 전에 나를 안심시키면서 했던 약속, 체포된 후 전혀 도움을 받지 못한 점, 본사에서 아내 클라라에 대한 지원을 거절한 점, '근무지 무단이탈'을 이유로 해고한 점, 변호사 비용 지불을 중단한 점, 퇴직금 지급 문제에 대해서 시시콜콜 따지는 점 등에 대해서 거리낌 없이 퍼부었다. 나는 인사부 책임자가 파트릭 크롱에게 내 뜻을 명확하게 전달해 주길 바랐다. 파트릭 크롱은 본인의 결백을 극구 주장하고 있지만, 나도 더 이상은 가만있지 않겠다는 것을. 그리고 나서 나는 회의장을 떠났고, 나의 변호사들이 남아서 그들과 담판을 계속했다.

나는 미국에서 체포되어 무엇으로도 보상받을 수 없는 치명적 손실을 입었다. 나는 47세에 불과했지만, 이 후로는 내가 알스톰에서 일할 때의 직위를 다시 가질 수 없게 되었다. 전과가 남는 것을 감안하면 심지어 급여를 받을 수 있는 직업을 구할 수 있을지도 의문이었다.

놀라운 점은 이때 회사가 내 의견을 듣기를 원하는 듯했다는 것이다. 몇 차례의 담판 후 배상 범위는 어느 정도 의견이 일치되었고, 분쟁을 제3의 중재원에게 맡겨 결정하는 것으로 결론 내렸다. 나는 이 문제가 조속히 해결되기를 바랐다. 몇 주 후 혹은 몇 개월 후 GE의 알스톰 인수가 완료되면 알스톰 내부에서 내게 보상해 주려는 소수의 양심적인 사람들이 더 이상 책임자의 위치에 있지 못하게 될 것이기 때문이었다. 따라서 우리는 논의를 통해 6월 말 또는 7월 초에 퇴직금을 지급하는 것으로 결정했다.

그러나 이 일은 제대로 진전되지 않았고, 9월 중순까지 아무 소식도 들을 수 없었다. 그러던 어느 날 인사부 책임자로부터 그가 알스톰을 떠난다는 통지를 받았고, 중재도 가망이 없었으나 회사는 내게 십여만 유로를 지급할 수 있다고 했다. 나는 돈을 받고 끝내거나 또는 계속 쟁의를 이어갈 수 있었는데, 반드시 즉시 결정을 해야 했다. 이 금액도 적은 액수는 아니었지만 우리가 당초에 합의했던 배상 하한 액수보다 턱없이 적은 금액이었다. 이 금액에서 세금을 제외하면 미국과 프랑스에서의 변호사 비용, 미국을 왔다 갔다 하는 교통비와 미국 법무부에 납부해야 하는 벌금을 내면 딱 맞는 액수였다. 인사부 책임자는 이 내용을 정확히 알고 있었던 것이다.

그의 갑작스러운 태도 변화는 어떻게 설명할 수 있을까? 내가 짐작할 수 있는 유일한 이유로는 2015년 9월초 EU 집행위원회가 GE의 알스톰 인수 건을 승인했기 때문이었을 것이다. GE의 알스톰 인수가 기정사실화되어 사실상 더 이상 어떤 일로도 변동이 생길 수 없게 되었고, GE는 승기를 잡게 되었다고 확신이 서자 드디어 본모습을 드러냈던 것이다. 나는 인사부 책임자의 제의를 거절했다. 그는 2015년 10월 말 알스톰을 떠났다. 몇 주 후에는 파트릭 크롱도 떠났다. 결국 담판은 완전히 없었던 일이 되었다.

회사는 내가 당연히 받아야 하는 보상의 지급을 거절했다. 회사는 다시 한번 나를 배신했다. 그것도 이중 배신이었다. 먼저 나를 속죄양으로 만들어 놓고는 진상을 감추고 어떠한 위험 신호도 보내 주지 않았다. 내가 체포된 후 회사는 전쟁에서 부상당한 병사를 내팽개치듯이 나를 위해 어떠한 보호 조치도 취하지 않았다. 가장 화가 났던 것은 회사가 사실은 완전히 다른 방식으로 내게 법률적 지원을 할 수도 있었다는 사실이다. 놀랍게도 로렌스 호스킨스는 조사가 시작되면서부터 거금을 들여 변호사를 선임하고 150만 달러의 보석금도 납부했다. 하지만 당시 그는 이미 퇴직한 지 몇 년 되었던 터라 개인적으로 상당한 재산을 가지고 있었을 거라고 생각했었는데, 나중에 알고 보니 로렌스 호스킨스의 변호사비는 보험회사에서 지급했다는 것이다. 나는 할 말을 잃었다. 그러고 보니 회사의 임원이었던 나도 보험회사로부터 변호사 비용을 지원받을 수 있었던 것이다.

사실 알스톰은 진작부터 고위급 임원들을 보호하기 위한 보험을 운용하고 있었다. 그런데 이상하게도 회사는 내가 체포되었을 때 이 보험을 이용하지 않았다. 정말로 이상한 결정이었다. 이 보험의 주요 목적은 피고용자와 고용주 사이에 이익 충돌이 발생하지 않도록 하는 데 있었다. 고용원이 독립된 변호사의 도움을 받아 회사의 압박에 좌지우지되지 않도록 하기 위한 것이었다. 지금 생각해 보면 아주 합리적인 제도였다. 하지만 2013년 4월 14일 체포된 후 몇 주 아니 몇 달 동안 나는 이 보험이 있다는 것을 떠올리지 못했었다. 물론 내가 생각해 냈다고 해도 알스톰이 동의해 주어야만 비로소 보험을 사용할 수 있었다. 키이스 카는 왜 이 보험을 사용해서 나를 보호해 주지 않았을까? 그는 왜 알스톰의 대리 법률사무소 패튼 보그스에 보험이 아닌 현금을 사용해 다른 변호사를 선임해서 내 사건을 처리하도록 요청했을까? 이것은 또 다른 이익 충돌이 아닌가? 알스톰은 이를 통해 나를 컨트롤하려고 했던 게 아닐까?

이 밖에도 고위 임원 보호 보험의 약관에는 미국에서 구속 수사 받는 경우에 적용할 수 있는 특별 조항도 있었다. 미국에서 기소되는 경우 기본적으로 모두 유죄인정 압박을 받게 된다는 점을 보험회사들은 잘 알고 있었다. 따라서 유죄 판결을 받게 되더라도 변호사 비용은 여전히 보험에서 부담하게 되는 것이다.

2017년 2월, 나는 나의 보험 문제를 확인해 보기 위해 노르망디의 도빌(Deauville)에서 열린 세계 보험사 대회를 참관했다. 대회장에서 알스톰 협력 보험사의 책임자를 만났다. 그는 상술한 보험 계약 조항과 관련한 구체적인 상황에 대해서 손바닥 보듯이 잘 알고 있었다. 그는 로렌스 호스킨스의 경우 보험회사가 이미 300만 달러의 법무 서비스 비용을 지급했다고 알려 주었다. 그리고 나도 피보험자 리스트에 있으나, 알스톰은 내 사건과 관련해서는 지원 요청을 하지 않았다는 것이다. 그에 따르면, 알스톰이 지금이라도 보험회사에 필요한 지원을 요청하면 변호사 비용은 여전히 보험회사에서 지급할 수 있는 기회가 남아 있다고 했다. 나는 노르망디에서 돌아온 후 알스톰의 푸파르 라파르그(Poupart-Lafargue) 신임 회장에게 정식 서한을 보내서 내 보험을 사용할 수 있도록 해 달라고 요청했다. 그리고 그룹 법무팀과 GE에도 동시에 편지를 발송했다. 그러나 전혀 회신이 없었다.

44

용서할 수 없는 사기행각

그들은 나의 삶을 강탈해 가서 좀처럼 돌려줄 생각을 하지 않고 있다. 그들은 될 수 있으면 오랫동안 나의 입을 틀어막고 싶어 했다. 만약 나에 대한 판결을 몇 년 더 지연시킬 수 있는 방법이 있었다면 정말로 그렇게 했을 것이다. 그렇게 되면 몇 년 후에는 나의 알스톰 사건 폭로에 관심을 갖는 사람이 거의 없어질 테니까 말이다. 2016년 여름이 끝날 무렵이면 벌써 프랑스로 돌아온 지 거의 2년이 다 돼 간다. 2년 동안 재판이 계속 연기되면서 판결은 여전히 미결로 남아 있었다. 미국을 네 번 왕복하면서 선고 일자를 확정하려고 시도했으나 완전히 헛수고였다. 미국에서 매번 들은 것은 로렌스 호스킨스의 재판이 또다시 연기되었다는 소식뿐이었다.

아터튼 판사는 로렌스 호스킨스의 변호사가 제시한 몇 가지 이유를 인정해서 일부 공소 내용을 취하했다. 그러나 이 사건은 미국 대법원 판사들의 손으로 이송될 가능성이 아주 커졌다. 그렇게 되면 나에게는 최악의 재앙이 될 수도 있었다. 어쩌면 나는 부득이 다시 2년, 3년, 심지어는 5년을 더 기다리게 될 수도 있었다. 상상도 할 수 없는 상황이었다. 뭔가를 하지 않으면 미쳐버릴 것 같았다. 뭔가 해결할 방법을 찾아야 하는데, 방법이라는 것이 내 사건의 조속한 판결을 청구하고 담당 판사가 나의 극심하게 어려운 처지를 이해해 주기를 바라는 것뿐이었다. 그건 모험이었고, 어쩌면 다시 교도소로 돌아가 몇 년을 썩게 될지도 몰랐다. 하지만 그렇더라도 시도를 해 보지 않을 수 없었다. 이것이 내가 가지고 있는 마지막 히든카드였다. 2016년 9월 1일, 나는 스탠에게 내 사건에 대한 조속한 판결 청구를 해 줄 것을 요청했다.

3개월 후, 재판부의 동의가 확실시되었으나 검찰이 스탠을 압박했고, 스탠이 나의 동의 없이 내 판결 청구를 철회했는데, 나는 2016년 12월 중순이 되어서야 이 사실을 알게 되었다. 내 변호인이 나를 처참하게 속이다니, 블랙홀로 깊숙이 빨려 들어가는 느낌이 들었다. 그에 대한 신뢰가 완전히 무너졌지만, 나에게는 다른 변호사를 선임할 돈도 남아 있지 않았다. 터널의 끝은 보이지 않았고, 심지어 끝이 정말 있기나 한 것인지도 모를 지경이었다. 아내 클라라와의 긴장 관계도 극에 달했다. 우리는 어떤 문제에 있어서도 합의점을 찾지 못했다. 이런 악몽과 같은 상황은 우리 사이를 점점 더 멀어지게 했고, 수시로 다툼이 생겼다. 나는 '표면적인' 화목을 위해서라도 일, 강의, 모임에 열중했고, 심지어 경제학자인 클로드 로셰(Claude Rochet)를 도와 2015년 11월 프랑스 국회에서 한나절 동안 진행된 토론회를 개최하기도 했다. 이 토론회의 주제는 '알스톰 다음은 누구 차례인가?'였다. 회사들을 돕는 일을 계속하다 보니 프랑스와 외국에서 날아드는 초청장에 정신을 차릴 수 없을 지경이었다. 스페인, 영국, 폴란드, 독일, 벨기에, 슬로바키아. 스웨덴, 스위스, 네덜란드에서 개최된 각종 강연회에도 참석했다(물론 모두 비밀이 보장되는 강좌에만 국한해서 참석했다). 이 강연회들은 모두 성공적으로 마무리 되었고 나는 부패 문제 해결 전문 컨설팅 회사 설립에 착수했다. 아직 이 사업을 통해서 돈을 벌지는 못했지만, 회사는 활발하게 돌아갔다.

특히 프랑스에서는 나의 독특한 경험을 알고 싶어 하는 사람들이 많았다. 부패방지 대책의 필요성에 대한 기업 경영인들의 인식이 높아졌기 때문이었다.

2016년 12월, 프랑스 사회당원이자 재무장관인 미셸 사팽의 이름을 딴 프랑스의 부패방지법인 '사팽 2법'이 프랑스 관보에 공시되었다. 영국과 미국의 법을 모델로 삼아 영업 매출이 1억 유로를 초과하는 모든 기업과 고용원이 500명이 넘는 프랑스 기업들은 반드시 부패방지 시스템을 설치하도록 규정했다. 이 법에서는 '기소 연기 합의'에서 영감을 얻은 '공공이익을 위한 사법적 협약'(CJIP, convention judiciaire d'intérêt public)을 도입했다. 기업이 유죄는 인정하지 않더라도 팩트는 인정하도록 허용하는 협약이었다. '공공이익을 위한 사법적 협약'은 프랑스 형사소송의 작은 혁명으로, 완벽한 법률은 아니지만, 프랑스 회사가 미국 혹은 영국의 간섭을 피할 수 있도록 보호하는 첫걸음이 되었다. 프랑스는 이어서 즉시 부패방지 기구를 설립했다. 아쉬운 부분은 미셸 사팽이 파리에 있는 미국 대형 로펌과 프랑스와 미국이 합자 설립한 기금이 공동으로 개최한 토론회에서 전문가들에게 이 부패방지 기구에 대해서 설명했다는 것이다. 더 좋은 발표 장소가 없었을까? 왜 프랑스의 로펌이 그의 첫 번째 청중이 되는 것을 꺼려했을까? 여전히 남아 있는 대서양주의의 위력 때문이었을까?

알스톰과 관련된 새로운 소식은 들리지 않았다. 다만 사업 부문이 GE에 강제로 팔렸다는 추문이 다시금 관심사로 떠올랐고, 급기야 정치적 이슈가 되었다. 몇 명의 대통령 후보들이 1차 TV 토론회에서 이 문제를 제기했고, 그들 캠프의 참모들로부터 연락도 받았지만, 나는 그들과 거리를 두었다. 또다시 정치적인 도구가 될 수는 없었다. 이것은 극단주의는 물론이거니와 우파, 좌파, 중도파의 문제가 아니라 프랑스의 주권과 안전에 관련된 문제로, 당파에 따른 분쟁을 초월해야 하는 것이었다. 물론 이를 위해서는 깨어 있는 두뇌와 최소한의 용기가 반드시 필요했다.

미국 검찰은 나의 선고 일자를 2017년 가을로 결정했다. 이렇게 오랫동안 기다려야 하는 이유가 무엇이었을까? 선거 기간 동안 내 입을 틀어막고 싶었던 것일까?

마린 르 팡(Marine Le Pen)은 2차 토론회에서 참모들의 전략 부재로 이 사건에 대한 공격에 실패했다. 그녀는 알스톰 사건을 가지고 마크롱을 공격하고자 했으나 성공하지 못했다. 시간은 쏜살같이 흘러갔고, 2017년 5월 마크롱은 프랑스 공화국 대통령에 당선되었다. 2017년 6월에는 그가 창당한 신당 앙 마르슈(En Marche)가 국회의원 선거에서 승리했다. 2017년 7월, 나는 드디어 내 재판 소환장을 전달 받았다. 2017년 9월 25일에 판결을 받게 되었다.

이제는 마지막 마무리를 위해 철저한 준비가 필요했다. 양형 보고서 작성에 전적으로 매달릴 작정이었다. 양형 보고서 작성을 책임지는 보호관찰관은 피고와의 소통을 통해 사건에 대한 피고의 진술을 청취하고, 상응하는 양형 기준을 고려하여 판사에게 수형 기간을 건의하고, 재범의 위험성은 없는지, 판사가 고려해야 할 피고의 개인적인 상황 등을 설명하는 역할을 한다. 합리적이고, 공평무사한 미국 신화의 밑바탕이 된 시스템이었다. 하지만 나는 얼마 지나지 않아 크게 실망하게 되었다. 이 기회를 통해 내가 알스톰에서 수행한 구체적인 직책, 특히 회사 내에서의 나의 책임 등급에 대해서 설명할 수 있기를 원했으나 스탠이 나를 제지하고 나섰다.

"만약 이런 식의 진술을 하게 되면 검찰을 배신하는 것이 됩니다. 보호관찰관이 보는 것은 좋은 아빠인지, 좋은 남편인지, 존경받는 지역 주민인지, 매주 교회 예배에 참석하는지 등에 관한 것들뿐입니다."

보호관찰관과의 통화는 20분을 넘지 않았다. 따라한 프로젝트와 관련된 어떤 얘기도, 심지어 알스톰에 관해서도 전혀 물어보지 않았다.

이제 내 처지를 알리기 위해서는 진정서를 통해 자기 변호를 하는 수밖에 없었다. 나는 내가 이미 복역한 수감 기간(와이어트에서 복역한 14개월)을 고려하여 판결을 해 줄 것을 요구했다. 스탠도 이에 동의했다. 그도 내가 다시 교도소로 돌아갈 가능성은 거의 없다고 했다. 그러나 모든 것이 제대로 되어 가는 것 같던 순간, 전혀 의외의 방식으로 반전이 일어났다.

2017년 8월 말, 스탠이 걱정스러운 말을 전해 왔다.

"문제가 생겼습니다. 방금 검찰로부터 서면 통보가 왔습니다. 최대한 빠른 시일 내에 만나서 논의를 해야 할 것 같습니다."

검찰의 공소장은 정말로 황당했고, 나를 화나게 했다. 미국 검찰은 나에 대한 공소 내용을 추가했다. 우선은 내가 이 사건에서 사적인 이득을 취했다는 것이었다. 그들도 내가 어떤 방식으로든 이 뇌물에 손을 대지 않았다는 것을 알고 있었다. 그런데 검찰은 따라한 프로젝트 계약이 체결된 그해에 회사가 나에게 지급한 보너스를 문제 삼았다. 다른 고위 임원들과 마찬가지로 나도 보너스를 받았다. 금액은 급여의 35퍼센트 되었던 것 같다. 그러나 계산해 보니 그해에 내가 받은 보너스 중에 따라한 프로젝트와 관련된 금액은 700달러에 불과했다. 이렇게 적은, 그것도 내 급여의 일부 금액을 가지고 기소하다니!

이것이 다가 아니었다. 더 심한 것들은 뒤에 있었다. 검찰은 공소장에서 내 수형 기간의 범위를 다시 계산했다. 그들은 내게 4가지 공소 내용을 추가하고(이 공소 내용은 수년간의 형기에 해당된다) 나를 이 사건의 '주범'으로 지목했다. 4년간의 소송 기간 동안 한 번도 이런 명목으로 나를 기소한 적이 없었고, 심지어 그런 암시도 한 적이 없었다. 오히려 노빅은 처음부터 나는 전체 범죄 고리의 일환에 불과하다고 했었다. 그런데 왜 오늘 태도가 180도 바뀌었을까?

"검찰에게는 주범이 필요했기 때문인 것 같습니다." 스탠의 분석이었다.

알스톰이 부패사건 중에서 미국 유사 이래 최대의 벌금을 납부했으니 검찰로서는 '주범'도 없는 상태로 사건을 종결할 수는 없었던 것이다. 그렇다면 희생양으로 내세울 사냥감으로 누가 남아 있을까? 데이비드 로스차일드?

"불가능합니다. 데이비드 로스차일드는 검찰과 준사면 합의서를 체결했습니다. 아마도 미국 법무부에 협조하는 조건이었을 겁니다."라고 스탠이 말했다.

폼포니는 이미 이 세상 사람이 아니었고, 로렌스 호스킨스는 심지어 기소가 될지도 의문이었다. 파트릭 크롱? 그는 미국 법무부의 법망을 잘도 벗어났다. 이제 마지막 남은 희생양은 지독히도 재수 없는 나 피에루치뿐이었다. 사건이 종결되면 검사는 자랑스럽게 범죄조직의 주범을 잡았다고 자랑을 늘어놓을 것이고, 이를 통해 승진도 하고 승승장구할 것이다. 내게 다른 사건(인도 바르 석탄화력발전소 2기 프로젝트)에서도 동일한 죄명을 씌운 이유도 이와 무관하지 않았을 것이다. 이 프로젝트 계약서는 내가 해당 직위에서 떠난 2년 후에 체결되었고, 알스톰은 이 안건과 관련해서는 유죄인정도 하지 않았었다. 정말 비열하다는 말 밖에는 표현할 방법이 없었다. 그들에게 도덕이라는 것이 있기나 하다는 말인가?

하지만 이런 불공정에 대해서 나에게 무슨 대책이 있을 수 있겠는가? 이 상황을 개선할 수 있는 일말의 여지도 나에게는 남아 있지 않았다. 미국 검찰의 모욕적인 처사를 감내하고 판사가 은혜를 베풀어 줄 것을 기도하거나, 재판에 참석하지 않고 줄행랑을 치거나. 하지만 내가 도망칠 경우 나를 위해 담보를 제공해 준 두 명의 미국 지인들은 집을 잃게 되고, 나는 국제적인 지명수배범이 될 것이다. 결국은 어쩔 수 없이 이 뻔뻔한 사기극 앞에 굴복하는 수밖에 없었다. 나는 2017년 9월 말 미국으로 돌아가 재판받는 것에 동의했다.

45

판결

2017년 9월 25일, 재판이 시작되기 몇 분 전, 법정에서 대기하고 있던 나는 벽에 걸려 있는 커다란 그림을 멍하니 바라보고 있었다. 높이가 1.5미터가 넘는 이 초상화의 주인공은 미국 연방 대법관인 재닛 본드 아터튼이었다. 일흔이 넘어 보이는 그림 속의 대법관은 큰 키에 마른 편이고, 우아한 자태와 형형한 눈빛에 금발의 소유자로 미국 동해안 중산층 가정 출신 특유의 풍채가 있었다. 2015년 두 차례에 걸쳐 알스톰의 벌금 납부 연기를 허가해 주었던 이 대법관이 내 사건을 맡은 지 4년이 넘었으나 나는 한 번도 그녀를 만난 적이 없었다.

향후 나의 인생 향방이 그녀의 손에 달려 있는지라 그녀에 대해서 수소문해 보았으나 전에 노무 변호사였고, 클린턴에 의해 연방 대법관에 지명되었으며, 알스톰 사건 처리 과정에서는 관대한 태도를 보였으나 보통 때는 매우 엄격한 사람으로 알려져 있다는 정도가 전부였다.

그래서 나는 두려웠다. 스탠은 우리가 준비한 진정서에 대해서 노빅

이 아주 만족했다고 했지만 나는 여전히 마음이 놓이지 않았다. 다시 교도소로 돌아갈 수도 있다는 생각에 겁이 났다. 진정서는 사실 별 내용이 없었으나 나는 그들이 원하는 대로 작성했다. 10시 정각, 재닛 본드 아터튼 판사가 선고공판 개정을 선언했다.

"굿모닝. 자리에 앉아 주세요. 피에루치 씨, 보호관찰관의 보고서를 읽어 보셨나요?"

"네."

"보고서 내용이 이해가 되셨나요?"

"네. 이해가 되었습니다. 판사님."

"보고서 내용에 대해서 보호관찰관에게 회신을 하셨나요?"

사실 나는 검사의 공소장을 그대로 복사해 놓은 보고서의 내용 전체에 대해서 상당히 이의가 있다고 판사에게 얘기하고 싶은 생각이 굴뚝같았다. 나와 아무 관련이 없는 인도 관련 사건에서 내가 주도적인 역할을 했다는 사실을 받아들일 수 없고, 알지도 못하는 사건에 연루되었다는 사실을 받아들일 수 없으며, 어떤 경우에도 개인적으로 이득을 취한 적이 없다고 말하고 싶었다. 그러나 때는 이미 늦었다. 만약 법정에서 이런 모험을 할 경우 나를 기다리는 건 10년 형뿐일 것이 분명했다. 나는 마음을 다시 다잡고 작은 목소리로 대답했다.

"네, 판사님."

"좋습니다. 그렇다면 구체적인 형량을 살펴보기로 하죠."

아터튼 판사는 마치 영업이 끝난 후 들어온 돈을 계산하는 잡화점 주인처럼 내 '점수'를 계산하기 시작했다.

"뇌물공여죄 12점. 그다음에 뇌물공여가 여러 건이라서 2점을 추가해야 합니다. 그리고 인도네시아 따라한 프로젝트와 인도 바르(Barh) 2기 프로젝트에서 사익을 취했으므로 20점이 되겠군요. 공무원에 대한 부패행위를 저질렀으므로 4점을 추가하고, 뇌물공여의 주범이므로 역시 4점입니다. 마지막으로 개인적인 책임을 인정했으므로 2점을 빼줘야겠네요."

"정부 측에서는 추가로 1점을 감해 주는 것에 동의하시나요?"

"네 동의합니다." 노빅 검사가 대답했다.

"좋습니다. 그렇다면 29점이 되는군요."

"39점입니다, 판사님." 노빅 검사가 말했다.

"네 39점이 맞지요. 고맙습니다. 피에루치 씨가 전과가 없는 점을 고려하면 형량이 262~327개월 정도가 되겠군요."

나는 또다시 화를 억눌러야 했다. 스탠의 건의대로 검찰 측이 제시한 모든 조건을 받아들였는데, 결과는 뜻하지 않게 나의 이론적 형기가 크게 늘어나고 있었다. 무려 27년을 복역하게 될 위기에 처하게 된 것이다.

이때, 줄곧 법무부 앞에서는 납작 엎드려 있으라고 충고하던 스탠이 나를 위한 변호를 시작했다. 그런데 불안했다. 왠지 큰 화가 닥칠 것 같은 예감이 들었다. 정말로 화가 찾아왔다. 그의 변론은 확신도 없고, 논리도 없고, 엉망이었다. 그는 한 차례도 본 사건의 구체적인 사실에 대해 언급하지도 않고, 내가 복역했던 와이어트 구치소가 얼마나 열악한지에 대해서만 열을 올렸다. 변호는 6분 만에 끝났다. 6분이라니! 뒤이어 노빅이 입을 열었다. 그의 발언도 길지 않았다.

"물론 피에루치 씨가 알스톰의 모든 불법행위에 관련된 것은 아닙니다. 이 회사 내부에는 확실히 부패 현상이 보편적으로 존재합니다. 이

점은 알스톰의 유죄인정 합의서에서도 확인되었습니다."

　적어도 노빅은 내가 유일한 책임자가 아니라는 사실은 인정한 것이다. 하지만 그렇다고 해서 판사의 마음이 너그러워지지는 않았다.

　"그렇기는 하지만, 프레데릭 피에루치의 범죄행위는 아주 심각한 것입니다. 미국 정부가 강조한 것처럼 이러한 부패 현상은 알스톰 고위직의 행위에서 드러났으며 그들은 도덕, 윤리, 법률이 부여한 의무를 이행하지 못했습니다."

　내 차례가 되어 미리 준비한 문건을 읽는 것으로 최후진술을 대신했다. 나는 범죄행위를 인정했고, 가족과 지인들에게 나의 행위에 대한 양해를 구했다. 전체 법정 변론은 38분에 불과했다. 나와 판사의 유일한 '교류'는 나의 참회록을 읽은 것이 고작이었다. 아터튼 판사는 판결 전에 나에게 어떤 것도 물어보지 않았다. 그녀는 양형을 확정짓기 위한 숙고의 시간을 갖고자 법정에서 퇴장했다. 30분이 지났는데도 돌아오지 않았다. 나는 지루하게 기다리는 동안 스탠과 한마디도 하지 않았다. 그도 자기가 얼마나 엉망이었는지 알고 있었다. 그는 검사의 '책략'에 대해서 한마디 반박도 하지 못해서 중형을 자초하게 된 것이다.

　나는 고개를 들어 아버지를 쳐다보았다. 아버지는 극구 재판을 봐야 한다고 우기셨다. 영어를 잘하지 못해서 재판 내용을 잘 알아듣지 못하셨다. 하지만 사실 알아들을 필요도 없지 않은가? 톰이 아버지 옆에서 중요한 몇 가지 내용들을 통역해 주었다. 아버지의 얼굴이 창백하게 변했다.

　40분 후, 아터튼 판사가 법정으로 돌아왔다. 그녀는 모두 앉아서 판결 결과를 경청할 것을 요청했다. 그 순간 사실 나는 교도소로 돌아가게 되리라는 것을 직감하고 있었다. 다만, 얼마나 오래 복역하게 될지 몰랐을 뿐. 아터튼 판사는 판결문을 읽기 시작했다.

"피에루치 씨는 부인과 자녀들 그리고 가족들을 깊이 사랑한다고 했습니다만, 자신이 저지른 일이 어떤 결과를 가져왔는지에 대해서는 생각하지 못하고 있으니 유감입니다."

판사님의 도덕 강의는 바로 이어졌다.

"뇌물을 받은 공무원들은 그렇지 않아도 풍족하지 않은 국가의 자원을 사적으로 유용했습니다. 이들 국가에 민주주의 제도를 수립하려는 노력이 다국적 기업의 부끄러운 행위 때문에 물거품이 되었습니다. 피에루치 씨의 참회록에는 이에 대한 어떤 사죄도 없이 자신의 가족에 대해서만 관심이 있더군요. 본 법정은 이에 대해서 매우 실망했습니다."

아터튼 판사는 내가 제3세계 국가의 부패현상에 대해서 '사죄'했어야 한다는 이야기였다. 미국은 수하르토 정권을 이용해서 인도네시아를 수십 년간 통치하지 않았나? 인도네시아에 군사적 보호를 제공하는 조건으로 인도네시아의 천연자원을 독점하고, 궁극에는 부패가 창궐하는 나라로 만들어 버리지 않았는가? 판사는 미국이라는 나라의 위선을 제대로 보여 주고 있었다.

그러나 지금은 아직 화낼 때가 아니었다. 판사가 드디어 형량을 선언했다.

"판결은 제3세계 국가에서 국제적 비즈니스를 통해 부당한 방법으로 돈을 벌려는 개인과 기업들에게 교훈을 주어야 합니다. 피에루치 씨, 일어나세요. 본 판사가 지적한 혐의 내용에 따라 30개월의 유기 징역에 처합니다. 10월 26일 정오까지 교도소관리국에서 통보하는 교도소에 도착해서 신고해야 합니다.”

엄청난 충격이었다! 스탠은 어제도 내가 교도소로 돌아가는 일은 없을 거라고 맹세하듯이 말했고, 나는 바보처럼 그 말을 철석같이 믿고 있었다. 이제 와이어트 교도소에서 복역했던 시간을 제하고, 모범적인 생활을 해서 얻은 관대한 처분을 더한다 해도 다시 교도소에서 12개월을 보내야 한다. 왜 이런 저주를 받아야 하는 것일까? 내 가족들이 무슨 잘못을 저질렀기에 이런 벌을 받아야 하는 것일까?

고개를 돌려 아버지를 쳐다보니 내 친구 린다와 톰이 아버지에게 판결 내용을 알려 주고 있었다. 나는 최선을 다해서 아버지를 위로했다. “걱정하지 마세요, 잘 견뎌낼 겁니다. 적어도 12개월 후에는 새로운 인생을 시작할 수 있습니다.” 아버지는 아무런 말 없이 슬픈 표정으로 나를 물끄러미 바라보셨다. 아버지도 이 소식에 충격을 받은 듯했다.

정말로 화가 났다. 스탠, 검사, 판사, 사법 제도, 알스톰, 파트릭 크롱 등 이 모든 것들이 나를 화나게 했다. 특히 나 자신에게 화가 났다. 나는 어떻게 미국 법무부의 마수에서 벗어날 요행을 바라고 있었을까? 이제는 클라라에게 이 소식을 전해 주어야 했다.

스탠은 내가 프랑스로 돌아갔다가 한 달 후에 다시 미국으로 돌아와서 복역을 시작할 수 있도록 검사와 협상을 진행 중이었다. 나는 아무도 없는 곳을 찾아 클라라에게 전화했다. 늘 꿋꿋하던 그녀도 무너져 내렸다.

나에 대한 판결은 유례가 없을 정도로 엄격한 것이었다. 코네티컷주에서는 미국 해외부패방지법을 위반한 사건에 대한 심리가 처음이었으므로 아터튼 판사는 본보기를 보이고자 했고, 그 희생양이 재수 없이 나였던 모양이었다. 나는 처벌을 면한 알스톰의 모든 사람들을 위한 희생양이었다. 그나마 다시는 미결 사건으로 남아 있지 않게 되었다는 것이 위안이라면 위안이었다. 4년 반 만에 어디로 가야 하는지 알게 되었다. 물론 곧 부닥치게 될 교도소 생활이 두렵기는 하지만, 12개월 후에는 이 악몽이 영원히 끝나게 된다. 그래서 나는 반드시 이 기회를 꼭 잡아야 했다. 나 자신을 위해서, 클라라를 위해서, 레아, 피에르, 가브리엘라, 라파엘라와 나를 지지해 준 모든 사람들을 위해서. 그래, 나는 외롭지 않다. 그들이 있다는 것이 나에게는 최대의 행운이었다.

운명의 아이러니인지, 내가 징역형을 선고받은 그날 알스톰의 철도사업 부문은 합병 문제로 지멘스와 논의를 시작했다고 밝혔다. GE가 알스톰의 에너지 부문을 인수하자 이 독일의 거대 기업도 알스톰의 철도사업 부문을 수중에 넣으려고 하는 것이다. 이 소식은 사실 놀라운 것이 아니었다. 전문가들은 이미 모두 이 합병을 예견하고 있었다. 파트릭 크롱만이 철도사업에 전념해야 알스톰의 미래가 있다고 믿고 있었다. 그는 정말 그렇게 믿었을까? 그것은 3년 전의 일이라 아무도 기억하지 못했다.

46

다시 이별

    일은 신속하게 진행되었다. 미국 법무부는 내가 프랑스로 돌아갈 수 있도록 허가해 주었다. 다만 10월 12일(교도소에 수감되기 2주 전)까지 미국으로 돌아와야 한다는 조건이었다. 불과 며칠 안에 내가 떠나 있을 꽤 오랜 시간 동안의 일들을 정리해야 했다.

    파리로 돌아오기 직전에 뉴욕 주재 프랑스 부영사 제롬 앙리를 만났다. 그는 보스턴 영사관 주재 시에 와이어트 교도소로 나를 면회하러 왔었다. 그는 나를 보더니 깜짝 놀랐다. 내 사건이 이미 오래전에 종료된 줄 알고 있었다는 것이었다.

    "이런 경우는 처음 봅니다. 유죄인정 합의서에 서명한 사건을 4년 동안이나 끌다가 판결을 하다니. 정말 말도 안 됩니다."

    그는 나에게 미국이 아닌 프랑스에서 복역할 수 있도록 속히 관할권 이전 신청서를 준비하라고 조언해 주었다. 뿐만 아니라 내게 그의 사무실에서 당장 필요한 서류를 작성하도록 해서 곧바로 파리의 프랑스 법무부에 보내 주었다. "프랑스에서는 곧바로 신청에 동의한다는 공문을 보낼 겁니다. 미국 법무부의 승인이 있어야 하는데, 이건 아마도 시간이 좀 걸릴 겁니다."

그러나 그는 확신에 차 있었다. 내 상황은 인도 신청에 필요한 조건에 부합되었다. 유죄인정 합의서에 서명해서 상소를 포기했기 때문에 판결이 이미 종료되었고, 미국에는 특별히 연관된 것이 없었다.

"원칙적으로 미국이 관할권 이전 신청을 거부할 이유가 없습니다." 그가 나를 위로해 주었다.

그의 판단이 맞기를 진심으로 원했다. 만약 프랑스에서 복역할 수 있다면, 분명히 가석방을 신청할 수 있을 것이다. 나를 도와주는 변호사 마르쿠스 아쇼프와 폴 알베르 이와인스에 따르면, 비록 전자팔찌를 차더라도 신속하게 석방될 가능성이 아주 높다는 것이었다. 이렇게 되면 나는 가족들과 헤어질 필요가 없게 되는 것이다.

가브리엘라와 라파엘라에게 설명을 해야 할까? 클라라와 나는 이 문제로 심하게 다투었는데, 결국은 선의의 거짓말을 하기로 했다. 클라라와 나는 아이들에게 아빠가 미국으로 돌아가서 '캠프'에서 6개월을 지내야 하고, 면회도 안 된다고 말해 주기로 했다. 물론 '감옥'이라는 단어는 언급도 하지 않을 작정이었다. 그리고 맏이 피에르와 둘째 레아에게는 사실대로 말해서 여동생들을 잘 위로해 주고 분위기가 너무 가라앉지 않도록 도와달라고 부탁하기로 했다. 이 일은 내가 당면한 가장 어려운 시련 중의 하나였다. 나는 서툴게 거짓말을 했다. 말은 흐트러지고 목소리는 떨렸다. 온 힘을 다해 복받치는 감정과 눈물을 억눌렀다. 정말 어려웠다. 가브리엘라는 엉엉 소리내어 우는 반면 내성적인 라파엘라는 아무 말도 하지 않고 자기 감정을 억누르고 있었다. 가브리엘라가 궁금증을 쏟아냈다. "크리스마스는 미국에서 보낼 거예요? 내년 1월 우리 생일에 돌아와요? 그럼 우리 학교는 누가 데려다줘요? 캠프가 뭐예요? 여름 캠프 같은 거예요? 놀이도 많이 해요? 인터넷으로 채팅할 수 있죠? 근데 왜 우리가 아빠 보러 가면 안 돼요? 거기에 친구도 있어요? 아빠는 무슨 일을 하는 거예요? 왜 아빠는 이 다음에 미국에 못 돌아가요? 난 미국 사람 좋은데. 내가 할리우드에 가서 배우가 되면 나 보러 올 거예요? 올 거죠?" 하지만 나이가 많은 19살의 오빠 피에르와 언니 레아는 상황이 완전히 달랐다.

2015년 피에르와 레아에게 나의 처지에 대해서 말해 준 적이 있었다. 아이들은 내가 상상했던 이상으로 똑똑하고 아는 것도 많았다. 작은 아이들이 잠든 틈에 우리는 알스톰 매각을 기록한 다큐멘터리 '유령 전쟁(Guerre fantôme)'을 함께 보았다. 프랑스 국회 TV에서 방송했는데, 시청자가 더 많은 채널에서 방송되지 못한 것이 정말 유감이었다. 제작팀은 치밀한 조사 작업을 진행했고, 미국 법무부가 알스톰 매각 건에 미친 영향을 심도 있게 분석했다. 그들은 파트릭 크롱과 프랑스 정치인들을 거리낌 없이 비판했다. 그들은 전임 대통령이 설립한 로펌이 GE를 대리했다는 사실도 밝혔다. 가장 중요한 것은 나의 '경제 인질'로서의 운명을 선명하게 부각시켰다는 사실이다. 피에르, 레아, 클라라, 줄리엣과 이 다큐멘터리를 본 친구들에게 이 영화는 진실을 알려 주는 역할을 충실하게 했다. 비록 이들은 이미 내 얘기를 알고 있었지만.

나는 내 사업에 대해서도 적절하게 정리를 함으로써 내가 떠나 있는 동안에도 이 작은 회사가 계속 경영될 수 있도록 했다. 동료들도 양해

해 주었다. 미국으로 가기 2주 전 CAC 40 상장사의 회의에 참석했다. 10여 명의 관리자급 직원들이 참석했다. 경제계에서는 점점 더 많은 사람들이 알스톰 사건 배후의 숨겨진 폐해에 대해 이해하기 시작했다. 정치권에서도 같은 상황이었다. 몇 개월 전 프랑스 국회에는 카린 베르제 (Karine Berger) 의원(사회당)과 피에르 르루슈(Pierre Lellouche) 의원 (공화당)이 주도하는 새로운 실무팀이 구성되어 미국 법률의 역외관할권 연구에 주력했다. 국회의원들은 미국을 방문해 미국 법무부와 FBI 관리들을 만나보고는 미국 법률의 역외관할권의 무지막지한 범위에 대해 놀라움을 금치 못했다.

"회사의 발가락 하나라도 미국 영내에 들어오면 미국 사법의 관할하에 놓이게 되어 있다니." 카린 베르제가 흥분하며 말했다.

더 걱정되는 것은 미국 당국이 프랑스 국회의원들 앞에서도 미국 국가안전국이 동원할 수 있는 모든 수단을 무자비하게 동원해서 조사를 진행한다고 거리낌 없이 인정했다는 점이다. 미국의 국가안전국은 모든 도청과 전자장비를 이용한 감시 활동을 총괄하는 기관이다. 마지막으로 의원들은 미국 해외부패방지법에 근거해 기소된 기업들의 명단, 금수조치와 돈세탁 방지법을 위반해서 중형에 처해진 회사 명단도 정리했다. 상위 15개 기업 중에서 14개 기업은 모두 유럽 기업들이었다.[1] 그중 JP 모건 체이스 한 곳만이 미국 기업이었다.

미국으로 떠나기 전 2주 동안 나는 각각 다른 장소에서 두 명의 전임 장관을 만났다. 그들은 이구동성으로 나의 일신상의 안전 문제를 걱정

---

1 부록 참조

해 주었고, 심지어는 미국으로 돌아가지 말 것을 제안하기도 했다. 그들은 내가 교도소에서 불행한 일을 당할까 봐 걱정했다. 그들의 말은 조금 과장된 면이 있었다. 제임스 본드의 007 영화도 아니지 않은가? 하지만 이런 경고가 전임 정부 관료의 입에서 나온 것이라 사실 겁이 났다. 어찌 되었든 그들은 프랑스 외교부와 협조해서 나의 인도 문제를 조속히 진행하겠다고 약속했다. 그중 한 명은 마크롱 대통령의 외교 고문인 필립 에티엔(Philippe Étienne)에게 나의 현재 상황을 상세히 서술한 메모를 전달했다.

미국으로 돌아갈 시간이 점점 다가오고 있었다. 나는 가족뿐만 아니라 과거 몇 년 동안 줄곧 나를 지지해 준 친구들에게 일일이 작별 인사를 했다. 나의 친구 앙투완(Antoine)과 레일라(Leila)는 몇 차례 나를 찾아와 주었고, 디디에(Didier)와 그의 부인 알렉산드라(Alexandra)는 매번 내게 용기를 북돋워 주었으며, 다국어에 능통한 법정 통역 데니즈(Deniz)는 모든 사법 절차에 관해 도움을 주었다. 알렉상드르(Alexandre), 피에르(Pierre), 에릭(Éric), 끌로드(Claude), 클레르(Claire) 등 모두 내게 많은 도움을 주었다. 비행기에 타기 전, 작은 소란이 있었다. 내 특별 비자와 해명 서한만으로는 출국심사대를 통과시켜 주지 않았다. 다른 사람들은 모두 탑승했으나 나는 계속해서 억류되어 있었다. 출입국 관리원은 미국의 한 특수 번호로 전화를 했다. 새벽 5시, 그가 몇 차례 시도했으나 통화가 되지 않았다. 결국 그의 상사가 1시간 이상을 고생해서 겨우 이 문제를 해결했다. 나는 밤 11시가 되어서야 뉴욕 케네디 공항에 도착했다. 다음 날은 하트포드 법원의 보호관찰관을 만나야 했다. 내가 어느 교도소에서 복역하게 될지를 알려 줄 사람이다. 2017년 10월 23일, 그로부터 대답을 들었다. 나는 모섀넌 밸리 교정센터(Moshannon Valley Correction Center, MVCC)에 수감되게 되었다.

나는 즉시 인터넷에서 검색해 보았다. 걱정이 되지 않을 수 없었다. 모섀넌 밸리 교정센터는 펜실베이니아주 중부 해발 1,000미터의 사막 고원에 위치한, 대형 철조망으로 겹겹이 둘러싸인 교도소였다. 다행인 것은 '수송기(adoubé)'라는 나의 와이어트 교도소 동기가 그곳을 아주 잘 알고 있다는 점이었다. 그는 마지막 2년을 그곳에서 지냈다. 그는 내가 그곳에 수감된다는 소식을 그의 친구들에게 전해 줄 것이다. 그렇게 되면 나는 특별한 보호를 받게 될 것이고, 안전 문제를 걱정할 필요가 없게 될 것이다. 교도소 안에서는 '명성'이라는 것이 아주 중요하다. 바깥 세상에 비해서 훨씬 더.

2017년 10월 26일 오전, 스테이트 칼리지(State College)에서 택시를 탔다. 나는 하루 전날 비행기로 하트포드에 도착했다. 택시가 광활한 숲속을 통과하면서 기사가 길을 잃었다. 차에 GPS 시스템이 있기는 했으나 기사는 고생 끝에 겨우 교정센터를 찾을 수 있었다. 드디어 택시가 모섀넌 밸리 교정센터 주차장에 도착했다. 기사는 친절하게도 몇 시에 데리러 와야 하느냐고 물었다. 나는 그의 전화번호를 받고 볼일을 마친 후 전화하겠다고 이야기했다.

47

새 감옥

불행한 일이지만, 낯설지가 않았다. 똑같은 색상의 벽, 똑같은 가구, 똑같은 안전문, 똑같은 은어, 똑같은 냄새, 똑같은 치욕. 4년 반이 지난 후 나는 또다시 감옥으로 돌아왔다. 관례적인 행정 절차가 끝난 후, 나는 옷을 모두 벗었다. 그리고 와이어트 교도소와 마찬가지로 황갈색의 바지 3장, 반바지 3장, 티셔츠 3장을 받았다.

모셔넌 밸리 교정센터에는 1,800여 명의 재소자가 있으며 모두 형기 10년 이하의 외국인들이었다. 이 교도소 재소자의 국적과 인종 분포는 매우 전형적이었다. 재소자 중 약 900명이 멕시코, 500명이 도미니카 출신이었다. 200명이 아프리카계로, 주로 나이지리아, 가나, 코트디부아르, 아이티 출신들이었다. 50명은 아시아계인데, 중국, 인도, 파키스탄 출신이고, 100여 명은 기타 남아메리카계로 콜롬비아, 쿠바, 온두라스 출신이었다. 이 밖에 100명이 기타 외국계인데, 다양한 유형들로 구성되어 캐나다, 유럽, 마그레브(아프리카 북서부 일대의 총칭), 중동 국가 등이 망라되어 있었다. 이 교정센터는 GEO라는 민간 교도소 운영 회사가 운영하고 있는데, 이 회사는 미국과 해외에서 모섀넌 밸리 교정 센터와 유사한 수감 시설을 운영하고 있다. GEO는 여느 회사들과 마찬 가지로 이익을 최우선적으로 고려했다. 따라서 식사, 난방, 시설 관리, 의료 등과 같은 일체의 서비스를 철저히 최저 수준으로 낮추었다. 재소 자들이 이용하는 매점의 판매 가격을 올리고, 1인실에 감금함으로써 재 소자가 우수한 수형 성적으로 감형받을 수 있는 기회를 봉쇄하는 수법 등을 통해 가능한 한 재소자의 '거주 기간'을 늘리는 데 혈안이 되어 있었 다.

모섀넌 밸리 교정센터의 규정과는 별도로 재소자들도 자체적인 규칙 을 가지고 있는데, 와이어트 교도소의 규칙과는 또 달랐다. 우선, 이곳 에서는 멕시코, 도미니카, 아프리카계와 기타 외국계가 권력을 독점하 고 있었고, 그 나머지는 아무것도 갖지 못했다. 멕시코와 도미니카 출신 들은 숫자가 많아 자연스럽게 이곳의 최대 권력이 되었고, 따라서 자동 으로 이곳의 규칙을 만드는 권력을 장악했다.

수감된 첫날, 나는 C6 구역으로 배정되었다. 이 구역은 49명의 재소 자밖에 수용할 수 없는 시설이었으나 72명이 비좁은 시설에서 뒤엉켜 지내고 있었다. 침대를 설치할 수 있는 모든 공간에 빽빽하게 침대가 설 치되어 있고, 식탁과 의자도 턱없이 부족했다. 기타 외국계가 1개, 아프 리카계가 2개, 도미니카 출신이 4개, 멕시코 출신이 6개의 식탁을 차지 했다. 나머지는 앉을 곳이 없어 스스로 알아서 해야 했다. 또한 여기서 는 누구도 다른 사람에게 선뜻 '자기의' 자리를 양보하는 좋은 사람이 되 기는 어려웠다. 그렇게 되면 바로 왕따가 되기 때문이었다!

나는 다행히 와이어트 교도소 동기가 사전에 손을 써둔 덕에 '킥복서'로부터 열정적인 환영을 받았다. '킥복서'는 한 슬로바키아인의 별명으로, 그는 프랑스 외인부대에서 5년간 근무한 후 다시 용병이 되어 이라크, 시에라리온, 콩고, 유고슬라비아 전쟁에 참가했다. 그 뒤에는 태국으로 가서 그곳에서 결혼하고 킥복싱 학교를 설립해서 여러 명의 종합격투기 챔피언을 배출했다. 그 뒤 체포되어 미국으로 인도되었고, 마약 밀매 혐의로 기소되어 10년 형을 선고받았다. 미국 FBI의 함정수사에 걸려든 것이다. 두 번째는 '할리우드'라는 별명의 독일 출신 친구로, 자칭 C 구역의 '기타 외국계' 보스였다. 그는 내게 신입 기념 선물상자를 주었는데 안에는 커피, 설탕, 비누, 분유, 고등어 통조림 등 매점에 주문한 제품을 받기 전까지 꼭 필요한 물건들이 들어 있었다. 그 역시 전직 용병이었는데, 마약 밀매 조직 소탕작전에 참가한 미국 마약반 경찰을 살해한 혐의로 체포되어 10년 형을 선고받았다. 그 역시 미국 FBI의 함정수사에 의해 체포되었다. 그는 나에게 침대를 골라 주고 필요한 것들을 챙겨 주었다. 킥복서와 할리우드는 유명한 빅토르 부트(Viktor Bout) 사건의 곁가지 사건으로 기소되었다. 부트는 우크라이나 출신의 전설적인 무기 중개상으로, 그의 경력을 영화화한 것이 〈로드 오브 워(Lord of War)〉다. 니콜라스 케이지가 영화에서 그의 역할을 맡았다. 킥복서와 할리우드는 빅토르 부트의 친구였다. 내가 이런 사람들과 어울리게 될 줄은 꿈에도 몰랐다. 어쨌든 그들은 나를 예의 바르게 대해 주었고, 심지어 식탁 옆에 내 자리도 비워 놓았다. 이는 C5의 기타 외국계는 누릴 수 없는 엄청난 특권이었다. 그들의 보스는 불가리아 사람으로, 그가 멕시코 사람들에게 많은 빚을 지고 있어서 1인당 100달러씩 총 400달러에 흑인들에게 자리를 팔아야 했다. 이곳의 규칙을 하루빨리 숙지할 필요가 있었다. 지옥 같은 와이어트 교도소를 경험해서 더 이상 겁날 것이 없다고 생각했지만, 이곳은 거기보다 더 심한 곳일지 알 수 없지 않은가?

어떤 교도소든 변하지 않는 사실이 있다. 이곳에서는 하루가 일 년 같다는 것. 시간이 바깥보다는 두 배, 심지어 세 배는 길게 느껴졌다. 두 달 안에 프랑스로 돌아가서 집에서 성탄절을 보내려면 관할권 이전 신청을 서둘러야 했다. 나는 서둘러 교정센터의 사회복지사 H여사에게 연락했다. 프랑스로 인도되어 돌아가기 위해서는 우선 교정센터의 동의가 있어야 하고, 그다음에 미국 법무부의 동의가 있어야 했다. 보기에는 한 장의 신청서에 불과하지만, 실제로는 아주 복잡했다. 나의 인도 절차는 또 한 차례 좌초되었다.

2017년 10월 28일, H여사가 면담을 요청했다.

"대단히 미안합니다만, 관할권 이전 신청을 처리할 수 없습니다. 미국과 프랑스 양측의 협약서에는 신청서 제출 시 제출자는 반드시 12개월 이상의 복역하지 않은 형기가 남아 있어야 한다고 규정되어 있습니다."

"네, 저도 압니다. 그런데 저는 30개월의 징역형을 받았고, 이전에 교도소에서 14개월을 복역했으니 현재는 16개월이 남아 있는 겁니다."

"아닙니다. 만약 수형 성적이 양호해서 감형을 받게 되면 그렇게 긴 형기가 남아 있다고 볼 수 없죠."

"그렇게 계산할 수는 없죠. 아직 감형도 받지 않았는데 말입니다. 그건 그냥 이론적인 가능성일 뿐이잖아요."

"무슨 말씀인지 이해합니다만, 우리는 그렇게 계산합니다. 절차를 무시할 수는 없습니다!"

상황 종료! 그녀가 결정적인 단어를 썼다. 절차! 그 순간 고집을 부려봐야 아무런 소용이 없다는 것을 알 수 있었다. 다행스럽게 워싱턴 주재 프랑스 법무 연락관 마리 로랑스 나바리(Marie Laurence Navarri)와 연락이 되었고, 그녀는 나를 위해 중재를 진행하겠다고 약속했다. 2017년 11월 8일, H여사가 다시 나에게 면담을 요청했다. 이번에는 그녀의 상사인 엠제이 씨가 함께 왔다.

"지난번 계산은 확실히 잘못되었습니다. 수형 성적에 의한 감형을 고려한다고 해도 석방 날짜는 2018년 10월 31일이 됩니다." 엠제이 씨가 말했다.

"그럼 제 관할권 이전 신청서를 제출해 주시는 거죠?"

"그건 안 됩니다. 오늘이 11월 8일이니 남은 기간이 이미 1년이 안 됩니다."

"하지만 지난번에 제가 신청서를 제출할 때는 시한 요구에 맞는 시점이었지 않습니까? 현재 시한에 부합되지 않는 것도 여러분이 계산을 잘못했기 때문 아닌가요?"

"그럴 수도 있습니다. 하지만 그렇더라도 신청은 할 수 없습니다."

그야말로 쇠귀에 경 읽기였다. 그리고 이제는 알게 되었다. 만약 계속 이런 절차를 밟게 되면 나는 영원히 이곳에서 벗어날 수 없게 되리라는 것을. 이건 헛수고일 뿐이었다. 그래서 나는 즉시 프랑스 법무 연락관 마리 로랑스 나바리에게 전화를 했다. 그녀는 그들의 태도에 매우 분개했고 즉시 미국 법무부 직원에게 전화를 걸어 이 문제를 해결해 줄 것을 요구했다. 하지만 교정센터 관리자는 기분이 상한 나머지 내 신청 자료를 붙들어 두고 있다가 12월 6일이 돼서야 미국 법무부에 제출했다. 그렇게 나는 펜실베이니아에서 교도소 동료들과 함께 성탄절을 보내게 되었다.

나바리는 믿고 의지할 수 있는 사람이었다. 그녀는 금세 교정센터로 나를 면회하러 와주었다. 이 연락관은 프랑스 대사가 미국 법무부 장관 제프 세션스(Jeff Sessions)에게 친필 서신을 보냈고, 서신은 프랑스 정부가 나의 조기 귀국을 간절히 희망한다는 내용이었다고 전해 주었다. 하지만 그녀는 조심스럽게 나를 일깨워 주었다. "아직 기뻐할 수 있는 단계는 아닙니다." 그녀는 미국 법무부가 현재 미국의 해외부패방지법 위반에 관련된 다른 몇 개의 프랑스 대기업을 조사 중이라고 알려 주었다. 그래서 파리와 워싱턴의 관계가 심각한 긴장 상태에 있다는 것이었다. 그밖에 위원회의 영향도 있다고 알려 주었다.

"무슨 위원회요?"

"프랑스 의회가 최근 알스톰에 대해서 조사를 시작했고, 동시에 전 세계적으로 미국이 부당하게 관여한 사건들을 조사하고 있어요. 조사위원회 위원장과 공화당 소속 올리비에 마를렉스(Olivier Marleix)는 모든 증인들에게 위증 시 처벌을 받겠다는 선서를 받은 후에 심문을 진행할 계획입니다. 그 증인 중에는 파트릭 크롱도 있습니다."

드디어! 3년 동안 이를 위해 부단히 노력해 왔는데, 이제 드디어 빛을 보게 되었다. 하지만 동시에 이것은 나로서는 가장 좋지 않은 순간이 될 수도 있었다. 이런 상황에서 미국 법무부가 나를 프랑스로 빨리 돌려보낼 리는 없으니까.

48

폭력과 밀매

모섀넌 밸리 교정센터는 와이어트 교도소만큼 위험한 곳은 아니었다. 하지만 재소자 간의 관계는 훨씬 더 긴장감이 있었다. 물론 와이어트 교도소는 개선의 여지가 없는 위험한 재소자가 대부분이었고, 모섀넌 밸리 교정센터는 수형 후반기이면서 형기를 마치면 반드시 외국으로 추방될 외국인 범죄자만을 받아 주는 곳이었다. 따라서 이론적으로는 이곳의 재소자들이 와이어트 교도소 재소자들에 비해 더 고분고분해야 했다. 하지만 이곳은 보안 조치가 느슨해서 멕시코 출신과 도미니카 출신 조직들이 교정센터의 질서 유지를 맡고 있었다. 그들은 마피아처럼 지하경제를 독점하고 있었다.

이곳에서는 모든 것을 사거나 빌려서 써야 했다. 상품이건 서비스건 사람이건. 예를 들어 마약, 피트니스 시설의 '자리'(매주 5달러를 내면 매일 1시간 사용 보장), 이발사(이발 1회에 2달러), 생활필수품과 잡화(어떤 멕시코인은 대량의 상품을 쌓아 놓고 있고, 어떤 것은 주방에서 훔쳐온 것이다. 판매 가격은 정상 가격보다 20퍼센트 이상 비싸게 받았다). 문신 기술자, 전기전자 기술자(고장난 라디오 수리), 청소부(이들은 수감실 청소를 도급받기도 한다), 심지어 남창도 있었다(몇몇 재소자는 살아남기 위해 몸을 팔기도 했다). 심지어 선정적인 잡지도 발행되고 있을 정도였다. 이런 잡지는 흔치 않아서 왕왕 몇백 달러를 줘야 살 수 있었다. 도박은 금지되어 있었으나 농구나 미식축구 등의 경기에 내기를 하거나 돈내기 카드를 하는 것은 재소자들에게 중요한 수입원이 되었다. 빚 독촉을 피해 차라리 독방에 수감되기를 희망하는 재소자도 많았다. 전화 통화 시간도 돈이 필요한 사람에게 살 수 있었다. 사용하는 화폐는 한 봉지에 1달러짜리 고등어(mackerel)였다. 그곳에서는 간단히 맥(mack)이라고 불렀다.

모셔넌 밸리 교정센터의 관리자들은 재소자들의 이런 불법행위들을 모른 척 눈감아 주고 있었다. 사실 정확히 말하면 방관하고 있는 것이 아니라 재소자들을 착취하고 있었던 것이다. 식사 준비, 주방 청소부터 시설 유지 보수(페인트칠, 각종 도관 청소 및 쓰레기 수거 등), 녹화 지역 청소 및 각종 프로젝트 관리(수업, 서점 등)까지 모든 재소자들이 강제적으로 1~5시간씩 작업에 동원되고 있었다. 교정센터에 처음 오면 3개월간은 무조건 주방으로 배치되어 일하도록 한다.

일하는 위치나 일의 종류에 따라 임금은 시간당 12~40센트였다. 수감 후 처음 1개월 동안 주방에서 설거지를 했다(매일 5시간, 일주일에 3일). 한 달후 내가 받은 돈은 겨우 11.26달러였는데, 그렇다고 이를 피할 방법도 없었다. 그야말로 현대식 노예제였다. 사실 많은 미국 회사들이 이런 교정센터에서 'Made in USA' 제품들을 생산하고 있는데, 다 재소자들의 상상할 수 없이 낮은 노동원가를 이용하는 것이었다.

여기에는 훨씬 더 위선적인 면이 있었다. 우리는 합법으로 미국에 거주하는 것이 아니므로 미국 정부 입장에서는 우리들이 불법 입국자와 다를 바가 없는 것이다. 그 밖에 이 교정센터의 많은 재소자는 입국이 금지된 상황에서 2차 입국을 시도하다 체포되었다. 이 불법 입국자들은 추방되었다가 다시 한번 운을 시험해 보다가 체포된 사람들이었다. 그들은 미국에서 일할 자격이 없는데, 오늘날 미국의 높은 담 안에서 형편없는 돈을 받으며 강제적으로 노동을 착취당하고 있으면서도 가장 합법적인 것처럼 포장되어 있었다. 교도소 관리의 근거는 그 유명한 미국 수정헌법 제13조 조항이다. 이 수정 조항은 노예제를 폐지하고, "당사자가 정당하게 범죄 판결을 받은 범죄에 대한 처벌이 아닌 경우 강제노역에 처할 수 없다."고 되어 있다. 그러니까 우리는 모두 합법적인 노예인 셈이다. 이 규정에 복종하기를 거부하는 사람은 심한 곤란에 처하게 된다. 이런 사람들은 독방으로 이감되거나, 나중에는 교도소를 운영하는 회사에 의해 회사 관할의 다른 교도소로 이송되었다.

완강하게 저항하는 사람들에 대해서는 '디젤 치료법'이라는 또 다른 특수한 방법이 사용되었다. 교정센터는 이들을 수시로 다른 교도소로 이송했다. 재소자 호송차를 타고 이 교도소 저 교도소로 흔들리면서 몇 차례 돌고 나면 그다음부터는 순한 양이 되었다. GEO가 운영하는 텍사스주의 교도소에서는 최근 재소자 조직이 이런 관리제도에 저항해 폭동을 일으켰다. 이 폭동으로 인해 화재가 발생하여 건물이 불탔다. 이 교도소는 후유증으로 문을 닫았다.

모새넌 밸리 교정센터에서는 재소자들이 불만을 표현하는 최종 수단으로 '인원 점검 파업'을 이용했다. 교도소에서는 매일 5회에 걸쳐 인원을 점검했는데, 이때 우리는 침대 옆에 조용히 대기하고 있어야 했다. 두 명의 교도관들이 한 명 한 명 인원을 점검하여 인원 점검 기록부에 기록하는 방식이었다. 만약 숫자가 일치하면 그들은 점검 기록부를 휘저으며 만족감을 표시하겠지만, 숫자가 맞지 않을 경우에는 처음부터 다시 세어야 했다. '인원 점검 파업'이라는 것은 인원을 점검할 때 수감실 내에서 쉴 새 없이 이동함으로써 교도관들이 숫자를 제대로 세지 못하도록 방해하는 것이었다. 물론 모든 사람이 이 '활동'에 참가할 의무가 있었다. 그렇지 않으면 밀고자로 낙인찍히고 만다.

나는 이 '평행 세계'에서 살아남기 위해 계속해서 이 책을 썼다. 마티유 아롱에게 새로운 장을 보내 주었다. 그도 자기가 맡은 일은 열심히 하고 있었다. 가족들과 친구들로부터 많은 편지가 왔고, 나도 정기적으로 회신해 주었다. 체스도 새로 시작했다. 동료 중에 수준이 아주 높은 친구가 있었는데, 승부가 아주 치열했다. 그중에 척(Chuck)은 지옥의 천사들(Hells Angels)의 노장으로 24년 형을 받고 2019년 석방 예정이었다. 그와 체스를 두기 시작하면 거의 이기기가 어려웠다. 11월 말에는 또 다른 체스 고수가 우리 그룹에 합류했다. 그는 별명이 'FIFA'라는 영국인이었다. 그는 2015년 5월 FIFA 회의가 개최되기 전 브뤼셀에서 체포되어 1년간 스위스 감옥에 구금되었다가 미국에 인도되었다. 우리는 금세 친한 사이가 되어 늘 우리 사건의 유사성에 대해서 토론하곤 했다. 그에 의하면 FIFA 부패 스캔들(개최권 신청 국가가 뇌물공여를 통해 월드컵 개최권을 획득한 부패 사건)은 사실 미국의 복수였다는 것이다. 왜냐하면 미국은 2022년 월드컵이 카타르에서 개최되는 것에 불만이 있었다는 것이다. 그는 비록 구체적인 내용은 얘기하지 않았지만, 매우 진지하게 얘기했다. 미국은 줄곧 대외적으로 도덕적 설교를 하고 있지만, 사실 그들의 행위는 다른 나라와 다른 바가 전혀 없었으며, 그들도 각종 연맹의 연석회의에서 거리낌 없이 유세에 열을 올리고 있다.

재소자들은 주방 일을 할 때는 누구든 예외 없이 음식물을 훔쳐서 수감 구역으로 가지고 와야 했다. 만약 그렇게 하지 않으면 다른 재소자들로부터 교육을 받았다. 만약 걸리면 독방에 감금당하게 되고, 전화도 걸 수 없을 뿐만 아니라 감형의 기회도 없어졌다. 어떤 멕시코 재소자는 닭다리를 하나 훔친 게 들통 나서 이런 처벌을 받았다.

나는 줄곧 경계를 늦추지 않았다. 스스로 엄격히 지켜야 할 상세한 리스트도 작성했다. 규칙적인 생활을 할 것. 건강을 유지할 것. 스스로 말썽을 일으키지 말 것. 도박하지 말 것. 빚을 지지 말 것. 항상 조심할 것. 불만을 표하지 말 것. 허풍을 떨지 말 것. 밖에서 있었던 일에 대해 거짓말하지 말 것. 다른 사람이 규칙을 위반할 경우 고발하지 말 것. 큰 소리로 말하지 말 것. 화내지 말 것. 절대로 다른 재소자와 부딪히지 말 것. 밀고자와 가까이하지 말고, 말도 하지 말고, 아동 포르노물 때문에 잡혀 온 재소자들과도 역시 가까이하지 말 것. 다른 그룹의 재소자와 함께하지 말 것. 자신의 지식을 이용해 다른 사람을 도와주되 지나치지 말 것. 동맹이 되어 줄 만한 친구 몇 명을 사귀되 타인의 은혜를 쉽게 받아들이거나 신세 지지 말 것. 남의 일에 참견하지 말 것. TV를 시청하면서 채널을 함부로 돌리지 말 것(싸움이 일어나는 주요 도화선 중의 하나임). 절대로 다른 사람을 노려보지 말 것. 다른 사람을 동정하지 말 것. 가장 중요한 것은, 인내심을 가질 것.

2018년 1월 6일, 이란성 쌍둥이 남매 피에르와 레아가 만 20살이 되었다. 그들의 20살 생일을 함께 축하해 줄 수 없는 것이 너무 화가 났다. 1월 14일, 교도소에서 50세 생일을 맞았다. 나와 와이어트 교도소 마지막 1개월 동안 동료였고 이곳에 와서 다시 만나게 된 그리스 친구 필리포(Filippo)가 두 개의 생일 케이크를 준비했다. 나와 C구역의 기타 외국계인 '킥복서', '할리우드', 블라드(Vlad), 다른 두 명의 러시아인, 두 명의 조지아인, 한 명의 루마니아인 그리고 'FIFA'가 함께 케이크를 나누어 먹었다.

1월 15일, 새로이 충격적인 소식이 전해졌다. 법무부 연락관 마리 로랑스 나바리는 내 여동생 줄리엣에게 미국 법무부가 내 관할권 이전 신청을 기각했다고 알려 주었다. 하지만 나바리는 여기서 포기하지 않았고, 엘리제궁도 이번에는 반드시 내게 도움을 주겠다고 했다. 그들의 요구에 따라 나바리가 서신 초안을 작성하여 마크롱 대통령 명의로 도날드 트럼프 미국 대통령에게 보내 선처를 호소하기로 했다. 나는 이에 대해 반신반의하기는 했지만, 그래도 마지막으로 지푸라기라도 잡는 심정으로 기대를 걸었다.

1월 22일은 쌍둥이 자매 가브리엘라와 라파엘라의 생일이어서 전화를 통해 몇 분 동안 인사를 나눴다.

"아빠? 언제 와요?"

나는 오랫동안 이 말을 들어보지 못했다. 유쾌하지 않았던 모든 지난 일들이 머릿속을 스치고 지나갔다.

"가브리엘라, 아직 모르겠네. 하지만 금방 돌아가게 될 거야."

"아빠는 맨날 그래. 지난번 휴일 때도 그랬고. 아빠랑 엄마랑 마크롱 대통령 얘기하는 거 들었어요. 대통령하고 아빠가 돌아오는 것하고 무슨 관계가 있는 거예요?"

"그건 설명하기 좀 복잡한데. 그렇지만 맞아, 어느 정도는 관계가 있지. 조금만 참아 주세요, 공주님."

"만약 아빠가 이번에도 돌아오지 않으면 마크롱 대통령한테 편지 쓸 거예요. 아빠 빨리 돌아오게 해 달라고요. 안 그러면 내 친구들하고 수업 거부할 거예요."

전화를 끊고 나니 마음이 더없이 가라앉았다. 나는 별로 크게 낙담하지 않는 편인데, 지난번 와이어트 교도소에서 알스톰이 나를 해고했다는 소식을 들었을 때도 지금처럼 심하게 낙담이 되었다. 물론 감옥에서는 남에게 이런 말을 할 수도 없고, 해서도 안 된다. 그러지 않으면 겁쟁이에 못난이에 웃음거리가 되기 때문에 어떤 이상한 기색도 보이지 않도록 이를 악물고 참고, 정상적으로 생활해야 한다. 하지만 그게 어디 쉬운 일인가?

49

국회 조사

    그동안 외부와의 연락은 거의 끊어지고 시간의 변화에 점점 더 둔감해져 갔다. 3월 중순인데도 눈이 내렸다. 해발 1,000미터 지역에 위치한 모섀넌 밸리 교정센터는 추위가 매서웠다. 볼품없는 후드나 긴팔 티셔츠도 여기서는 턱없이 비싼 가격에 사야 했다. 하지만 지금은 망설일 때가 아니었다. 몇 분 후면 나는 면회실에서 중요한 사람들을 만나게 된다.

    이날이 오기를 학수고대한 지 3년여, 드디어 그들이 내 눈앞에 나타났다. 물론 알려 줘야 할 것이 너무 많으니 다른 곳에서 만났다면 더 좋았겠으나 어쨌든 그들이 정말로 와 주었다는 것이 중요하다. 프랑스 국회 알스톰 조사위원회 위원장 올리비에 마를렉스 의원(공화당)과 부위원장 나탈리아 푸지레프(Natalia Pouzyreff) 의원(앙 마르슈)은 단지 나의 진술을 들어주기 위해 6,000킬로미터의 먼 거리에 있는 곳을 찾아와 준 것이다.

    "미국인들은 나를 편하게 해 줄 생각이 전혀 없는 것 같군요. 한 달을 넘게 끌고서야 이번 방문을 허락해 주었습니다." 마를렉스가 말했다.

두 의원이 알스톰 사건에 대해서 아주 잘 파악하고 있다는 것을 금방 알 수 있었다. 미국이 유럽의 대기업 내부 업무에 간섭하고 있다는 사실을 굳이 내가 침을 튀겨 가며 설명할 필요도 없이 두 의원도 이 점을 정확하게 인지하고 있었다. 마를렉스는 2년 반 전에 국회에서 개최된 '알스톰 다음은 누구 차례인가?'라는 주제의 토론회에 참가했었는데, 당시의 토론은 구체적인 사실을 거론하지 못했었다. 예를 들어 미국의 조사가 언제부터 시작되었는지, 알스톰은 어떻게 담판을 통해 벌금 납부를 연기할 수 있었는지도 알지 못했다. 나는 몇 시간 동안 그들의 여러 가지 질문에 답변해 주면서 빠진 내용들을 보충해 주고, 시간의 전후를 명확하게 정리하면서 어떤 날짜들의 묘한 우연의 일치에 대해서도 강조해서 설명했다.

두 의원도 그들이 알고 있는 상황을 설명해 주었다. 그들은 전날 워싱턴에서 칸 검사와 함께 미국 법무부의 국제관계 책임자와 면담을 했다. 칸 검사는 내 사건을 포함해서 알스톰 사건을 성공적으로 처리한 후 승진하여 미국 해외부패방지 부문의 책임자가 되었다. 두 의원은 자연스럽게 나의 인도 신청 기각에 대해서 물어보았으나 국제관계 책임자는 묵묵부답으로 내 사건을 모른다고 했다는 것이다. 물론 거짓말이었다. 나는 프랑스 대사와 프랑스 법무부가 그들에게 직접적으로 나의 수감 상황에 대해 주의를 환기시켰다는 것을 알고 있었다. 하지만 나는 한두 가지 거짓말이 추가되는 것에 별로 개의치 않았다. 더 재미있는 것은, 두 의원이 미국 법무부가 파트릭 크롱을 관대하게 처리한 이유를 물었다는 것이다.

"다니엘 칸은 파트릭 크롱을 기소할 만한 충분한 증거가 없었다고 대답하더군요."라고 마를렉스가 말했다.

이 역시 황당한 거짓말이었다. 알스톰 유죄인정 합의서를 한 번만 살펴봐도 이것이 사실이 아니라는 걸 금방 알 수 있는 일이었다. 두 사람은 알스톰 전임 회장의 프랑스 국회 증언 시 이 문제를 꼼꼼하게 짚기로 했고, 이를 통해 파트릭 크롱을 혼내 주겠다고 했는데, 그들은 나중에 실제로 약속을 지켰다.

펜실베이니아 오지에 위치한 이 교도소에서는 인터넷이 되지 않아서 나는 작은 조각들을 종합해서 국회의 조사를 살펴볼 수밖에 없었다. 주로 가족들이 보내 주는 잡지의 내용에 의존해야 했다. 하지만 이것만으로도 충분히 진행되는 상황을 이해할 수 있었다.

〈르 몽드〉가 사건을 아주 정확하게 잘 요약해 주었다. "GE의 알스톰 인수: 파트릭 크롱, 국회를 설득하지 못하다!"는 표제의 기사였다. 이 말은 그나마 얌전한 표현이었다. 조사위원회의 최종 보고서 서문에서 마를렉스는 알스톰 전임 회장이 언급한 논점들을 사정없이 박살 냈다. 그는 "파트릭 크롱이 말하는 변호라는 것은 거짓으로 일관하는 깃이있음이 분명했다. 그는 2015년 3월 11일과 4월 1일, 프랑스 국회 경제위원회의 두 차례 청문회에서 에너지사업 부문 매각과 미국 법무부의 담판 사이에는 아무런 관련도 없다고 증언했다. 그러나 그것은 사실이 아니다. 이 결론은 이번 조사위원회의 주요 진전 중의 하나이다."라고 쓰고, "벌금 위협이 파트릭 크롱의 알스톰 매각 결정에 영향을 미쳤는지 여부에 대해, 조사위원회는 영향을 미쳤다고 결론을 내렸다."라고 마무리했다.

　프랑스 국회의원들의 눈에 파트릭 크롱은 형편없는 거짓말쟁이었다. 그렇다면 이것이 그를 곤란하게 만들었을까? 그렇지 못한 게 분명했다. 그는 의원들 앞에서 선서를 한 후 미국이나 다른 나라의 사법부로부터 압박이나 위협을 받은 적이 없었다고 주장했다. 내 사건에 대한 질문을 받자 그는(공개석상에서 처음으로) 내가 "이 사건에서 어떠한 사익을 취한 적이 없다"고 인정했다. 의원들은 그렇다면 왜 피에루치를 해고했 는지, 특히 왜 아무런 보상을 받지 못했는지 물었다.

　"이 문제를 긍정적으로 처리할 수 있는 기회가 없었습니다."라는 그 의 대답은 실로 황당했다. 그의 말투는 기술 관료들 특유의 냉정함을 가 지고 있었다. 그는 "최선을 다해 지원했다."고 말할 수 있는 배짱이 없 었다. 파트릭 크롱의 후안무치와 자신감은 대단했다. 그가 보기에는 그 와 GE의 거래의 합리성을 의심하는 사람들은 모두 근거도 없이 자신에 대한 험담을 퍼뜨리는 사람들이었다.

　많은 증인들이 조사위원들의 질문에 파트릭 크롱과 다른 증언을 했 다. 전 경제산업부 장관 몽트부르 역시 증언을 했는데, "저는 파트릭 크 롱 씨가 실질적으로 압박을 받았고, 누군가 그를 체포하겠다고 위협 했다고 믿습니다."라고 말했다. 알스톰의 전직 고위 임원 역시 몽트부 르와 같은 증언을 했다. 알스톰의 송전 전문 자회사인 알스톰 그리드 (Alstom Grid)의 법무팀장을 역임한 피에르 라포르트(Pierre Laporte) 는 의원들에게 충격적인 기억에 대해 진술했다. "2013년, 파트릭 크롱 과 키이스 카는 미국 법무부 직원을 만났습니다. 그다음 날 우연히 카를 만났는데, 공항에서 두 아들에게 전화를 했다고 하더군요. 미국 법무부가 그를 체포하겠다고 위협했고, 다음에 출장 가면 아마도 다시 돌아올 수 없을 것 같다고 했습니다."

마를렉스는 조사 기간 동안 알스톰과 GE의 거래 중에서 잘 알려지지 않은 사실을 밝혀 냈다. 두 회사가 홍보, 자산 배분 및 법률 서비스 등에 지나치게 통 큰 모습을 보였다는 것이다. 알스톰은 이 거래를 위해 로펌 열 곳, 로스차일드 은행(Rothschild & Co.)과 뱅크 오브 아메리카 메릴 린치(Bank of America Merrill Lynch) 등 재정 고문 두 곳, DGM과 퍼블리시스 그룹 등 광고대행사 두 곳과 컨설팅 계약을 체결했다. GE 역시 라자드(Lazard), 크레디 스위스(Crédit Suisse), 뱅크 오브 아메리카 등 재정 고문 세 곳, 광고대행사 하바스 그리고 다수의 로펌과 컨설팅 계약을 체결했다. 알스톰은 이 거래를 위해 2억 6,200만 유로라는 천문학적 비용을 지급했다. GE의 지출도 대동소이했을 것이다.

마를렉스 의원은 위원회의 최종 보고서 서문에서 의문을 제기했다.

"이렇게 자금이 과도하게 사용되는 상황에서 과연 국가와 주주들은 합리적인 판단을 내릴 수 있었을까? 파리에서는 아무도 이 결정에 반대하지 않았단 말인가? 이러한 거액의 보수는 결국 논쟁이나 토론 없이 그들의 사명과 임무를 방치했을 가능성을 의미하는 것 아닌가? 이런 것이 결정 자체에 영향을 주지 않을 수 있겠는가?"

정말 제대로 정곡을 찌른 말이었다. 알스톰 매각 시 왜 그렇게 반대의 목소리가 작았는지 이제야 알게 되었다. 침묵은 '금'이었던 것이다.

마지막으로 위원회는 이 사건에서 보여 준 마크롱의 애매한 역할을 지적했다. 2012년 10월, 알스톰의 재정 고문인 로스차일드 은행에서 일하다가 엘리제궁의 비서실 부실장에 임명된 그는 즉시 비밀리에 조사를 실시하라고 지시했다. 지시 내용은 다음과 같았다. "주주 변동이 회사와 프랑스 산업 및 고용에 미치는 영향에 대해 평가할 것." 마를렉스에 따르면 '보고서'의 내용은 '대주주 변경과 관련한 정확한 정보에 기반한' 것이었다. "29만 9,000유로 규모의 연구를 지시할 정도로 정확한 정보를 파악하고 있었던 정부 당국이 알스톰을 지원할 생각을 하지 않고 GE의 인수에 찬성한 것은 유감스러운 일이다."라고 마를렉스는 결론지었다. 마를렉스는 분명히 이 거래의 배후 음모를 제일 먼저 인지한 사람이 마크롱이었다고 믿고 있었다.

마를렉스의 분석이 정확히 핵심을 짚은 것인지는 판단이 서지 않았다. 나로서는 마크롱 대통령이 트럼프 대통령에게 친서를 써서 나에 대한 특별 사면을 요청해 주기를 바랄 뿐이었는데, 이 일과 관련해서 갈피를 잡을 수 없는 소식들이 전해졌다. 나바리는 마크롱 대통령이 이미 친서를 전했다고 하고, 또 다른 소식통은 이미 이 일은 없었던 일이 되었다고도 했다.

마를렉스는 우리가 면회실에서 만났을 때 프랑스 주재 미국 대사와 프랑스 대통령 외교 고문 필립 에티엔을 만나 이 사안의 현재 상황을 알아봐 주겠다고 약속했었다. 마크롱은 2018년 4월 24일 미국을 방문한다. 마크롱은 트럼프 취임 이후 미국에서 만나는 첫 번째 외국 국가원수가 된다. 정치 역정이 평범하지 않은 두 사람이 의기투합한 모양이었다. 어쩌면 나도 그 덕을 볼 수 있지 않을까? 나는 꿈을 꾸기 시작했다. 마크롱 대통령이 나의 특별사면을 받아 내는 데 성공한다면? 대통령의 여행 가방에 들어가 프랑스로 돌아갈 수 있다면? 이런 희망을 가져도 좋을까?

50

마크롱의 미국 방문

헛된 희망이었다. 마크롱은 트럼프에게 나와 관련한 어떤 편지도 보내지 않았다. 하지만 엘리제궁에서는 여전히 움직임이 있었다. 내 주위의 모든 사람들이 동원되었다. 우리 가족은 대통령에게 두 차례 편지를 보냈다. 나의 변호사 폴 알베르 이와인스도 자신의 네트워크를 총동원했고, 많은 정치인들도 공개적으로 지지를 표명했다.

마티유 아롱은 라디오 프랑스를 떠나 시사주간지 〈로브스(L'Obs)〉로 자리를 옮겼는데, 몇 명의 전임 장관들이 침묵을 깨고 이 잡지에 기고문을 발표했다.

미테랑 대통령과 시라크 대통령 정권에서 산업부 장관, 교육부 장관, 국방부 장관, 내무부 장관을 역임한 장 피에르 슈벤망(Jean-Pierre Chevènement)은 이렇게 말했다.

"미국 법무부는 프레데릭 피에루치 사건의 재판권을 강탈해 갔다. 나는 그를 프랑스로 데려오는 데 찬성한다. 우리는 피에루치 씨를 반드시 석방해야 한다. 우리는 이 사건에서 인내의 한계에 이르렀고, 심지어 그 한계를 넘어섰다."

피에르 를루슈는 "피에루치 씨는 완전히 희생양이다. 그는 자기 일을 했을 뿐인데, 음모를 꾸민 사람들의 죄를 뒤집어쓰고 있는 것이다."라고 지적했다. 전임 총리 프랑수아 피용(François Fillon)의 재임 기간 동안 EU 및 대외무역을 책임졌던 그는 심지어 공개적으로 나의 안위를 걱정했다. "그에게 불상사가 생기지나 않을까 걱정된다. 미국 법무부는 힘의 논리만을 신봉하며, 수단 방법을 가리지 않는다. 통제 불능이다."

몽트부르 역시 이의를 제기했다. "감옥에 있어야 할 사람은 프레데릭 피에루치가 아니라 이 모든 참사의 진짜 책임자인 알스톰 회장 파트릭 크롱이다."

파드칼레주 출신의 다니엘 파스켈 의원은 더욱 사정없이 질책했다.

"알스톰의 경영진은 프레데릭 피에루치의 안위 따위는 안중에도 없다. 파트릭 크롱은 사건에서 잘 빠져나갔을 뿐만 아니라 엄청난 액수의 상여금까지 챙겼다. 가장 충격적인 것은 피에루치는 감옥에 갇힌 반면 파트릭 크롱은 수표를 손에 넣었다는 사실이다. 선장이 배도 버리고 선원도 버리고 혼자 도망쳐 버린 것이다."

처음으로 위험을 무릅쓰고 매스컴을 통해 내 사건을 공개했는데, 효과가 있었다. 물론 마크롱이 직접 나의 특별사면을 요청하지는 않았지만, 그와 함께 워싱턴을 방문한 프랑스 법무부 장관 니콜 벨루베(Nicole Belloubet)와 미국 법무부 장관 제프 세션스가 회담을 가졌다. 법무 연락관 마리 로랑스 나바리도 이 회담에 참석했고, 그녀는 나를 위해 변호해 주었다.

"어떻게 프레데릭 피에루치의 인도를 거절할 수 있죠? 이 사건은 모든 조건에 부합됩니다. 폭력 범죄 사건도 아니고 마약 밀매 사건도 아닙니다. 피에루치는 미국에 업무적으로나 개인적으로나 관련이 없으며, 프랑스에 어린아이들이 있습니다. 항소도 포기했고, 2만 달러의 벌금도 모두 납부했습니다. 절반 이상의 형기도 경비가 삼엄한 교도소에서 복역했습니다." 그녀는 미국 정부가 신속히 행동을 취해 달라고 요청했다.

제프 세션스는 내가 다시 관할권 이전 신청을 제출하는 데 동의했으며, 또한 처리 과정을 친절하게 검토하겠다고 약속했다고 나바리가 전해 주었다. 이것은 외교적인 수사로, 향후에는 호의적으로 대응하겠다는 의미였다. 그야말로 기적이었다. 하지만 이는 자유로 향해 가는 지난한 투쟁의 시작에 불과했다. "미국 법무부의 정식 승인이 날 때까지 기다려야 합니다." 나바리가 주의를 환기시키면서 상세한 절차를 설명해 주었다. "그다음은 이민 판사와 면담해야 하고(아마도 몇 주는 기다려야 할 듯), 그 후에는 브루클린 또는 맨해튼의 교도소로 이송될 겁니다(역시 교도소에서 몇 주는 기다려야 할 듯). 그리고 그다음에 프랑스로 돌아갈 수 있게 되는 겁니다." 하지만 파리에 도착한다고 해서 모든 것이 끝나는 것을 의미하지는 않는다. 비행기에서 내린 후에는 검사를 면담하게 되고 잠시 동안은 프랑스의 감옥에 머물러야 하고, 그 후에 가석방을 신청하는 것이다. 전체 과정은 몇 개월이 걸릴 것이다. 하지만 하루의 자유를 얻더라도 이 전투는 충분히 가치가 있다. 그곳에 남아 있는 하루하루는 지옥이기 때문이다.

봄이 오면 긴장된 분위기가 좀 풀어지기를 바랐지만, 실제로는 그와 정반대였다. 어제는 조지아에서 온 나의 친한 친구가 하마터면 멕시코 조직원들에게 집단 구타를 당할 뻔했다. 그가 위생적이지 않다는 이유 때문이었다. 심지어는 전직 외인부대 출신의 '킥복서'도 예외는 아니었다. 그는 3시에 혼자서 조용히 종합격투기 경기를 보고자 했으나 멕시코 출신들이 TV 채널을 고정시켜 그가 TV를 보지 못하게 했다.

2018년 4월, 모든 것은 더욱더 부패하고, 더욱더 폭력적으로 변해 갔다. 이렇게 느낀 데에는 물론 나 자신의 인내력이 떨어진 까닭도 있었을 것이다. 어떤 때는 밤마다 똑같은 악몽에 시달렸다. 가망이 없는 날들은 끝이 보이지 않았다.

교도소에서는 어떤 것도 감출 수 없었다. 내가 금방 인도될 것이라는 소문이 퍼졌고 이 일은 재소자들의 시기를 불러일으켰다. 이와 유사한 많은 이야기들이 돌아다녔다. 어떤 때는 질투 때문에 다른 재소자들이 돈이 필요한 동료를 매수해서 인도될 사람을 구타하게 하기도 했다. 이렇게 되면 결국 두 사람은 독방으로 이송되고 사건에 대한 조사가 시작되어(일반적으로 3개월 이상 지속됨) 인도 절차는 중단되고 만다. 그래서 대부분은 필요 없는 말썽을 피하기 위해 자신이 교도소를 떠나는 문제를 남에게 알리지 않는다.

더 큰 문제는 모셔넌 밸리 교정센터 경영진의 괴롭힘이었다. 프랑스 정부의 간섭 때문에 화가 난 것인가? 아니면 내가 받고 있는 '열렬한' 지지에 대해서 대가를 치르라는 것인지?

연속 2주 동안 가족이나 친구들이 보내 온 잡지가 배달되지 않았다. 배달된 것은 '법무부/연방교도국'이라고 인쇄된 4통의 경고장이었는데, '우편물 내용 위반'이라고 적혀 있었다. 일반적으로 선정적인 사진이나 우표 뒤에 마약을 숨긴 것이 발각되었을 경우 이런 경고장을 받는다.

나는 관리직원을 찾아갔다. 나를 응대한 직원은 작은 일도 트집 잡아 재소자를 괴롭히는 것으로 유명한 재수 없는 놈이었다. 그는 나에게 두 가지 선택권을 주었다. 잡지를 소각하거나 아니면 돌려보내거나. 하지만 돌려보내려면 보내는 비용도 내가 지불해야 했다. 그에게 상식적인 이해를 구해 보려 했지만 소용이 없었다. 게다가 그 나쁜 녀석은 가브리엘라와 라파엘라가 여행 가서 찍은 사진 10여 장을 흔들어 보여주었다. 친구인 레일라가 보내 준 것이었다. 그 녀석은 사진도 주지 못하겠다고 했다. 사진 규격이 미국에서 일반적으로 통용되는 규격과 다르기 때문이라는 것이었다. 나는 유럽의 사진 규격은 미국과 다르다는 점을 설명했으나 막무가내였다. 이런 황당하고 악의적인 태도에 극도로 화가 났다. 다행히 내가 어리석은 짓을 하기 직전에 다른 교도관이 나를 말려주었다.

모섀넌 밸리 교정센터를 운영하는 GEO의 재소자 관리 조례는 극히 세심하게 규정되어 있었지만, 관리하는 직원들은 형편없었다. 교도소에 물건을 납품하는 공급업체가 관리 직원에게 뇌물을 제공했고(알스톰에만 이런 일이 있는 것은 아닌 듯), 이 직원은 양심의 가책 때문에 다음 날 사직했다는 얘기가 교도소 내에서 떠돌아다녔는데, 사실 여부를 떠나서 얼마나 황당하고 웃기는 얘기인가? 재소자들 사이에 돌아다니는 다른 얘기는 더 놀라웠다. 4월 중순, 모섀넌 밸리 교정센터와 비슷한 사우스캐롤라이나주의 한 교도소에서 재소자 간에 난투극이 벌어져서 7명이 사망하고 14명이 중상을 입는 사건이 발생했다. 소란이 발생한 7시간 동안 교도관들은 전혀 개입하지 않았고, 사우스캐롤라이나 주지사

헨리 맥매스터(Henry McMaster)는 이를 대수롭지 않은 일로 치부해 버렸다. "교도소라는 것이 원래 규칙을 안 지키는 사람들을 모아 두는 곳이 아닙니까? 그런 곳에서 그들이 폭력을 사용하는 것이 이상한 일은 아니죠." 그가 〈워싱턴 포스트〉에 한 얘기다. 사람 목숨이 관련된 일인데, 이렇게 냉혹할 수 있는 것인가? 아무리 악독한 범죄자라고 해도 사람의 생명이 이렇게 가치가 없는 것인가? 이 말을 한 맥매스터가 살고 있는 이 국가는 전 세계에서 가장 높은 수감률을 자랑한다. 그렇다. 그 나라는 인도나 사우디아라비아가 아니라 미국이다. 2012년 미국은 220만 명이 교도소에 수감되어 전 세계 범죄자 수의 25퍼센트를 차지했다. 프랑스의 수감자 수는 미국의 10분의 1에 불과했다. 미국에서는 흑인의 3분의 1이 일생에 한 번은 교도소에 들어가 본 경험이 있다.

모섀넌 밸리 교정센터도 와이어트 교도소처럼 거의 문맹에 가까운 재소자들이 많았다. 그래서 나는 자연스럽게 그들의 공문서 작성을 도와주고 심지어 그들이 장래 사업 계획을 짜는 것까지 도와주었다. 어떤 사람은 자기 나라에 자기 소유의 토지를 가지고 있어 미국에서 추방된 후에는 합법적인 사업을 하고 싶어 했고, 어떤 멕시코 사람은 망고를 캐나다로 수출하고 싶어 했고, 어떤 도미니카 사람은 자기 코코아 농장의 코코아를 외국으로 수출하고 싶어 했고, 어떤 가나 사람은 심지어 체포되기 전에 이미 유기농 농장을 세웠다고 했다.

이 '재소 기업가'들과 도서관에서 만나 토론하는 것이 점점 중요한 일상이 되었다. 이로 인해 할 일이 생겼고, 나 스스로 쓸모가 있다는 것이 위로가 되기도 했다. 그런데 오히려 나 자신의 사업 계획을 구상하면서는 사방이 벽처럼 어렵게 느껴졌다. 여름이 왔다. 나는 여전히 미국 법무부가 프랑스 법무부 장관 니콜 벨루베와 약속한 나의 관할권 이전 승인의 이행을 기다리고 있었다. 법무부가 그렇게 해 줄지 확신도 없었고, 나는 이미 변호사도 없었다. 스탠은 나를 더 이상 대리해 줄 수 없다고 통보해 왔다. 나의 유죄 판결 후, 변호사 비용을 지급할 여력이 안 돼 그에게 알스톰으로 청구서를 보내라고 했는데, 그는 더 이상 변호를 할 의무가 없다고 판단한 것이다. 그가 나를 위해 변호해 준 것을 생각하면 전혀 아쉬운 마음이 들지 않았다.

51

드디어 자유를 되찾다

모섀넌 밸리 교정센터에는 1,800명의 재소자가 수용되어 있었는데, 프랑스 사람은 나, 프레데릭 피에루치 딱 한 명뿐이었다. 따라서 2018년 7월 13일 러시아 월드컵 결승전이 있던 날은 내가 화제의 주인공이 되었다. 처음으로 채널 다툼 없이 모두가 TV 앞에 둘러앉았다. 아프리카, 러시아, 캐나다, 루마니아 출신들은 프랑스를 응원했고, 멕시코 출신들은 크로아티아를 응원했다. 포그바(Pogba)와 음바페(Mbappé)가 골을 넣자 미친 듯이 환호성이 터져 나왔고, 요리스(Lloris)가 실책을 하자 소동이 일어났다. 결국 프랑스가 승리했을 때는 무척 뿌듯했다. 프랑스가 처음으로 월드컵에서 우승한 1998년이 생각났다. 나는 그때 북경에서 근무하고 있었는데, 그때도 새벽 3시에 다른 프랑스 지인들과 함께 생중계를 지켜보았다. 이번에 결승전을 보고 나서는 마음도 많이 풀어졌다. 월초에 미국 법무부가 이미 정식으로 내가 프랑스로 돌아가는 것에 동의했다는 이야기를 들었기 때문이다. 비록 마음은 한결 가벼워졌지만, 나는 여전히 경계를 늦추지 않고 있었다. 왠지 최후의 순간에는 또 다른 핑계를 대고 새로운 죄목을 뒤집어 씌워 나를 다시 감금할지도 모른다는 두려움이 늘 있었다. 어쩌면 집행유예 판결을 내려 미국에서 강제로 일 년을 더 머물게 할 수도 있었다. 물론 지금까지 그런 선례는 없었지만, 오늘 그들이 상상도 못할 짓을 한다고 해도 나는 놀라지 않았을 것이다.

가장 두려운 것은 '밀고자'들이었다. 미국 FBI를 위해 일하는 이들은 하나둘씩 계속해서 모섀년 밸리 교정센터에 나타났다. 나는 고작 15일 동안에 두 차례의 위험을 맞이했다. 처음에는 조지아 출신의 사람이었다. 그는 뉴욕에서 발생한 중대한 마약 거래 사건으로 체포되었는데, 막 우리 감방에 배정되었다. 그런데 나의 동료 두 사람이 이 조지아 출신이 내 서류를 뒤지는 것을 잡았다. 최근 러시아 출신들이 C5 구역에 출현하는 횟수가 많았는데, 내 동료들이 교도소 밖의 네트워크를 동원해 확인해 본 결과 이들은 FBI의 정보원이라는 사실이 확인되었다. '기타 외국계'의 대표가 관리 직원에게 통보해서 이 조지아 출신 정보원을 다른 구역으로 보내 버렸다.

일주일 후 우리는 내 주위를 빙빙 돌던 또 다른 밀고자를 발견했다. 이번에는 관리 직원들이 그가 다치지 않도록 주동적으로 독방으로 이감해 버렸다. 이것이 다가 아니었다. 나는 이상한 편지를 받았다. 와이어트 교도소의 한 재소자가 보낸 것인데, 이전에 나와 같은 감방에 있었던 친구였다. 그가 재소자 간의 서신 교환이 엄격히 금지되어 있다는 것을 모를 리가 없었다. 그의 편지는 나에게 징벌만 가져다줄 뿐이었다. 그는 왜 나를 위험에 빠지게 하려 했을까? 동기가 무엇이었을까? 그도 밀고자였을까? 그만, 이제 그만, 세상 모든 것이 다 나를 해치려는 것으로 보이다니…… 편집광이 돼 버리면 안 돼! 이미 그렇게 돼 버린 건 아닐까? 이곳에서 빨리 나가야만 한다.

7월 25일, 이민 판사와 영상통화를 했다. 나는 인도를 희망한다고 명확하게 내 뜻을 밝혔다. 이제 남은 것은 출발 날짜가 다가오기를 기다리는 것이었다(일반적으로 3~6주가 걸린다). 그러나 마지막 단계에서 나는 동요하기 시작했다. 미국 행정부의 업무 효율이 낮은 점을 고려하면(내가 보기에는 고의적이다) 차라리 형기를 다 마칠 때까지 기다리는 게 더 낫지 않을까? 10월 말, 11월 초면 만기 출소할 수 있다. 그렇게 되면 프랑스 교도소에 다시 적응해야 하고, 범죄기록에도 추가될 것이다. 그러나 나는 다시 이성을 되찾았다. 또다시 바보 같은 짓을 하지 말자. 가자, 가자, 빠를수록 좋다. 모새넌 밸리 교정센터에 계속 남아 있으면 나는 분명히 미쳐 버릴 것이다.

2018년 9월 9일 오후, 초조한 심정으로 감방 복도 벽에 붙어 있는 출소자 명단을 살펴보았다. 놀랍게도 내 이름이 거기에 있었다. 이 얼마나 엄청난 해방감인가? 하지만 나는 계속해서 인내심을 가지고 기다려야 할 것이다. 미국연방교도국은 온갖 방법을 동원해서 나의 인도 시간을 늦출 것이다. 하지만 모든 것은 끝이 있는 법, 최악의 악몽도 끝이 났다. 내일 아침 8시, 드디어 출발이다.

해 뜰 무렵, 교도관은 우리에게 옷을 모두 벗으라고 명령했다. 전 외인부대원 '킥복서'도 오늘 떠나게 되었다. 그는 슬로바키아로 돌아가게 된다. 이송 중에는 죄수복을 입어야 한다. 반팔 티셔츠, 황갈색 바지, 캔버스 샌들. 우리는 다른 다섯 명의 재소자들과 함께 수갑과 족쇄를 차고 쏟아지는 빗속에 버스에 올랐다. 다행히 교도관은 뉴욕까지의 8시간 여정을 고려해서 손목 사이에 끼우게 되어 있는 쇠막대기를 설치하지 않았다. 이 쇠막대를 끼우면 불편할 뿐만 아니라 피부나 관절이 손상될 수도 있었다. 버스 안은 에어컨을 너무 세게 틀어 놓아 우리는 덜덜 떨어야 했는데, 아무리 온도를 높여 달라고 해도 교도관들은 들은 척도 않고 느긋하게 파카 코트 깃만 여미고 있었다. 우리는 정오 무렵 군대에서 자주 사용하는 해리스버그 공항의 화물 구역에 도착해서 휴식을 가졌다.

활주로 끝 쪽에는 15대의 비슷한 모양의 대형 버스, 아주 많은 SUV 및 소형 운송차량들이 주차되어 있었다. 모두 비행기가 도착하기를 기다리고 있는 차량이었다. 이곳은 매주 한 번씩 중간 전송 센터 역할을 한다. 미국 각지의 교도소로 이송되는 재소자들은 모두 이곳으로 모이게 된다. 비행기가 도착하면 방탄조끼를 입고 소총을 든 수십 명의 무장 경찰들이 둘러싼다.

먹구름이 가득해 사방이 어둡고 비가 억수로 쏟아지는데, 수갑과 족쇄를 찬 나는 샌들만 신고 교도관의 욕설을 들으며 천천히 앞으로 걸어 갔다. 미끄러운 활주로를 휘청거리며 걸었다. 딱 공포영화에나 나올 법한 장면이었다. 내가 뒤뚱거리며 비행기를 향해 걸어가고 있을 때 한 교도관이 나를 대열에서 잡아 끌어 버스 안으로 밀어 넣었다. 내 기대와 달리 나는 뉴욕행 비행기에 타지 못했다. 버스는 바로 움직이기 시작했다. 전에도 이런 경험을 해봤다는 한 친구가 우리가 갈 곳을 알려 주었다. 펜실베이니아주 동북부에 위치한 경비가 삼엄한 카난(Canaan) 교도소였다. 우리는 저녁 무렵 카난 교도소에 도착했다. 교도소에 수감되는 과정은 길고 고통스러웠다. 무려 4시간이 걸렸다. 겨우 감방을 배정받아 침대에 쓰러졌는데, 배도 고프고 목도 말랐다. 우리는 아침부터 아무것도 먹지도 마시지도 못했다. 아침에 깨어나서야 알게 된 사실은 이곳에서 24시간을 머문 후에야 뉴욕 맨해튼으로 갈 수 있다는 것이었다. 지금 카난 교도소에 대한 기억은 거의 없다. 음식물은 쓰레기에 가까워 먹을 수가 없었고, 재소자들끼리는 극도로 경계하고 있었다. 이 교도소에서는 2011년 무려 300여 명의 재소자와 심지어 일부 교도관까지 닭다리를 먹고 식중독에 걸린 심각한 사건이 발생한 적도 있다.

밤 10시쯤 우리는 다시 뉴욕 브루클린 교도소로 출발했다. 새벽 1시부터 5시까지 우리 일행은 잠시 휴식을 취했다. 우리와 36명의 다른 재소자들(4명의 라틴아메리카계와 34명의 아프리카계)이 가축 축사 같은 비좁은 우리 안에 갇혀 있었다. 백인은 나와 '킥복서' 두 명뿐이었다. 드디어 참을 수 없는 이 여정이 끝났다. 400킬로미터도 안 되는 거리를 3일 만에야 도착한 것이다.

2018년 9월 12일, 맨해튼 남부의 메트로폴리탄 교도소에 도착했다. 여전히 수갑과 족쇄를 차고는 얼어붙었다. 2013년 4월 14일 FBI에 체포되어 첫 심문을 받은 후 바로 이 교도소에서 처음으로 지옥 같은 하룻밤을 보냈다. 5년 반 전의 일이었다.

메트로폴리탄 교도소도 와이어트 교도소와 마찬가지로 보안이 극도로 삼엄했다. 미국 매스컴에서는 '뉴욕의 관타나모'라고 불렀다. 주로 재판을 기다리거나 자국으로 인도되는 흉악범들이 수감되는 곳이었다. 내 감방 정면에는 3명을 살해한 살인범이 수감되어 있었다. 왼쪽 감방의 방장은 방글라데시인으로 몇 달 전 폭탄을 휴대하고 뉴욕 지하철을 폭파하려다 체포되었다. 아래층 감방에는 땅딸보라는 뜻의 '엘 차포'라는 별명을 가진 악명 높은 멕시코 마약왕 호아킨 구스만의 부하 2명이 수감되어 있었다. 그중 한 명은 158명을 살해한 혐의로 기소되었고, 다른 한 명은 구스만의 '은행가'로, 마약 밀매로 벌어들인 검은돈의 세탁 담당이었다. 구스만은 위층의 감방에 단독으로 수감되어 있었다.

아직 정리도 하기 전에 면회 통지가 왔다. 놀라운 소식이 나를 기다리고 있었다. 뉴욕 주재 프랑스 부영사 제롬 앙리와 사회복지 부서 책임자 엘렌 랭고(Hélène Ringot) 여사는 내가 메트로폴리탄 교도소에 도착하자마자 최우선적으로 만날 수 있도록 요구했다고 한다. 나는 이틀 동안 잠을 못 자고 제대로 씻지도 못해서 몰골이 말이 아니었다. 그렇더라도 그들을 만나니 안심이 되었다. 우리는 프랑스로 돌아가는 세부 절차 전반에 대해서 논의했다. 이민국 직원이 내 여권을 '실수'로 분실해서 그들이 내게 특별 통행증을 발급해 주었다. 제롬 앙리는 내게 옷을 전달해 주었다. 클라라가 인터넷에서 구매해서 영사관으로 직배송한 옷들이었다. 당시 나는 티셔츠 하나만 입고 3일을 버텼던 터라 지저분해서 도저히 봐줄 수가 없을 정도였고, 캔버스 샌들도 다 헤져서 맨발로 걸어 다닐 수밖에 없었다. 사실 나는 이곳에서 아직도 8일 동안을 더 기다려야 했다. 9월 21일이 되어야 프랑스로 돌아갈 수 있는 것이다. 나는 무서운 살인자들과 테러리스트들이 득시글대는 이 '시궁창'에서 다시 일주일을 버텨야 했다. 이곳을 시궁창이라고 부른 이유는 위생 상태가 지극히 열악했기 때문이다. 교도소 전체가 습기가 가득 차서 눅눅했고, 모든 수도관은 새고 있고, 대다수의 샤워 시설은 몇 년째 수리를 하지 않아 사용할 수가 없었다. 화장실은 늘 막혀 있었다. 우리 층의 감방은 문이 잠기지 않아 사용되지 않고 폐기되어 쓰레기장으로 변해서 도저히 참을 수 없는 악취를 풍겼다.

가장 무서운 것은 밤이었다. 밤이 되면 흉악하기 그지없는 쥐들이 떼를 지어 나타났다. 쥐들은 거리낌 없이 재소자들의 얼굴과 이마를 물어뜯었으므로 잠잘 때 담요를 뒤집어쓰고 자야 했다. 나는 가진 돈이 한 푼도 없었다. 모셔논 밸리 교정센터 식당 계좌에 남아 있던 잔액을 메트로폴리탄 교도소로 옮기지 못했기 때문에 아무것도 살 수가 없었다. 그릇도, 컵도, 숟가락도, 신발도 없었다. 다른 재소자들의 형편도 비슷한 터라 우리는 하는 수 없이 되는 대로 견디는 수밖에 없었다. 어쩌다가 어렵게 신발 하나를 구해서 넷이서 돌려가며 사용했다. 시간은 정말로 더디게 흘러갔다. 시간은 영원히 끝이 없는 듯했다. 나는 시간을 보내기 위해 수학 문제를 풀었다. 아이티 출신의 젊은 친구를 도와주었는데, 그는 언젠가는 GED 시험(미국의 고졸 검정고시)을 통과하고 싶어 했다.

드디어 9월 21일이 되었다. 프랑스의 교도관리기관 직원이 직접 메트로폴리탄 교도소로 와서 나를 픽업한 후 케네디 국제공항으로 호송해서 드골공항으로 향하는 비행기에 태우게 되어 있었다. 하지만 나는 여전히 인도 계획이 갑자기 취소될지도 모른다는 걱정을 하고 있었다. 그날은 마침 멕시코 마약왕 호아킨 구스만이 재판을 받는 날이어서 수백 명의 경찰들이 메트로폴리탄 교도소와 브루클린대교 근처의 거리를 봉쇄했다. 이렇게 많은 인원이 동원된 것은 좀처럼 보기 드문 광경이었다. 비행기 이륙 3시간 전, 나는 감방에서 끌려 나와 수갑과 족쇄가 채워진 후 경찰차에 던져졌다. 나를 태운 경찰차는 제시간에 공항에 도착하기 위해 경적을 울리며 무서운 속도로 달렸다. 나는 드디어 탑승 트랩에 올라섰고, 이로써 나는 정식으로 프랑스 정부에 인도되었다.

에어프랑스 비행기에 탑승했다. 3명의 교도 인력이 나를 호송했다. 그들은 이미 파리에서 나에 대해 파악한 관계로 내가 위험인물이 아니라는 사실을 알고 있었다. 그래서 곧바로 내 수갑을 풀어 주었다. 우리는 맨 뒷줄에 앉았는데, 그들과 이런저런 대화를 하며 편안한 나머지 왠지 자유인으로 여행하는 것 같은 느낌마저 들었다.

새벽 5시 30분, 비행기는 드골공항에 도착했다. 무릎을 꿇고 프랑스 땅에 입을 맞추고 싶을 정도로 감격스러웠다. 공항을 떠난 후 그들은 나를 보비니(Bobigny) 법원으로 데리고 갔다. 인도 범죄인을 인계하는 관례적인 절차를 거쳐 프랑스 검사에게 인계되었다. 나는 유치장에 수감되었고, 양형관이 나의 운명을 결정할 때까지 기다려야 했다. 나는 당일에 석방될 수 있기를 간절히 기도했다. 그러나 불운하게도 이 사건을 처리할 수 있는 당직 판사가 없었다. 나는 유치장에서 20시간을 기다렸다가 빌팽트(Villepinte)의 구치소로 보내졌다. 주말 동안은 이곳에 있어야 했다. 다음 주 월요일 판사가 나의 사건을 처리해 줄 것을 기대하면서. 구치소에서는 최상의 '대우'를 받았다. 고맙게도 안전을 고려해 독방을 제공해 주었다. 단체 숙소에서 1년을 보낸 후 드디어 혼자 있을 수 있게 되었다. 얼마 만에 갖게 되는 프라이버시인가? 드디어 조금은 편안한 곳에서 생활할 수 있게 되었다. 감방은 넓고, TV와 단독 화장실, 식사도 훌륭했고, 교도관들도 친절했다. 그야말로 특별한 대접을 받고 있는 것이다. 심지어 알스톰 사건의 국회 조사위원회 위원장 올리비에 마를렉스 의원은 내가 도착한 당일 밤 나를 만나려고 빌팽트 구치소로 왔었다는 말을 전해 들었다. 하지만 그때 나는 보비니 법원의 유치장에

발이 묶여 있었다.

월요일 아침, 즉 내가 프랑스로 돌아온 지 72시간 후(사법 절차로서
는 아주 짧은 시간임), 양형관은 상당한 시간을 들여 내 사건을 심리하
고, 신속히 나의 가석방 신청을 승인했다.

2018년 9월 25일, 화요일 오후 6시, 케네디 국제공항에서 체포된 지
벌써 5년 반의 시간이 지났다. 미국 교도소에서 25개월을, 그중 15개월
은 고도의 경계가 이뤄지는 감옥에서 보낸 후 출소했다.

나는 드디어 다시 자유의 몸이 되었다.

에필로그

마티유와 함께 이 책을 완성한 후, 나는 5주 동안 한가한 시간을 보냈다. 가족, 동료, 친구들은 모두 나에게 사람들을 만나지 말고 푹 쉬면서 편안하게 지내라고 권했다.

그러나 아직은 그럴 때가 아니다. 나는 교도소 생활로 붕괴된 사람들처럼 구석에 쭈그리고 앉아 원기를 회복하거나, 갑자기 시작된 새로운 일상 앞에서 방황하거나, 지난 일을 잊으려 노력하거나, 완전히 새로운 사람이 되려고 노력하고 싶지 않았다. 결코 없었던 일로 할 수 없다. 나는 계속 싸울 것이다. 나는 무언가에 이바지하고 싶다. 이것은 전쟁이다.

미테랑 대통령은 임기 말기에 조르주 마크 베나무(Georges-Marc Benamou)에게 이렇게 말했다. "프랑스는 전혀 알지 못하고 있지만, 우리는 이미 미국과 전쟁을 시작했습니다. 그렇습니다, 이건 장기적이고 아주 중요한 전쟁이며, 경제전쟁입니다. 표면상으로는 사상자가 나오지 않지만, 사실상 생사가 달린 전쟁입니다."

이것은 나 혼자만의 전쟁이 아니다. 우리 모두의 전쟁이며, 군사전쟁보다 더욱 복잡한 전쟁이며, 산업전쟁보다 더욱 음험한 전쟁이며, 대중들이 잘 알지 못하는 전쟁이다. 법률전쟁이기도 하다. 프랑스 테러 분석 센터(Centre d'analyse du terrorisme)의 전문가들도 이미 이런 '법률전쟁'이라는 새로운 충돌을 명확하게 기술하고 있다. 즉, 법률체계를 이용하여 적 또는 적이라고 확정된 목표물을 범법자로 만들어서 상대방에게 최대의 손해를 입히고, 위협 수단을 통해서 상대방을 굴복시키는 것이다. '9.11 사태' 발생 이후 같은 해 12월 미국 육군 대령 찰스 던랩(Charles Dunlap)이 처음으로 제시한 이 개념은 이후에 많은 미국 신보수주의 연구자들이 인용했으며, 이들은 또한 적용 범위확대를 주장했다. 사실 미국은 모두들 관심을 가지고 있는 많은 문제에 대해서 동맹국과 그 기업들이 자신들의 원칙을 받아들이도록 하는 데 성공했다. 반테러리즘, 반핵확산, 반부패, 반돈세탁 등. 이처럼 명목적으로 합법적이며 또 필요한 전투 덕분에 미국은 '세계의 경찰'을 자처하게 되었다. 강력한 달러의 힘(주요 국제 통상 수단)과 기술의 힘(미국의 이메일 시스템 이용)을 바탕으로 미국은 전 세계에서 유일하게 역외법을 반포한 국가가 되었으며, 유일하게 역외법을 집행할 수 있는 국가가 되었다. 그물은 이렇게 만들어졌다. 1990년대 말 이래, 유럽 각국은 미국법의 관할권을 암묵적으로 인정하기 시작했다. 그리고 현재도 유사한 시스템을 설치해서 방어하거나 반격을 진행할 능력이 없는 것으로 보인다. 아니 묻고 싶다. 과연 우리는 반격할 생각은 해봤을까?

최근 20년 동안 유럽 각국은 기꺼이 '강탈'을 감내했다. 독일, 프랑스, 이탈리아, 스웨덴, 네덜란드, 벨기에, 영국의 기업들이 연이어 뇌물공여, 금융범죄, 제재위반의 명목으로 제재를 받고, 수백억 달러의 벌금이 미국 재무부의 주머니로 들어갔다. 프랑스 기업만 해도 130억 달러의 벌금을 납부했고, 향후 처벌을 받게 될 회사들이 줄을 이었다. 대표적인 것이 프랑스의 매우 중요한 다국적 기업인 에어버스와 아레바로, 이 두 기업도 뇌물공여 혐의로 미국 법무부의 사냥감이 되었다.

이러한 '강탈'(너무도 적절한 표현이다)의 규모는 역사상 그 유래를 찾아볼 수가 없을 정도다.

어느새 2019년 초가 되었다. 나는 여전히 알스톰과 그 직원들의 처지에 분노를 느낀다. GE 회장 제프 이멜트는 알스톰 인수 당시에 했던 약속을 거의 이행하지 않았다. 그렇게도 추켜세우던 허위적인 '합자기업'은 이미 그 진면목이 드러났다. 그야말로 공상에 불과했다. GE는 프랑스에서 1,000개의 일자리를 만들겠다는 약속을 지키지 못했을 뿐만 아니라 오히려 그르노블 공장의 800개의 일자리 중 354개를 없애기로 결정했다. 벨포르의 알스톰 공급업체들에게 GE가 약속했던 구매 계획도 지켜지지 않았다. 2019년부터 전 알스톰 노동자들은 GE가 유럽에서 진행하는 대규모 구조조정 계획의 혜택을 받을 수 없게 되었다(현재 이미 전체 고용 노동자수의 18퍼센트에 해당하는 4,500명의 감원 계획을 발표했다). 하지만 이런 것들은 이제 시작에 불과한 것이다. 2018년 10월 30일, 취임한 지 1개월 된 신임 GE 회장 래리 컬프(Larry Culp)는 3분기 적자가 200억 유로에 달한다며 에너지 부문의 구조조정 방침을 공표했다. 파트릭 크롱은 TV와 라디오에 출연해 이 '위대한 산업 프로젝트'를 칭송하고 GE의 인수가 '취업의 구세주'가 될 것임을 약속했고, 이를 '에너지 산업의 중대한 발전'이라고 부르면서 희망이 충만한 미래를 노래했었으나 이미 모두 오랜 옛일이 되어 버렸다. 하지만 여전히 파트릭 크롱의 결백을 입증해 보려는 평론가들의 노력도 보였다. 어떤 평론가는 GE의 부진은 알스톰 매각이 현명했음을 증명하는 것이라고 했다. 그들은 파트릭 크롱이 비상한 식견을 가지고 누구보다도 일찍 미래를 정확히 예측, GE에 제대로 한 방을 먹였다는 것이다.

우리를 전부 바보로 아는 모양이다. 우선, 곤경에 처한 기업을 구하기 위해 들어온 새로운 경영자는 기존의 묵은 폐단을 일소하는 데 열심이기 마련이다. 중대한 손실은 모두 전임자의 엉터리 결정 때문에 발생한 것임을 선언함으로써 자신이 취임한 이후의 뛰어난 성과를 돋보이게 하는 것은 너무나 많이 보아온 상용 수단인 것이다. 이 업계 전문가들은 에너지사업이 주기적인 기복은 항상 있었으나 장기적으로 볼 때는 늘 성장하고 있다는 점을 너무도 잘 알고 있다. 이른바 평론가라고 하는 사람들의 미국 거대 기업 현황에 대한 해석은 지나치게 아마추어적인 추론에 불과하다. GE의 문제는 절대로 알스톰 에너지 부문을 인수한 이후 나타난 것이 아니다!

2000년 9월부터 GE의 주가는 이미 75퍼센트 이상 떨어졌다. 2008년 금융 위기가 발생하자 자회사인 금융사업 부문(GE캐피탈)의 영향으로 파산 위기에 몰렸다. 그 후 GE는 거액의 채무를 지게 되었는데, 주요 원인은 최후의 몸부림을 치고 있는 금융사업 부문 때문이다.

그 밖에 컬프 회장이 발표한 200억 유로의 적자를 자세히 살펴보면 사실은 회계 장난에 불과하다는 것을 쉽게 알 수 있다. 이 적자는 완전히 전체 전력부문의 자산 감가상각 때문에 발생한 것으로, 자금흐름에 어떤 영향도 미치지 않았으며, 2014년 알스톰을 인수했기 때문은 더욱 아니었다. 더구나 GE의 전력 부문은 990억 달러에 달하는 극히 풍족한 주문량을 보유하고 있어, 향후 2년 반 동안 전혀 수주에 대해 걱정할 필요가 없다. GE가 알스톰으로부터 인수한 전력 부문의 경영 상황은 기존 GE 에너지 부문처럼 그렇게 엉망이 아니었다. 진정한 원인은 다시 분석해 봐야 하겠지만, 중점은 역시 기술과 공법에 대한 연구 강화가 아닐까 한다. GE는 2018년 9월, 생산한 증기 터빈에 부식 문제가 발생했다고 발표했다. 이로 인해 55대의 신형 증기 터빈이 영향을 받게 되었으며, 이 설비들은 이미 고객에게 전달된 상황이다.

알스톰은 이미 막다른 골목에 다다랐다. 2019년 철도교통 부문은 지멘스의 인수 담판이 진행되고 있다.

알스톰 그룹은 그 수명을 다했다.

내가 22년간 복무한 회사가 해체되었고, 이것은 결코 우연한 사건이 아니다. 이란의 상황을 보자. 우리는 어떻게 우리의 최대 산업그룹이 이란에서 필사적으로 일궈낸 거대한 시장을 포기하는 것을 눈 뜨고 뻔히 지켜볼 수밖에 없는가? 미국이 이란과의 핵무기 협상을 폐기하고 이란에 대한 제재조치를 실시한다고 해서 전 세계가 같이해야 한다는 말인가? 토탈 그룹은 전 세계 천연가스 매장량의 50퍼센트를 장악하고 있고, 푸조 시트로엥은 이란에서 매년 20만 대의 자동차를 생산할 계획이 었으나 모두 철수할 수밖에 없었다. 이들이 만약 계속해서 이란과 무역을 진행할 경우에는 미국 법무부에 의해 기소될 것이다. 나는 각국이 이에 대항하려고 노력하는 모습을 보았다. 독일은 외무부 장관 헤이코 매스(Heiko Maas)의 발언을 통해 달러 이외의 지불 시스템 추진을 독촉했다. 프랑스 경제산업부 장관 브뤼노 르 메르(Bruno Le Maire)도 미국 정부를 비판했다. 2018년 5월, 그는 이란 문제를 언급하며 "우리는 정말로 미국의 속국이 되기를 원합니까?"라고 말했다. 이제는 말에 그치지 말고 실질적인 행동을 시작할 때다.

특히 지금은 위협이 점점 더 강화되고 있는 중요한 시점이다. 미국은 최근 클라우드 법안을 공표했다. 이 법안은 미국 정보기관이 미국 외 지역의 개인 정보에 더 쉽게 접근할 수 있도록 해 준다. 이메일부터 SNS 채팅 기록, 사진, 동영상, 회사 기밀 문건 등 모든 정보들은 정치 경제 전략 차원에서 사용될 수 있고, 미국 행정부는 이렇게 수집한 기록들을 합법적으로 보관 정리할 수 있게 된 것이다. 르 메르 장관이 말한 대로, 미국의 '속국'이 되고 싶지 않다면 지도자들이 정치적인 용기를 보여 주어야 한다. 만약 프랑스 정부 혹은 다른 유럽 국가가 탈세 혐의로 구글 직원을 구금한다면 미국은 어떤 반응을 보일까? 이런 극단적인 조치를 취해야만 존중받을 수 있는 것인가? 만약 우리가 계속해서 소극적으로 대처한다면 다른 국가들도 앞다투어 각자의 역외 법률을 제정하게 될 것이다.

따라서 EU는 반드시 속히 행동을 취해야 한다. 예를 들어, 전임 총리이자 변호사인 베르나르 카제뇌브(Bernard Cazeneuve)의 제안대로 유럽 반부패국을 설립하는 것이다. 이것만이 미국 법무부와 대등하게 대항할 수 있는 강력한 법률 규명 수단이 될 수 있다.

더 이상 속을 수는 없다. 누가 미국 대통령이 되더라도, 그가 민주당이든 공화당이든, 워싱턴은 소수 산업계 거두들의 이익을 보호할 것이다. 보잉, 록히드 마틴, 레이시언, 엑슨모빌, 핼리버턴, 노드롭 그루만, GM, GE, 벡텔, 유나이티드 테크놀로지스 등등. 미국 법은 그때그때 상황에 따라 다르게 적용될 뿐이다. 우리는 잊어버렸거나 혹은 보고도 알지 못하는 것이다. 전 세계에 도덕적인 설교를 하고 있는 미국이 사실 그 세력 범위 안에서는 부패가 횡행하는 시장을 만들고 있다. 그 좋은 예가 사우디아라비아와 이라크다. 그러나 현재의 상황은 이전과 조금 달라졌다. 이제는 깨어날 때가 되었다. 이 기회를 놓쳐서는 안 된다. 유럽을 위해서도 프랑스를 위해서도. 지금이 아니면 영원히 기회는 없다. 스스로 존중받으려면 떨쳐 일어나 대항해야 한다.

마지막 기회다!

후기

알랭 주이에

전 프랑스 대외안전국(DGSE) 정보 서비스 국장,
전 비즈니스 정보 담당관, 프랑스 경제정보연구원 원장

BNP 파리바 은행 사건과 토탈 사건 뉴스가 연일 보도되면서 알스톰과 미국 법무부 간에 발생한 분규가 새삼 매스컴의 광범위한 주목을 받게 되었다. 프랑스 국민의회와 상원은 의원들이 주축이 된 조사위원회를 구성해서 프랑스가 어떻게 '산업계의 보석'을 미국에 갖다 바쳤는지 밝히려고 노력했다. 알스톰 회장은 한편으로는 위로의 뜻을 담은 성명을 발표하는가 하면, 다른 한편으로는 자신을 향한 음모가 있다는 것을 누차 밝혔다. 확실히 전체 퍼즐 가운데 여러 편의 조각이 모자란다. 알스톰의 경영진이든 GE의 경영진이든 모두 각자의 이사회와 프랑스 국회의 조사위원회에 구체적인 사항을 밝히기를 거부하기 때문이다. 알스톰은 잘못을 저질렀고, 우리가 이 책에서 본 것처럼 통탄스럽게도 위험을 돌보지 않고, 또 다른 잘못을 계속 저질렀다. 이 책을 읽으면 알스톰의 경영진이 왜 이처럼 잔뜩 위축될 수밖에 없었는지 잘 이해할 수 있다. 그들이 인정해야 하는 것은 공교롭게도 그들이 인정할 수 없는 것이기 때문이다. 그들이 외국 공무원에게 뇌물을 공여하거나 뇌물공여를 공모한 혐의로 검찰에 기소될 가능성이 있음을 알게 되었을 때, 어떤 이는 타인의 희생을 담보로 자기의 안전을 보전했다.

하지만 현실은, 십여 년 동안 유럽 기업들은 줄곧 미국 법무부의 공격 대상이었다. 이 기업들은 어마어마한 벌금을 물었을 뿐만 아니라, 미국의 감시하에 놓이게 되었다. 미국은 막대한 벌금을 획득하는 것에 만족하지 않고, 향후 수년간 이들 기업 내부에 강제적으로 '감독관'을 꽂아 놓았다.

이 감독관들은 미국인으로 임명되고, 해당 회사에서 급여를 제공했다. 그의 직무는 회사가 법규를 잘 준수하도록 감독하는 것이었다. 다만, 이 제도는 대서양 저편의 표준에는 부합될지 모르겠으나 프랑스의 기업 도덕관에 반드시 부합되지는 않을 뿐 아니라, 프랑스의 전체적인 도덕관은 말할 필요도 없을 것이다. 따라서 이러한 국면들이 '사팽 2법'의 등장을 통해 부패행위를 근절함과 동시에 프랑스 기업도 보호를 받으며 점진적으로 정상 궤도에 진입할 수 있기를 기대해 본다.

프랑스의 국영기업과 민간기업의 경영진은 이 책을 통해 미국이 자국의 승리와 목표 실현을 위해 사용하는 각종 방법과 수단에 대해서 정확하게 이해할 수 있을 것이다. 미국은 이미 일련의 법안 반포를 통해 반부패 투쟁 범위와 내용을 점진적으로 확대해 왔다. 미국은 정보기관을 이용해서 전쟁 기기를 가동했고, 미국 일방의 법규를 위반하는 누구라도 기소할 수 있게 되었다. 미국 국가안전국의 도청기술은 미국이 '세계의 경찰' 역할을 하는 데 큰 도움을 주고 있다.

당연히 어느 누구도 법률을 무시할 수 없다. 다만, 반부패 투쟁의 경우 미국의 법률이 역외 관할권을 가지고 있다는 것에 대해서는 논쟁이 분분하다. 특히 역외 관할권이 대등하지 않다는 점을 고려하여, 각국의 많은 법학자들이 이것은 사법권 남용에 해당하므로 집행을 제한해야 한다는 의견을 제시했다. 미국의 해외부패방지법만 그런 것이 아니라 다른 문제에서도 마찬가지이다. 매들린 올브라이트(Madeleine Albright)가 말한 것처럼 미국의 경쟁 상대국에서 우선적으로 무기를 구매하는 자, 미국의 제재를 받고 있는 나라와 무역을 하는 자에 대해서는 미국은 유일한 초강대국으로서 이에 대해 제재를 가할 것이다.

이처럼 군사력, 사법 무기와 정보 기술에 의지하는 제국주의적 논리에 대해 다른 나라들은 대항의 여지가 없다. 협조하거나, 굴복하거나, 사라지거나. 미국의 이러한 행동에 대해 우리는 환상을 버리고 현실을 직시해야 한다. 우리가 처한 환경은 조지 부시 대통령이 말한 하드 파워(hard power)도 아니고, 클린턴 대통령이 말한 스마트 파워(smart power)도 아니며, 오바마 대통령이 말한 소프트 파워(soft power)는 더더욱 아니다. 우리는 지금 미국의 터프 파워(tough power)의 통제하에 놓여 있다. 그리고 이것은 새로운 시작일 뿐이다. 이에 대해서 프랑스 정부와 유럽의 다른 국가 정부들도 반항의 수단을 가지고 있지 않다. 이것이 정상인가? 이미 이렇게 병약해졌단 말인가? 굴욕을 참고 복지부동하는 것이 우리의 유일한 탈출구인가?

프레데릭 피에루치의 경험과 그가 정교한 필치로 기술한 이 모든 것은 그 의의만으로 소설을 훨씬 능가한다. 이것은 21세기에 발생한 생생한 사실이기 때문이다. 피에루치의 악몽이 여기서 끝나기를 희망하며, 만약 다른 프랑스 기업들이 여전히 이 일을 대수롭지 않게 생각하고, 국제 경쟁의 냉혹한 현실을 모른 척하고, 모 국가의 행동에 대해 관심을 기울이지 않는다면, 이러한 기업들은 언제라도 잘려 나갈 것이다. 그들이 두 눈을 부릅뜨고 사고를 시작하게 하는 데 도움이 되기를 희망한다. 이렇게 해야만 피에루치가 겪은 고난이 헛되지 않을 것이다.

미국이 유럽 은행에 부과한 벌금

    지난 10년간 미국이 시행한 국제 경제제재 조치 위반으로 부과된 벌금은 기본적으로 유럽 은행들에게 타격을 가했다.

    비록 관대한 처분이기는 하지만 처벌을 받은 유일한 미국 은행은 제이피 모건 체이스(JP Morgan Chase)밖에 없는 듯하다. 유럽 은행들은 2009년 이후 160달러라는 거금을 미국 정부에 바쳤다.

    프랑스 은행 소시에테 제네랄은 2018년 6월에 리보(영국 런던에서 우량은행끼리 단기자금을 거래할 때 적용하는 금리) 부정 사용과 리비아에서의 뇌물공여 혐의 등 두 건의 소송을 해결하기 위해 미국 법무부와 상품선물거래위원회(CFTC)에 100억 달러 이상을 납부했다. 2018년 11월에는 쿠바에 대한 금수조치 위반으로 미국 법무부와 연방준비제도에 13억 달러를 납부했다.

    미국의 국제 제재 또는 자금세탁법[1] 위반으로 가장 많은 벌금이 부과된 사례는 다음과 같다.

---

1   미국 법의 역외관할권에 관한 프랑스 국회 외교문제위원회와 금융위원회 정보 보고서(2016년 10월 5일)

회사	국가 (위반 당시 모회사 등기 지역 기준)	해외부패방지법 위반으로 미국에 납부한 벌금 총액 (100만 달러)	거래 연도
BNP 파리바	프랑스	8,974	2014
HSBC	영국	1,931	2012
코메르츠 방크	독일	1,452	2015
크레디아 그리콜	프랑스	787	2015
스탠다드 차타드	영국	667	2012
ING	네덜란드	619	2012
크레디 스위스	스위스	536	2009
ABN 암로/ 스코틀랜드 왕립은행	네덜란드	500	2010
로이드	영국	350	2009
바클레이즈	영국	298	2010
도이체 방크	독일	258	2015
슐룸베르거	프랑스/미국/네덜란드	233	2015
클리어 스트림	룩셈부르크	152	2014
UBS	스위스	100	2014
제이피 모건 체이스	미국	88	2011

부록2
GE는 어떻게 부패 스캔들을 은폐하는가

2008년, GE의 변호사 안드레아 코엑(Andrea Koeck)은 간부들에게 경보를 발령했다. 그녀는 사내 부가세 사기 메커니즘을 적발했으며, 브라질에서 체결된 계약과 관련한 부패행위(뇌물) 혐의를 적발했다고 주장했다.

상사들은 어떻게 했을까? 그들은 그녀를 해고했다. 언론이 이 스캔들을 알게 되자 스스로 '부패행위 척결의 챔피언'이라고 주장해 온 GE는 내부고발자인 그녀의 입을 막기 위해 수표를 건넸다.

비슷한 사례로 '아사디 사건'이 있었다. 2010년 여름, GE 이라크 지사장 칼레드 아사디(Khaled Asadi)는 이라크 전기부 차관과 매우 가까운 사이인 이맘 마흐무드(Imam Mahmoud)라는 여성을 채용하는 데 반대했다. GE가 2억 5,000만 달러의 계약을 따내는 대가로 그녀에게 놀고먹을 수 있는 편한 일자리를 제공하는 것에 반대한 것이다. 상사에게 이 일을 보고한 후 얼마 지나지 않아 아사디는 안드레아 코엑처럼 자리에서 밀려나 사직을 강요당했다.

아사디는 소송을 제기, 내부고발자를 보호하는 미국의 도드프랭크법(Dodd-Frank Act)을 적용해 달라고 요구했다. 그러나 미국 법무부는 해외에서 벌어진 일이라 도드프랭크법의 적용 범위 밖이라는 이유로 그의 요구를 묵살했다. 미국은 외국 기업을 기소할 때는 국제적 재판관할권이 있지만 내부고발자를 보호하는 문제에 관해서는 권한이 없다고 판단하는 것이다.

해외부패방지법 위반으로 미국 정부에 납부한 벌금(1억 달러 이상)

회사	국가	연도	미국 법무부와 증권거래 위원회 제재(100만 달러)
MTS	러시아	2019	$850
지멘스	독일	2008	$800
알스톰	프랑스	2014	$772
텔리아	스웨덴	2017	$691.6
KBR/할리버튼	미국	2009	$579
테바 제약	이스라엘	2016	$519
옥지프 캐피탈	미국	2016	$412
BAE	영국	2010	$400
토탈	프랑스	2013	$398.2
빔펠콤	네덜란드	2016	$397.5
알코아	미국	2014	$384
ENI 스남프로게티	이탈리아	2010	$365
테크닙	프랑스	2010	$338
소시에테 제네랄	프랑스	2018	$293
파나소닉	일본	2018	$280
제이피 모건 체이스	미국	2016	$264
오데브레시/브라스켐	브라질	2017	$260
SBM 오프쇼어	네덜란드	2017	$238
프레제니우스 메디칼	독일	2019	$231
JGC Corporation	일본	2011	$218.8
엠브라에르	브라질	2016	$205.5
다임러	독일	2010	$185
페트로브라스	브라질	2018	$170.6
롤스로이스	영국	2017	$170
웨더포드	스위스	2013	$152.6
알카텔	프랑스	2010	$138
에이본	미국	2014	$135
아본 프로덕츠	미국	2014	$135
케펠 오프쇼어 앤 마린	싱가폴	2017	$105

	100만 달러 기준
유럽	$6,419.9
미국	$2,164.7
기타	$1,758.9

출처: IKARIAN(2019년 6월 30일 현재)

해외부패방지법 위반에 대한 처벌의 차이
(다우존스 30과 CAC 40 소속 회사)

다우존스 30	CAC 40
미국 법무부: 3개사	미국 법무부: 5개사
• 존슨 앤 존슨 • 화이자 • 제이피 모건	• 테크닙 • 알카텔 • 토탈 • 알스톰 • 소시에테 제네랄
미국 증권거래위원회: 3개사	미국 증권거래위원회: 1개사
• IBM 2000, 2011 • 다우케미컬	• 사노피
기소된 직원 없음	직원 6명 기소됨
벌금: 3억 4,300만 달러	벌금: 19억 1,100만 달러

감사 인사

5년이라는 짧지 않은 세월 동안 자신들의 삶을 제쳐 두고 나와 나의 아내 그리고 우리 아이들을 도와주고 지원해 준 어머니와 롤랑, 아버지와 안느 마리, 여동생과 제부에게 감사 드립니다.

린다와 폴, 마이클과 샬라에게 특별히 감사 드립니다. 그들이 없었다면 저는 2014년에 석방될 수 없었습니다. 저희 보석을 위해 소중한 재산인 집을 담보로 제공해 주는, 상상도 하기 어려운 도움을 주었습니다. 그 빚은 제가 평생 갚아도 다 갚지 못할 겁니다. 그들의 너그러움과 저를 믿어 주신 데 대해 감사 드립니다.

시련의 과정에서 저를 지원해 주신 모든 친구들에게 감사 드립니다.

톰의 변함없는 우정과 2014년에 베풀어 준 따뜻한 환대, 역경 속에서 변함없이 늘 우리 가족 곁에 있어 준 앙투안과 클레르, 레일라와 스타니, 디디에와 알렉산드라, 적극적으로 재능을 발휘해 준 변호사 폴 알베르, 전문성과 희생정신으로 나를 위해 헌신한 마커스, 늘 진심으로 신경 써주고 '도보로' 모셔넌 밸리 교정센터까지 찾아와 주기까지 한 피에르,

용감하게 내 사건을 널리 알리는 데 앞장서고 정신적 지원을 아끼지 않은 레슬리, 에릭, 로이크 그리고 클로드,

낙관적인 태도와 인내심으로 나를 대해 준 데니즈, 내 상황에 꾸준히 관심을 가져 준 장 미셸, 알스톰 집행위원회 구성원 중에 유일하게 나에

게 등을 돌리지 않았던 필립, 많은 사람들이 내 곁을 떠났을 때 무조건 적으로 도움을 주었던 프랑수아와 에이미, 나를 믿고 2년 동안 나를 품어 준 테일러베싱의 길과 담당자 여러분. 나를 믿어 준 로랑 라퐁, 세심하게 교정을 봐 준 폴 페를에게도 감사 드립니다.

내 사건에 대해 깊이 이해하고 꿋꿋하고 훌륭하게 의회 알스톰 조사위원회 위원장 역할을 해낸 올리비에 말렉스와 부위원장 나탈리아 푸지레프에게 특별히 감사 드립니다. 두 사람은 나를 면담하기 위해 모셔넌까지 먼 길을 달려와 주었습니다.

나를 지원해 준 아르노 몽트부르 장관, 피에르 르루슈 장관, 장 피에르 슈벤망 장관, 다니엘 파스켈 의원, 자크 미아르 의원에게도 감사 드립니다.

업무상 나의 사건을 알게 된 이후 소중한 도움을 주신 모든 분, 마리 로랑스 나바리의 끝없는 헌신과 능률적인 업무 처리에 감사 드립니다.

헌신적으로 도와준 셀린 트리피아나, 나이 상황을 바로 이헤히고 오랜 기간 효율적으로 도와준 제롬 앙리, 엘렌 랭고, 시몽 시코렐라 등 영 사업무를 빛낸 모든 자랑스러운 사람들, 부처 간 경제정보 대표단의 클로드 르벨, 마그리트 드프레 오드베르 의원과 스테파니 케르바 의원에게도 감사 드립니다.

여동생, 주느비에브, 마리본, 마리 루스와 프랑수아, 필립, 카롤, 푸랑수아, 알렉상드르, 피에르 에마뉘엘, 필립, 알랭과 다르시, 로랑 등 편지를 써 주고 와이어트와 모섀년으로 찾아와 주시거나 제 아내와 아이들을 도와주신 모든 분들에게 감사 드립니다.

나를 믿고 내가 열정적으로 추진하는 새 사업을 시작하는 데 도움을 주신 이카리안의 고객들에게도 감사 드립니다.

미지막으로 25개월 동안 최고의 감옥생활을 할 수 있도록 너그럽게 도와주고 인간적으로 잘 대해 준 조지, 지코, 그렉, 지미, '허비', 레나토, '무예 타이', 필리포, 산체스, 블라드미르, 안드레즈, 사샤, '피파', 샘, 팀, 케이 그리고 많은 감옥 동료들에게 큰 감사를 보냅니다. 당신들을 결코 잊지 않을 것입니다.

미국 함정

초판 1쇄 발행_ 2020년 6월 5일

지은이_ 프레데릭 피에루치·마티유 아롱
옮긴이_ 정혜연
펴낸이_ 이성수
주간_ 김미성
편집장_ 황영선
편집_ 이경은, 이홍우, 이효주
마케팅_ 김현관
제작_ 김주범
디자인_ 진혜리

펴낸곳_ 올림
주소_ 03186 서울시 종로구 새문안로 92 광화문오피시아 1810호
등록_ 2000년 3월 30일 제300-2000-192호(구:제20-183호)
전화_ 02-720-3131 | 팩스_ 02-6499-0898
이메일_ pom4u@naver.com
홈페이지_ http://cafe.naver.com/ollimbooks

ISBN 979-11-6262-034-2 03320

이 도서의 국립중앙도서관 출판예정도서목록(CIP)은 서지정보유통지원시스템 홈페이지
(http://seoji.nl.go.kr)와 국가자료종합목록 구축시스템(http://kolis-net.nl.go.kr)에서
이용하실 수 있습니다. (CIP제어번호 : CIP2020020736)